Jörg Stolz, Judith Könemann, Mallory Schneuwly Purdie,
Thomas Englberger, Michael Krüggeler

Religion und Spiritualität in der Ich-Gesellschaft

TVZ

Jörg Stolz, Judith Könemann,
Mallory Schneuwly Purdie,
Thomas Englberger, Michael Krüggeler

Religion und Spiritualität in der Ich-Gesellschaft

Vier Gestalten des (Un-)Glaubens

EDITION NZN
BEI TVZ
Theologischer Verlag Zürich

Beiträge zur Pastoralsoziologie (SPI-Reihe) 16

Bibliografische Information der Deutschen Nationalbibliothek
Die Deutsche Nationalbibliothek verzeichnet diese Publikation in der Deutschen Nationalbibliografie; detaillierte bibliografische Daten sind im Internet über http://dnb.d-nb.de abrufbar.

ISBN 978-3-290-20078-7

Umschlaggestaltung: Simone Ackermann, Zürich
Titelbild: Jean-Charles Rochat
Satz und Layout: Claudia Wild, Konstanz
Druck: ROSCH-BUCH GmbH, Scheßlitz

Inhaltsverzeichnis

Vorwort

Mit diesem Buch schliessen wir an eine Forschungsrichtung an, die vor mehr als 20 Jahren begann. 1989 wurde die erste gross angelegte Studie zur Religiosität in der Schweiz durchgeführt. Sie führte zur Publikation «Jede(r) ein Sonderfall? Religion in der Schweiz: Ergebnisse einer Repräsentativbefragung», die von Alfred Dubach und Roland Campiche herausgegeben wurde.[1] Zehn Jahre später legte Roland Campiche die Nachfolgestudie «Die zwei Gesichter der Religion. Faszination und Entzauberung» vor, während Alfred Dubach und Brigitte Fuchs ihr Buch «Ein neues Modell von Religion. Zweite Schweizer Sonderfallstudie – Herausforderung für die Kirchen» publizierten.[2] Mit dem vorliegenden Band wird die Serie fortgesetzt. Und wie schon in der ersten Studie ist es wieder eine Kooperation einer Lausanner und einer St.-Galler Forschungsgruppe, die sich an die Vermessung der Religiosität und Spiritualität der Schweizer Bevölkerung macht. Neu gegenüber den zwei Vorläuferstudien ist jedoch, dass wir in diesem Buch nicht nur quantitative, sondern auch qualitative Daten verwenden, dass wir auch der alternativen Spiritualität und der Säkularität grosse Aufmerksamkeit schenken und eine neue Konkurrenztheorie religiös-sozialen Wandels vorschlagen.

Die unserem Buch zugrundeliegenden Daten wurden im Rahmen des Projektes «Religiosität in der modernen Welt: Konstruktion, Bedingungen und sozialer Wandel. Eine qualitative und quantitative Studie über individuelle Religiosität in der Schweiz» erhoben. Das Projekt wurde vom Schweizerischen Nationalfonds (SNF) im Rahmen des Nationalen Forschungsprogramms 58 unterstützt. In diesem Zusammenhang entstanden ein öffentlich zugänglicher Schlussbericht[3] und ein vom SNF publiziertes Themenheft[4].

Das vorliegende Buch wäre ohne vielfältige Unterstützung nicht möglich gewesen. Folgenden Personen möchten wir für ihre Unterstützung, Hilfeleistung und Kooperation herzlich danken: Ein erster Dank geht an die 1302 Interviewten, die uns teils in qualitativen, teils in quantitativen Befragungen berichtet haben, wie sie zu Fragen der Religiosität und Spiritualität stehen.

---

1 Dubach/Campiche (1993).

2 Campiche (2004); Dubach/Fuchs (2005).

3 www.nfp58.ch/files/downloads/Schlussbericht__Stolz.pdf.

4 www.nfp58.ch/files/downloads/NFP58_Themenheft04_DE.pdf.

Bettina Combet, Eva Marzi, Emilie Fleury und Julie Montandon haben ausgezeichnete zusätzliche Interviews und Transkriptionen für unser Projekt durchgeführt. Marianne Jossen hat Teile des Textes vom Französischen fachkundig ins Deutsche übersetzt. Ingrid Storm hat als Post-Doc Forscherin drei Monate lang am Observatoire des Religions en Suisse am Projekt mitgearbeitet und entscheidenden Einfluss auf die letztlich gewählte Typologie genommen. Durch ihre hervorragenden Einwände hat sie uns dazu gezwungen, zähneknirschend alles über den Haufen zu werfen und nochmals von vorne zu beginnen.

Der Schweizerische Nationalfonds hat uns optimal unterstützt. Besonders danken möchten wir den Mitgliedern der Leitungsgruppe des SNF 58, insbesondere Christoph Bochinger und Christian Mottas. Es war äusserst angenehm, für ein nicht ganz einfaches Projekt auf die effiziente und umsichtige Leitung des Gesamtprogramms zählen zu können.

Bei der Erarbeitung des quantitativen Zusatzfragebogens und bezüglich der Auswertung der ISSP-Daten haben wir sehr gut mit FORS, insbesondere Dominique Joye, Marlène Sapin und Alexandre Pollien zusammengearbeitet. Bei der Rekrutierung der qualitativen Interviewpartner und -partnerinnen haben wir auf das Befragungsinstitut LINK zurückgegriffen und möchten Isabelle Kaspar und Ermelinda Lopez für eine ausgezeichnete Zusammenarbeit herzlich danken. Für die Bekanntmachung der Ergebnisse des Projektes haben wir mit Almut Bonhage, Célia Francillon, Xavier Pilloud und Urs Hafner ausgezeichnet kooperiert. Jean-Charles Rochat fotografierte das Titelbild. Ewald Mathys besorgte das vorbildliche Korrektorat. Markus Zimmer und Marianne Stauffacher vom Theologischen Verlag Zürich haben uns sehr professionell editorisch betreut und unsere ständigen Verzögerungen grosszügig in Kauf genommen. Verschiedene Personen haben Teile des Manuskripts in unterschiedlichen Phasen seiner Entstehung gelesen und kritisch kommentiert. Sie haben uns durch ihre z.T. hartnäckigen Einwände vor vielerlei Fehlern und Fallstricken bewahrt. Es sind: Christoph Bochinger, Olivier Favre, Denise Hafner Stolz, Stefan Huber, Daniel Kosch, Gert Pickel, Detlef Pollack, Ingrid Storm und Monika Wohlrab-Sahr. Stefan Rademacher hat das fertige Manuskript nochmals ganz durchgelesen und sorgfältig kommentiert. Die Diskussionen mit Urs Altermatt, Mark Chaves, Detlef Pollack, Philippe Portier, David Voas und Jean-Paul Willaime waren uns in kritischen Phasen des Projektes ebenfalls sehr wichtig.

Die Ergebnisse des Projektes sind an den ISSR-Kongressen in Aix-en-Provence und Turku, dem Kongress zu «Religions as Brands» des ISSRC (Lausanne) sowie bei Vorträgen am GSRL (Paris), am CSRES (Strasbourg), dem Soziologischen Institut der Universität Zürich und der Graduiertenklasse «Säkularitäten» der Universität Leipzig vorgestellt und diskutiert worden. Diese Diskussionen haben das Projekt stark bereichert.

Für finanzielle Unterstützung danken wir der Faculté de Théologie et Sciences des Religions (FTSR), der Römisch-Katholischen Zentralkonferenz, der Katholischen Kirche im Kanton Zürich, der Société Académique Vaudoise, dem Publikationsbeitrag SPI, der Stiftung Van Walsem und dem Département Interfacultaire d'Histoire et de Sciences des Religions (DIHSR).

Wie schon unsere Vorgängerprojekte so haben auch wir erfahren müssen, dass ein mehrjähriges Forschungsprojekt zu fünft mit zwei Forschungsteams, mehreren methodischen Zugangsweisen und verschiedenen beruflichen Veränderungen im Team alles andere als einfach ist. Insgesamt aber hat die Freude am gemeinsamen Forschen die gelegentlichen Irritationen bei Weitem aufgewogen, und wir sind stolz auf das gemeinsame Produkt.

Wie anfangs schon erwähnt, steht das vorliegende Buch in einer von Roland Campiche und Alfred Dubach begründeten Forschungstradition. Diesen beiden Pionieren ist unser Buch daher gewidmet.

Lausanne, August 2013

Jörg Stolz, Judith Könemann, Mallory Schneuwly Purdie, Thomas Englberger, Michael Krüggeler

1 Einleitung

Jörg Stolz, Judith Könemann

The way to God is by our selves

Phineas Fletcher

Wie immer man die heutige Gesellschaft charakterisiert – keine soziologische Beschreibung wird darum herumkommen, dem einzelnen Menschen, dem Individuum, einen hervorragenden Platz einzuräumen. Nie zuvor hat der einzelne Mensch eine solche Vielzahl von Entscheidungen in ganz eigener Sache treffen können, sei es in schulischer, politischer, ökonomischer, den Lebensstil betreffender, sexueller – oder auch religiöser Hinsicht. Nie zuvor hatte er so viel selbst zu verantworten, so viel allein zu bewältigen und zu verarbeiten, wenn seine Lebenspläne nicht gelangen. Nie zuvor schliesslich musste der Einzelne den Sinn seines Erlebens und Tuns so sehr aus sich selbst und aus den Konsequenzen seiner Entscheidungen schöpfen. In diesem Sinne leben wir heute in einer Ich-Gesellschaft.

1.1 Zentrale Fragestellung

Auf den kürzesten Nenner gebracht, analysiert unsere Studie, welchen Einfluss die so gekennzeichnete Ich-Gesellschaft auf Religiosität, Spiritualität und Säkularität ausübt. Genauer formuliert, geht es uns darum zu erforschen:

- welche zentralen religiös-sozialen Typen in der Gesellschaft auszumachen sind. Als Typen bezeichnen wir dabei grosse Gruppen von Menschen, die sich durch gemeinsame Wahrnehmungen, Werte und sozialstrukturelle Merkmale wie auch soziale Grenzen auszeichnen;[1]
- welche religiösen und spirituellen Glaubensüberzeugungen, Praktiken, Werte und Wahrnehmungen diese religiös-sozialen Typen aufweisen;

1 Altermatt (1981); Mayer (2007); Schulze (1995).

- wie sich die Religiosität, Spiritualität und Säkularität der Typen in den letzten Jahrzehnten verändert haben und wie dieser Wandel zu erklären ist.

Jedes Kapitel unseres Buches liefert einen spezifischen Teil der Antworten auf diese Fragen.

1.2 Bisherige Antworten

Natürlich liegt schon jetzt eine umfangreiche Literatur vor, die versucht, die religiös-sozialen Veränderungen der letzten Jahrzehnte in westeuropäischen Ländern zu beschreiben und zu erklären. Die gegenwärtig bekanntesten Theorien sind die Säkularisierungstheorie, die Individualisierungstheorie und die Markttheorie.[2] Gemäss der *Säkularisierungstheorie* haben Elemente der Modernisierung dazu geführt, dass Religion sowohl im öffentlichen als auch im privaten Leben immer unbedeutender wird.[3] Gemäss der *Individualisierungstheorie* ist es nicht etwa zu einer Abnahme der Religiosität gekommen, sondern dazu, dass die Religiosität immer individueller und vielgestaltiger wird.[4] Die *Markttheorie* schliesslich benutzt ökonomische Einsichten, um religiöse Veränderungen zu erklären. Ihr gemäss leben wir zunehmend in einem religiösen Markt mit religiösen Anbietern (Kirchen) und religiösen Kunden (Gläubige). Da der religiöse Markt in europäischen Ländern stark reguliert sei (d.h. kein freier Markt herrsche), würden sich die Menschen immer mehr von Religiosität entfernen. Erst wenn der Markt liberalisiert würde und neue Anbieter auf den Markt kämen, könne es wieder zu einem religiösen Aufschwung kommen.[5] Alle drei Theorien überzeugen jedoch – wie wir in diesem Buch zeigen werden – nur zum Teil. Vor allem gelingt es ihnen nicht, die *Gesamtheit* der Phänomene befriedigend zu erklären, die Tatsache also, dass wir sowohl religiösen Niedergang als auch Aufschwung sehen, mehr religiöse Individualisierung, aber auch mehr Fundamentalismus, mehr religiöse Freiheit, aber auch mehr religiöse Indifferenz. Genau an dieser Stelle setzt unser eigener Beitrag an. Wir versuchen, eine befriedigendere Antwort auf die oben gestellte Leitfrage zu geben, und zwar mit einer Typologie, einer Theorie und einer These.

---

2 Siehe den Sammelband Pollack/Olson (2008).

3 Dobbelaere (2002); Wilson (1982).

4 Luckmann (1967).

5 Iannaccone (1991); Stark/Bainbridge (1985).

1.3 Eine neue Typologie

Ein erster Teil unserer Antwort auf die Frage, wie die Menschen in der Ich-Gesellschaft Religiosität, Spiritualität und Säkularität erleben, besteht in einer neuen Typologie. Auf einer abstrakten Ebene unterscheiden wir vier Typen: die Institutionellen, die Alternativen, die Distanzierten und die Säkularen. Jeder der Typen lässt sich anschliessend in Untertypen unterteilen. Der Sinn der Typologie besteht zunächst einmal darin, die komplexe Welt zu vereinfachen. Wer aufmerksam zuhört, wie heute Menschen in der Schweiz und anderen westeuropäischen Ländern von ihrer Religiosität, Spiritualität oder Religionslosigkeit berichten, wird zunächst mit einer riesigen Vielfalt konfrontiert. Dazu nur einige wenige Beispiele: Die 50-jährige Witwe Mima hat sich unter dem Eindruck verschiedener Todesfälle in der Familie von der katholischen Kirche distanziert. Aus ihr selbst nicht ganz verständlichen Gründen war sie auf das Schicksal, Gott und die Kirche wütend. Ganz anders Barnabé, ein 58-jähriger Landwirt. Er hat sich als junger Mann zum christlichen Glauben bekehrt, ist mit seiner Frau einer Freikirche beigetreten und bekleidet heute in dieser Gemeinde das Amt des Ältesten. Keinerlei Stabilität dieser Art findet man in der noch vergleichsweise kurzen Lebensgeschichte der 24-jährigen Studentin Julie. Sie wurde katholisch erzogen, durchlief eine atheistische Phase, fühlte sich dann von Esoterik und Buddhismus angezogen und interessiert sich seit dem plötzlichen Tod ihres Vaters wieder für das Christentum, nun allerdings das orthodoxe. Der 39-jährige Ingenieur Siegfried erzählt nochmals eine ganz andere Geschichte. Als er sich mit seiner Frau fragte, ob sie ihre zwei Kinder taufen lassen wollten, fiel die Antwort negativ aus. So zog das Paar die Konsequenz – und trat aus der Kirche aus. Betrachtet man die hier genannten Religiositätsformen im biografischen Kontext, so fällt zunächst das je Einzigartige jeder Person auf. Vermehrt man jedoch die Beispiele, so zeigt sich, dass im Hintergrund der einzelnen Lebensgeschichten immer wiederkehrende soziale Formen auszumachen sind, die sich als Typen und Milieus beschreiben lassen. In diesem Buch versuchen wir zu zeigen, dass Mima, Barnabé, Julie und Siegfried verschiedenen gut unterscheidbaren religiös-sozialen Typen und Milieus angehören, mit deren Hilfe wir besser verstehen, welchen religiösen Wandel die Schweiz in den letzten Jahrzehnten durchlaufen hat. Wichtig ist hierbei die Idee, dass wir die zentralen Eigenschaften, wie sie die eingangs gekennzeichnete *Ich-Gesellschaft* hervorbringt, in allen Typen wiederfinden. In allen Typen etwa erzählen uns die Menschen, wie sie sich in Bezug auf ihre Glaubensansichten und Praxis ganz auf sich selbst verlassen. Die Inhalte, Praxisformen und Glaubensansichten der einzelnen Typen unterscheiden sich dann jedoch drastisch.

1.4 Eine neue Theorie

Es geht uns allerdings nicht nur um die Beschreibung der Typen, sondern auch um deren Erklärung. Hierfür stellen wir in Kapitel 2 eine neue Theorie religiös-säkularer Konkurrenz vor. Gemäss dieser Theorie finden wir in allen Gesellschaften religiöse und säkulare (kollektive) Akteure, die um drei Dinge streiten: Macht in der Gesellschaft, Macht innerhalb von Gruppen/Organisationen/Milieus und individuelle Nachfrage. Um in dieser Konkurrenz bestehen zu können, verwenden die kollektiven Akteure verschiedene Strategien: Sie versuchen z. B. ihre Mitglieder zu mobilisieren, politische Aktionen zu starten, Skandale zu provozieren, Koalitionen einzugehen, attraktive Güter anzubieten usw. Hierbei werden sie von vier externen Faktoren beeinflusst: von wissenschaftlich-technischen Innovationen (z. B. Erfindung des Fernsehens), sozialen Innovationen (z. B. Erfindung der Demokratie), Grossereignissen (z. B. Kriege) und soziodemografische Faktoren (z. B. unterschiedliche Geburtenraten). Die Konkurrenzkämpfe führen im Effekt zu diversen höchst interessanten Ergebnissen, deren Erklärung das Ziel der Theorie ist. Neben Erfolg und Misserfolg der verschiedenen Konkurrenten kommt es zu Pattsituationen und Absprachen sowie Situationen der Differenzierung und Entdifferenzierung, Individualisierung und Kollektivierung, Säkularisierung und Resakralisierung. Befriedigende Erklärungen liefert die Theorie allerdings nur, wenn sie an den jeweiligen historischen Verlauf angepasst wird, weshalb wir im Kapitel 2 die Geschichte des säkular-religiösen Konkurrenzgeschehens in der Schweiz seit ca. 1800 nachzeichnen. Aus der so durch die historischen Randbedingungen konkretisierten Theorie können wir eine Reihe von Hypothesen ableiten, die im Verlauf der Arbeit geprüft werden.

1.5 Die These des Regimewechsels religiös-säkularer Konkurrenz

Ein dritter Teil unserer Antwort besteht aus der These eines Regimewechsels religiös-säkularer Konkurrenz in den 1960er Jahren. In diesem Zeitraum, so unsere These, ist es zu einer kulturellen Revolution gekommen, die wir als einen Wechsel vom «Regime der Industriegesellschaft» zum «Regime der Ich-Gesellschaft» bezeichnen wollen.[6] Vor dem Hintergrund eines beispiellosen Wirtschaftsaufschwungs von 1945 bis 1973 (das «Wirtschaftswunder») kam es in den 1960er

---

6 Wir sehen unsere Theorie als komplementär zu den wichtigen historischen Studien von McLeod (2007) und Altermatt (2009).

Jahren zu einer kulturellen Revolution, bei der Autoritäten aller Art angegriffen und das Individuum in seiner Eigenständigkeit zentral gesetzt wurde. Die sich seit der Aufklärung immer stärker durchsetzenden Ideen der Subjektivität, Freiheit und Selbstbestimmung wurden zum bestimmenden Lebensgefühl der Menschen. Damit avancierte das Individuum zur Letztinstanz von Entscheidungen aller Art, seien es politische, familiäre, ökonomische, konsumorientierte, sexuelle – oder eben auch religiöse. Sowohl im alten wie auch im neuen Regime finden wir religiös-säkulare Konkurrenz auf allen drei Ebenen: um Macht in der Gesellschaft, um Macht innerhalb von Gruppen/Organisationen/Milieus, um individuelle Nachfrage. Aber der zentrale Punkt, um den es sich in der Konkurrenz dreht, hat sich völlig verändert. Im alten Regime der Industriegesellschaft war Religion und Konfession ein für die Gesellschaft zentrales kollektives Identitätsmerkmal, und das Christentum wurde als verbindendes Grundmerkmal der Gesellschaft betrachtet. Im neuen Regime der Ich-Gesellschaft gilt dies nicht mehr. Religion und Konfession werden als private und optionale Identitätsmerkmale gesehen, und das Christentum wird mehr und mehr als nur eine Religion unter anderen behandelt. Im kollektivistischen Regime der Industriegesellschaft ging man von der selbstverständlichen Vorherrschaft des Christentums aus – die wichtigsten religiös-säkularen Konkurrenzen bezogen sich auf die Frage, wie viel Platz Reformierte oder Katholiken einnehmen konnten oder wie stark alternative Wertsysteme das Christentum bedrängten. Im individualistischen Regime der Ich-Gesellschaft ist die wichtigste religiös-säkulare Konkurrenz diejenige um individuelle Nachfrage. Religiöse Praxis wird nicht mehr sozial erwartet; sie gehört nicht mehr zur öffentlichen Person; vielmehr wird sie in den Bereich der Freizeit abgedrängt, wo sie sich gegen eine starke Konkurrenz mit anderen Formen von «Freizeitbeschäftigung» und «Selbstentfaltung» behaupten muss.[7]

Das neue Regime der Ich-Gesellschaft hat nun in den letzten Jahrzehnten zu verschiedenen *Effekten* auf individueller wie auch kollektiver Ebene geführt. Auf *individueller Ebene* zeigen sich vor allem Tendenzen des «säkularen Driftens» und der fortschreitenden religiös-säkularen Individualisierung und Konsumorientierung. In sehr vielen Bereichen der Konkurrenz wählen Individuen die säkularen und nicht die religiösen Optionen. Andere Zeitverwendungen (Ausschlafen, Sport usw.) verdrängen den Kirchgang am Sonntagmorgen; säkulare Berufsgruppen (z. B. Psychologen, Coaches) nehmen die Stelle des kirchlichen Seelsorgers ein. Säkulare Erklärungen (z. B. Big Bang, Evolution) werden immer öfter als plausibler angesehen als religiöse Erklärungen (z. B. Schöpfung). Insbesondere in der Erziehung führen die religiös-säkulare Konkurrenz und die den Kindern neu gewährte Freiheit zu massenhafter Abwahl religiöser Optionen. Im Effekt wird

7 Luhmann (1982).

jede neue Generation stärker säkular als die vorherige. Ausserdem hat sich die vollständige religiöse Individualisierung und Konsumorientierung durchgesetzt. Die Menschen sehen sich normalerweise selbst als «letzte Autorität» in religiösen Fragen an und sind der Ansicht, dass man niemandem, auch den eigenen Kindern nicht, religiöse Ideen aufzwingen dürfe. Jede Person soll selbst auswählen und «konsumieren», was sie als am wichtigsten erachtet.

Auf *kollektiver Ebene* zeigt sich, dass religiöse Typen oder Subtypen in der Ich-Gesellschaft vor allem dann Erfolg haben, wenn sie die säkulare Konkurrenz entweder radikal bekämpfen oder gerade versuchen, sie auf ihrem eigenen Feld zu übertreffen. Das gelingt am besten durch Schliessung, d. h. Ausschluss konkurrierender säkularer Möglichkeiten, wie es bei den Freikirchlichen praktiziert wird. Oder durch die radikale Aufnahme der Marktform, indem alle eigenen Angebote in die Form der käuflichen Ware gebracht werden – wie es die Anbieter des alternativen Typus vormachen. Verschiedene Mischformen werden ausprobiert – mit wechselndem Erfolg.

1.6 Methode[8]

Die wissenschaftliche Erforschung religiös-sozialen Wandels gleicht in manchem der Detektivarbeit. Genau wie ein Kriminalist muss der Sozialforscher sich auf vorhandene Fakten und Indizien stützen, aus denen er – immer mit einer gewissen Unsicherheit behaftete – Schlussfolgerungen (Inferenzen) ziehen muss. Je mehr unabhängige Indizien in die gleiche Richtung weisen, desto sicherer wird die entsprechende Schlussfolgerung. Diese Technik wird in der Forschung häufig «Triangulation» genannt und ist für unsere Studie von grösster Wichtigkeit.[9] Um unsere Befunde so gut wie möglich abzusichern, stützen wir uns auf eine Vielzahl ganz unterschiedlicher Datenarten. Unsere wichtigste Datenquelle besteht in einer sogenannten Mixed-Methods-Erhebung in den Jahren 2008/9. Hierbei wurden 1229 zufällig ausgewählte, in der Schweiz wohnhafte Personen mit standardisierten Fragebögen zu Religiosität und Spiritualität befragt.[10] Diese quantita-

---

8 Siehe zur Methode den Anhang.

9 Hammersley (2008).

10 Dies im Rahmen von MOSAiCH. MOSAiCH ist Abkürzung für Mesures et Observation Sociologiques des Attitudes en Suisse. Es handelt sich um eine Befragung, die durch den Schweizerischen Nationalfonds finanziert und alle zwei Jahre durchgeführt wird. MOSAiCH erfasst systematisch eine Reihe von soziodemografischen Variablen, zwei Module des International Social Survey Programms (ISSP) sowie ein spezifisches Modul zur Schweiz. 2009 umfasste MOSAiCH das ISSP-Modul Religion III und Soziale Ungleichheit IV. Die Stichprobe 2009 umfasste 1229 Personen.

tive Teilstudie kann als für die Schweizer Bevölkerung repräsentativ gelten. Ferner wurden 73 zusätzliche Personen (wiederum zufällig, aber nach Quoten ausgewählt) in halboffenen Interviews zu den gleichen Themen befragt. Diese Gesprächspartner erzählten uns während 60 bis 90 Minuten detailliert, wie sie aufwuchsen, wie sie heute zu Religiosität und Spiritualität stehen, was ihnen im Leben wichtig ist und wie sie ihre Kinder erziehen. Die Kombination der beiden Teilstudien ermöglicht uns die Triangulation von quantitativen und qualitativen Daten: Statistische Zusammenhänge können mit Erzählungen und individuellen Handlungsweisen in Zusammenhang gebracht werden, so dass wir ein schlüssiges Gesamtbild der Religiosität, Spiritualität und Religionslosigkeit in der Schweiz erhalten.[11] Neben dieser Hauptstudie wurden auch die Volkszählungsdaten herangezogen sowie 22 repräsentative Befragungen zu Religiosität in der Schweiz ausgewertet.[12] Unter diesen Befragungen sind die beiden Vorläuferstudien von 1989 und 1999 besonders wichtig, denn viele ihrer Fragen wurden durch unsere Studie direkt repliziert.[13] Schliesslich haben wir zu Vergleichszwecken auch die Daten einer repräsentativen, ebenfalls Mixed Methods verwendenden Studie über evangelische Freikirchen in der Schweiz herangezogen.[14]

1.7 Was ist neu?

Auch wenn wir in vielem auf früheren Arbeiten aufbauen, nehmen wir doch in Anspruch, in verschiedener Hinsicht einen neuen Beitrag zu leisten. Zum einen bieten wir eine neuartige *Beschreibung* der religiös-spirituellen Landschaft der Gesellschaft. Wir hoffen, dass unsere Typologie der Institutionellen, Alternativen, Distanzierten und Säkularen samt ihren Untertypen der zukünftigen Forschung dient und auch den Praktikern zur Orientierung eine gute Hilfestellung ist. Gegenüber den bisherigen Studien haben wir insbesondere darauf geachtet, nicht nur die hoch (und vor allem institutionell) Religiösen zu untersuchen, sondern auch der alternativen Spiritualität, den säkular Denkenden und der sehr grossen, aber bisher völlig vernachlässigten Gruppe der Distanzierten die gebührende Beachtung zu schenken. Zum anderen liefern wir eine neue *Erklärung* des religiösen Wandels, die wir Theorie der religiös-säkularen Konkurrenz nennen. Diese Theorie erklärt, so meinen wir, die vorliegenden Phänomene besser als alternative

11 Kelle (2007); Tashakkori/Teddlie (1998).

12 Die früheste Befragung stammt aus dem Jahr 1961. Siehe den internen Forschungsbericht 3 «Weitere Datensätze zur Schweiz» von Thomas Englberger.

13 Campiche (2010; 2004); Dubach/Campiche (1993).

14 Stolz/Favre/Gachet/Buchard (2013).

Theorieangebote; ausserdem lässt sie sich besser mit historischen Analysen zusammenschliessen. Schliesslich betreten wir auch mit unserer *Methode* gegenüber den Vorläuferstudien Neuland, indem wir sowohl qualitative als auch quantitative Daten verwenden und die Phänomene sowohl statistisch als auch in ihrer subjektiv empfundenen Wirklichkeit darstellen.

1.8 Grenzen und eigene Position

Wissenschaftliche Aussagen zeichnen sich dadurch aus, dass ihre Reichweite methodisch bedacht wird. Eine erste Grenze besteht darin, dass unsere Ergebnisse sich strikt auf die individuelle Ebene beziehen. Gemeinschaften und Organisationen – etwa Kirchen – kommen nur aus der Perspektive der einzelnen Menschen vor. Eine zweite wichtige Grenze unserer Studie ist, dass sich unsere Typologie und Erklärung auf christliche, alternative und konfessionslose Religiosität bzw. Religionslosigkeit beschränkt. Aus methodischen und organisatorischen Gründen schliessen wir Mitglieder nichtchristlicher Religionen und religiöser Minderheiten (z. B. Islam, Buddhismus, Hinduismus, Judentum, neue religiöse Bewegungen) von der Analyse aus. Ein Einbezug all dieser Religionen würde unseren Rahmen sprengen und ein ganz anderes (sehr viel aufwändigeres) Forschungsdesign erfordern. Ausserdem wurden im Nationalen Forschungsprogramm (NFP 58) zu «Religionsgemeinschaften, Staat und Gesellschaft», dem auch diese Studie ihre Finanzierung verdankt, eine Vielzahl von Forschungsprojekten zu diesen verschiedenen Religionen durchgeführt.[15] Ein dritter Punkt betrifft die Geltungsreichweite unserer Befunde: Auch wenn wir durchaus der Meinung sind, dass unsere Hauptergebnisse sich in vielem auf die Geschehnisse in anderen westeuropäischen Ländern übertragen lassen, gelten sie doch streng genommen nur für die Schweiz, etwa seit 1930.

Ein Wort zu unserer Position als Wissenschaftler/innen. Wir nehmen eine dezidiert religionssoziologische Position ein, die religiöse und säkulare Phänomene «von aussen» betrachtet. Es geht uns allein darum, die Phänomene so genau wie möglich zu erfassen und zu erklären. Hingegen versuchen wir – so gut es geht – eigene Werte aus der Analyse herauszuhalten. Wir äussern uns also nicht dazu, ob das Schrumpfen oder Wachsen eines bestimmten Milieus zu begrüssen oder mit Sorge zu betrachten sei. Wir reden auch keiner religiösen, spirituellen oder säku-

15 Siehe www.nfp58.ch/d_index.cfm. Einen Überblick zur religiösen Vielfalt in der Schweiz geben Baumann/Stolz (2007).

laren Richtung das Wort.[16] Eine weitere Position unserer Studie ist der sogenannte «methodologische Agnostizismus»[17]. Hiermit ist gemeint, dass wir aus methodologischen Gründen die Frage nach der Wahrheit spezifischer religiöser, spiritueller oder säkularer Positionen ausklammern.[18]

1.9 Darstellung und Plan des Buches

Soziologen – so der Volksmund – sagen, was jeder weiss, in einer Sprache, die keiner versteht. In diesem Buch haben wir uns alle Mühe gegeben, das Gegenteil zu beweisen und unsere Aussagen in leicht verständlicher Sprache darzustellen. Auf wissenschaftliche Fachausdrücke konnten wir zwar nicht völlig verzichten; wir haben aber versucht, schwierige Konzepte so einfach wie möglich zu erklären. Komplexere methodische Überlegungen und statistische Analysen haben wir in den Anhang gestellt.

Eine Bemerkung zur Art, wie wir Befragte zitieren: Längere Zitate stehen ausserhalb des Fliesstextes, sind immer kursiv gesetzt und mit der (anonymisierten) Identität, dem Alter und der Konfession der betreffenden Person versehen. In Kapitel 3 und im Anhang finden sich Kurzbeschreibungen der Befragten, so dass interessierte Lesende einen (anonymisierten) weiteren persönlichen Kontext einzelner Befragter rekonstruieren können. Kurze Zitate im Text sind kursiv gesetzt und stehen in Anführungszeichen; nicht immer geben wir die Person an, die das Betreffende gesagt hat. Hier geht es uns darum zu zeigen, wie der gleiche Sachverhalt oft ganz unterschiedlich formuliert wird.

---

16 Wir streben also nach dem, was Max Weber «Wertfreiheit» genannt hat. Die Diskussionen der vergangenen Jahrzehnte haben deutlich gemacht, dass Wertneutralität nie völlig erreicht werden kann, sondern nur ein Ideal darstellt, dem man mehr oder weniger stark folgen kann. Schon in die Forschungsfrage, die Methodik wie auch die Interpretation der Daten fliessen immer Werturteile des Forschenden mit ein. Dennoch ist Wertfreiheit mehr als ein frommer Wunsch, und in konkreter Praxis kann man meist recht schnell sehen, ob Forschende sich von dem leiten lassen, was «ist» oder was «sein sollte». Die erklärende Sozialwissenschaft setzt zudem auf Reflexivität des Forschenden, auf vom Forschenden unabhängige Methodik und auf gegenseitige Kritik der Forschenden, um persönliche Werturteile möglichst zu kontrollieren. Siehe zur Diskussion klassisch Adorno (1989); Albert (1984); Weber (1988 (1922)).

17 Hamilton (2001).

18 Entsprechende Überlegungen sind zwar interessant – oft handelt es sich um die Fragen, die religiöse, spirituelle oder säkulare Menschen hauptsächlich bewegen. Aber aus unserer Sicht sollte Religionssoziologie sich auch hier mit Neutralität begnügen, um sich ganz der Beschreibung und Erklärung zu widmen. Zur Diskussion siehe Berger (1990 (1967)); Bocking (2005); Cox (2003); Porpora (2006); Smart (1973); Stark (1999).

In Kapitel 2 stellen wir bisherige Theorien, unsere eigene Konkurrenztheorie sowie aus dieser abgeleitete Hypothesen vor. Kapitel 3 präsentiert in einem Überblick die vier Typen bzw. «Gestalten des (Un-)Glaubens». In Kapitel 4 beschreiben wir die sozialstrukturellen Eigenschaften und Selbstbeschreibungen der Typen, in Kapitel 5 gehen wir auf ihre Religiosität (Glauben, Praktizieren, Erleben) ein, und Kapitel 6 behandelt ihre Beziehungen zu Werten. In der Folge zeigen wir, wie sich die Typen in ihrem Verhältnis zu religiösen Anbietern (Kapitel 7) und ihrer Wahrnehmung der multireligiösen Gesellschaft (Kapitel 8) unterscheiden. In Kapitel 9 schliesslich kommen wir auf unser erklärendes Modell zurück, indem wir die Hypothesen aus Kapitel 2 empirisch prüfen. Kapitel 10 bündelt die Ergebnisse und schliesst mit einem Ausblick auf die Zukunft von Religion und Spiritualität in der Ich-Gesellschaft.

2 Theorie: Religiös-säkulare Konkurrenz in der Ich-Gesellschaft

Jörg Stolz, Judith Könemann

«Statt der betenden Wallfahrtszüge sieht man Sänger, Turner,
Feuerwehrmänner, Schützen, Jahrgänger, Sonntagsschänder
in Gesellschaft moderner Damen Berg und Thal überfluthen,
in ungestümer Hast und unbezämbarer Gier
nach freiem Athem und Lebensgenuss haschen»

Pius-Annalen, 1875

In diesem Kapitel stellen wir eine neue Theorie religiös-säkularer Konkurrenz vor, die versucht, die zu beobachtenden Veränderungen der Religion in der Gesellschaft zu erklären. Bisherige Erklärungsversuche haben zwar wichtige Einsichten zutage gefördert, sie weisen aber auch verschiedene Mängel auf. Insbesondere sind diese Ansätze manchmal zu beschreibend und zu unhistorisch. Die hier vorgelegte Theorie soll im Unterschied dazu in der Lage sein, die Phänomene in deutlicher Nähe zu den spezifischen historischen Gegebenheiten zu erklären. In diesem Kapitel behandeln wir zunächst die wichtigsten bisherigen Thesen und Theorien: die Säkularisierungstheorie, die Individualisierungstheorie und die Markttheorie. Anschliessend stellen wir unseren eigenen Erklärungsansatz, die Konkurrenztheorie religiös-sozialen Wandels, vor. Aus dieser Theorie lassen sich verschiedene Hypothesen ableiten, die im Verlauf des Buchs empirisch getestet werden.[1]

1 Wie in einer Mixed-Methods-Forschung zu erwarten, lag diese Theorie zu Anfang unserer Studie zwar in den Grundzügen schon vor, sie wurde jedoch im Forschungsverlauf und insbesondere während der Analyse des qualitativen Materials durch die Formulierung von Brückenhypothesen noch angepasst. Siehe zu diesem Vorgehen Kelle (2007). Es ist uns wichtig, eine Theorie vorzulegen, die den Anschluss an generelle soziologische Theorie sucht. Vgl. zu dieser Problematik Beckford (2000).

2.1 Theorien zu Religion und Moderne

Säkularisierungstheorie[2]

Die wichtigsten Klassiker der Soziologie – Auguste Comte, Herbert Spencer, Max Weber, Emile Durkheim und Karl Marx – waren allesamt überzeugt, dass die Folgen der Aufklärung, das Voranschreiten der Industrialisierung und die zunehmende Arbeitsteilung langfristig zu einem Niedergang des Religiösen führen müssten. Sie haben die Tradition begründet, die wir hier als «Säkularisierungstheorie» bezeichnen. Auguste Comte[3] etwa dachte, die menschliche Gesellschaft entwickle sich gesamthaft von einem theologischen über ein metaphysisches zu einem vollständig wissenschaftlichen Stadium. Die Wissenschaft (und vor allem die Soziologie) würde also – so Comte – die Religion ersetzen. Max Weber[4] war der Meinung, vor allem der Protestantismus habe (ungewollt) zur Entwicklung des modernen Kapitalismus geführt. Einmal entstanden, stosse die moderne kapitalistische Gesellschaft das Religiöse als eine ihr fremde «Wertsphäre» jedoch immer mehr ab.[5] Durkheim[6] schliesslich argumentierte, die moderne Gesellschaft zeichne sich durch eine immer stärkere Arbeitsteilung aus, was die Religion, die ursprünglich alles umfassen konnte, immer mehr schwäche.[7]

Verschiedene Religionssoziologen haben die Säkularisierungstheorie in der zweiten Hälfte des 20. Jahrhunderts aufgenommen und fortentwickelt.[8] Sie heben jedoch je unterschiedliche zentrale Merkmale des Modernisierungsprozesses hervor. Wilson[9], Luhmann[10] und Casanova[11] etwa halten das schon von Durkheim und Weber beobachtete Element der *Ausdifferenzierung der Gesellschaft* für besonders wichtig.[12] Gemäss diesen Theoretikern differenziert sich die Gesellschaft,

2 Für eine gute Zusammenfassung der drei religionssoziologischen Modelle siehe Pollack (2009). Als neuere Einführung in den Forschungsstand siehe auch Pickel (2011).

3 Comte (1995 (1844)).

4 Weber (1984 (1920)).

5 Weber (1988 (1920).

6 Durkheim (^{7}1985).

7 Dennoch war Durkheim der Meinung, ohne Integration könne keine Gesellschaft bestehen, und es sei daher zu erwarten, dass zukünftige Gesellschaften neue Formen der Religion entwickeln müssten: Durkheim (^{7}1985, 609–610).

8 Siehe Dobbelaere (2002); Tschannen (1991); Wallis/Bruce (1995). Als wichtige Literatur siehe auch Yamane (1997); Chaves (1994); Pollack (2003); Bruce (1990; 1996; 2002). Empirisch für Deutschland Wolf (2008).

9 Wilson (1966).

10 Luhmann (1982). Siehe im Anschluss an Luhmann: Krech (2011).

11 Casanova (1992).

12 Die Differenzierungstheorie ist insgesamt viel breiter als die auf sie aufbauende Version der Säkularisierungstheorie.

wodurch verschiedene Systeme (z. B. Wirtschaft, Erziehung, Recht, Politik, Medizin usw.) entstehen, die nach je eigenen Gesetzen und «Logiken» ablaufen. Hinsichtlich der Bedeutung religiöser Bezüge in der Gesellschaft werden unterschiedliche Positionen vertreten, so halten Wilson und Luhmann daran fest, dass religiöse Bezüge durch die Ausdifferenzierung immer mehr in den Hintergrund gedrängt würden. Religion als eigenes System stehe in einer strukturellen Spannung zur Modernisierung und sei zudem nicht besonders leistungsfähig. Demgegenüber vertritt Casanova entschieden die These einer strukturellen Vereinbarkeit von Religion und Moderne. Differenzierung führe nicht notwendigerweise zu einem Niedergang religiöser Überzeugungen – auch wenn dies in Europa empirisch vielfach der Fall sei. Von dieser Ausgangsposition her entwirft Casanova das Modell der «öffentlichen Religion», deren Organisationsformen starke zivilgesellschaftliche Akteure sein können.[13]

Eine zweite Form der Säkularisierungstheorie wird von Pippa Norris und Ronald Inglehart vertreten. Diese Variante stellt die Tatsache in den Vordergrund, dass es im Lauf der Modernisierung zu einer deutlichen *Anhebung des Lebensstandards und einer Verringerung zentraler Lebensrisiken* komme.[14] Im Vergleich zu anderen Regionen der Welt zeichnen sich etwa westeuropäische, stark modernisierte Länder durch grossen Reichtum, einen Wohlfahrtsstaat, hochwertige medizinische Versorgung, Versicherungen usw. aus. Da es bei Religion zentral um die Bewältigung von schwierigen Lebenssituationen gehe und da Modernisierung solche Situationen entweder zum Verschwinden bringe (z. B. Pest, Kindersterblichkeit) oder mit technischen, säkularen Mitteln bearbeitbar mache, sinke in modernisierten Ländern die Nachfrage nach Religion.

Der Religionssoziologe Steve Bruce macht in einer dritten Variante der Säkularisierungstheorie speziell auf die Tatsache aufmerksam, dass Religion und Religiosität bis in die Moderne hinein gar keine individuellen Angelegenheiten waren, sondern *sozial erwartet* wurden.[15] Ein Abweichen vom rechten Glauben konnte schwerwiegende Folgen haben; die Inquisitionen, Hexenverbrennungen wie auch die vielen um Religion geführten Kriege zeigen dies mit grösster Deutlichkeit. Durch Modernisierung und die mit ihr einhergehenden Toleranz- und Religionsfreiheitsgesetze werden die Normen, die Religion als für die Menschen verbindlich erklären, immer mehr aufgelöst. Früher war Unglaube, heute ist Glaube Privatsache.[16]

13 Casanova (1994; 1996, 187).

14 Gill/Lundsgaarede (2004); Norris/Inglehart (2004).

15 Bruce (2002). Als Klassiker dieser Variante kann Tönnies (1963 (1887)) gelten.

16 Wir haben das Luhmann-Zitat (1982, 239) leicht umformuliert.

Eine vierte und letzte Variante stellt die mit zunehmender Modernisierung abnehmende *Plausibilität* der Religion in den Vordergrund. Das moderne Bewusstsein empfindet es – so Peter Berger[17] – als immer schwieriger, an «transzendente Mächte» wie etwa Götter, Engel oder Teufel zu glauben. Ein Grund liege – erneut – in der uns umgebenden modernen Gesellschaft, die unerwartete Geschehnisse routinemässig wissenschaftlich (geologisch, medizinisch, physikalisch usw.) erklärt. Ein anderer Grund kann darin gesehen werden, dass moderne Gesellschaften plural sind: Das Individuum sieht sich vielen verschiedenen Religionen und nicht-religiösen Weltanschauungen gegenüber, die alle je einen (manchmal absoluten) Wahrheitsanspruch anmelden.[18] Dies führt im modernen Bewusstsein zu einer Selbstrelativierung und zur Distanzierung vom eigenen religiösen Standpunkt.[19] Alle Religion verliert damit an Gewissheit; es kommt zum «Zwang zur Häresie».[20]

Viele der genannten Argumente sind plausibel, und es ist empirisch nicht von der Hand zu weisen, dass Modernisierung (Demokratisierung, die Entwicklung des Wohlfahrtsstaats, Alphabetisierung, Industrialisierung) und die Abnahme von Religiosität weltweit Hand in Hand gehen.[21] Dennoch ist die Säkularisierungstheorie von verschiedener Seite scharf kritisiert worden. Sie sei zu allgemein, einseitig, ethnozentrisch, gender-blind usw.[22] Wie Detlef Pollack gezeigt hat, sind viele dieser Kritikpunkte nur zum Teil gerechtfertigt und beruhen oft auf Übertreibungen und falschen Annahmen.[23] Dennoch kann man u. E. drei Punkte an der Säkularisierungstheorie bemängeln:

Erstens fehlt vielen modernisierungstheoretischen Ansätzen eine *Akteurperspektive*.[24] Individuen und kollektive Akteure (wie Gruppen und Organisationen) kommen in diesen Theorien einfach nicht vor; stattdessen ist die Rede von abstrakten Prozessen wie «Differenzierung», «Sozietalisierung», «Pluralisierung», die

---

17 Berger (1980).

18 Zu den Begriffen religiöse Pluralität, Pluralismus, Pluralisierung gibt es eine mittlerweile riesige Literatur. Für die Schweiz als Überblick siehe Baumann/Stolz (2007); Bochinger (2012). Allgemein siehe Giordan/Pace (2014); Baumann/Behloul (2005).

19 Berger (1990 (1967)).

20 Die religiöse Pluralität kann aber auch unabhängig von ihrem Einfluss auf das Bewusstsein zu Säkularisierung führen: indem sie nämlich den Staat zwingt, religionssneutrale Regeln und Institutionen aufzubauen, um den Religionsfrieden zu gewährleisten. Siehe hierzu u. a. Bruce (2002; 2006); Stolz/Baumann (2007).

21 Barro/Mcleary (2003); Norris/Inglehart (2004).

22 Siehe z. B. Smith (2003b); Casanova (1992); Gorski (2000); Stark (1999); Woodhead (2008); Berger (1999).

23 Für eine gute Zusammenstellung und Rekonstruktion der Kritikpunkte siehe Pollack (2011).

24 Siehe zu dieser Kritik auch Chaves (1994), Smith (2003a).

sich in letztlich nicht geklärter Weise gegenseitig beeinflussen sollen. Dobbelaere bringt dies auf den Punkt, wenn er schreibt:

> «Too little attention has been paid to the question of just which people in just which social positions became the ‹sacralizers› or the ‹secularizers› in given situations [...] Laicization is not a mechanical process to be imputed to impersonal and abstract forces.»[25]

Zweitens (und mit dem ersten Punkt zusammenhängend) fehlen den modernisierungstheoretischen Ansätzen klare Vorstellungen über die *genauen kausalen Mechanismen*, die ihre Erklärung voraussetzt. Solche Mechanismen müssten angeben, wie genau gesellschaftliche Bedingungen die Situation von individuellen und kollektiven Akteuren beeinflussen, aufgrund welcher Interessen, Ressourcen, Glaubensüberzeugungen usw. diese Akteure im Anschluss daran handeln und welche gewollten und ungewollten Effekte sich hieraus ergeben. Nur eine Theorie, die in dieser Weise Makro-, Meso- und Mikrophänomene durch kausale Mechanismen verbindet, ist wirklich erklärend. Stattdessen finden wir bei den meisten modernisierungstheoretischen Ansätzen relativ allgemeine Aussagen über Zusammenhänge von Makroprozessen. Smith formuliert diesen Kritikpunkt folgendermassen:

> «A [...] problem with secularization theory is that scholars in this tradition often under-specify the causal mechanisms that are presumed to link the social factors that are claimed to have transformed the role of religion in public life with the secularization outcome.»[26]

Drittens schliesslich führen die beiden genannten Punkte dazu, dass modernisierungstheoretische Ansätze oft relativ abstrakt bleiben, nur *schwer mit den konkreten historischen Geschehnissen in Verbindung gebracht werden können* und insbesondere nicht in der Lage sind, die grossen historischen, regionalen und nationalen Unterschiede zu erklären. So kritisiert der Historiker Mark E. Ruff an den soziologischen Säkularisierungstheorien:

> «[...] these debates have operated with a host of weaknesses. They have consistently lacked a sound empirical basis and have frequently bordered on the ahistorical. [...] Most importantly most of the theorists of secularization from the 1960s and 1970s

25 Dobbelaere (1981, 61.67).
26 Smith (2003a, 20).

applied these processes indiscriminately to almost all European nations, regardless of differing national and religious traditions.»[27]

Wir werden später eine eigene Theorie vorstellen, die versucht, diese Probleme besser zu lösen. Zuvor ist jedoch noch die von Thomas Luckmann formulierte Kritik gegenüber der Säkularisierungstheorie zu erörtern.

Theorie der Individualisierung und spirituellen Revolution

Bereits Ende der 1960er Jahre publizierte Thomas Luckmann sein Buch «Die unsichtbare Religion»[28], worin er die Säkularisierungstheorie scharf kritisierte. Der eigentliche Fehler der gesamten Klassiker, vor allem aber der zu seiner Zeit starken Kirchensoziologie, liege, so Luckmann, in einer zu engen Definition des zu erklärenden Sachverhalts.

> «Was für gewöhnlich bloss für ein Symptom für den Rückgang des traditionellen Christentums gehalten wird, könnte Anzeichen für einen sehr viel revolutionäreren Wandel sein: die Ersetzung der institutionell spezialisierten Religion durch eine neue Sozialform der Religion. Eines lässt sich mit Sicherheit sagen: Die zu einem ‹offiziellen› oder einst ‹offiziellen› Modell der Religion erstarrten Normen der traditionellen religiösen Institutionen können nicht mehr als Gradmesser zur Einschätzung der Religion in der modernen Gesellschaft dienen.»[29]

Der Fehler der Säkularisierungstheorie bestehe also gemäss Luckmann darin, Religion zu eng zu definieren. Hierdurch, so Luckmann, bekämen die Modernisierungstheoretiker nur einen Niedergang in den Blick und würden blind für andere religiöse Formen, die die alten Formen ersetzen. Würden etwa Historiker «politische Organisation» zu eng als «Königtum» definieren, so wäre im Verlauf der letzten Jahrhunderte ein ständiger Niedergang der «politischen Organisation» zu beobachten gewesen – ohne dass der Aufschwung der totalitären Regimes und der Demokratien als neue Formen von politischer Organisation in den Blick gekommen wäre.[30] In Wirklichkeit hätten wir es also, so Luckmann, nicht mit einem Niedergang, sondern mit einer *Veränderung* der Religion und Religiosität in modernen Gesellschaften zu tun. Zwar schrumpfe das «offizielle Modell» mit sei-

27 Ruff (2005, 9).

28 Luckmann (1967). Siehe auch die interessante Debatte zwischen Pollack/Pickel (1999) und Wohrab-Sahr/Krüggeler (2000).

29 Luckmann (1991, 132).

30 Das Beispiel stammt von uns.

nen «erstarrten Normen» – d. h. also traditionelle Kirchlichkeit. Aber diese Form würde durch individualisierte, frei wählbare neue Spiritualitätsformen ersetzt. Worin diese neue Spiritualität genau besteht, wird bei Luckmann allerdings nicht völlig ersichtlich. An einer Stelle spricht er davon, dass Ratgeberseiten, positives Denken im «Playboy» oder Popmusik-Lyrik Elemente letzter Bedeutung enthielten.[31] An anderer Stelle meint er, Themen rund um das Individuum und seine Autonomie (wie Selbstverwirklichung, Familialismus, eigene Sexualität) seien religiös aufgeladen.[32]

Luckmanns Argumentation – zusammen mit dem eingängigen Buchtitel von der unsichtbaren Religion – inspirierte ganze Generationen von Religionssoziologen und Religionswissenschaftlerinnen dazu, an diversen, z. T. kontra-intuitiven Orten nach «unsichtbarer» (und durch die Forschung sichtbar zu machender) Religion zu suchen.[33] Hierbei können wir drei grössere Varianten unterscheiden. Eine erste Gruppe von Forschern sieht die unsichtbare Religion in diversen Phänomenen, die der Common Sense nicht unbedingt mit Religion in Verbindung bringen würde, die aber aus der Sicht der Wissenschaftler/innen ebenso ein «Bedürfnis nach letztem Sinn» oder nach «Ritual» abdecken. Gemäss der These der religiösen Dispersion von Hans-Joachim Höhn hat sich Religion in verschiedene kulturelle Versatzstücke der modernen Gesellschaft wie Fussball, Werbung, Fernsehen hinein verlagert.[34] Der stark von Luckmann beeinflusste Hubert Knoblauch spricht in diesem Zusammenhang von populärer Religion.[35] Eine zweite Variante besteht darin, die unsichtbare Religion in bisher weniger beachteten Elementen der traditionellen Religiosität zu sehen. Zwar, so diese Autoren, sinke die beobachtbare religiöse Praxis und die Verbindung zu den Kirchen. Aber die Leute hielten doch an ihrem Glauben fest. Dies ist die berühmte These des «Believing without belonging» von Grace Davie.[36] Eine andere Form dieses «Believing without belonging» kann in der These von Roland Campiche einer «Dualisierung der Religion» gesehen werden.[37] Zwar sinke die institutionelle Religiosität – aber eine universale Religiosität (die v. a. allgemeine Werte beinhaltet) bleibe bestehen. Eine

31 Luckmann (1991, 147).

32 Luckmann (1991, 153 ff.).

33 Auch die Sonderfallstudie von Dubach/Campiche u. a. (1993) ging (unter anderem) von einem Individualisierungsparadigma aus.

34 Höhn (2007, 33–50).

35 Knoblauch (2009).

36 Davie (1990). Eine von Davie (2006) selbst formulierte Variante des Believing without belonging ist das Konzept der «vicarious religion». Hiernach sind zwar viele Personen in westlichen Gesellschaften in der Tat wenig religiös. Sie befürworten jedoch, dass andere religiös sind, und sehen diese anderen gewissermassen als ihre eigenen Stellvertreter gegenüber Gott.

37 Campiche (2010; 2004).

dritte Variante sieht die «unsichtbare Religion» in Phänomenen, die heute oft «New Age» oder «alternative Spiritualität genannt werden. Paul Heelas und Linda Woodhead haben gar von einer «spirituellen Revolution» gesprochen.[38] Die kirchliche Religiosität würde langfristig durch Phänomene wie Astrologie, Yoga, Channelling, Engelsglauben, Kristall-Heilungen usw. ersetzt oder verwandle sich unmerklich in eine solche.[39]

Auch die Individualisierungstheorie ist scharf kritisiert worden. Zwar kann kein Zweifel daran bestehen, dass in den letzten Jahrzehnten in den westeuropäischen Ländern so etwas wie eine «Individualisierung» stattgefunden hat.[40] Die Frage ist aber, wie sie Religion genau beeinflusst. Hier hat die Kritik sowohl empirische als auch theoretische Einwände geltend gemacht. *Empirisch* haben verschiedene Arbeiten gezeigt, dass es keine scharfe Trennung der Entwicklung von Believing und Belonging gibt[41] und dass der Aufschwung der sogenannten alternativen Spiritualität den Niedergang der institutionellen Kirchlichkeit bei Weitem nicht aufwiegt. Von einer «spirituellen Revolution» kann also keine Rede sein.[42] *Theoretisch* haben Kritiker bemängelt, dass Luckmann und seine Nachfolger Religion zu weit definieren. In der Folge kann so gut wie alles zu Religion werden, wodurch das Konzept jegliche Trennschärfe verliert. Rein aufgrund der Definition ist es dann nicht mehr möglich, eine «Abnahme» oder «Zunahme» von Religion zu beobachten.

Für unseren Zusammenhang ist ferner wichtig, dass sich die Individualisierungstheorie in genau gleicher Weise kritisieren lässt wie die Säkularisierungstheorie. Auch hier fehlt eine Akteurperspektive: Zwar wird behauptet, die Individuen würden immer individueller, aber in vielen Versionen der Individualisierungstheorie wird dies als abstrakter, die Individuen als Objekte erfassender Prozess dargestellt. So bleibt auch hier unklar, wie die Situationsveränderungen und daraus folgenden individuellen und kollektiven Handlungen zur Individualisierung geführt haben sollen und wie die Theorie mit den konkreten historischen Geschehnissen verbunden werden kann. Genau betrachtet haben die Individualisierungstheoretiker letztlich keine neue Erklärung für ein bestehendes Phänomen vorgeschlagen. Ihr wesentlicher Beitrag besteht vor allem in zweierlei: Zum einen weisen sie darauf hin, dass durch Modernisierung eine individuelle Wahlfreiheit in religiösen und spirituellen Belangen entsteht, die sehr entscheidende Auswir-

---

38 Heelas/Woodhead (2004).

39 Bochinger, Engelbrecht/Gebhart (2009). Siehe als wichtige Literatur hierzu auch Bloch (1998); Bochinger (1995); Gebhart u. a. (2005); Hanegraaf (1998). Für die Schweiz: Mayer (1993; 2007); Stolz (2009a); Stolz/Sanchez (2000); Rademacher (2009).

40 Beck (1986); Buchmann/Eisner (1997); Putnam (2000).

41 Voas/Crockett (2005).

42 Pollack (2006); Voas/Bruce (2007).

kungen auf Religion und Religiosität hat. Zum anderen rufen sie dazu auf, das zu erklärende Phänomen neu zu definieren, m. a. W. Religiosität weiter zu fassen, als mit einer Konzentration auf christlich-kirchliche Religiosität erreicht wird. Diese beiden Punkte müssen u. E. von jeder zukünftigen Theorie religiösen Wandels aufgenommen werden.

Markttheorie

Vor allem seit den 1980er Jahren haben die Vertreter der sogenannten Markttheorie die Säkularisierungstheorie stark infrage gestellt. Eine Gruppe von vor allem US-amerikanischen Forschern – Rodney Stark, Roger Finke, William Bainbridge und Laurence Iannaccone – behauptete in vielerlei Hinsicht das genaue Gegenteil dessen, was Modernisierungstheoretiker seit vielen Jahrzehnten als gesichertes Wissen angenommen hatten.[43] Die Markttheoretiker bestreiten energisch, dass die Modernisierung westlicher Gesellschaften zu einer Abnahme von Religion und Religiosität geführt habe. Dies sei eine Selbsttäuschung, die es ein für alle Mal zu begraben gelte.[44] Der religiöse Niedergang in Europa sei ein Mythos, religiöse Glaubensüberzeugungen in Europa seien nach wie vor sehr hoch, in früheren Zeiten seien die Personen viel weniger religiös gewesen als oft vermutet, und ganz generell sprächen die Entwicklungen in den USA, den arabischen Ländern und Osteuropa gegen die These fortschreitender Säkularisierung.[45] Wenn nicht durch die Modernisierungstheorie, wodurch lassen sich dann die grossen Religiositätsunterschiede zwischen verschiedenen Ländern erklären?

Die Lösung sei – so die Markttheoretiker – bestechend einfach: Es genüge, Religion als einen Markt mit Anbietern (Kirchen und religiöse Gruppen) und Nachfragern (Gläubige) zu verstehen und die allgemeinen ökonomischen Marktgesetze von Angebot und Nachfrage anzuwenden.[46] Eine entscheidende, dem Ansatz zugrundeliegende Annahme ist eine konstant gleichbleibende religiöse Nachfrage – d. h., dass Menschen überall auf der Welt im Prinzip die gleichen religiösen Bedürfnisse, den gleichen Durst nach «überweltlichen Gütern» aufweisen. Das aber bedeutet, dass Unterschiede zwischen verschiedenen Ländern ausschliesslich durch unterschiedliches religiöses Angebot zu erklären sind, und dieses wiederum hängt zentral von der staatlichen Regulierung des religiösen Marktes ab.

---

43 Iannaccone (1998); Warner (1993); De Graaf (2012).

44 Stark (1999).

45 Stark/Iannaccone (1994); für den religiösen Markt in Lateinamerika siehe Bastian (2007).

46 Iannaccone (1991); Stark/Bainbridge (1989).

In regulierten Märkten (in denen wir z. B. ein Monopol oder Oligopol finden) würden die Menschen – so die These der Markttheorie – mit zu teuren und qualitativ tief stehenden religiösen Produkten versorgt. Religion sei deshalb unattraktiv und würde aus diesem Grund wenig nachgefragt. Dies erkläre die tiefe Religiosität in Westeuropa. In Ländern ohne Regulierung, in Ländern mit freier Konkurrenz also, stünden die religiösen Gemeinschaften miteinander im Wettstreit, eiferten um die Gunst der Gläubigen und produzierten genau diejenigen religiösen Güter, die den Menschen am besten zusagten. Die Konsequenz bestünde in einer hohen Gesamtreligiosität, wie sie sich etwa in den USA zeigt. Überhaupt sähe man, so die Markttheoretiker weiter, gerade an der Geschichte der USA, wie Industrialisierung und Modernisierung gerade nicht mit einer Abnahme, sondern mit einer Zunahme von Religiosität einhergegangen seien.[47]

Die Markttheorie weist im Vergleich zu Modernisierungs- und Individualisierungstheorie völlig andere Stärken und Schwächen auf. Positiv ist zu werten, dass diese Theorie die Akteurperspektive beinhaltet. Der Ansatz spricht nicht nur abstrakt von Prozessen, sondern von Individuen und kollektiven Akteuren (Kirchen, Organisationen usw.), die nicht nur passiv den Geschehnissen ausgeliefert sind, sondern diese aktiv gestalten können. Auch wird hier im Unterschied zu den zwei vorherigen Theorien ein klarer kausaler Mechanismus vorgestellt: Es ist einleuchtend, wie – der Theorie gemäss – unterschiedliche gesellschaftliche Makrobedingungen die Situation von Individuen und kollektiven Akteuren verändern, wie diese reagieren und wie sich hieraus die zu erklärenden neuen Situationen ergeben.

Der Schwachpunkt der Theorie liegt nicht in zu geringer Konkretheit, sondern gerade umgekehrt darin, dass ein sehr spezieller Mechanismus in unzulässiger Weise auf alle möglichen Zeiten und Gesellschaften verallgemeinert wird. So ist offensichtlich, dass sich Kirchen in sehr vielen Gesellschaften nicht als Firmen verstehen und Gläubige sich nicht wie Kunden verhalten.[48] Empirisch zeigt sich, dass der von der Markttheorie postulierte Mechanismus oft nicht spielt. Vermehrter Pluralismus, ein freierer Markt und weniger Regulierung führen oftmals gerade nicht zu mehr Religiosität.[49] Zudem kann auch der religiöse Bedarf nicht einfach als konstant angesehen werden, sondern unterliegt Veränderungen und Beeinflussungen durch die jeweiligen Regionen und Umweltbedingungen.

Auch wenn die Ideen der Markttheoretiker sich als Ganzes nicht bewährt haben, sind u. E. doch verschiedene Elemente ihrer Theorie durchaus brauchbar.

---

47 Finke/Stark (1992).

48 Bruce (1999); Bryant (2000).

49 Chaves/Gorski (2001); Lechner (1996); Voas/Olson/Crockett (2002). Für den Schweizer Kontext zur Regulierung siehe Becci (2001), und für die Überprüfung der Markttheorie siehe Stolz (2009a).

Vor allem die Idee der Konkurrenz um die Gunst, Zeit und Energie der Menschen werden wir für unsere eigene Theorie aufgreifen.

2.2 Die allgemeine Theorie religiös-säkularer Konkurrenz

Im Folgenden schlagen wir eine neue Theorie vor, die versucht, die genannten Schwierigkeiten der bisherigen Ansätze zu vermeiden. Die von uns vertretene Theorie sieht den religiösen Wandel als Resultat religiös-säkularer und intra-religiöser Konkurrenzverhältnisse auf verschiedenen Ebenen. Diverse interne und externe Faktoren (z. B. Kriege oder Erfindungen) wirken darauf ein, wer sich in diesen Konkurrenzverhältnissen durchsetzt. Ferner postulieren wir einen *Wechsel des religiösen Konkurrenzregimes* in den 1960er Jahren. Hiermit ist gemeint, dass die religiös-säkulare und intra-religiöse Konkurrenz betreffenden gesellschaftlichen Regeln in dieser Zeit einen tiefgreifenden Richtungswechsel durchgemacht haben. Wir skizzieren zunächst die allgemeine Theorie und wenden sie dann in einer «sozio-historischen Konkretisierung» auf den uns interessierenden Fall der Schweiz an.[50]

Eine terminologische Bemerkung: Unsere Theorie bezieht sich auf religiös-säkulare *und* intra-religiöse Konkurrenz; wichtig ist, dass der Konkurrenzbereich sowohl religiöse als auch säkulare Anbieter umfassen kann. Im Folgenden verwenden wir aus Gründen der besseren Lesbarkeit den Begriff «religiös-säkulare Konkurrenz» oft inklusiv, d. h., intra-religiöse Konkurrenz ist mitgemeint. Wo es ausschliesslich nur um das eine oder andere geht, machen wir dies speziell kenntlich.

Vorbemerkungen

Vorläufer der Theorie

Schon andere Forschende haben auf religiös-säkulare und intra-religiöse Konkurrenzverhältnisse hingewiesen. Wir finden diesbezügliche Befunde und Bemerkungen in so verschiedenen Disziplinen wie der Soziologie, den Wirtschaftswissenschaften, dem Marketing oder der Geschichte. Diese Einsichten sind allerdings bisher noch nie gesamthaft dargestellt und in einer einheitlichen Theorie zusammengefasst worden. Betrachten wir kurz die wichtigsten dieser Elemente.[51]

50 Im allgemeinen Teil geben wir schon einige Beispiele aus verschiedensten historischen Zeiten und unterschiedlichster geografischer Provenienz, um zu zeigen, dass die Theorie einen allgemeinen Anspruch aufweist.

51 Im Überblick bei Stolz (2013).

Eine Reihe von Autoren hat auf religiös-säkulare oder intra-religiöse *Konkurrenz um Macht und Ansehen* auf einer gesellschaftlichen Ebene oder innerhalb von Organisationen aufmerksam gemacht. So haben schon Max Weber und auch Pierre Bourdieu Konkurrenzverhältnisse zwischen Priestern, Propheten und Magiern in einem «religiösen Feld» analysiert.[52] Andrew Abbott hat mit «Systems of Professions» eine hervorragende Arbeit vorgelegt, die zeigt, wie Kleriker und andere Professionen sich in einem ständigen Konkurrenzkampf um das Monopol über bestimmte Produktionsmöglichkeiten und Jurisdiktionen befinden.[53] Christian Smith erklärt die Säkularisierung der Institutionen in den USA von 1870 bis 1930 als Ergebnis eines Konkurrenzkampfes zwischen protestantischem Establishment und neuen, säkularen Eliten. In ähnlicher Weise schlägt Mark Chaves vor, Säkularisierung auf drei Ebenen durch den Konkurrenzkampf um religiöse oder säkulare Autorität zu erklären.[54] Schliesslich analysiert eine Forschergruppe um Monika Wohlrab-Sahr seit einigen Jahren Konkurrenzverhältnisse und Konflikte zwischen religiösen und säkularen Weltsichten (und den dahinter stehenden Eliten).[55]

Andere Autoren haben *Konkurrenz um individuelle Nachfrage* in den Vordergrund ihrer Analysen gestellt.[56] Die Ökonomen Corry Azzi und Ronald Ehrenberg sowie im Anschluss daran Laurence Iannaccone haben ein Modell entwickelt, in dem Individuen zwischen religiöser und säkularer Zeitverwendung entscheiden können, so dass Kirchen, Arbeitgeber und Freizeitanbieter um die Zeit der Individuen in Konkurrenz stehen. In einer ebenfalls ökonomischen Studie haben Jonathan Gruber und Daniel M. Hungerman gezeigt, dass die Öffnung von Supermärkten an Sonntagen dazu führt, dass die Menschen seltener in die Kirche gehen.[57] Die Soziologen Tony Gill und Erik Lundsgaarde haben in einer wichtigen Untersuchung darauf hingewiesen, dass der moderne Wohlfahrtsstaat in westlichen Ländern die religiösen Anbieter konkurrenziert, indem er ähnliche Güter anbietet.[58] Jochen Hirschle, ebenfalls Soziologe, hat am Beispiel der Säkularisierung Irlands und in anderen Arbeiten gezeigt, wie die moderne Konsumkultur zu einem wichtigen Konkurrenten für Religion wurde.[59] Und Historiker wie

52 Weber (1988 (1920)); Bourdieu (1971; 1987).
53 Abbott (1988). Siehe auch Abbott (1980).
54 Chaves (1994).
55 Siehe z. B. Wohlrab-Sahr/Burchardt (2012); Wohlrab-Sahr/Schmidt-Lux/Karstein (2008); Wohlrab-Sahr (2011).
56 Ausserdem in diesem Zusammenhang wichtig sind Publikationen aus der Marketingwissenschaft: Mara Einstein (2008, 2011) oder Sandra Mottner (2007) haben den Konkurrenzkampf zwischen religiöser und säkularer Buch- und Filmindustrie analysiert.
57 Gruber/Hungerman (2008).
58 Gill/Lundsgaarde (2004).
59 Hirschle (2010; 2011; 2012).

Urs Altermatt, Hugh McLeod oder Mark Edward Ruff haben nachgezeichnet, wie der Jugendarbeit der Kirchen in der westlichen Welt nach 1945 durch Rock 'n' Roll, James Dean, «Bravo», Kinos und Tanzhäuser ein unbezwingbarer Konkurrent erwuchs.[60] Um all diese Analysen und Erkenntnisse in ein einheitliches Konzept zu fassen, benötigen wir einen theoretischen Rahmen. Diesen liefert uns die sogenannte analytische Soziologie.

Analytische Soziologie

Die analytische Soziologie ist ein im Wesentlichen auf dem Forschungsprogramm Max Webers basierender soziologischer Ansatz, der davon ausgeht, dass Soziologie rätselhafte soziale Phänomene *mit Hilfe von deutendem Verstehen kausal erklären* sollte. Dies bedeutet, dass man zum einen die subjektive Sicht der Akteure in hermeneutischer Weise zu rekonstruieren hat und zum anderen die genauen kausalen Mechanismen herausarbeiten muss, die zu einem spezifischen zu erklärenden Phänomen geführt haben.[61]

Die hierdurch entstehenden Erklärungen bauen auf dem Prinzip des *methodologischen Individualismus* auf, womit gemeint ist, dass die soziale Welt aus verschiedenen «Ebenen» besteht, die durch kausale Mechanismen miteinander verknüpft sind: eine Makro-Ebene kultureller und gesellschaftlicher Randbedingungen, eine Meso-Ebene (Gruppen, Organisationen, Milieus) und eine Mikro-Ebene individuellen Wahrnehmens und Handelns. Soziologische Erklärungen wollen immer Phänomene auf der Meso- oder Makro-Ebene erklären – dies ist jedoch nur möglich, wenn man sie als Ergebnisse des Verhaltens der Individuen auf der Mikro-Ebene auffasst.[62]

Aus der Sicht der analytischen Soziologie handeln Individuen meist *(begrenzt) rational.* Sie haben normalerweise «gute Gründe» für ihr Verhalten, wobei sie aufgrund ihrer Ressourcen, Präferenzen, Glaubensansichten wie auch aufgrund der wahrgenommenen geltenden Normen und des verfügbaren Angebots auswählen. Wenn ein Handeln von aussen als unverständlich oder irrational erscheint, ist es sinnvoll, mit qualitativen Methoden die Situation des betreffenden Individuums

60 Altermatt (2009); McLeod (2007); Ruff (2005). Auch bei Luhmann (1982, 239) findet man einen Hinweis auf dieses Phänomen: «Durch Privatisierung gerät Religion in den gegen Arbeit abgegrenzten und dadurch bestimmten Bereich der Freizeit. [...] Heute scheint entschieden zu sein, dass die Kirche in der Freizeit gegen starke, strukturell begünstigte Tendenzen zu konkurrieren hat – ein Problem, das sich innerhalb ‹kirchlicher Freizeiten› in der Marginalisierung der ‹Bibelarbeit› wiederholt.»

61 Siehe klassisch Weber (1985 (1922)). Siehe zur analytischen oder erklärenden Soziologie: Boudon (1983); Esser (1999), Hedström (2005).

62 Zur Makro-Mikro-Makro-Struktur siehe Coleman (1990); Schelling (2006 (1978)).

zu untersuchen, was häufig zu einer befriedigenden Erklärung des Verhaltens führt.[63] Indem viele (begrenzt) rationale Individuen aufgrund sich verändernder sozialer Umwelten in ähnliche Richtungen wählen, ergeben sich soziale Trends, z. B. Säkularisierungs- oder Resakralisierungsphänomene. Erst die Summe der vielen Einzelentscheidungen führt zu dem, was unser Modell letztlich erklären will.

Gute Erklärungen sind schliesslich aus der Sicht der analytischen Soziologie nur möglich, wenn sie *in den historischen Kontext gestellt werden*, d. h., wenn gezeigt wird, aufgrund welcher typischen Anfangsbedingungen (Ressourcen, Präferenzen, Glaubensüberzeugungen, Optionen) typische Akteure gehandelt haben.[64] Hierfür eignen sich neben quantitativen insbesondere auch qualitative und historische Methoden.

Insgesamt hilft uns dieser Rahmen der analytischen Soziologie, die oben genannten Probleme der Modernisierungs- und Individualisierungstheorie zu vermeiden. Es wird so nötig, akteursorientiert zu denken und die genauen kausalen Mechanismen zu benennen, die die zu erklärenden Phänomene hervorbringen sollen.

Religion, religiöse Organisationen, Religiosität

Definitionen

Es ist offensichtlich, dass eine Theorie religiös-säkularer Konkurrenz nur Sinn macht, wenn religiöse und säkulare Phänomene sich trennen lassen. Für unsere Zwecke unterscheiden wir Religion, religiöse Gruppen und Religiosität in folgender Weise:[65]

---

63 Aufgrund dieser Rationalitätsannahme lassen sich dann Hypothesen formulieren wie: Wenn die säkularen Optionen vermehrt oder attraktiver gemacht werden, so entscheiden sich Individuen vermehrt für diese – und gegen religiöse Optionen (oder umgekehrt). Siehe Boudon (2003). Zum Konzept begrenzter Rationalität siehe Simon (1983). Die experimentelle Forschung hat gezeigt, dass Individuen zwar sehr oft intentional und mit subjektiv «guten Gründen» handeln, dass ihr Verhalten aber vom Modell des *homo oeconomicus* in vielfältigster Weise abweicht. Eine Zusammenstellung der (aus Sicht des *homo oeconomicus* so erscheinenden) «Anomalien» bei Esser (1996). Sehr lesenswert hierzu ist Kahnemann (2011).

64 In der Sprache der analytischen Soziologie handelt es sich darum, «Brückenhypothesen» zu ermitteln. Siehe hierzu schon Popper (1960). Zum Konzept der Randbedingungen bzw. Brückenhypothesen Esser (2000a); Lindenberg (1996); Kelle/Lüdemann (1998).

65 Für ähnliche Positionen zur Definition von Religion siehe Pollack (1995); Geertz (1993). Zur Verteidigung eines engen und substantiellen Religionsbegriffs siehe Riesebrodt (2007). Zur Frage der Grenzbereiche zwischen säkularen und religiösen Phänomenen siehe Stolz/Usunier (2013).

- *Religion* ist die Gesamtheit der *kulturellen* Symbolsysteme, die auf Sinn- und Kontingenzprobleme mit dem Hinweis auf eine transzendente Realität reagieren. Die transzendente Realität beeinflusst gemäss dieser Symbolsysteme das tägliche Leben, lässt sich aber nicht vollständig kontrollieren. Religiöse Symbolsysteme beinhalten mythische, ethische und rituelle Elemente wie auch Vorstellungen von Heilsgütern.[66] Die Verwendung einer transzendenten Ebene (mit Göttern, Geistern u. ä.) erlaubt es, Nichtverstehbares in einer symbolischen Weise dennoch zu verstehen und Nichtkontrollierbares in symbolischer Weise dennoch zu bearbeiten.[67] Beispiele für Religionen sind etwa das Judentum, der Islam, das Christentum, der Hinduismus oder der Raelianismus.
- *Religiöse Gruppen und Organisationen* sind *kollektive Akteure*, die einen zentralen Bezug zu einer Religion aufweisen, also etwa eine religiöse Ideologie vertreten, religiöse Güter anbieten oder religiöse kollektive Aktivitäten durchführen. Beispiele sind etwa Kirchen, religiöse Zentren, Tempelgemeinschaften, Gebetskreise u. ä.
- *Religiosität* ist ein *individuelles* Erleben oder Handeln, insofern es sich auf ein oder mehrere Religionen bezieht. Religiosität weist verschiedene Dimensionen auf (Handeln, Erleben, Wissen, Glauben usw.).[68] Der Besuch eines Gottesdienstes oder eines Meditationskurses, ein Gebet, eine Wallfahrt oder der Glaube an Engel sind Beispiele einer so definierten individuellen Religiosität.

Mit Hilfe dieser Definitionen können wir Religiöses von Nicht-Religiösem unterscheiden: Alle kulturellen, sozialen und individuellen Phänomene, die nicht religiös sind, gelten uns als säkular. Natürlich kommen in der Realität manchmal hybride Phänomene und Graustufen vor. Dennoch zeigt sich in konkreter soziologischer Arbeit, dass diese Definitionen in den meisten Fällen eine eindeutige Zuordnung in religiös bzw. säkular erlauben.

66 Als gute Diskussion zum Thema siehe Riesenbrodt (2007).

67 Der Bestand nicht verstandener oder kontrollierbarer Phänomene wandelt sich mit der Gesellschaftsentwicklung.

68 Zur Dimensionalität von Religiosität existiert eine weitläufige Literatur. Siehe den Klassiker Glock (1967) und als Überblick Huber (2003). Die Dimensionen der Religiosität sind aber eigentlich nichts anderes als grundlegende Dimensionen menschlichen Verhaltens ganz allgemein. Siehe hierzu Stolz (2012).

Die sich wandelnde Vorteilhaftigkeit von Religion

Aus der genannten Definition folgt aber auch eine weitere Annahme unserer Theorie: der Wandel der Vorteilhaftigkeit von Religion und religiösen Strukturen im Zeitverlauf. Während langer Phasen der Gesellschaftsentwicklung brachten religiöse Strukturen viele Vorteile, da «unlösbare» Probleme dennoch einer Bearbeitung zugeführt werden könnten: Viele Krankheiten, Naturkatastrophen, persönliche Armut, die Entstehung der Welt oder die Entstehung des Menschen in früheren Gesellschaften liessen sich nur schwer kontrollieren oder erklären und waren daher für eine religiöse Behandlung geradezu prädestiniert.[69]

Seit der Neuzeit zeigt sich nun aber, dass säkulare Innovationen oft eine höhere Kontrolle und ein besseres Verständnis ermöglichen, wodurch Phänomene dem religiösen Bereich tendenziell entzogen werden. Beispiele sind etwa die Entdeckung von Bakterien und Viren, die Kontrolle von Risiken durch Versicherungen,

Grafik 2.1: Die Theorie religiös-säkularer Konkurrenz

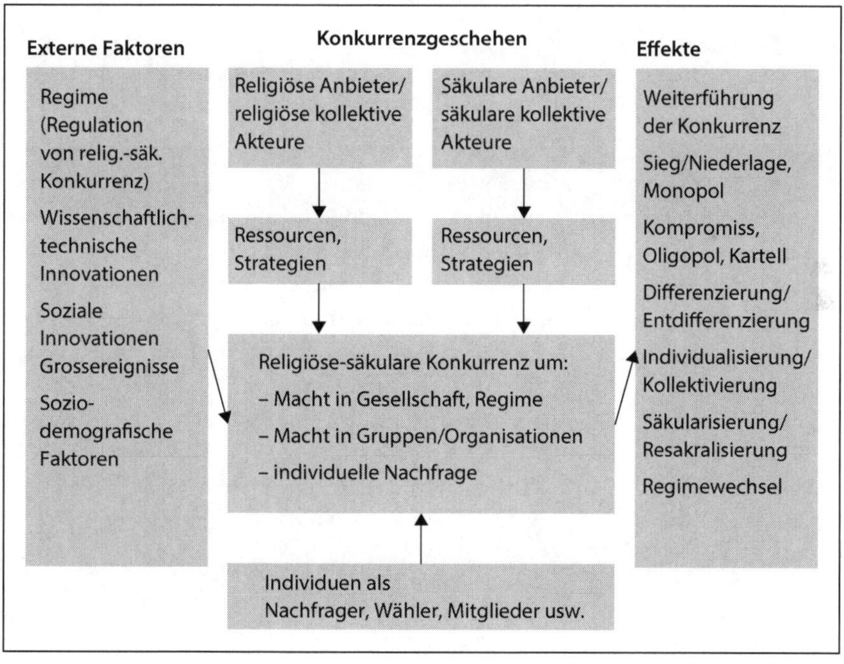

69 Für eine solche Sicht auf Religion siehe schon Weber (1985 (1922)) oder Malinowski (1984). Ganz ähnlich Stolz (2001).

die Entdeckung der ökonomischen Ursachen von Armut, die Entdeckung der fortwährenden Expansion des Universums oder die Entdeckung der Gesetzmässigkeiten der Evolution. Diese Innovationen führen nun aber nicht direkt und notwendig zu einem Entzug von Themen und Zuständigkeiten aus dem religiösen Bereich. Vielmehr verändern sie die Rahmenbedingungen der Konkurrenzverhältnisse, in denen sich die verschiedenen Akteure befinden. Es ist erst der Ablauf des Konkurrenzgeschehens, der zu den je ganz verschiedenen möglichen sozialen Ergebnissen führt.

Diese Konzeption erklärt, warum wir in sich modernisierenden Gesellschaften einerseits einen einheitlichen Gesamttrend der Säkularisierung beobachten, andererseits die Arten, wie die Entwicklungen ablaufen, sich zwischen verschiedenen Ländern und Regionen extrem unterscheiden.[70]

Soziale Konkurrenz

Religiöse und säkulare Anbieter und kollektive Akteure

Das Herzstück unserer Theorie bezieht sich auf religiös-säkulare und intra-religiöse Konkurrenzbeziehungen. Hier operieren religiöse und säkulare Anbieter und kollektive Akteure. Es handelt sich um ganz konkrete Gruppen, Organisationen, Milieus, die sich für die Ziele ihrer Gruppe einsetzen. Die Art der Gruppen, Organisationen und Milieus ist extrem vielgestaltig. Es kann sich um religiöse bzw. säkulare Berufsgruppen (z. B. Kleriker, Ärzte), Organisationen, politische Parteien, Eliten und selbst den Staat handeln. Diese kollektiven und individuellen Akteure kämpfen gemäss unserer Theorie um drei erstrebenswerte Konkurrenzobjekte.

Eine erste Konkurrenzebene betrifft Konkurrenzen um die *Macht auf der Ebene der Gesamtgesellschaft*.[71] Hier kämpfen religiöse und säkulare Akteure um die Frage der herrschenden Ordnung, um die Deutungshoheit, um die Regeln des Zusammenlebens und die Zuständigkeit für die Lösung von Problemen.[72] Einerseits geht es um die Ausgestaltung des *Konkurrenzregimes*, d. h. um die Frage nach den Prinzipien, Normen, Regeln und Verfahren, mit denen legitime Macht, Einfluss und

---

70 Siehe Inglehart/Welzel (2005); Norris/Inglehart (2004).

71 Fast immer sind in solchen Konkurrenzbeziehungen religiöse Komponenten mit diversen anderen (politischen, wirtschaftlichen, ethnischen, statusbezogenen) Komponenten vermischt.

72 Eine Konzeptualisierung von Macht, die mit analytischer Soziologie kompatibel ist, wurde von Coleman (1990) vorgelegt. Siehe auch Esser (2000b).

Deutungshoheit in der Gesellschaft geregelt werden.[73] Auf der anderen Seite kämpfen die kollektiven Akteure um Macht, Einfluss und Deutungshoheit innerhalb eines jeden gegebenen Konkurrenzregimes. Beispiele lassen sich leicht finden. So kämpften während der iranischen Revolution 1979 säkulare und religiöse Parteien um die Macht im Land.[74] In den dreissiger Jahren des 20. Jahrhunderts stritten in Deutschland Nazi- und katholische Jugendgruppen um den Einfluss auf die deutsche Jugend.[75] Und zu Beginn des 20. Jahrhunderts wetteiferten Kleriker und Neurologen darum, wer für «persönliche Probleme» zuständig war.[76]

Aber nicht nur auf der Ebene der Gesamtgesellschaft, sondern auch auf der zweiten Ebene *von Gruppen, Organisationen und Milieus kommt es zu Konkurrenzierungen um Macht, Einfluss und Deutungshoheit*[77]. Hier stehen etwa Fragen nach der generellen Marschrichtung der Gruppe, nach der Legitimation der Zuständigkeit für wichtige Aufgaben im Vordergrund. So kämpften verschiedene muslimische Strömungen nach dem Tod von Mohammed um die legitime Nachfolge, was zur bekannten Trennung von Sunniten und Schiiten führte. Während des II. Vatikanums stritten konservative und reformwillige Katholiken um die Reichweite der anzustrebenden Reformen. Und im späten 19. Jahrhundert kam es in vielen protestantischen Gemeinden der Schweiz zu erbitterten Kämpfen zwischen Gemeindemitgliedern um eine «positive» (supranaturalistische) oder eine «liberale» (v. a. ethische) Bibelauslegung.

Eine dritte Ebene der Konkurrenz bezieht sich nicht so sehr auf Macht als vielmehr auf die *individuelle Nachfrage nach Gütern*. Gemeint ist die Tatsache, dass religiöse und säkulare «Anbieter» miteinander in Konkurrenz um Güternachfrage, Partizipation und Spenden der Individuen stehen.[78] Die Konkurrenz entsteht, weil die Güter religiöser und säkularer Anbieter oft die gleichen Bedürfnisse befriedigen. Wer aufgrund einer Depression ein Bedürfnis nach Hilfe hat, kann das religiöse Gut «Seelsorge» nachfragen – aber es gibt einen säkularen Konkurrenten im säkularen Gut «Psychotherapie». Das Bedürfnis nach sozialen Kontak-

73 Der Begriff Regime wird häufig in der Politikwissenschaft verwendet. Er passt hier, weil er die Ausgestaltung der Regulierung von Angebot und Nachfrage bezeichnen soll. Siehe klassisch Krasner (1982); Keohane (1982). Der Begriff liegt in der Nähe dessen, was Esser (1999) «Verfassung» nennt.

74 Vgl. z. B. Beyer (1994).

75 Vgl. z. B. Ruff (2005).

76 Vgl. z. B. Abbot (1988).

77 Wiederum sind in konkreten Konflikten normalerweise religiöse Elemente mit anderen Konfliktlinien vermengt: zwischen älteren und jüngeren Generationen, Frauen und Männern, ethnisch differenzierten Eliten, höheren und tieferen Klassen usw.

78 Siehe hierzu ausführlich Stolz (2009b; 2013).

Tabelle 2.1

Von Religion behandelte Bedürfnisse	Religiöse Konkurrenten	Mögliche säkulare Konkurrenten
Hilfe in Problemsituationen	Gebet, Beichte, Seelsorge, Diakonie	Psychotherapie, Beratungen, Wohlfahrtsstaat
Sicherheit, Gesundheit, Erfolg	Heilsgüter	Versicherungen, Wohlfahrtsstaat, Karriere
Innerer Friede und Geborgenheit	Gemeinschaft	Sport, Familie
Interpretation der Welt, Sinn	Predigt, Auslegung religiöser Texte, Dogmen	Wissenschaft
Lebensstrukturierung	Kasualien, religiöse Feste	Private Feste, Arbeitszeit-Ferien-Zyklus
Soziale Identität, soziales Kapital	Gemeinde als Netzwerk	Berufliche Netzwerke, neue soziale Medien, Vereine

ten kann durch das religiöse Gut «aktive Mitgliedschaft in einer Gemeinde» befriedigt werden – aber es gibt viele säkulare Konkurrenten: Sportclubs, Vereine aller Art, Nachbarschaftsnetzwerke usw. Je nach betrachtetem Bedürfnis treten andere Konkurrenten von religiösen Anbietern in den Blick (Tabelle 2.1).[79]

Ressourcen und Machtverteilungen

Die Anbieter und kollektiven Akteure verfügen über verschiedene Ressourcen, die sie im Konkurrenzkampf verwenden können. Wichtige Ressourcen sind etwa ökonomisches Kapital, Reputation, Legitimation, technisches Know-how, Wählerstärke usw.[80] Je nach Ressourcenunterschieden sind unterschiedliche Machtver-

79 Bei dieser Art von Konkurrenz geht es für die Anbieter um Fragen des Marketing: Welches Produkt soll angeboten werden? Wie viel soll es kosten? An welchem Ort soll es an den Mann bzw. die Frau gebracht werden? Wie soll das Produkt bekannt gemacht und beworben werden? Nimmt man die Perspektive der Nachfrager ein, so stellen sich Fragen wie: Entwickelt sich das Kind besser, wenn man es an einem Sonntagmorgen in die Sonntagsschule oder ins Fussballtraining schickt? Sollte man dem Kirchenchor oder einem säkularen Chor beitreten? Sind religiös/magische Arten oder biomedizinische Formen der Heilung wirksamer? Usw.

80 Die Ressourcen kann man mit den Bourdieu'schen Kapitalsorten gleichsetzen. Siehe Bourdieu (1983).

teilungen im Konkurrenzspiel gegeben. Das Regime selbst ist eine äusserst wichtige Ressource. Während der iranischen Revolution 1979 etwa verfügte der Schah Mohammad Reza Pahlavi über grosse Ressourcen in Form von finanziellen Reserven und staatlicher Macht (Polizeiapparat, Militär). Sein Gegenspieler, der Revolutionsführer Ajatollah Chomeini, besass Ressourcen in Form von grosser Legitimität und riesiger Unterstützung im Volk (Demonstrationen) und konnte diese letztlich zum Sturz des Schahs einsetzen.

Strategien

Die Strategien der Anbieter, um in diesen verschiedenen Konkurrenzkämpfen zu bestehen, sind sehr vielfältig und können hier nicht alle abschliessend aufgeführt werden. Kollektive Akteure können ihre Mitgliederbasis beispielsweise *mobilisieren*, um politischen Druck auf Personen mit Entscheidungsgewalt auszuüben oder den politischen bzw. religiösen Gegner einzuschüchtern (z. B. Demonstrationen, Prozessionen, Pressekampagnen). Eine andere Strategie besteht in *Abschliessung*, d. h., sie können Grenzen ziehen, um sich von ihrer Umwelt zu unterscheiden (z. B. durch spezielle Haartracht, Abzeichen, Speiseverbote). Eine weitere wichtige Strategie besteht in *Wachstum*, um so den eigenen Einfluss zu steigern (Rekrutierung, biologische Reproduktion) oder auch die eigene Schlagkraft durch höhere *Identifikation* der Mitglieder zu stärken (Sozialisierung der eigenen Mitglieder, soziale Kontrolle). Wenn es um Nachfrage nach «Produkten» der Gruppe geht, liegt zudem eine wichtige Strategie in der *Preisanpassung, Attraktivitäts- und Qualitätssteigerung*. Religiöse Gruppen können versuchen, mehr Personen zur Teilnahme zu bewegen, indem sie z. B. auf Zielgruppen abgestimmte Gottesdienste anbieten, hervorragende Musiker anstellen usw. Oft führt – hier wie anderswo – Innovation zum Erfolg.

Individuelles Handeln

Auf die jeweiligen Konkurrenzsituationen reagieren die Individuen ihrerseits, indem sie sich anpassen. Sie fragen eher religiöse oder eher säkulare Güter nach; sie wählen eher religiöse oder eher säkulare politische Parteien; sie werden Mitglied in religiösen oder säkularen Vereinen usw. Hierbei gehen wir von einer «begrenzten Rationalität» im Sinne Herbert Simons aus. Die Individuen haben beschränkte Informationen und beschränkte Aufmerksamkeits- und Kalkulationsressourcen. Sehr häufig verläuft ihr Verhalten nach Massgabe kulturell vorgegebener Gewohnheiten. Dennoch versuchen sie im Falle von sich verändernden Situationsbedingungen meist, diejenige Kombination von (religiösen und/oder säkularen) Gütern auszuwählen, mit deren Hilfe sie einen möglichst hohen Nutzen erreichen können.[81]

Externe Einflussfaktoren

Der konkrete Verlauf des Konkurrenzgeschehens wird von verschiedensten externen Faktoren beeinflusst. Es ist, wie wenn Spieler eines Monopoly-Spiels ständig von aussen gestört würden, indem plötzlich neue Regeln eingeführt, manchen Spielern zusätzliche Ressourcen gegeben, anderen Ressourcen entzogen, Pausen erzwungen würden usw. Externe Einflussfaktoren können sehr verschiedene Gestalt annehmen – wir nennen hier nur fünf der wichtigsten Formen.

Der erste zu nennende Einflussfaktor ist das *Regime religiös-säkularer Konkurrenz* (wir sprechen im Folgenden abgekürzt auch vom *Konkurrenzregime*). Dieses legt sowohl über die gesetzlichen Wege als auch über die in der Gesellschaft geltenden Normen fest, ob und inwieweit es zu einer intra-religiösen oder religiös-säkularen Konkurrenz kommen kann und nach welchen Regeln solche Konkurrenzen abzulaufen haben. Das Regime religiös-säkularer Konkurrenz kann sowohl das Angebot als auch die Nachfrage regulieren. Beispiele für Regulierung des Angebots sind etwa die Behinderung religiöser Anbieter in der DDR oder die öffentlich-rechtliche Anerkennung mancher religiöser Gemeinschaften in der Schweiz. Beispiele für die Regulierung der Nachfrage sind Normen, die eine religiöse Praxis sozial erwarten (wie dies z. B. für manche französischen Dörfer noch in den 1950er Jahren galt) oder gesetzliche Normen, die eine kirchliche Heirat vorschreiben. Das Regime religiös-säkularer Konkurrenz ist also gewissermassen die für eine bestimmte Zeit in einer Gesellschaft geltende Summe der «Spielregeln». Eine für unsere Theorie wichtige Einsicht ist dabei, dass solche Spielregeln nie unangefochten sind. Sie beruhen auf Machtverteilungen, Grössenverhältnissen von Gruppen usw., sie werden ständig neu ausgehandelt. In manchen Situationen kann es dann zu «Wechseln des Konkurrenzregimes» kommen, d. h., die Veränderungen der Spielregeln sind so gross, dass ein qualitativ neues Spiel entsteht (siehe unten).

81 Unser Modell kommt mit der sehr schwachen Annahme aus, dass Individuen im Aggregat und mittelfristig nach einer für sie als förderlich angesehenen Situation streben. Es steht ausser Frage, dass einzelne Individuen situativ oft hochgradig irrational reagieren. Vgl. zur Idee der Interpretation der Rational-Choice-Theorien als «*medium-term theories*»: Kroneberg (2011). Es steht ausser Frage, dass reale Individuen vom *homo oeconomicus* der Wirtschaftswissenschaften in diverser Weise abweichen, vgl. Esser (1999). Welche Option vom Individuum gewählt wird, hängt dabei von den Ressourcen, der Verfügbarkeit, dem Preis und der Produktivität der jeweiligen Optionen ab.

In Einklang mit neueren ökonomischen und historischen Theorien legt unsere Theorie einen besonders starken Akzent auf Innovationen.[82] Zunächst kann man hier an *wissenschaftliche/technische Innovationen* denken. Diese verändern durch neue Kontroll- und Verstehensmöglichkeiten die Ressourcen und Opportunitäten der verschiedenen Konkurrenten.[83] Die Evolutionstheorie von Charles Darwin etwa veränderte das gesamte religiös-säkulare Konkurrenzfeld, da sie zum ersten Mal eine Möglichkeit eröffnete, die Entstehung des Menschen rein säkular zu erklären.[84] Die Ergebnisse der historisch-kritischen Bibelwissenschaften, angestossen etwa von Julius Wellhausen zum Alten Testament oder David Friedrich Strauss zur Gestalt Jesu, haben die religiös-säkulare Konkurrenzlage innerhalb des Protestantismus und langfristig in den westlichen Gesellschaften insgesamt tiefgreifend verändert.[85] Während die genannten wissenschaftlichen Innovationen religiöses Wissen direkt betreffen, wirken viele wissenschaftliche Innovationen indirekt, indem sie in zunächst kaum merklicher Weise das Bewusstsein der Menschen modifizieren. Sie beeinflussen, um mit Peter Berger zu sprechen, die allgemeine «Plausibilitätsstruktur» der Menschen.[86]

Neben wissenschaftlich-technischen sind drittens *soziale Innovationen äusserst* wichtig. Die Idee der universellen Menschenrechte etwa, die sich (nach wichtigen Entwicklungsstationen im Naturrecht der Aufklärung und der amerikanischen und französischen Revolutionen) ab 1948 durchsetzte, zeigt die Möglichkeit der Begründung des Wertes des Menschen unabhängig von Gott.[87] Der Wohlfahrtsstaat, der in der zweiten Hälfte des 19. Jahrhunderts erfunden und ab den 1950er Jahren in vielen westlichen Ländern extrem ausgebaut wurde, führte zu einem vorher nie gekannten Mass an individueller Sicherheit – eine Sicherheit, die von religiösen Gemeinschaften und Ideologien unabhängig war.[88] Die Erfindung der modernen Professionen im 19. Jahrhundert – die die Zünfte ablösten – führte zum Siegeszug des wissenschaftlich legitimierten Expertentums. Die damit neu entstehenden Berufe, insbesondere der Journalisten, Ärzte, Sozialarbeiter und Psychotherapeuten, wurden zu zentralen Konkurrenten der religiösen Führungskräfte, der Kleriker, die sich als umfassende Experten verstanden und sich ihrer-

82 Siehe Müller/Veyrassat (2001); Caron (2001).

83 Zum Teil schaffen die Innovationen auch neue Gruppen, die sich am Konkurrenzgeschehen beteiligen.

84 Darwin (1985 (1859)). Siehe hierzu instruktiv Portier/Veuille/Willaime (2011).

85 Zu Wellhausens Beitrag im heutigen Verständnis der hebräischen Bibel siehe Römer (2004). Siehe zum Beitrag von David Friedrich Strauss: Schweitzer (1966); Theissen/Merz (2001).

86 Siehe Berger (1990 (1967)).

87 Siehe zur Entwicklung der Menschenrechte Beitz (2009).

88 Siehe Kaufmann (1997).

seits von Trägern eines schon im Ancien Régime gegebenen Amtes zu Mitgliedern einer Profession verwandeln mussten.[89]

Eine vierte Form von externen Einflussfaktoren besteht in *Grossereignissen*. Beispiele sind Seuchen, Kriege, Hungersnöte, meteorologische Ausnahmezustände, Völkerwanderungen u. ä. So ist die massive Welle der Islamophobie in der westlichen Welt nach 2001 aller Wahrscheinlichkeit nach zu einem grossen Teil auf die Attentate vom 11. September und ihre Folgen zurückzuführen. Ohne diese Attentate wäre die Diskussion um den Islam und die Haltungen gegenüber Angehörigen des Islams vermutlich anders verlaufen.[90]

Als fünfter und letzter Einflussfaktor sind *soziodemografische Veränderungen zu nennen*. Veränderungen von Geburtenraten, Verschiebungen in den Zahlen von mono- oder interkonfessionellen Ehen, Männer- oder Frauenüberhänge in Gesellschaften können wichtige Einflüsse auf die religiös-säkulare Konkurrenz aufweisen. So können sich z. B. Mehrheitsverhältnisse zwischen konkurrierenden Parteien aufgrund unterschiedlicher Fertilität innerhalb weniger Generationen umkehren. Auch Veränderungen von Bildungs- und Berufsstatus sowie Einkommensverteilungen sind hier zu nennen.

Effekte des Konkurrenzgeschehens

Unsere Theorie erklärt nun eine ganze Reihe von Phänomenen als Ergebnis der genannten Konkurrenzkämpfe.[91] Natürlich ist es möglich, dass eine Situation der Konkurrenz einfach weiter fortbesteht, ohne dass eine der beiden Seiten den Kampf für sich entscheiden kann. In vielen anderen Fällen aber kommt es zu interessanten Veränderungen im Gesamtsystem.

Führt die Entscheidung zum Sieg der einen und zur Niederlage der anderen, entstehen *Monopole* oder *Quasi-Monopole*. Als Beispiele sind hier die Durchsetzung des Christentums im 4. Jahrhundert unter Theodosius oder aber die Durchsetzung des Islam mittels der iranischen Revolution von 1978/79 zu nennen. In manchen

---

89 Siehe hierzu Russell (1980); Abbott (1988); Conze/Kocka (1985).

90 Ein anderes Beispiel: Die Tatsache, dass in der Schweiz nicht der Bund, sondern die Kantone das Verhältnis zwischen Kirche und Staat regeln, ist nicht zu erklären ohne Rekurs auf den Sonderbundskrieg im Jahr 1847.

91 Von zentraler Bedeutung ist dabei der Verlauf des Konkurrenzgeschehens selbst, d.h. die «Pfadabhängigkeit». In jedem Moment des Spielverlaufs sind verschiedene nächste Schritte denkbar. Wenn aber einmal eine der Möglichkeiten realisiert worden ist, so beeinflusst sie das, was weiterhin möglich ist. So kann es zu Verstärkungseffekten, Reaktionseffekten, Rückkoppelungseffekten usw. kommen. Zum Konzept der Pfadabhängigkeit siehe Esser (2000a).

Fällen kommt es zum Verschwinden der unterlegenen Partei, häufiger jedoch sind Siege und Niederlagen nicht absolut, sondern graduell. Sie schlagen sich in Verschiebungen der Macht, des Einflusses und der Anzahl von Anhängern nieder.[92]

Eine andere Lösung des Konkurrenzkonfliktes ist die Verringerung oder Vermeidung mittels geschlossener *Kompromisse, Absprachen oder Kartelle.*[93] So einigten sich die miteinander konkurrierenden christlichen Missionsgesellschaften 1910 in Edinburgh darauf, sich nicht gegenseitig die Mitglieder abzuwerben – und begründeten damit die Ökumenische Bewegung.[94] So führten in einigen westeuropäischen Staaten (Deutschland, Niederlande, Schweiz) die Konfessionsspaltungen nach einer Phase des Konflikts zu einer geografischen und sozialen Aufteilung der Gesellschaft: Man lebte getrennt nebeneinander.

Aber die Theorie erklärt nicht nur Erfolg oder Misserfolg von Anbietern, sondern auch weitere gesellschaftliche Phänomene wie Differenzierung, Individualisierung oder Säkularisierung.

So können Konkurrenzbeziehungen – in Verbindung mit weiteren Faktoren – sowohl zu *Differenzierungs- als auch zu Entdifferenzierungsphänomenen* führen.[95] Differenzierung meint in unserem Zusammenhang die Tatsache, dass das soziale Leben in funktional unterschiedliche, spezialisierte Teile (Positionen, Rollen, Institutionen) zergliedert wird. Diese erfüllen nun je spezifische Funktionen, die vorher von einer einzigen Institution erfüllt wurden.[96] Als Beispiel sei hier der Kampf

92 Interessanterweise kann es zu unerwarteten Effekten von Siegen und Niederlagen kommen. Manchmal führt der Sieg, d. h. das Durchsetzen der eigenen Forderungen, zum Verschwinden des siegreichen Konkurrenten – weil er jetzt keinen Mobilisierungsgrund mehr hat. So verschwindet das katholische Milieu in Deutschland, den Niederlanden und der Schweiz in den 1960er Jahren genau in dem Zeitpunkt, als es seine wichtigsten Anliegen durchgebracht hat. Auf der anderen Seite können vernichtende Niederlagen den Keim zukünftiger Erfolge in sich tragen, da sie symbolischen Stoff für zukünftige Mobilisierungen in sich tragen (z. B. die Kreuzigung Jesu).

93 Peter Berger hat die ökumenischen Bestrebungen der christlichen Kirchen in dieser Weise als Kartellbildungen analysiert (1965).

94 Siehe Basset (1996); Baybrooke (1992).

95 Die gegenwärtig immer noch herrschenden Theorien von einem Trend der fortwährenden (notwendigen ?) Ausdifferenzierung der Gesellschaft sind noch zu sehr dem biologistischen Denken des 19. Jahrhunderts verhaftet, das von einer Ausdifferenzierung des «Gesellschaftskörpers» ausging. Mit dem hier vorgeschlagenen Konzept kann es je nach Ausgangslage sowohl zu Differenzierungen als auch zu Entdifferenzierungen kommen.

96 Die Literatur zu diesem Thema ist extrem weitläufig. Zur Differenzierung aus systemtheoretischer Sicht siehe Parsons (1975, 1999). Für die Konzeption von Differenzierung innerhalb der analytischen Soziologie siehe Esser (2000a) sowie den Sammelband von Schwinn/Kroneberg/Greve (2011). Ein klassischer Text zur Differenzierung der Wertsphären ist Weber (1988 (1920)). Für den Zusammenhang von sozialer Differenzierung und religiöser Vielfalt siehe Baumann/Stolz (2007).

der Ärzte im 19. Jahrhundert um die Autonomie ihrer Profession angeführt, indem sie sich vehement von «Kurpfuschern», «Quacksalbern», aber auch religiösen Heilern absetzten.[97] Im Effekt führte diese Konkurrenz zu einer Steigerung der Differenzierung zwischen Religion und Medizin in der Gesellschaft. Die Auseinandersetzung um die Hoheit über den Religionsunterricht mit dem Ergebnis eines von den Kirchen unabhängigen Religionsunterrichts verdeutlicht eine zunehmende *Differenzierung* zwischen Kirchen und Schulen.[98] Interessanterweise kann Konkurrenz aber auch umgekehrt zu *Entdifferenzierungen* Anlass geben. So hat sich gezeigt, dass die besonders intensiv Religiösen unter den Reformierten und den Katholiken sowie die Mitglieder der evangelischen Freikirchen manchmal zusammenrücken, um gegen den gemeinsamen «Feind» der säkularen Konsumgesellschaft zu kämpfen. Hierdurch werden vormals wichtige Differenzen zwischen diesen Gemeinschaften verwischt. Ein anderes Beispiel sind charismatische Kirchen, die in ihren «Celebrations» aufgrund starker Konkurrenz durch den Freizeitbereich so stark die Kultur der Popmusik imitieren, dass es schliesslich zu einem Verschwimmen der Grenzen zwischen religiösem und säkularem «Produkt» kommt. Auch dies kann man als Prozess der Entdifferenzierung lesen.

Konkurrenzbeziehungen können ferner zu *Individualisierungs- bzw. Kollektivierungsprozessen* führen.[99] Ausweitung von Konkurrenz führt zu einer Vervielfältigung des Angebots und zu der steigenden Möglichkeit, sich durch Konsum vom jeweils anderen zu unterscheiden. So hat die neue – und sich z. T. stark konkurrenzierende – religiöse Vielfalt, die wir seit den 1960er Jahren in vielen westlichen Ländern beobachten, eine nie dagewesene religiöse Wahl- und Individualisierungsmöglichkeit mit sich gebracht.[100] So führte die Entstehung eines wettbewerbsorientierten Marktes für islamische Kleidung dazu, dass das Kopftuch von einer stigmatisierten Praxis zu einem hoch individualisierten modischen Objekt wurde.[101] Umgekehrt kann Konkurrenz aber auch kollektivierend wirken. Viele Forschungen haben gezeigt, wie verschiedenste religiöse Gruppen – von christlichen Fundamentalisten bis zu Scientology – auf Konkurrenz reagieren, indem sie durch spezielle Mitgliedschaftszeichen und hohe «Eintrittspreise» gerade den kollektiven Charakter der Gruppe stärken.[102]

---

97 Vgl. z. B. Abbott (1988); Fritschi (1990).

98 Vgl. z. B. Frank/Jödicke (2007).

99 Siehe u. a. Beck (1983; 1986).

100 Siehe z. B. Baumann/Stolz (2007); Bouma (1997).

101 Siehe Sandikzi/Ger (2010). Zur Entstehung einer muslimischen Konsumgesellschaft siehe Haenni (2009).

102 Siehe z. B. Kelley (1986 (1972)); Iannaccone (1994); Olson (2005). Auch Scientology ist hierfür ein gutes Beispiel, wenn man den Übergang von Dianetik zu Scientology betrachtet. Siehe Wallis (1995).

Konkurrenzkämpfe können sowohl zu *Säkularisierung* als auch zur *Resakralisierung* ganzer Gesellschaften führen.[103] So führte der Kampf zwischen den Laizisten Frankreichs mit der katholischen Kirche während und nach der Französischen Revolution zu einer nie gekannten Säkularisierung Frankreichs – letztlich deshalb, weil die Partei der Laizisten siegreich aus dem Kampf hervorging. Die Konkurrenz zwischen der Freizeitgesellschaft und dem Katholizismus in den Niederlanden in den 1960er Jahren führte zu einer starken Säkularisierung, weil die religiösen Anbieter den Freizeitangeboten nichts Vergleichbares entgegensetzen konnten und die Individuen die attraktiveren säkularen Angebote wählten. Umgekehrt hatte die Konkurrenz zwischen dem kommunistischen Regime und der Zivilgesellschaft in den 1980er Jahren in Polen eine Resakralisierung der Gesellschaft zu Folge, da die Opposition in der Religion die beste Möglichkeit sah, den Widerstand zu formieren.[104] Übrigens kann auch ein weit verbreitetes religiöses Desinteresse mit Hilfe des Konkurrenzgedankens erklärt werden: dann nämlich, wenn die betreffenden religiös-säkularen Konkurrenzkämpfe zu Gunsten der säkularen Seite ausgegangen sind und historisch schon weiter zurückliegen (wie z. B. gegenwärtig in den neuen Bundesländern Deutschlands). In solchen Fällen kommen viele Menschen erst gar nicht mit Religion in Kontakt und zeigen auch kein besonderes Interesse für religiöse Fragen.[105]

Ein besonders interessanter Effekt des Konkurrenzgeschehens besteht schliesslich in *Wechseln des Konkurrenzregimes*. Wie wir oben gesehen haben, ringen die kollektiven Akteure ständig um Macht, Einfluss und Deutungshoheit in der Gesellschaft, unter anderem dadurch, dass sie versuchen, das geltende Konkurrenzregime zu verändern. Da ständig verschiedene Kräfte am Werk sind, kann es trotz dieser Konkurrenz oft längere Zeiten von Stabilität geben. Manchmal jedoch wird das geltende Konkurrenzregime (z. T. aufgrund der Ergebnisse der Konkurrenz, z. T. aufgrund von externen Einflüssen) so stark verändert, dass ein qualitativ neues «soziales Spiel» entsteht. In einem solchen Fall kann man von einem Wechsel des Konkurrenzregimes sprechen. In diesen aussergewöhnlichen Situationen werden gewissermassen «die Karten neu gemischt»: Ressourcen, die vorher viel Wert hatten, sind plötzlich wertlos und umgekehrt; vormals führende soziale Gruppen sehen sich plötzlich deklassiert; wer Einfluss sucht, muss plötzlich in ganz anderer Art vorgehen usw. Im folgenden Abschnitt werden wir einen solchen Wechsel des Konkurrenzregimes ausführlich behandeln.

---

103 Meist sind konkrete Säkularisierungen oder Resakralisierungen auf komplizierte Kombinationen von Mechanismen auf verschiedenen Ebenen zurückzuführen.

104 Vgl. z. B. Borowik (2002).

105 Dieser Zusatz verdankt sich einer Nachfrage von Detlef Pollack.

Die hier nur skizzierten Ausführungen zeigen, so hoffen wir, dass eine auf Konkurrenzüberlegungen aufbauende Theorie gegenüber den bisherigen Theorien (Modernisierungs-, Individualisierungs-, Markttheorie) wichtige Vorteile aufweist. Insbesondere führt sie eine Akteurperspektive ein und benennt klare kausale Mechanismen. Um aber brauchbare Erklärungen und Hypothesen zu liefern, muss die Theorie auch sozio-historisch konkretisiert werden. Das ist das Ziel der nun folgenden Abschnitt.

2.3 Sozio-historische Konkretisierung[106]

Die zentrale These unseres Buches lautet, dass die kulturelle Revolution der 1960er Jahre zu einem neuen Regime religiös-säkularer Konkurrenz geführt hat. Sowohl vorher als auch nachher finden wir religiös-säkulare Konkurrenz um Herrschaft und individuelle Nachfrage. Aber die Form dieser Konkurrenz hat sich in den 1960er Jahren signifikant verändert. Vor der 1960er Revolution wurde Religion und Religiosität als etwas Öffentliches angesehen, und die Gesellschaft als Ganzes verstand sich als bikonfessionell, d. h. als – trotz aller konfessionellen Verschiedenheit – christlich. Dies führte zu diversen intra-religiösen und religiös-säkularen Konkurrenzkämpfen vor allem um Macht, Einfluss und Deutungshoheit. Nach dem Wechsel des Konkurrenzregimes wurde die Gesellschaft als im Wesentlichen pluralistisch gesehen, Religion und Religiosität wurden immer mehr als Privatsache empfunden, was zu neuen Formen der Konkurrenz – und zwar vor allem um individuelle Nachfrage – führte. Es versteht sich von selbst, dass wir im Folgenden keine umfassende Geschichte dieser Konkurrenzkämpfe in der Schweiz vorlegen können. Unser Ziel ist, die wichtigsten dieser Konkurrenzgeschehen zu skizzieren, um die allgemeine Theorie und die These des Wechsels des Konkurrenzregimes plausibel zu machen und anschliessend Hypothesen ableiten zu können.

106 Für die allgemeine Schweizer Geschichte stützen wir uns auf Im Hof (1997); Maissen (2010). Die Materialien, die zur Geschichte der Religion in der Schweiz seit ca. 1800 vorliegen, sind sehr ungleich verteilt. Insbesondere ist der Katholizismus sehr viel besser erforscht als der Protestantismus. Dies ist vor allem auf die umfangreichen Arbeiten von Urs Altermatt und seiner Schule zurückzuführen, der auf protestantischer Seite eine Entsprechung fehlt. Hier liegt ein weites Feld für sinnvolle historische Forschung. Zur Kirchengeschichte der Schweiz generell siehe Pfister (1984); Vischer/Schenker/Dellsperger/Fatio (1995). Zur Geschichte des Katholizismus im 19. und 20. Jahrhundert siehe Altermatt (1981; 1988; 1989; 2009); Dora (1997); Schweizerisches Pastoralsoziologisches Institut (1986; 2013). Für den Protestantismus siehe Lindt (1988); Guggisberg (1971); Reymond (1999); Aerne (2006); Barth (1981); Schweizer (1972).

Religiös-säkulare Konkurrenz in der industriellen Gesellschaft

Die Schweiz ist seit dem 16. Jahrhundert ein lockerer Bund von Kantonen und Gebieten, wobei die Kantone sich (meist) vollumfänglich der einen oder anderen Konfession zuordneten. Die Herrschaftsverhältnisse waren in Stadtkantonen (Patrizierherrschaft), Landkantonen (z.T. direkte Demokratie) und Untertanengebieten (das ganze Gebiet ist einem anderen Kanton unterstellt) sehr unterschiedlich. Seit Beginn des 19. Jahrhunderts (Einmarsch von Napoleon 1789, Helvetik, Mediation, Restauration) begann die Schweiz sich mehr und mehr zu demokratisieren und zu industrialisieren. Im Zeitraum zwischen 1800 und 1950, den wir als das «Konkurrenzregime der Industriegesellschaft» bezeichnen wollen, treffen wir in einer sich insgesamt als christlich empfindenden Schweizer Gesellschaft auf diverse intra-religiöse und religiös-säkulare Konkurrenzverhältnisse.

Eine erste zentrale Konkurrenzbeziehung bestand zwischen *liberalen, protestantischen und konservativen katholischen Kräfte*n. Schon oft hatte es in der Eidgenossenschaft Konflikte zwischen den konfessionell unterschiedlich ausgerichteten Kantonen gegeben. Im 19. Jahrhundert jedoch erhielten sie eine neue Färbung. Der Konflikt zwischen Anhängern der neuen, demokratischen und liberalen Gesellschaftsordnung und den Verfechtern der alten, vormodernen Gesellschaftsordnung ging in den verschiedenen Kantonen unterschiedlich aus. Während sich in den protestantischen Stadtkantonen die Liberalen durchsetzten, siegten in den katholischen Landkantonen die Konservativen. So wurde der Gegensatz liberal/konservativ konfessionalisiert. Zunehmende Spannungen und Provokationen auf beiden Seiten (Aufhebung von Klöstern durch protestantische Kantone, Berufung des Jesuitenordens im katholischen Luzern) führten schliesslich zum Sonderbundskrieg von 1847. Dieser Krieg endete mit einem Erfolg der liberal-protestantischen Seite und der Gründung des schweizerischen Bundesstaates 1848. Mit der Bundesverfassung entstand das noch heute gültige System der zweistufigen Struktur des Kirche-Staat-Verhältnisses. Die Bundesverfassung garantierte Religionsfreiheit, das Verhältnis von Kirche und Staat wurde den Kantonen überlassen, die ihr jeweiliges Kirche-Staat-Verhältnis ganz unterschiedlich gestalteten: von strikter Trennung bis zu starker Verschränkung. Die antimodernistische Haltung Roms, offenkundig im Syllabus vom 8.12.1864 und dem Unfehlbarkeitsdogma von 1870, führten in der Schweiz zu einem neuen Aufleben der Spannungen und einem «Kulturkampf», der wieder von der liberalen Seite für sich entschieden wurde. In die revidierte Bundesverfassung von 1874 wurden denn auch antikatholische Artikel aufgenommen (z.B. das Verbot, neue Klöster zu gründen oder das Verbot des Jesuitenordens). In der Folge lebte die katholisch-konservative Schweiz in einer Art «Sondergesellschaft», die mit der liberal-protestantischen Schweiz in einem ständigen Spannungsverhältnis stand und sich nur langsam integrieren liess.[107] Das katholische Milieu mit seinen eigenen Kantonen, Zeitungen, politischen Parteien, Vereinen, Universitäten usw. war in gesellschaftlicher Hinsicht von grosser Wichtigkeit. Eine letzte Blüte erlebte es in den 1950er Jahren, bevor es dann in den 1960er Jahren zusammenbrach. Das katholische Milieu war eine Negativfolie für die Konfession der Reformierten. Reformierte waren sich aufgrund ihres liberalen Credos über so gut wie nichts einig, ausser eben: *nicht* katholisch zu sein. Der Gegensatz katholisch-reformiert war also für beide Seiten bis in die 1950er Jahre in höchstem Masse Identität stiftend.[108]

Ein zweites wichtiges Konkurrenzverhältnis bestand aus der Konfrontation von *liberalen und konservativen Richtungen innerhalb der Konfessionen.*[109] Auf katholischer Seite bekämpften sich liberale und ultramontane, romtreue Katholiken, was auf dem Höhepunkt des Konflikts 1872 zur Entstehung der liberalen Christkatholiken führte. Innerhalb des Protestantismus bekämpften sich während des ganzen 19. Jahrhunderts eine dominante liberale Richtung und eine positive (konservative, bibeltreue) Richtung.[110] Gegen Ende des 19. Jahrhunderts mischte sich auch noch eine religiös-soziale Richtung ein. Zentrale Streitpunkte zwischen Liberalen und Positiven war die Frage, ob bzw. wie sehr man die Bibel historisch-kritisch lesen müsse bzw. inwiefern die Bibel supranaturalistisch interpretiert werden könne. Während Liberale wie etwa Alois Biedermann oder David Friedrich Strauss allen Supranaturalismus ablehnten (z. B. die von Jesus gewirkten Wunder), die verbindlichen Bekenntnisse abschafften und die christliche Botschaft im Wesentlichen ethisch interpretierten, hielten die Positiven an ihrem Glauben an die übernatürliche Wirksamkeit Gottes fest. Da die Positiven im Konkurrenzkampf meist das Nachsehen hatten und inzwischen Religionsfreiheit herrschte, verliessen sie oft die Kirchen, um eigene evangelische Freikirchen zu gründen. In der Romandie entstand so der «Réveil».[111] Viele der damals entstandenen Gemeinschaften machen noch heute einen wichtigen Teil des «freikirchlichen Milieus» aus.

Eine dritte Konkurrenzbeziehung bestand zwischen der *Sozialdemokratie und dem (christlichen) Establishment.* Die Industrialisierung im 19. Jahrhundert führte zur Verarmung der Arbeiterklasse, was Ende des Jahrhunderts als die «soziale

---

107 Zum katholischen Milieu in der Schweiz siehe Altermatt (1989; 2009); Dora (1997).

108 Siehe Altermatt (1988); Lindt (1988).

109 Siehe Gäbler (1999); Vischer (1995, 212).

110 Siehe neben der schon zitierten Literatur für einzelne Aspekte Schweizer (1972); Barth (1981); Aerne (2006).

111 In diese Zeit fallen die Gründung der Eglise libre vaudoise (1845), die Gründung der Eglise évangélique libre de Genève (1849) und eine unabhängige Fakultät für Theologie in Neuenburg (1873). Siehe Vischer u. a. (1995).

Frage» beschrieben wurde.[112] Die Arbeiter begannen sich ihrerseits zu organisieren; 1880 entstand der Schweizerische Gewerkschaftsbund, 1888 wurde die sozialdemokratische Partei gegründet. Innerhalb von Gewerkschaften und Partei war marxistisches, klassenkämpferisches und atheistisches Gedankengut zwar umstritten, setzte sich aber zu Beginn des 20. Jahrhunderts durch. Zu einem Höhepunkt gelangte die Auseinandersetzung während des Generalstreiks 1918, der mit Hilfe der Armee zerschlagen wurde. In der Folge wurden allerdings viele Forderungen der Arbeiter schrittweise erfüllt, so dass die Spannungen abgebaut werden konnten.[113] Für die Frage des religiösen Feldes der Schweiz war dieses Konkurrenzgeschehen insofern äusserst wichtig, als hier zum ersten Mal eine grosse Volksbewegung explizit marxistisch-atheistisches Gedankengut vertrat und den Kirchen z.T. feindselig gegenübertrat.[114] Die religiös-sozialen Bewegungen sowohl im protestantischen wie auch katholischen Lager versuchten, dieses Problem aufzufangen, indem sie die Interessen der Arbeiterklasse aus dezidiert christlicher Sicht vertraten.

Eine vierte Konkurrenzbeziehung entstand zwischen verschiedenen *Berufsgruppen*, v.a. im 19. und 20. Jahrhundert. Hier ging es um die Frage der legitimen Zuständigkeit bezüglich verschiedener Tätigkeiten. Insbesondere Lehrer/innen, Sozialarbeiter/innen und Krankenpfleger/innen versuchten, sich von der Aufsicht durch die Kleriker zu befreien.[115] Schulen waren beispielsweise ursprünglich ausschliesslich kirchlich organisierte, später dann oft noch kirchlich beaufsichtigte Anstalten. Eines der wichtigsten Erziehungsziele des Schulwesens noch im 19. Jahrhundert war es, die Kinder zu rechten Christen zu machen – und das hiess gleichzeitig: zu rechten Bürgerinnen und Bürgern.[116] Immer stärker entwickelte das Schul- und Erziehungswesen jedoch von Religion unabhängige Ziele sowie mit den Erziehungswissenschaften ein eigenes Reflexionssystem: die Pädagogik. Um 1900 war dann die allgemeine, unentgeltliche und unter staatlicher Aufsicht stehende (Primar-)Schule durchgesetzt.[117]

---

112 Im Hof (1997, 128).

113 Als dann die Sozialdemokraten 1959 die ersten Bundesräte erhielten, waren sie vollends in das politische System integriert worden.

114 Siehe Barth (1981).

115 Eine Geschichte dieser Konkurrenzkämpfe *als Konkurrenzkämpfe* im Sinne von Abbott (1988) bleibt für die Schweiz zu schreiben. Siehe immerhin Hinweise z.B. in Schmidt-Rost (1988); Fritschi (1990); Späni (2003).

116 Späni (2003). In Deutschland findet man ganz analoge Verhältnisse. Siehe etwa Kolping (1952, 16): der «tüchtige Bürger», der «tüchtige Christ», und der «tüchtige Geschäftsmann».

117 Grunder (2011).

Eine fünfte und letzte Konkurrenzbeziehung schliesslich entstand zwischen *religiösem Handeln und der Erwerbstätigkeit.*[118] Im 19. Jahrhundert versuchten Unternehmer, die Sonntagsarbeit durchzusetzen, um höhere Gewinne erwirtschaften zu können. Barth[119] zitiert einen Bericht der zürcherischen Synodalkommission für Innere Mission, in dem es heisst:

> Nicht selten können Lehrknaben oder Dienstboten den Gottesdienst nicht besuchen, weil sie arbeiten oder dann den Platz verlieren müssen. In andern Gegenden sind es die Seidenweberinnen und Weber, welche fleissig dran sind, weil sie «pressierte Wübber» haben und Abzug droht.

Die Kirchen – gemeinsam mit den sozialistischen Kräften – stellten sich diesen Bestrebungen erfolgreich entgegen. Diese Konkurrenz sollte sich untergründig während des ganzen 20. Jahrhunderts weiterziehen.

Nimmt man all diese Konkurrenzkämpfe von 1800 bis in die 1950er Jahre (im «Konkurrenzregime der Industriegesellschaft») gemeinsam in den Blick, so wird deutlich, dass die Religion und die Kirchen in diesem Zeitraum innerlich stark geschwächt wurden. Auf Bundesebene hatte der liberale Staat konfessionelle Neutralität eingeführt, die Kantone hatten viele ehemalige Funktionen der Kirchen an sich gezogen, die Forderungen des katholischen Submilieus waren grossteils erfüllt worden (deshalb war das Milieu auch nicht mehr überlebensnotwendig), verschiedene konkurrenzierende Ideologien (Nationalismus, Sozialismus, Liberalismus) waren auf den Plan getreten und hatten die religiösen Wahrheiten ihrer ehemaligen Monopolstellung enthoben, neue Berufe hatten den religiösen Spezialisten Aufgaben entrissen.

Dieser Niedergang wurde allerdings nicht oder nur zum Teil als solcher bewusst. Die Schweizer Gesellschaft blieb bis zum Ende der 1950er Jahre der Auffassung, dass sie selbst eine christliche Gesellschaft sei. Das war einerseits schon dadurch zu begründen, dass über 97 % der Bevölkerung einer christlichen Konfession angehörten (1900: 99,4 %, 1950: 97,8 %) und dass diese Mitgliedschaft als nicht individuell wählbar erschien.[120] Wie seit Jahrhunderten wurde das Indi-

---

118 Barth (1981, 130).

119 Barth (1981, 129),

120 Auch innerhalb der jeweiligen Konfession war Wahl normalerweise ausgeschlossen. Je nach Wohngemeinde war das Individuum einer Pfarrei oder Kirchgemeinde zugeordnet und konnte nicht etwa eine andere wählen. Die konfessionellen Milieus waren überdies nicht nur geografisch, sondern auch sozial stark voneinander abgegrenzt. Vor 1848 sind die Schweizer Kantone – mit Ausnahmen und je unterschiedlichem historischen Verlauf – monokonfessionell und staatskirchlich geprägt. Die Bürgerrechte hängen von der konfessionellen Zugehörigkeit ab. Die Verhältnisse zwischen evangelisch-reformierten, katholischen und paritätischen Kantonen unterscheiden sich beträchtlich. In den reformierten

viduum in seine Religion «hineingeboren», als Kind getauft, innerhalb des eigenen konfessionellen Milieus sozialisiert, mit einem Übergangsritus (Konfirmation, Firmung) zum vollwertigen Gesellschafts- und Kirchenmitglied gemacht und nach dem Ritus der eigenen Konfession bestattet. Andererseits hatten die beiden Weltkriege eine wichtige Rolle gespielt. Die Schweiz war wie durch ein Wunder vom Kriegsgeschehen verschont worden. Eine Strategie während dieser Zeit war die «geistige Landesverteidigung» gewesen, d. h. eine Betonung der spezifischen Schweizer Eigenart zunächst gegenüber der deutschen Blut-und-Boden-Ideologie, dann gegenüber dem Kommunismus.[121] In beiden Fällen wurde die Schweiz als ein Hort der Demokratie, der Vielsprachigkeit, der Freiheit und nicht zuletzt auch des christlichen Glaubens dargestellt – in Absetzung von den atheistischen Nazis und Kommunisten.[122]

Die 1950er Jahre lassen uns dieses Paradox von hintergründiger Schwächung und vordergründiger Stärkung der Religion nochmals wie durch ein Vergrösserungsglas betrachten. In den 1950er Jahren traten Phänomene auf, die auf die baldige kulturelle Revolution hinführten und diese vorbereiteten. Hier ist insbesondere der Wirtschaftsboom und der damit zusammenhängende Massenkonsum zu nennen. Eine ständig wachsende Anzahl von neuen Produkten kam auf den Markt, der Staubsauger, die Waschmaschine, der Mixer, der Fernseher, die vollautomatische Heizung usw. Dank des steigenden Einkommens konnten sie von der grossen Masse der Bevölkerung auch gekauft werden.[123] Es ist kein Zufall, dass man vom «Volkswagen» und, zumindest anfangs, auch vom «Volkskühlschrank» sprach.[124] Eine extreme Wirkung zeitigte das Auto, das eine völlig neuartige Berufs- und Freizeitmobilität ermöglichte.[125] Das Magazin «Touring» schrieb 1952 begeistert:

> Gibt es wohl ein genussvolleres Wandern kreuz und quer durch die Schweiz als mit dem Auto? – Kaum! Mit dem Auto sind die Sprünge noch kleiner geworden; dem Menschen wurden märchenhafte Siebenmeilenstiefel geschenkt. («Touring», 15/1952)[126]

Kantonen herrscht eine extrem enge Beziehung zwischen Kirche und Staat. In den katholischen Gebieten haben Papst und Bischöfe eine grosse Macht. Siehe hierzu Kuhn (2007); Pfister (1974).

121 Zur geistigen Landesverteidigung siehe Loderer (2012).

122 So auch Vischer u. a. (1995, 264).

123 Siehe hierzu das ausgezeichnete Buch von Buomberger/Pfrunder (2012).

124 Siehe Schumacher (2012).

125 Siehe ebd.

126 Touring 15/1952, zitiert a. a. O. 42).

Diese neue Massen-Konsum-Kultur beeinflusste insbesondere auch die Jugendlichen und jungen Erwachsenen. Sie konnten nun selbst konsumieren und waren zu einer eigenen, von der Wirtschaft und Werbung fokussierbaren Gruppe geworden. Hierdurch entwickelten sich ansatzweise schon in den 50er Jahren neue Jugendkulturen (Halbstarke) und Freizeitbeschäftigungen (Tanzhallen, Lichtspieltheater).

Die neuen Möglichkeiten der Menschen wurden allerdings nicht nur durch ihr individuelles steigendes Einkommen vervielfacht; auch der Staat hatte hier einen wichtigen Einfluss. Aufgrund des Wirtschaftswachstums stiegen die Staatseinkünfte und ermöglichten die Bereitstellung kollektiver Güter von nie gekannten Ausmassen. Hierzu gehörten, um nur zwei Beispiele zu nennen, die Einführung der Alters- und Hinterlassenen-Versicherung (AHV, Einführung 1948) oder der Ausbau eines umfangreichen Strassen- und Schienennetzes.[127] Auch hierdurch stiegen die säkularen Optionen der Individuen in signifikantem Masse.

Gleichzeitig sind die zweite Hälfte der 1940er und die 1950er Jahre eine Zeit der (zumindest scheinbaren) Stabilität bezüglich geltender Werte, moralischer wie religiöser Haltungen.[128] Nach den Kriegsjahren schienen die Menschen ein Bedürfnis nach Normalität, Sicherheit, Ruhe, Ordnung und konservativen Werten zu haben. Eine solche Normalität wollte man insbesondere in der Familie finden, die noch nach traditionellen Geschlechterrollen organisiert wurde. Es ist folgerichtig, dass 1946 ein Artikel zum Schutz der Familie in die Verfassung aufgenommen wurde. Zu diesem wertmässigen Konservatismus passten – bei aller konfessioneller Verschiedenheit – die damaligen Positionen der Kirchen. Und hierdurch erklärt sich zum Teil eine (wiederum: zumindest scheinbare) religiöse Renaissance. Die Kirchen nahmen am allgemeinen Wirtschaftsaufschwung teil, ihre Mitgliederbestände wuchsen (in absoluten Zahlen) aufgrund des starken Bevölkerungszuwachses, sie bauten neue Kirchen, und sie standen für die Legitimierung der Pflicht- und Akzeptanzwerte, die diesen Jahren so wichtig waren. Insbesondere die katholische Kirche zeigte sich bis zum Zweiten Vatikanischen Konzil als unnachgiebige Verteidigerin konservativer moralischer und religiöser Werte. Gleichzeitig konnten die Kirchen punkten, indem sie sich als Hüterinnen des Friedens zeigten.

Ein Beispiel für die Konservativität der 50er Jahre ist die Affäre rund um den Maler Kurt Fahrner.[129] Dieser stellte sein Gemälde «Bild einer gekreuzigten Frau unserer Zeit» (eine nackte Frau an einem Kreuz) am 29. April 1959 auf dem Bar-

---

127 Buomberger (2012).

128 Für Europa generell siehe McLeod (2007, 45).

129 Eine Darstellung, die dieses Beispiel in den zeitgeschichtlichen Kontext stellt, bei Skenderovic (2012).

füsserplatz in Basel öffentlich aus. Er wurde von der Polizei verhaftet, das Bild wurde konfisziert und Fahrner zu drei Tagen Gefängnis auf Bewährung und 100 Franken Geldbusse verurteilt. Die Richter führten in der Urteilsbegründung an: eine «solche ans Unzüchtige grenzende Darstellung, mit dem Erlösungstod Christi in Parallele gesetzt [...] verletzt in gemeinster Weise die religiöse Überzeugung anderer».[130]

Es scheint gerade dieser Widerspruch der 1950er Jahre gewesen zu sein, der später zum Ausbruch der Revolution der 1960er Jahre geführt hat: einerseits die neuen Möglichkeiten des Handelns aufgrund des Wirtschaftsaufschwungs und des Massenkonsums, andererseits die Wahrung des althergebrachten moralisch-wertmässig-religiösen Korsetts.

Fassen wir zusammen: Innerhalb des alten Konkurrenzregimes kam es zu heftigen Konkurrenzkämpfen sowohl zwischen Konfessionen als auch zwischen religiösen und säkularen Parteien. Dennoch blieb trotz einer durch diese Kämpfe schrumpfenden Anzahl von Funktionen der Kirchen die Annahme einer grundsätzlich christlichen Legitimation des Gesamtsystems bestehen. Das sollte sich in den 1960er Jahren ändern.

Der Wechsel des Konkurrenzregimes der 1960er Jahre

In den 1960er Jahren kam es in der Schweiz – wie in fast allen westlichen Ländern – zu einer kulturellen Revolution, die kein an sich religiös-säkularer Konflikt war, aber dennoch das gesamte gesellschaftliche Gefüge so auf den Kopf stellen sollte, dass die intra-religiösen und religiös-säkularen Konkurrenzkämpfe von nun an in anderer Weise ablaufen mussten.[131]

Bei der kulturellen Revolution der 1960er Jahre handelte es sich zunächst um einen Generationenkonflikt: Eine junge Generation lehnte sich gegen die Älteren und deren – wie man dachte – veraltete, spiessige und langweilige Lebens- und Wertvorstellungen auf. Die 1968er Revolution kristallisierte sich an einer Reihe bevorzugter Themen. Die Akteure kritisierten insbesondere den Vietnamkrieg, den Kolonialismus, Imperialismus, Militarismus und Faschismus. Sie widersprachen jeglicher Autorität, sei diese nun staatlich, universitär, elterlich oder kirchlich. Ein zentrales, eng damit verbundenes Thema war die individuelle Freiheit: Das Individuum sollte frei von jeglichem Zwang selbst entscheiden dürfen und

---

130 Siehe de.wikipedia.org/wiki/Bild_einer_gekreuzigten_Frau_unserer_Zeit (21.7.2013).

131 Zur Revolution der 1960er Jahre in Verbindung mit Religion allgemein siehe McLeod (2007); Putnam (2010). Zur 1968er Revolution in der Schweiz siehe Skenderovic/Späti (2012). Zum Einfluss von 1968 auf die Religion in der Schweiz siehe Campiche (2008).

seine ganz individuellen Wünsche, insbesondere auch seine Sexualität, völlig selbstbestimmt ausleben können.[132] Die damalige Zeit wurde von vielen Jugendlichen und jungen Erwachsenen als eine äusserst emotionale Phase erlebt, in der die Welt aus den Fugen geriet und alles möglich schien. Die Beatles fassten das Lebensgefühl zusammen in ihrer Hymne «All You Need Is Love», und Cat Stevens sang 1971:

> If you want to sing out sing out / and if you want to be free be free / there's a million ways to be / you know that there are[133]

Die Jugendlichen konsumierten jetzt eine neue, sich als gegenkulturell verstehende Musik (Beatles, Rolling Stones, Doors, in der Schweiz: les Sauterelles um Toni Vescoli), unkonventionelle Kleidung und Haartracht (bunte, weite Kleidung, lange Haare für Männer, kurze für Frauen), alternative Freizeitbeschäftigungen (Sit-ins, Teach-ins, Happenings). Vor allem die junge Generation der *Städte* und in besonderem Masse die *Studentinnen und Studenten* wurden von der Revolution erfasst.[134]

Die neuen individualistischen Wert- und Lebensweisen blieben jedoch keineswegs auf die städtischen Jugendlichen und jungen Erwachsenen beschränkt, sondern breiteten sich von Jungen auf ältere Generationen, von den Städten aufs Land und von höheren Bildungsschichten auf alle Schichten aus. Die Ausbreitung auf alle Altersgruppen geschah nicht so sehr dadurch, dass die Älteren die neuen Werte angenommen hätten, sondern durch die Tatsache, dass ältere Generationen mit traditionellen Vorstellungen wegstarben und die nachkommenden Generationen von Anfang an die neuen Werte hochhielten. Die Ausbreitung von der Stadt aufs Land wurde massiv durch die neue Mobilität (Auto, Ausbau des Schienenverkehrs) begünstigt: Immer mehr Menschen lebten in der Agglomeration oder auf dem Land und pendelten zum Arbeiten und zu Freizeitzwecken in die Stadt.

Die Revolution der 1960er Jahre hatte verschiedene äusserst wichtige Auswirkungen auf Religion. Wir können sie an drei zentralen Punkten festmachen. Erstens bewirkte sie, dass die Jugendlichen und jungen Erwachsenen die Religion und die Kirchen als eine der verschiedenen Autoritäten angriffen und herausforderten. Die Kirchen hatten zwar in den letzten Jahrzehnten ständig Funktionen verloren,

---

132 In der gesamten westlichen Welt scheinen sich die Sexualnormen allerdings untergründig schon vor den 60er Jahren gelockert zu haben. Siehe z. B. McLeod (2007); Barbagli/Dalla Zuanna/Garelli (2010).

133 Cat Stevens, «If You Want To Sing Out, Sing Out». Der Song erschien zunächst im Film «Harold and Maude», 1970/71.

134 Für die 60er-Jahre-Kultur in der Schweiz im Einzelnen siehe Skenderovic/Späti (2012). Zu den Jugendkulturen in der Schweiz siehe Stapferhaus Lenzburg (1997).

Grafik 2.2: Schematische Darstellung des Regimewechsels religiös-säkularer Konkurrenz

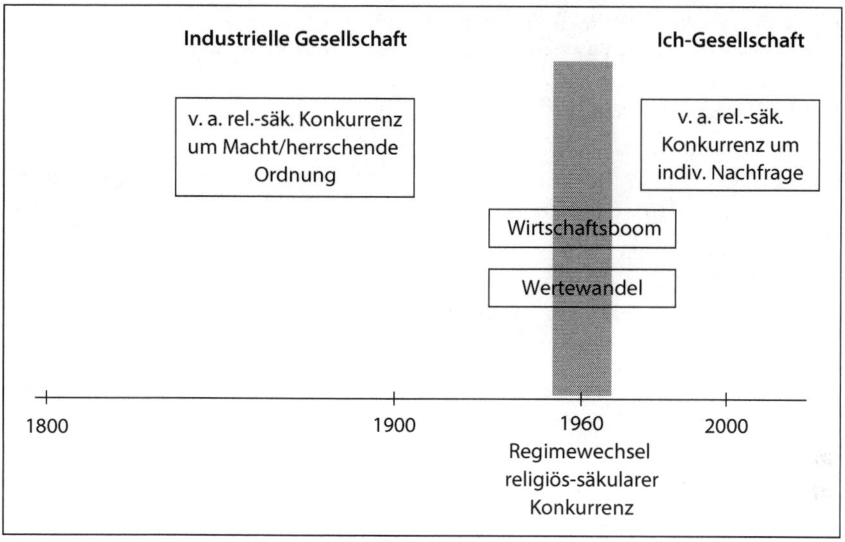

aber sie waren bis in die 50er Jahre immer noch in der Lage gewesen, die Schweizer Gesellschaft als Ganzes zu legitimieren. Durch die kulturelle Revolution der 60er Jahre wurde ihnen diese Funktion abgesprochen, und zwar von aussen wie von innen.[135] Zweitens führten die neuen Lebensumstände der 50er und 60er Jahre mit ihren extremen Einkommenssteigerungen und den neuen Freizeitoptionen dazu, dass die kirchliche Jugendarbeit – die bisher einen wichtigen Stellenwert innehatte – von den säkularen Konkurrenzangeboten ausgehebelt wurde. Schon in den 1940er und 1950er Jahren hatte sich abgezeichnet, dass die kirchlich organisierten Freizeitaktivitäten einen schweren Stand haben würden – jetzt wurden sie oft einfach weggefegt. Drittens kam es interessanterweise auch innerhalb der Grosskirchen zu eigentlichen Revolutionen. Auf der Seite der Katholiken war das II. Vatikanum ein einschneidendes Ereignis, das zu riesigen Veränderungserwartungen führte; auf der Seite der Reformierten hatten extrem institutionskritische Gedanken wie auch die Idee vom «Tod Gottes» Konjunktur. 1971 schrieb der Kirchenhistoriker Kurt Guggisberg über das vorangegangene Jahrzehnt:

135 Diese Seite der 1968er Jahre muss noch wissenschaftlich aufgearbeitet werden. Jost, Rita: 1968: Der Protest, der (auch) aus der Kirche kam. Rückschau/Was fast vergessen ging: Auch die Kirche war 1968 für die Jugend prägend: als Heimat, Plattform und … Negativfolie, in: reformiert.info vom 30.5.2008, online unter www.reformiert.info/artikel_4674.html (8.4.2014).

> Als im Jahre 1962 das umfangreiche «Handbuch der reformierten Schweiz» eine Heerschau des damaligen Protestantismus vorführte, schienen die hergebrachten kirchlichen Strukturen noch unangefochten zu sein. Alles ist seither von den revolutionär eingestellten Theologen und Laien als überholt und verbesserungsbedürftig verworfen worden.[136]

Dabei waren die 1960er Jahre kein besonders säkulares Jahrzehnt. Im Gegenteil: Es handelte sich um Jahre grossen – wenn auch kritischen – religiösen Interesses. Die Kirchen wurden zwar kritisiert, aber man sprach über sie. Viele Menschen hielten das Jahrzehnt für eine Zeit neuen religiösen Aufbruchs. Wenige sahen den bevorstehenden Sturzflug der Kirchen voraus.

Religiös-säkulare Konkurrenz in der Ich-Gesellschaft

Durch die Revolution der 1960er Jahre wurde das alte Regime religiös-säkularer Konkurrenz der Industriegesellschaft durch dasjenige der Ich-Gesellschaft ersetzt. In beiden Konkurrenzregimes finden wir religiös-säkulare Konkurrenz auf allen drei Ebenen: um Macht in der Gesellschaft, um Macht innerhalb von Gruppen/ Organisationen/Milieus und um individuelle Nachfrage. Allerdings hat sich der zentrale Punkt, um den es sich in der Konkurrenz dreht, völlig verändert. Innerhalb des neuen Konkurrenzregimes besitzen Individuen vergleichsweise viele Ressourcen und viel Sicherheit. Auf dieser Basis entscheiden sie selbst über ihre eigene Ausbildung, Berufswahl, Partnerwahl, sexuelle Ausrichtung, ihren Lebensstil – und eben auch über Religion und Religiosität. Religiöse Zugehörigkeit wird damit als prinzipiell wählbar angesehen, und der Kirchenaustritt wird enttabuisiert. Die Individuen empfinden sich zunehmend weniger als von Geburt an Mitglied einer Gemeinschaft, sondern sehen sich zunehmend als «Kunden» gegenüber religiösen «Anbietern».[137] Das heisst nicht, dass es in diesem Konkurrenzregime nicht auch religiös-säkulare Konkurrenzen um Macht geben könnte. Aber auch in solchen Fällen gehen die Menschen wie selbstverständlich von einer grundsätzlich individualistischen Weltsicht aus.

---

136 Guggisberg (1971, 307).

137 Oder anders formuliert: Viele sehen sich noch als «von Geburt» her reformiert oder katholisch. Aber gerade weil die Religion/Konfession nicht von ihnen selbst gewählt wurde, scheint sie ihnen nicht besonders wichtig zu sein.

Konkurrenzbeziehungen

Die sicherlich wichtigste Konkurrenzbeziehung im Konkurrenzregime der Ich-Gesellschaft ist die *religiös-säkulare Konkurrenz um Nachfrage*. Auf buchstäblich allen von ihnen ehemals monopolistisch bearbeiteten Gebieten zeigen sich den Kirchen und religiösen Gemeinschaften gegenüber nun säkulare Anbieter, die für ähnliche Güter werben. Ein *erstes* Gebiet dieser Konkurrenzbeziehung ist die Freizeit. Da die Normen, die die religiöse Praxis sicherten, ihre Bindekraft verloren haben, ist die religiöse Praxis zur «Freizeitentscheidung» geworden. Dies wirkt sich besonders stark auf die Gestaltung des Sonntags aus. Für viele Menschen ist der «Tag des Herrn» zum säkularen Weekend geworden. Freizeitkonkurrenz zeigt sich ferner sehr deutlich in Bezug auf Jugendliche. Die Kirchen hatten vom Ende des 19. Jahrhunderts an versucht, Freizeitangebote für Jugendliche aufzubauen, um so eine kontinuierliche Transmission der christlichen Inhalte zu garantieren. Diese Angebote sahen sich in den 1950er und dann extrem seit den 1960er Jahren einer starken Konkurrenz zu säkularen Freizeitangeboten aller Art ausgesetzt. Die Konkurrenz um Nachfrage zeigt sich *zweitens* auch stark in der Kindererziehung, in der Eltern sich die Frage stellen müssen, wie viel Raum der religiösen Erziehung gegenüber säkularer Erziehung und anderen Zeitverwendungsmöglichkeiten eingeräumt werden soll. Ein *dritter* Aspekt dieser Konkurrenz betrifft die «Nachfrage nach Berufen». Durch den Wirtschaftsaufschwung und die verbesserten Bildungschancen für breite Kreise der Bevölkerung ist der Beruf des Priesters oder Pastors vergleichsweise weniger attraktiv geworden. Dieser Beruf war früher eine der wenigen Möglichkeiten des sozialen Aufstiegs für Kinder aus ärmeren und ländlicheren Gegenden. Mit dem Verschwinden dieses Vorteils ist die Attraktivität des kirchlichen Berufs gesunken.[138] Ein *vierter* und letzter Bereich der Konkurrenz betrifft die Kasualien, die lange noch als die letzte Bastion der Kirchen galten. Sie werden in dem Mass konkurrenziert, wie säkulare Ritualberater auf den Plan treten.[139]

Religiös-säkulare Konkurrenz um Nachfrage führt zu wichtigen Effekten sowohl für Nachfragende als auch für Anbieter. Nachfragende wählen meist die Angebote, die ihnen am attraktivsten erscheinen. Da die säkularen Angebote sehr stark ausgebaut worden sind und zudem dank gestiegener Kaufkraft auch leichter erreichbar sind, kommt es bei vielen Individuen zu einem «säkularen Driften», d. h., sie gleiten langsam in säkulareres Fahrwasser. Oft geschieht dies weniger als bewusste Entscheidung *gegen* religiöse Angebote, als vielmehr als ein Nebenprodukt der Ent-

138 So auch McLeod (2007, 113).

139 Allerdings scheinen viele Individuen auch solche Berater nicht zu brauchen. Vielmehr kreieren sie die Form der Anlässe an wichtigen Lebensstationen selbst. Für solche Angebote siehe z. B. www.ritualnetz.ch.

scheidung *für* säkulare Angebote. Die Tatsache, dass Individuen selbst über ihre religiös-säkulare Nachfrage entscheiden, führt ferner zu einer zunehmenden Individualisierung (die Individuen unterscheiden sich zunehmend in Bezug auf ihren individuell zusammengestellten religiös-säkularen «Warenkorb») und eine zunehmende Konsumorientierung (die Individuen betrachten die religiös-säkulare Welt zunehmend als «Angebote», die sie nach Leistung und Preis beurteilen. Für religiöse Anbieter bedeutet das neue Konkurrenzregime der Ich-Gesellschaft, dass sie grosse Anstrengungen unternehmen müssen, um «im Markt zu bleiben», d. h. um Menschen zu motivieren, Zeit, Energie und Geld für religiöse (und nicht für andere) Zwecke bereitzustellen. Kirchen versuchen daher zunehmend, verschiedene aus dem Marketing bekannte Strategien anzuwenden (z. B. Bedürfniserfassung, Qualitätssicherung, Werbung).[140] Eine wichtige Strategie besteht auch darin, eine bestimmte Grösse zu erreichen, um im Konkurrenzkampf bestehen zu können (daher das Phänomen der Fusionen und Megachurches).[141]

Ein für die Religion in der Gesellschaft äusserst wichtiger Konkurrenzkampf, der bereits im 19. Jahrhundert begann und das ganze 20. Jahrhundert mit steigender Virulenz in den 1960er, 1970er und 1980er Jahren durchzieht, bezieht sich auf die *Emanzipation der Frauen*.[142] Während es im vorindustriellen Zeitalter normal war, dass sowohl Männer wie auch Frauen erwerbstätig sein konnten,[143] führte die Industrialisierung, die fortschreitende Trennung von Wohn- und Arbeitsort und die Erfindung der bürgerlichen Familie zu einer starken arbeitsteiligen Trennung der Geschlechterrollen. In dieser Ideologie war der Mann für den Broterwerb ausser Haus zuständig, während die Frau sich zu Hause um die Kinder und den Haushalt kümmerte. Gerade die Tatsache, dass die Frau nicht zu arbeiten brauchte, zeigte den Status der Familie an. Männern und Frauen wurden hierbei unterschiedliche, «naturgegebene» Eigenschaften zugeschrieben: Männer waren rational, hart, mutig, entschieden und potenziell durch «Laster» gefährdet; Frauen waren mütterlich, zart, liebend, rein und fromm.[144] Aufgrund dieser Ideologie waren Frauen von politischen und den meisten übrigen öffentlichen Tätigkeiten ausgeschlossen. Im Erwerbsleben konnten sie nur bestimmte Berufe ausüben, nur sehr begrenzt beruflich aufsteigen und erhielten normalerweise für gleiche Arbeit weniger Lohn. Im Eherecht waren sie dem Mann nicht gleichge-

---

140 Zu religiösem Marketing siehe Famos/Kunz (2006); Stolz/Usunier (2013); Mottner (2007); Einstein (2008); Sengers (2009). Zum Verhältnis von Religion und Konsumkultur siehe Gauthier/Martikainen (2011).

141 Zum Phänomen der Megachurches siehe Chaves (2006); Fath (2008).

142 Für die Schweiz siehe hierzu auch Campiche (1996). Für Westeuropa siehe McLeod (2007). Für osteuropäische Länder siehe Sammet/Bergelt (2012).

143 Siehe Schnegg (1988).

144 Siehe z. B. Fritschi (1990); Mesmer (1988); Brown (2001).

stellt, er hatte die finanzielle Hoheit und konnte darüber entscheiden, ob die Ehegattin berufstätig sein durfte oder nicht. Auch in Fragen der Sexualität herrschte keine Gleichberechtigung. Die Frauenbewegungen forderten in allen diesen Bereichen Gleichberechtigung. Für unser Thema ist interessant, dass die bürgerliche geschlechtsspezifische Arbeitsteilung im 19. und frühen 20. Jahrhundert insgesamt zu einer Feminisierung der Religion führte.[145] Einerseits wurde den Frauen eine Reihe von Betätigungsfeldern untersagt, die zu Religion in Konkurrenz hätten treten können und dies bei Männern auch tatsächlich taten (Erwerbsarbeit, Freizeitbeschäftigungen, Sport usw.), andererseits wurde ihnen als Gattin und Mutter eine Rolle geschaffen, die sich direkt auf die Vermittlung von Religiosität richtete. Die Frau hatte sich – insbesondere im Katholizismus – um die religiöse Erziehung der Kinder zu kümmern und als «Priesterin der Familie» zu walten. Wenn sie sich öffentlich betätigte, so hatte dies normalerweise karitativ zu geschehen.[146] Im Kampf um Gleichberechtigung, der in der Schweiz langsamer als in anderen westeuropäischen Ländern vorankam, wurden diese beiden Grundpfeiler der bisherigen weiblichen Religiosität zerstört. Einerseits erstritten sich die Frauen gleiche politische, ökonomische und gesellschaftliche Rechte. So erhielten sie (wie gesagt im Vergleich sehr spät) 1971 das Stimmrecht, und 1981 wurde die Gleichberechtigung zwischen Mann und Frau in die Verfassung aufgenommen. Das Eherecht von 1985 sieht den Mann nicht mehr als Familienoberhaupt.[147] Andererseits wurden in der sexuellen Revolution der 1960er Jahre und in der darauffolgenden Frauenbewegung die bürgerlichen geschlechtsspezifischen Rollenbilder zerstört.[148] Frauen wehrten sich vehement gegen die überkommenen Stereotypen und verwarfen die religiöse Legitimation dieses Rollenbilds. Der Kampf um neue Freiheiten und eine neue Identität konnte von Frauen interessanterweise nicht nur gegen Religion, sondern gerade mit Hilfe einer neuen, alternativen Spiritualität geführt werden, die in den 1960er Jahren entstand und in den 1970er Jahren zu voller Blüte gelangte. Im Effekt führten beide Entwicklungen dazu, dass die Frauen jetzt den gleichen die Religion konkurrenzierenden Faktoren ausgesetzt sind wie die Männer.

Ein weiterer Konkurrenzkampf innerhalb des Konkurrenzregimes der Ich-Gesellschaft betrifft die *Stellung der (in den meisten Kantonen) als öffentlich-rechtliche Institutionen anerkannten Kirchen.* Hier geht es nicht mehr um individuelle Nachfrage, sondern um Fragen der Macht und Einfluss auf die herrschende Ord-

145 Siehe McLeod (2000); Brown (2001).

146 Als instruktives Fallbeispiel siehe Moser (2004).

147 Siehe Maissen (2010, 297 f.).

148 Siehe Skenderovic/Späti (2012). Zum Zusammenhang von Religion und Sexualität am Beispiel von Italien interessant ist Barbagli/Dalla Zuanna/Garelli.

nung in der Gesellschaft. Da die Anzahl der Konfessionslosen und nicht christlich Religiösen steigt, erscheint die ausschliessliche Anerkennung der Landeskirchen als immer weniger legitim. Dadurch wird ihre Stellung – etwa durch säkularistische Gruppen oder nicht anerkannte religiöse Gemeinschaften – angreifbar.[149] So hat es in den vergangenen Jahrzehnten immer wieder Versuche gegeben, die Anerkennung der Landeskirchen in verschiedenen Kantonen zu stoppen oder aber an bestimmten Vorrechten zu rütteln. Die Kantone haben ihre Verfassungen denn auch schrittweise in Richtung einerseits einer Lockerung des Kirche-Staats-Verhältnisses und andererseits einer möglichen Anerkennung weiterer Religionsgemeinschaften angepasst. In diesem Zusammenhang ist auch interessant, dass die Grosskirchen in ihren Reaktionen auf die Konkurrenz eingeschränkt sind, denn im neuen Konkurrenzregime wird es nicht goutiert, wenn sie offen mit anderen Konfessionen oder Religionen um Herrschaft ringen. Sie können ihre öffentliche Stellung stärken, wenn sie sich für Themen einsetzen, die dem Gemeinwohl insgesamt dienen, z. B. für Frieden, interreligiösen Dialog und den Einsatz für die Menschenrechte.[150]

Schliesslich erkennen wir einen wichtigen *Konkurrenzkampf rund um den Islam*. Hier stehen sich Gegner eines als bedrohlich empfundenen Islams und Akteure gegenüber, die dem Islam die gleichen Rechte wie allen anderen Religionen in der Schweiz einräumen möchten. Die Aktivisten der Islamgegner setzen sich aus verschiedenen Gruppen zusammen: Rechtskonservative rund um die Schweizerische Volkspartei, politisch rechts stehende Mitglieder der evangelischen Freikirchen wie auch Feministinnen, denen die traditionellen Gendervorstellungen vieler Muslime ein Dorn im Auge sind. Die Aktivisten und Aktivistinnen der Islambefürworter setzen sich aus Vertretern der Grosskirchen, Praktikern des interreligiösen Dialogs wie auch Anhängern der multikulturellen Gesellschaft zusammen.[151] Per Volksinitiative gelang es 2009 den Gegnern, ein Minarettverbot in der Schweiz durchzusetzen, das nun in Artikel 72 der Verfassung steht.[152] Die meisten Befürworter der Anti-Minarett-Initiative lehnten Minarette dabei nicht aus religiösen Gründen ab. Vielmehr sahen sie Minarette als Symbole eines Phänomens, das ihrer Meinung nach die in der Schweiz herrschende Ordnung gefährde.

149 Siehe Famos (2007); Pahud de Mortanges (2007; 2012).

150 Vgl. Könemann/Jödicke (2012).

151 Zu Islam und Islamkritik in der Schweiz siehe Behloul/Lathion (2007); Behloul (2007); Schneuwly Purdie/Gianni/Magali (2009). Zum Minarettverbot siehe Haenni/Lathion (2011). Zur Islamophobie in der Schweiz siehe Stolz (2006); Helbling (2010); Lindemann (2012).

152 Artikel 72, Abs. 3 lautet: «Der Bau von Minaretten ist verboten».

2.4 Hypothesen

Wenn die allgemeine Theorie und die sozio-historische Konkretisierung der letzten Seiten zutreffen, müssten sie dann nicht auch empirisch zu beobachten sein? Diese Frage führt uns zu einigen zentralen Hypothesen, die wir im vorliegenden Buch testen werden. Wir unterscheiden Hypothesen in Bezug auf den Übergang zur Ich-Gesellschaft, individuelle Anpassungen, Grossgruppen (Milieus) und religiös-spirituelle Anbieter.

Übergang zur Ich-Gesellschaft

H1 Übergang zur Ich-Gesellschaft, *Wirtschaftswachstum und religiöse Indikatoren.* Es sollte nachweisbar sein, dass in den 1960er Jahren tatsächlich eine grosse Veränderung in verschiedenen Dimensionen vor sich ging (die wir den Übergang zur Ich-Gesellschaft bzw. den Wechsel des Konkurrenzregimes nennen). In diesem Zeitraum sollten wir gleichzeitig eine starke Steigerung des Lebensstandards für die grosse Mehrheit der Bevölkerung (Realeinkommen, persönliche Sicherheit, Mobilität, Freizeitoptionen) wie auch ein starkes Sinken religiöser Praxis finden.

H2 Übergang zur Ich-Gesellschaft *und Kulturwandel.* Die vor 1960 geborenen Individuen sollten sich in verschiedener kultureller Hinsicht deutlich von den später geborenen unterscheiden. Erstere sollten noch von einer starken, erzwungenen religiösen Sozialisierung berichten, die die Züge des alten Konkurrenzregimes trägt. Bei ihnen sollte man weniger Individualisierung, religiöse Konsumorientierung, eine stärkere konfessionelle Identität und eine geringere Ablehnung von anti-individualistischer Religion (sofern dies die eigene Religion betrifft) finden. Diese Personen sollten im Durchschnitt auch religiöser sein als spätere Generationen. Die in den 1940er Jahren geborene Generation sollte den Wechsel des Konkurrenzregimes oft als biografischen Bruch mit dem eigenen Elternhaus erfahren haben. Die späteren Generationen sollten von einer viel freieren religiösen Sozialisierung berichten und stärker Werte des neuen Konkurrenzregimes aufweisen.

H3 Übergang zur Ich-Gesellschaft *und Geschlecht.* Männer und Frauen sollten sich in verschiedener Hinsicht deutlich unterscheiden. Vor 1940 geborene Personen sollten noch von stark unterschiedlicher religiöser Sozialisierung für Jungen und Mädchen berichten. Die Frauen dieser Generationen sollten auch noch deutlich religiöser sein als die Männer. Zwischen 1940 und 1970 geborene Frauen sollten in erhöhtem Masse von einer Befreiung aus traditionellen religiösen Denkmustern und z. T. von Versuchen innerhalb der alternativen Spiritualität berichten. Bei Jahrgängen nach 1970 sollte sich eine Angleichung in religiöser Hinsicht zwischen den Geschlechtern bemerkbar machen.

H4 Übergang zur Ich-Gesellschaft *und Stadt/Land.* Die Unterschiede zwischen Stadt und Land sollten sich in religiöser Hinsicht zunächst vergrössern, da der Übergang zur Ich-Gesellschaft (bzw. zum neuen Konkurrenzregime) in den Städten beginnt. In dem Mass, wie der neue Lebensstil sich von der Stadt aufs Land ausbreitet, sollten sich die Unterschiede wieder verringern.

Individuelle Anpassungen

H5 *Säkulares Driften.* Die Individuen sollten ein säkulares Driften zeigen, d. h., sie sollten – im Durchschnitt – weniger religiös werden. Dies, weil die Individuen seit den 1960er Jahren sehen, dass sie zu Religion nicht mehr gezwungen sind, dass sie viele Ressourcen und sehr viele säkulare Optionen haben und dass sie ihre Bedürfnisse ihrer Ansicht nach oft besser mit säkularen Institutionen befriedigen können. Säkulares Driften sollte insbesondere zwischen Generationen zu beobachten sein, da Religiosität und Spiritualität stark durch Sozialisierung beeinflusst werden und jede neue Generation in einer noch stärker durch säkulare Alternativen gekennzeichneten Welt aufwächst.

H6 *Individualisierung und Konsumorientierung.* Über die ganze Gesellschaft hinweg sollte in den letzten Jahrzehnten eine Zunahme der Individualisierung und Konsumorientierung zu beobachten sein, d. h., dass die Individuen zunehmend der Meinung sind, sie könnten und müssten in religiösen/säkularen Fragen selbst entscheiden und zunehmend die Optionen wählen, die ihnen subjektiv den grössten «Nutzen» oder die grösste «Befriedigung» verschaffen.

Grossgruppen

H7 *Unterschiedliches Wachstum und Schrumpfen von Grossgruppen.* Grossgruppen mit traditionell-christlicher Religiosität sollten schrumpfen; Grossgruppen mit distanzierter Religiosität und säkularen Ansichten sollten wachsen. Eine Grossgruppe mit alternativer Spiritualität sollte ab den 70er Jahren zu beobachten sein. Diese Hypothese setzt eine genauere Beschreibung der Grossgruppen voraus, was Gegenstand der Kapitel 3 bis 8 sein wird.

Anbieter

Da unsere Untersuchung vor allem Daten über Individuen erhoben hat, können wir die aus unserer Theorie folgenden Hypothesen zu den religiösen und spirituellen Anbietern nur zum Teil und nur indirekt (v. a. in den Kapiteln 7, 8 und 9) prüfen. Wiederum fragen wir, was empirisch zu beobachten sein müsste, wenn unsere theoretische Beschreibung richtig sein sollte.

H8 *Religiöses Marketing.* Die Kirchen und religiösen Gemeinschaften sollten zunehmend religiöses Marketing einsetzen. Da sie bemerken, dass die Individuen nicht mehr Mitglieder sein müssen und es keine Religiosität sanktionierenden Normen mehr gibt, sind die Anbieter gezwungen, sich auf die Bedürfnisse der Individuen einzustellen. Hierfür werden sie vermehrt versuchen, die gleichen Techniken einzusetzen wie andere Organisationen (Marktforschung, Befragung, Milieustudien, Qualitätssicherung, Diversifizierung, Konzentration auf ein Kernprodukt, Werbung usw.)

H9 *Megachurches und Fusionen.* Um im Konkurrenzkampf vor allem mit den säkularen Anbietern bestehen zu können, werden viele Anbieter versuchen, eine kritische Grösse zu erreichen. Dies kann entweder durch das Anstreben einer Megachurch oder durch Fusionen von bestehenden Gemeinden geschehen.

H10 *Akkomodierung vs. Abschliessung.* Wollen die Anbieter viele Menschen ansprechen (z. B. «Volkskirchen» bleiben), so werden sie sich auf die Werte und Moralvorstellungen des neuen Konkurrenzregimes einstellen und diese langfristig übernehmen. Sie werden also die Freiheit der Einzelperson, die Menschenrechte, Gleichberechtigung von Mann und Frau usw. betonen. Ferner werden sie vom Versuch ablassen, das Verhalten und die moralischen Vorstellungen ihrer Mitglieder zu kontrollieren. Elemente der Ideologie von Anbietern, die nicht dem neuen Konkurrenzregime entsprechen, werden in der Gesellschaft als hochgradig illegitim erscheinen. Sind Anbieter nicht bereit, sich akkomodierend an das neue Konkurrenzregime anzupassen, so werden sie eine Form von sozialer Abschliessung verwenden müssen. Durch die Schaffung von geschlossenen Milieus oder sozialen Gruppen mit klaren Grenzen müssen sie ihre Mitglieder so stark abschotten, dass die Kritik von aussen den Mitgliedern nichts oder wenig anhaben kann.

***

Soweit die Darstellung der Theorie und der aus ihr folgenden Hypothesen. Wer die Literatur kennt, wird bemerkt haben, dass die meisten der hier vertretenen Ideen nicht neu sind. Wir nehmen aber doch in Anspruch, eine neuartige Systematisierung vorzulegen, die in allgemeiner Weise aufzeigt, wie religiös-säkulare

Konkurrenz – in Verbindung mit anderen Faktoren – verschiedenste religiöse Phänomene erklären kann. Im Vergleich zu den bisher vorgestellten Theorien weist diese Theorie wie schon erwähnt verschiedene Vorteile auf. Indem sie den Beitrag der (individuellen und kollektiven) Akteure würdigt und die kausalen Mechanismen des Geschehens benennt, ist sie nicht nur beschreibend, sondern auch erklärend. Sie bleibt, mit anderen Worten, nicht bei einer Angabe beschreibender Etiketten wie «Säkularisierung», «Differenzierung», «Rationalisierung» oder «Individualisierung» stehen, sondern führt diese Prozesse auf wenige erklärende Grundmechanismen zurück. Gegenüber der Markttheorie liegt der Vorteil darin, dass intra-religiöse Konkurrenz als ein Spezialfall unter vielen anderen Möglichkeiten erkannt wird. Ausserdem ist die Theorie in der Lage, sowohl den säkularisierenden Makro-Trend als auch historische und geografische Unterschiede zu erklären. Sie erlaubt es, an den verschiedensten Punkten gewissermassen «in die Geschichte einzusteigen», um von dort aus die nächsten Etappen einsichtig zu machen.

Durch wie viel Evidenz wird aber diese Theorie gestützt? Dieser Frage widmen sich alle weiteren Kapitel. Die Kapitel 3–8 werden zunächst die Grossgruppen quantitativ und qualitativ beschreiben. Das Kapitel 9 wird dann die Erklärungsfrage wieder aufnehmen und zeigen, ob und wie diese Hypothesen empirisch verifiziert werden können.

3 Vier Gestalten des (Un-)Glauben

Jörg Stolz, Mallory Schneuwly Purdie

[…] denn hier muss ein jeder nach seiner Façon selig werden

Friedrich der Grosse

Wer sich wie wir aufmacht, um einige Jahre lang zu erforschen, wie heute Menschen in der Schweiz von ihrer Religiosität, Spiritualität oder Religionslosigkeit berichten, wird zunächst mit einer riesigen Vielfalt konfrontiert. Die Komplexität der unterschiedlichen Glaubensformen, religiösen Ansichten, spirituellen oder säkularen Erfahrungen und Geschichten scheint so beeindruckend wie erdrückend. Wie lässt sich eine so grosse Vielfalt auf wenigen Seiten verständlich darstellen?

Ziel dieses Kapitels ist, eine neue Typologie vorzustellen, die uns hilft, Ordnung in die Komplexität der individuellen religiösen Erfahrungen und Handlungen zu bringen. Wir sind nicht die Ersten, die eine solche Typologie vorschlagen.[1] Bisherige Versuche bezogen sich jedoch meist nur auf Teilbereiche der Religion und wurden nur durch quantitative Daten belegt, was manchmal die Verständlichkeit beeinträchtigte. M. a. W., man konnte sich die verschiedenen Typen nicht so richtig vorstellen. Im Gegensatz dazu haben wir eine möglichst anschauliche Typologie gesucht, die die wichtigsten religiösen Dimensionen abdeckt (d. h. Glauben, Praxis, Werte usw.), auf qualitative wie auch quantitative Daten aufbaut und sich mit einer erklärenden Theorie zusammenschliessen lässt.[2]

1 Frühere Typologien finden sich z. B. in Krüggeler (1993); Dubach (1993); Campiche (2004); Bréchon u. a. (1997); Höhmann/Krech (2006); Benthaus-Apel (2006); Rodriguez (2005); Höllinger (2012).

2 Eine Funktion unserer Typologie sehen wir auch darin, verschiedenste Befunde aus quantitativen und qualitativen Studien, die sich bisher z. T. zu widersprechen schienen, in einen gemeinsamen Rahmen zu bringen.

3.1 Eine Typologie auf zwei Ebenen

Die Typologie[3] lässt sich am einfachsten grafisch erläutern (Grafik 3.1). Sie baut auf zwei Dimensionen auf, einer Dimension institutioneller Religiosität (vertikale Achse) und einer Dimension alternativer Spiritualität (horizontale Achse). Als institutionell bezeichnen wir eine individuelle, mit den Angeboten und Lehrinhalten christlicher Kirchen verbundene Religiosität. Alternative Spiritualität meint individuelle Glaubensinhalte, Praxisformen und Erfahrungen, die sich auf Angebote alternativ-spiritueller Anbieter bezieht und sich gleichzeitig von den christlichen Kirchen abgrenzt. Abbildung 3.1 zeigt, dass wir innerhalb der zwei Dimensionen vier Typen unterscheiden: einen institutionellen (I), einen alternativen (A), einen distanzierten (D) und einen säkularen (S). Diese vier Typen unterscheiden sich nicht nur bezüglich Glaubensüberzeugungen und religiöser Praxis, sondern auch in Bezug auf ihre Identität, sozialstrukturellen Merkmale, Werte, Beziehungen zu religiösen Anbietern und Wahrnehmungen anderer Religionen.

Die Anzahl der zu unterscheidenden Typen hängt entscheidend von der «soziologischen Flughöhe» ab, von der aus man die Gesellschaft betrachtet. Die bisher genannten Typen entstehen, wenn man von «weit oben» auf die Gesellschaft herabschaut. Stösst man aber hinab und betrachtet die Verhältnisse aus der Nähe, so tauchen plötzlich neue Subtypen innerhalb der vier allgemeinen Typen auf (Grafik 3.2). Die Subtypen treten in zwei Formen auf: als Milieus oder als Aggregate. Zum einen als *Milieus*, d. h. als um Religiosität und Spiritualität herum organisierte Grossgruppen mit eigener Gruppenidentität.[4] So finden wir ein freikirchliches Milieu, ein etabliertes Milieu (das die Kerngemeindemitglieder der Katholiken und Reformierten umfasst) und ein esoterisches Milieu (in dem wir esoterisch hoch Aktive finden). Zum anderen gibt es auch Subtypen, die nur als

3 Die Typologie kam in einem iterativen Zusammenspiel von qualitativer und quantitativer Analyse zustande. Auf quantitativer Seite wurde eine Clusteranalyse mit SPSS durchgeführt. Dabei wurden die Befragten aufgrund von Ähnlichkeiten und Differenzen hinsichtlich ihrer kirchlich-religiösen bzw. alternativen Praxis und ihren religiösen Überzeugungen gruppiert. Näheres im Anhang.

4 Wir verwenden einen ähnlichen Milieubegriff wie Schulze (1995, 210), konstruieren hier jedoch ganz bestimmte religiös-spirituelle Milieus (nach), die bei Schulze so nicht vorkommen. Der Milieubegriff wird in der religionssoziologischen Literatur recht häufig in dieser Weise verwendet, so z. B. für das evangelikale Milieu bei Stolz/Favre/Gachet/Buchard (2013), das fundamentalistische Milieu bei Riesebrodt (1990), das holistische bzw. alternativ-spirituelle bei Milieu Höllinger/Tripold (2012) und Campbell (1995 (1972)), das katholische Milieu bei Altermatt (1989). Schon Marcel Proust (1896) schrieb, das Milieu der Mode zeichne sich dadurch aus, dass jeder seine Meinung aufgrund der Meinung aller anderen mache. Was aber, wenn jeder der Meinung aller anderen grundsätzlich widerspreche? Dann befinde man sich im literarischen Milieu.

Grafik 3.1: Vier Typen (höhere Ebene)

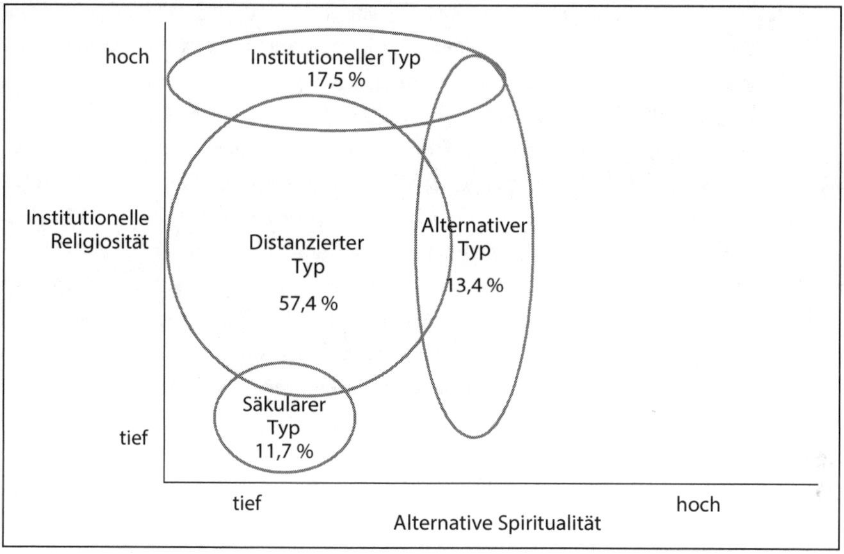

Grafik 3.2: Neun Subtypen: Aggregate und Milieus (tieferliegende Ebene)

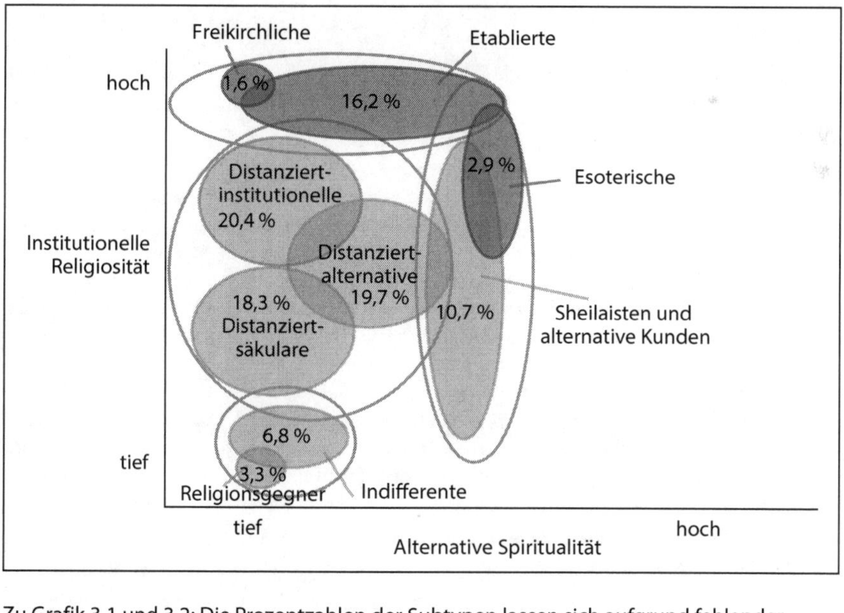

Zu Grafik 3.1 und 3.2: Die Prozentzahlen der Subtypen lassen sich aufgrund fehlender Werte nicht perfekt addieren, um zu den Prozentzahlen der Typen zu gelangen.

soziale Aggregate beschrieben werden können, d. h. als durch die statistische Zusammenstellung entstandene Kollektive von Personen mit ähnlichen religiösen oder säkularen Praktiken und Einstellungen. Soziale Aggregate verfügen weder über eigene Gruppenstrukturen und -anbieter noch über eine Gruppenidentität. Hierzu zählen etwa die «Sheilaisten und alternativen Kunden» wie auch die verschiedenen Subtypen der Distanzierten und Säkularen.[5] Die folgenden Ausführungen werden die verschiedenen Typen, Subtypen und Milieus veranschaulichen.

Im Folgenden stellen wir die Glaubensansichten und religiösen Praktiken (sofern vorhanden) der Typen und Subtypen dar. Mit unserem methodischen Ansatz können wir sowohl die Teilnehmer/innen an der Repräsentativstudie als auch die Gesprächspartner/innen der Leitfadengespräche in Typen und Subtypen unterteilen. Wenn wir also von den «Institutionellen» (ein Typ der ersten Ebene) oder den «Religionsgegnern» (ein Subtyp der Säkularen, zweite Ebene) sprechen, so haben wir immer genaue Personen vor Augen, die diesem Typ oder Subtyp entsprechen. Wir sind auch ziemlich sicher, dass die Leserinnen und Leser keine Mühe haben werden, ihre Freunde und Bekannten in jeweils einen der verschiedenen Typen, Subtypen oder Milieus einzuordnen.[6]

5 Allerdings gibt es innerhalb des säkularen Milieus Gemeinschaften mit eigener Gruppenidentität.

6 Bei der Namengebung der Typen und Subtypen («Institutionelle», «Alternative», «Distanzierte» und «Säkulare») haben wir nach möglichst einfachen und intuitiv gut verständlichen Namen gesucht. Allerdings sind unbeabsichtigte Assoziationen nicht immer zu vermeiden. Die Institutionellen etwa heissen so, weil sie in engem Kontakt mit einer Kirche oder Freikirche – und in diesem Sinne mit einer «religiösen Institution» stehen. Andererseits könnte man einwenden, dass die Freikirchen sich gerade von den von ihnen als «Institutionen» verstandenen Landeskirchen absetzen und der Begriff daher unglücklich gewählt sei. Die Alternativen heissen so, weil ihre Religiosität oder Spiritualität sich oft als «Gegenentwurf» zu den als herrschend empfundenen Kirchen versteht. Einige Kritiker haben eingewandt, der Begriff sei wertend, weil er die nicht alternative Religion als «Normalfall» darstelle. Wieder andere haben behauptet, die von uns gemeinte Spiritualität sei heute der eigentliche Mainstream und könne daher keinesfalls mehr als «alternativ» gelten. Am längsten haben wir für die Namengebung der «Distanzierten» gebraucht. Wir haben hier ein Phänomen im Auge, das der britische Religionssoziologe David Voas als «Fuzzy Fidelity» bezeichnet hat. Aber «Fuzzies» schien uns als Name schlecht geeignet. Schliesslich haben wir uns auf Distanzierte geeignet, was prompt, insbesondere von manchen Kirchenvertretern kritisiert wurde, weil es von einem «falschen Kirchenverständnis» ausgehe.

3.2 Institutionelle

Die *Institutionellen,* die in unserer Stichprobe 17,5 % ausmachen, messen dem christlichen Glauben und der christlichen Praxis im eigenen Leben einen grossen Stellenwert zu (Tabelle 5a im Anhang). Es handelt sich um die Personen aus den katholischen und reformierten Kerngemeinden sowie um die grosse Mehrheit der Angehörigen evangelischer Freikirchen. Institutionelle *glauben* an einen einzigen, persönlichen und überweltlichen Gott. Rund 99 % glauben (völlig oder eher), dass dieser Gott sich für jeden einzelnen Menschen interessiert, und die meisten sind überzeugt, dass das Leben nur durch Gott und Jesus Christus einen Sinn hat. 63 % der Institutionellen glauben an ein Leben nach dem Tod. Einige (vor allem die Freikirchlichen) sehen säkulare oder atheistische Einstellungen sehr kritisch und lehnen auch alternativ-spirituelle Überzeugungen vehement ab. Andere Institutionelle können säkulare Einstellungen akzeptieren und sind alternativer Spiritualität gegenüber manchmal sehr aufgeschlossen. Institutionelle weisen eine ausgeprägte *religiöse Praxis* auf, die meist im Zusammenhang mit den Vorstellungen und Angeboten der Kirchen und ihrer Kerngemeinden steht. Unter den Institutionellen gehen 72 % mindestens einmal pro Monat in die Kirche, 69 % beten täglich.

Institutionelle

Nathalie (41, Subtyp «Etablierte») ist Hausfrau und Mutter. Sie ist in der katholischen Kirche sehr engagiert. Als Koordinatorin der Katechese beteiligt sie sich aktiv an der Gestaltung der Messe und bezieht die Eltern in die religiöse Unterweisung ihrer Kinder mit ein. Sie glaubt nicht an einen strafenden Gott, sondern an einen Gott der Liebe, der in jedem Menschen wohnt. Nathalie geht regelmässig zur Messe, nicht aus äusserem Zwang, sondern aus innerem Bedürfnis.

François (55, Subtyp «Etablierte») ist Krankenpfleger. Er ist Protestant und wuchs in einer methodistischen Familie auf, die jeden Sonntag in die Kirche ging. François ist mit einer katholischen Frau seit vielen Jahren verheiratet. Er glaubt an Gott bzw. eine höhere Macht, die irgendwie sein Leben beeinflusst, wie auch an ein Leben nach dem Tod, das allerdings nur schwer in Worte zu fassen sei. Für seinen Glauben sind überdies die Werte Solidarität und Humanität äusserst wichtig, weshalb er sich stark für Flüchtlinge und gegen den Hunger in der Welt engagiert. François betet für sich allein und begleitet seine Frau alle 14 Tage in die katholische Messe (seine Frau geht wöchentlich).

Willi (40, Subtyp «Freikirchliche») ist Geschäftsführer eines kleinen Unternehmens. Als Kind besuchte er mit seiner Mutter eine freikirchliche Gemeinschaft und bekehrte sich während einer Zeltmission mit 16 Jahren. Diese Bekehrung hat ihn vor einem Schulabbruch bewahrt und sein Leben in eine neue Richtung gelenkt. Er ist Mitglied einer Gemeinde, in der er auch Verantwortung trägt. Willi liest jeden Morgen eine halbe Stunde in der Bibel, betet regelmässig und geht mit seiner Familie sonntagmorgens zum Gottesdienst. Sein Glaube an Jesus Christus, an Gott und an den heiligen Geist spielt eine zentrale Rolle in seinem Leben.

Innerhalb der Institutionellen können wir zwei wichtige Subtypen ausmachen, die «Etablierten» und die «Freikirchlichen» (siehe der Kasten «Institutionelle» mit Nathalie und Willi als Beispielen). Die beiden Subtypen lassen sich recht klar unterscheiden. *Etablierte* (16,2 %) sind Mitglieder der katholischen und reformierten Kerngemeinden. Bei ihnen finden wir eine ganz persönliche Frömmigkeit und ein Engagement in der Gemeinde. Sie sind oft stark religiös sozialisiert worden, und die Fortführung dieser Tradition ist für sie ein wichtiges Motiv. Je nach Konfession sind ihnen meist die spezifisch reformierten oder römisch- bzw. christkatholischen Rituale wichtig. Innerhalb der Etablierten finden wir immer noch gewisse klar erkennbare Konfessionsunterschiede. Katholiken sind meist sehr viel stärker religiös sozialisiert. Manchmal sind ihnen die Heiligen, Maria und die spezifisch katholischen Elemente des Gottesdienstes wichtig. Reformierte sind normalerweise viel freier erzogen worden und betonen oft die Wichtigkeit einer gerade *nicht* katholischen Gläubigkeit. Insgesamt lassen die Daten aber klar erkennen, dass die in früheren Jahrzehnten sehr zentralen Konfessionsunterschiede stark an sozialer Wichtigkeit verloren haben – und das selbst in dieser hoch religiösen Gruppe.

Freikirchliche (1,6 %) sind demgegenüber (trivialerweise) meist Mitglieder von Freikirchen, oder aber sie zeigen einen freikirchlichen Frömmigkeitsstil.[7] Immer zeichnen sie sich durch einen ganz bestimmten Glaubens-, Praxis- und Lebensstil aus. Hierbei ist die individuelle Bekehrung, d. h. eine Hinwendung zum Erlöser Jesus Christus zentral. Diese ganz individuell verlaufende Bekehrung wird meist in der Erwachsenentaufe nachträglich vor der Gemeinde symbolisiert.[8] Das

7 Wir hätten auch von «Evangelikalen» sprechen können, aber der Begriff wird zur Selbstbezeichnung oft abgelehnt. Die Studie von Stolz/Favre/Gachet/Buchard (2013) kann als vertiefende Fallstudie dieses Milieus gelesen werden – sie verwendet überdies die gleiche theoretische Grundlage wie das vorliegende Buch.

8 Bei aller Individualität ist natürlich auch die evangelikale Bekehrung ein soziales Phänomen und sozial mitbedingt. Siehe hierzu Stolz/Favre/Gachet/Buchard (2013).

Individuum sieht sich als «Christ» oder «echter Christ» und grenzt sich meist von Christen ab, denen der Glaube nicht in dieser Weise wichtig ist. Mit dem Christ-Sein gehe ein starkes Glaubensleben, regelmässige Praxis, Engagement in einer Gemeinde, Evangelisation von Nichtchristen und eine klare moralische Lebensführung einher. Anders als den Etablierten ist ihnen die Fortführung von Traditionen weniger wichtig. Innerhalb der Freikirchlichen bzw. des «evangelikalen Milieus»[9] können wir eine klassische, eine pfingstlerische und eine konservative Strömung ausmachen.

Zwischen Etablierten und Freikirchlichen finden wir vielerlei Überlappungen und z.T. auch Wechsel. Einerseits gibt es seit Langem evangelikale und charismatische Strömungen innerhalb der pluralistischen Grosskirchen. Andererseits finden wir viele Individuen, die von einem Milieu ins andere wandern, zwischen diesen hin- und herwechseln oder einfach beiden angehören. Nehmen wir als Beispiele Barbara und Beat. Barbara (58), deren Mann festes Mitglied einer Freikirche ist, gehört formell der reformierten Landeskirche an und besucht manchmal den Gottesdienst in der Freikirche ihres Mannes, manchmal aber denjenigen der reformierten Landeskirche. In der Freikirche gefällt ihr das Engagement, die Tatsache, dass hier auch viele junge Leute zu finden sind und dass die Gemeinde «*lebt*». Dagegen ist sie der freikirchlichen «*Abkapselung*» gegenüber kritisch eingestellt. In der reformierten Kirche schätzt sie die ökumenische Offenheit – aber ihr missfällt, dass dort nur wenige, alte Leute anzutreffen sind. Der Lehrling Beat (18) ist mit seiner ganzen Familie Mitglied der reformierten Landeskirche – aber sein Frömmigkeitsstil entspricht sehr stark demjenigen der meisten Freikirchlichen. Für ihn ist Religion «*das Christentum und der Glaube an Jesus, das Leben nach dem Tod und dass er uns alle errettet*». Beat besucht mit Freunden spezielle Gottesdienste für Jugendliche, hat selbst schon in einer Band für den Alphalive-Kurs gespielt und hat eine Freundin, für die es wichtig ist, dass Beat «*Christ*» ist. Auch Beat ist also ein Beispiel dafür, dass vielerlei Kontakte und Überlappungen zwischen dem etablierten und freikirchlichen Subtyp zu finden sind.

3.3 Alternative

Ein zweiter Typ besteht aus den *Alternativen* (13,4 % unserer Stichprobe). Die hier zusammengefassten Menschen weisen holistische und esoterische Glaubensansichten und Praktiken auf. Sofort erkennt man, dass schon das Vokabular im Vergleich zu den Institutionellen ein ganz anderes ist. Sie sprechen beispielsweise eher von «*Spiritualität*» als von «*Religion*», und es geht ihnen weniger um «*Glau-*

9 Siehe Favre (2002); Stolz/Favre/Gachet/Buchard (2013).

ben» als um «*Erfahrung*» und «*Wissen*». Rund 52 % der Alternativen sind der Meinung, dass es eine Wiedergeburt oder Reinkarnation des Menschen in verschiedenen Leben gebe. 58 % halten es für wahrscheinlich, dass es Personen gibt, die die Zukunft vorhersagen können. Alternative interessieren sich für das Gesetz des Karma, Kontakte mit Engeln und Geistern, kosmische Energien, Chakren, Fähigkeiten geheimer Meister und die heilenden Kräfte von Steinen, Pflanzen, Kristallen oder Berührung/Handauflegung. Unter den Praktiken der Alternativen finden sich – neben der Lektüre esoterischer Literatur – Techniken der Wahrsagerei (Tarot, Channelling, Handlesen), geistliche Heilung (Schamanen, Faiseurs du secret), Atem- und Bewegungstechniken (z. B. Tai-Chi, Kinesiologie, Alexander-Technik, Yoga, Meditation), Heilungstechniken, die über die Hände wirken (z. B. Reiki, Massage, Akupressur) und diverse andere Techniken und Rituale (z. B. Natur-Rituale, Hypnose, Frauenspiritualität).[10]

Die Spiritualität der Alternativen ist extrem vielgestaltig und daher schwer in Unterkategorien zu fassen. Es lassen sich aber dennoch drei grundlegende Eigenschaften ihrer Glaubensansichten (Wissen, Erfahrung) und Praktiken angeben: Holismus, Synkretismus und Naturverbundenheit. *Holistisch* ist die Spiritualität der Alternativen, weil sie reduktionistische Dichotomien (Unterscheidungen) wie Mann/Frau, hell/dunkel, gut/böse, Gott/Teufel und materiell/spirituell ablehnen. Um das Denken in Gegensätzen zu überwinden, wird die Verbundenheit aller Dinge betont. Das Göttliche und das Weltliche bilden eine Einheit. Diese Einheit ist sowohl männlich wie weiblich, materiell wie spirituell und weist sowohl Licht- wie auch Schattenseiten auf. Im Weltbild der alternativen Spiritualität hängt alles mit allem zusammen. *Synkretistisch* ist die Spiritualität der Alternativen insofern, als Einflüsse unterschiedlichster kultureller Herkunft miteinander vermengt werden: Fernöstliche, keltische, jungianische, ökologische, indianische, christliche und andere Überzeugungen werden in immer neue Verbindungen gebracht. *Naturverbunden* ist diese Weltsicht schliesslich, da die Natur meist für wichtig, wenn nicht gar für heilig gehalten wird. Letzteres gilt besonders stark für den Ökospiritualismus und den indianischen Schamanismus.

Alternative

Eliot (42, Subtyp «Esoterische») ist Angestellter in einer NGO. Er ist im Protestantismus aufgewachsen, von dem er sich aber bereits in jungen Jahren distanziert hat. Nach einer schweren Lebenskrise kam er über den Zen-Buddhismus und Tai-Chi zum Qigong, das er gegenwärtig praktiziert. Eliot hat diverse

10 Vgl. Fleury (2010); Schneuwly Purdie (2010); Mayer (1993); Bloch (1998); Heelas/Woodhead (2004).

Kurse und Retraiten wie auch eine ganze Ausbildung in verschiedenen alternativ-spirituellen Techniken absolviert und diese auch jahrelang an verschiedenen Orten als Lehrer weitervermittelt. Qigong ist für ihn eine Lebensphilosophie, die zu den Pfeilern der chinesischen Medizin gehört. Es handle sich um eine Beherrschung des Atems und die Einsicht, dass die Energie des Körpers durch die Meridiane gehe.

Maude (51, Subtyp «Sheilaisten und alternative Kunden») ist Schuldirektorin und Lehrerin. Aus Holland stammend, wurde sie progressiv katholisch erzogen. In ihrer Wohnung umgibt sie sich mit Kruzifix, Rosenkranz, Kerzen und einem lachenden Buddha. Sowohl Kruzifix als auch Buddha geben ihr in je anderer Weise Kraft. Maude glaubt an Gott, den sie mit einem «*Kissen*» vergleicht, wie auch an ein Leben nach dem Tod. Sie betet oft für andere, und wenn sie meditiert, zündet sie gerne Kerzen an. Maude geht nicht zum Gottesdienst, dafür aber gerne in die Kirche – solange sie dort alleine sein kann. Manchmal besucht sie ein Kloster, um dort in der Einsamkeit die Stille zu geniessen.

Angela (37, Subtyp «Sheilaisten und alternative Kunden») ist Hebamme. Sie hat italienische Wurzeln, wuchs aber in der Schweiz auf und wurde katholisch erzogen (Taufe, Kommunion, Firmung). Angela steht der Kirche wie auch der Religion im Allgemeinen indifferent bis kritisch gegenüber. Dennoch ist sie aus der Kirche nicht ausgetreten. Angela greift regelmässig auf Angebote der Alternativmedizin zurück – Reiki, Akupunktur, Shiatsu, Homöopathie, essenzielle Öle – und nutzt diese auch bei ihrer Arbeit. Diesen Methoden misst sie allerdings keine besondere spirituelle Bedeutung bei.

Auch innerhalb der Alternativen können wir zwei Subtypen unterscheiden. Die Beispiele von Eliot, Maude und Angela im Kasten «Alternative» zeigen die Unterschiede deutlich. Eliot gehört dem ersten Subtypus an, den *Esoterikern* (2,9 %).[11] Es handelt sich hier um Personen, die sehr häufig alternativ-spirituelle Praktiken verwenden und ihr ganzes Leben in ein esoterisch-spirituelles Licht getaucht sehen. Da sie oft Kurse, gemeinsame Rituale oder spirituelle Workshops besuchen und/oder leiten, sind sie in ein Netz von ähnlich denkenden und praktizierenden

11 Die Studie von Bochinger, Engelbrecht und Gebhart (2009) kann als vertiefende Fallstudie für einen Teilbereich unserer «Esoteriker» gelesen werden: nämlich derjenigen Esoteriker, die gleichzeitig noch in einer gewissen Nähe zu den Kirchen stehen. Auch wenn die Studie von Bochinger, Engelbrecht und Gebhart in Deutschland (Franken) durchgeführt wurde, sind die Parallelen der Befunde frappierend.

Personen eingebunden.[12] Zwar sind sie auf ihrem ganz eigenen Weg der Persönlichkeitsentwicklung und stellen sich einen ganz eigenen «alternativ-spirituellen Mix» zusammen. Da sie dies aber so oft in Kontakt mit anderen «spirituellen Wanderern» tun, werden sie hierdurch in ihrem Denken und Handeln deutlich beeinflusst. Sie sind Teil eines *esoterischen Milieus*.[13] Maude und Angela gehören in einen weit weniger deutlichen Subtypus, der aus «Sheilaisten» und «alternativen Kunden» zusammengesetzt ist (10,7 %). Als Sheilaisten werden in der Religionssoziologie manchmal Personen bezeichnet, die sich ihre ganz eigene Religion zusammenstellen (nach dem Namen einer Frau, «Sheila», die dies von sich behauptete).[14] Maude fällt in diese Kategorie: Sie hat ihre eigene Form der Praxis und des Glaubens entwickelt – ist damit aber nicht in Kontakt mit anderen Personen. Angela dagegen ist eher eine «alternative Kundin», die vielerlei Angebote aus der alternativen Spiritualität konsumiert und anwendet, hierbei aber keine besonderen spirituellen Absichten hegt. Dieser zweite Subtypus der «Sheilaisten und alternativen Kunden» ist aus unserer Sicht kein «Milieu», sondern ein «soziales Aggregat»: Die hier zusammengefassten Personen weisen zwar gewisse gemeinsame Praxisformen und Ansichten auf, sie sind jedoch nicht in sozialen Netzwerken miteinander verbunden. Für die Einschätzung der Alternativen ist es wichtig zu erkennen, dass nur rund ein Viertel von ihnen dem esoterischen Milieu angehören, während alle anderen in eher lockerer Weise mit alternativer Spiritualität verbunden sind.

Unsere Daten zeigen ausserdem, dass es gewisse Überlappungen und Wechsel zwischen dem institutionellen und dem alternativen Typus gibt. Manche Personen sind sowohl stark kirchlich als auch an alternativer Spiritualität interessiert. Dies sind Individuen, die von Bochinger, Engelbrecht und Gebhart als «spirituelle Wanderer» bezeichnet wurden.[15] Wir schätzen, dass diese Schnittmenge nicht grösser als etwa 2 bis 3 % der Bevölkerung ist.

---

12 Dieses Netz entsteht allein schon dadurch, dass die Esoterischen in den Kursen auf andere Teilnehmende treffen, die ihnen *weitere* Kurse und Techniken empfehlen. Sehr oft «wandern» Esoterische diesen Empfehlungen entlang und treffen häufig mehrmals auf andere Wanderer. Hierdurch entstehen Bekanntschaften und Freundschaften, die als Netzwerk beschrieben werden können. Siehe Höllinger/Tripold (2012).

13 Das esoterische Milieu ist schon oft beschrieben worden, z. T. unter verschiedenen Titeln. Campbell (1972) hat den Begriff *cultic milieu* geprägt. Zum *cultic milieu* (bzw. esoterischen Milieu) in der Schweiz siehe Mayer (1993); Rademacher (2009). Bochinger, Engelbrecht und Gebhart (2009, 121 ff.) stossen auf das gleiche Phänomen, wenn sie «Vergemeinschaftungsformen von Wanderern» beschreiben. Van Hove (1999) spricht von einem «spirituellen Markt». Siehe hierzu unter einem institutionellen Gesichtspunkt Hero (2010).

14 Siehe Bellah (1985, 221).

15 Siehe Bochinger/Engelbrecht/Gebhart (2009).

3.4 Distanzierte

Die grösste Gruppe in unserer Typologie sind die *Distanzierten* (57,4 %).[16] In gewisser Weise handelt es sich hier um die in der wissenschaftlichen Literatur und Öffentlichkeit am wenigsten beachtete – aber gerade deshalb interessanteste Gruppe. Wer sind diese Personen, was glauben sie, wie leben sie ihre Religiosität, Spiritualität oder Säkularität? Die Antwort auf diese Frage ist gar nicht so einfach, weil Distanzierte sich nur mit eingeschränkten, abgeschwächten oder negativen Attributen beschreiben lassen. Versuchen wir es trotzdem. Zunächst: Distanzierte glauben und praktizieren *nicht nichts*, sie haben gewisse religiöse und spirituelle Vorstellungen und Praktiken. Diese sind in ihrem Leben aber nicht besonders wichtig und/oder werden nur in seltenen Fällen aktiviert. Distanzierte glauben oft, dass es «*irgendetwas Höheres*» (Quentin, Kaitline, Claude, Mélanie oder Marcel) oder irgendeine «*Energie*» (Angela, Michel, Lucia, Simon) gibt, sie machen sich Gedanken über den «*Sinn des Lebens*» oder die «*Reinkarnation*», aber sehr viel spezifischer können oder wollen sie nicht werden. Distanzierte gehen vielleicht an grossen Festen (v. a. Weihnachten) in die Kirche, aber ansonsten zieht es sie nicht in die Gotteshäuser. Sie verwenden vielleicht die eine oder andere alternative Technik (z. B. Yoga, Reiki, Wahrsagen), aber sie messen dieser meist keine besondere spirituelle Dimension bei. Distanzierte bezeichnen sich meist als Mitglieder einer der grossen Konfessionen und bezahlen dementsprechend Kirchensteuern – aber die Konfessionszugehörigkeit hat bei ihnen lebenspraktisch keine grosse Bedeutung. Die Kirchen, sagen die Distanzierten, bringen ihnen persönlich nicht viel, aber sie spüren doch immer noch einen Rest an Verbundenheit, der sie am Austritt hindert. Wie wir sehen, markieren Distanzierte nicht nur gegenüber christlicher Religion und den Kirchen Abstand. Auch alternative Vorstellungen und Praktiken werden nicht vorbehaltlos bejaht. Diese Mittelpositionen zeigen sich quantitativ darin, dass Distanzierte die höchsten Werte bei Weder-Noch-Aussagen aufweisen.[17] Der Religionssoziologe David Voas, auf dessen Arbeiten sich unsere Studie unter anderem stützt, beschreibt das Phänomen als «Fuzzy Fidelity».

Auch der Typus der Distanzierten lässt sich wiederum in drei Subtypen unterscheiden, die je einem der drei von uns unterschiedenen «Pole» etwas näher stehen: Distanziert-Institutionelle, Distanziert-Alternative und Distanziert-Säkulare. Allerdings sind die Grenzen hier oft recht unscharf (siehe im Kasten «Distanzierte» die drei Beispiele Kaitline, Claude und Elina).

16 Die Studie von Plüss/Portmann (2011) zu «säkularisierten Christen», die auch den Begriff Distanzierung verwendet, kann als eine Reihe von vertiefenden Fallstudien für unsere «Distanzierten» gelesen werden. Siehe auch Portmann/Plüss (2011).

17 Siehe Tabelle A5 im Anhang.

Distanzierte

Kaitline (63, Subtyp «Distanziert-Institutionelle») ist Soziologin im Ruhestand. Sie wurde katholisch sozialisiert und besuchte eine öffentliche Schule, die von Ordensschwestern geführt wurde. Als Jugendliche interessierte sie sich stark für die Kirche und überlegte sich, ins Kloster einzutreten – ohne diese Idee jedoch in die Tat umzusetzen. Dann heiratete sie, bekam zwei Kinder und liess sich einige Jahre später wieder scheiden. Später begann sie ein Soziologie- und Religionswissenschaftsstudium und schloss dieses im 50. Altersjahr ab. Ihrer Meinung nach wird sie durch ihre Scheidung aus der katholischen Kirche exkommuniziert, was sie erschüttert.[18] Von diesem Zeitpunkt an betritt sie keine Kirche mehr. Dennoch bewahrt sie einen Glauben, den sie mit Werten wie Gerechtigkeit und Respekt verbindet.

Claude (39, Subtyp «Distanziert-Alternative») ist ein in Deutschland aufgewachsener promovierter Biochemiker und arbeitet im Bereich Marketing für die Pharmaindustrie. Das Christentum hat ihn nie interessiert. Claudes Mutter ist einigermassen gläubig, der Vater gar nicht. Aufgrund von Hautproblemen und Allergien hat er alternative Medizin ausprobiert und ist auch in Kontakt mit Geistheilern gekommen. Dabei wurde ihm eine besondere Aura und Empathiefähigkeit bestätigt. Fasziniert vom Gedanken, alles selbst beeinflussen zu können, setzte Claude sich während einiger Zeit intensiv mit Mentaltraining auseinander und praktiziert Sahaja-Yoga. Unterdessen haben die Anforderungen des Alltags dazu geführt, dass Claude diese Praxis hat fallen lassen.

Elina (24, Subtyp «Distanziert-Säkulare») studiert Wirtschaft. Sie ist in einem kleinen Tessiner Dorf aufgewachsen und wurde katholisch erzogen, getauft und gefirmt. Sie bezeichnet sich heute als Agnostikerin. Wenn sie aus Anlass von Übergangsriten oder an Weihnachten in ihr Dorf zurückkehrt und dort die Messe besucht, sieht sie das eher als Zugeständnis an die familiäre Tradition denn als einen religiösen Akt. Sie wirft einen kritischen und etwas amüsierten Blick auf die religiösen Traditionen ihres Heimatortes. Ganz selten, in schwierigen Situationen, nimmt sie zu einem kleinen Stossgebet Zuflucht. Insgesamt findet sie religiöse Aussagen aber unplausibel.

---

18 Das ist kirchenrechtlich nicht ganz richtig. Erst die Wiederverheiratung führt zur Exkommunikation. Siehe zu den Einzelheiten etwa den Katechismus der katholischen Kirche, Artikel 1650, 1651, 1665, 2380, online unter www.vatican.va/archive/DEU0035/_FA.HTM.

Bei allen diesen Beschreibungen darf man eines nicht vergessen: Für Distanzierte sind Religion und Spiritualität gar nicht so wichtig. Diese Personen dachten nur deshalb während einer Stunde über Religion und Spiritualität nach, weil wir sie zu diesem Thema befragten – das geschieht ihnen sonst eher selten. Gerade dieser Punkt aber – die lebenspraktisch geringe Wichtigkeit – macht das Spezifikum der Distanzierten aus.

3.5 Säkulare

Die vierte Gruppe sind die *Säkularen* mit einem Anteil von 11,7 %.[19] Hier handelt es sich um Personen ohne jede religiöse Praxis und ohne religiöse Glaubensüberzeugungen. Rund 44 % der Säkularen behaupten, nicht an Gott zu glauben, 83 % betrachten die Kirchen für sich persönlich nicht als wichtig, 73 % gehen nie in die Kirche, und rund 50 % sind vollständig einverstanden mit der Aussage, dass Religionen eher zu Konflikt als zu Frieden führen. Das alles heisst nicht, dass diese Personen ohne philosophische Überzeugungen wären – ganz im Gegenteil. In diesem Typus finden wir Personen mit oft sehr klaren Ansichten zu allgemeinen Fragen wie der Entstehung des Menschen, Fragen gesellschaftlicher Gerechtigkeit und Sinn des Lebens. Nur sind die Antworten nicht oder sogar anti-religiös. Erneut lassen sich zwei Richtungen unterscheiden: die Indifferenten und die Religionsgegner. Erstere stehen Religion, Kirche, Glaube, aber auch Esoterik oder spiritueller Heilung völlig gleichgültig gegenüber. Letztere kritisieren sowohl institutionelle Religion als auch alternative Spiritualität – aber auch nichtchristliche Religionen – in oft harscher Weise. Stellen wir wiederum drei Personen dieses Typus vor: Daniela, Siegfried und Gregory (siehe Kasten «Säkulare»). Die erste steht für die Indifferenten, die zweite für die Religionsgegner.

Säkulare

Daniela (24, Subtyp «Indifferente») studiert Physik. Sie wurde zwar in einer reformierten Kirche getauft, durchlief jedoch keine prägende religiöse Sozialisation. Ihre Mutter scheint sich für gewisse alternativ-spirituelle Praktiken wie Feng-Shui oder Tarot zu interessieren. Daniela beschreibt sich selbst als Agnostikerin sowie als «*realistisch*», «*wissenschaftlich*» und «*pragmatisch*». Sie kennt die Erfahrung des Staunens bei schöner Musik oder grossartiger wissenschaftlicher

19 Für die Säkularen sind uns keine vertiefenden Fallstudien in der Schweiz bekannt. Siehe in der internationalen Literatur z. B. Cimino (2007); Voas/Day, 2007.

Theorie – aber das alles hat für sie nichts mit Religion zu tun. Sie lehnt Religionen nicht grundsätzlich ab, kann aber selbst nicht viel mit ihnen anfangen.

Siegfried (39, Subtyp «Religionsgegner») ist Ingenieur. Er ist verheiratet und Vater dreier Kinder. Siegfried und seine Frau sind aus der Kirche ausgetreten, weil sie ihre Kinder nicht taufen lassen wollten. Er beschreibt sich als rational und wissenschaftlich denkenden Menschen, akzeptiert aber, dass es Unerklärtes und Unerklärliches gibt. Siegfried glaubt weder an eine höhere Macht noch an ein vorgezeichnetes Schicksal. Er sieht Religion als grundsätzlich problematisch an, da sie seiner Meinung nach ausgrenzt, Unheil anrichtet und verhindert, dass man selber denkt und handelt.

Gregory (70, Subtyp «Religionsgegner») ist Architekt kurz vor dem Ruhestand und lebt seit 30 Jahren mit seiner Partnerin zusammen. Er wurde protestantisch erzogen und musste in die Sonntagsschule gehen, wo er mehrmals geohrfeigt wurde. In der Folge weigerte er sich, sich konfirmieren zu lassen, und hat nie mehr einen Fuss in eine Kirche gesetzt. Er hat keinerlei religiöse Praxis oder religiöse Glaubensüberzeugungen. Religionen und religiöse Organisationen kritisiert er scharf: Alle Religionen seien nur das falsche Versprechen eines Paradieses und würden in Wirklichkeit zu Krieg führen.

***

Die Funktion dieses Kapitels lag darin, den Lesenden die Typologie in einem ersten Überblick und anhand von Beispielen verständlich zu machen. In den Kapiteln 4–8 verwenden wir diese Typologie, um Identität, Glaube und Praxis, Werte, das Verhältnis zu religiös-spirituellen Anbietern und die Wahrnehmung von Religion(en) in der Schweiz zu analysieren. In Kapitel 9 wird es dann darum gehen, die Entstehung und Veränderung der Typen zu erklären.

4 Identität und Sozialstruktur

Jörg Stolz, Mallory Schneuwly Purdie

Ich bin ein hochreligiöser Ungläubiger –
das ist ein etwas neuer Typ von Religion

Albert Einstein

Zwar haben die einflussreichen Analysen von Pierre Bourdieu oder Gerhard Schulze in der Kultursoziologie gezeigt, dass Gruppen ihre Identität oft dadurch gewinnen, dass sie sich von anderen Gruppen mit Hilfe von kulturellen Zeichen unterscheiden – aber diese Einsicht ist u. E. bisher noch nie für die Beschreibung des religiösen Feldes eines ganzen Landes fruchtbar gemacht worden.[1] In diesem Kapitel zeigen wir daher, wie sich die Typen und Subtypen *selbst* beschreiben, indem sie sich gerade von anderen Gruppen abgrenzen. Hierfür analysieren wir erstens, wie die Mitglieder ihre konfessionelle Zugehörigkeit konstruieren, zweitens, was die Mitglieder der verschiedenen Typen meinen, wenn sie sich als «religiös» oder «spirituell» – oder gerade keines von beidem – bezeichnen. Und drittens, wie sie sich religiöse, spirituelle oder säkulare Identitäten zulegen, indem sie sich von anderen Typen unterscheiden. Auf diese Weise wird ein subtiles Spiel von Identitäten sichtbar, das zwischen den Typen und Subtypen stattfindet und das in der bisherigen Literatur unbeachtet geblieben ist. Wer die Typen und Subtypen «sind», wird allerdings nicht nur durch ihre eigene Unterscheidungstätigkeit bestimmt, sondern auch stark durch sozialstrukturelle Eigenschaften, also etwa welche typischen Bildungsabschlüsse und Berufe sie aufweisen, ob sie vorwiegend in der Stadt, der Agglomeration oder auf dem Land leben, ob es sich vorwiegend um Männer oder Frauen handelt usw. Eine solche Beschreibung nehmen wir im zweiten Teil dieses Kapitels vor.

1 Siehe Bourdieu (1979); Schulze (1995).

4.1 Typen, Subtypen und Identität

Identität – kategorial, kollektiv, personal

Die sozialwissenschaftliche Forschung ist sich einig, dass persönliche Identität nicht «wesenhaft» gegeben ist, sondern vom Individuum ständig im Zusammenspiel mit seiner sozialen Umwelt «konstruiert» wird.[2] Als Identität kann man daher die Gesamtheit der generalisierten Hypothesen verstehen, die ein Individuum über sich selbst und seine Beziehung zur sozialen Umwelt unterhält.[3] Eine Person kann sich – beispielsweise – als «Schweizerin», «Mutter», «Biologin», «Fahrradfahrerin», «Frau», «Rentnerin», «Lausannerin» usw. beschreiben und von den jeweiligen Gegenbegriffen und Gegengruppen absetzen. Im Anschluss an einen Vorschlag des Soziologen Hartmut Esser wollen wir hier kategoriale, kollektive und personale Identität unterscheiden.[4] Von *kategorialer Identität* kann man sprechen, wenn ein Individuum sich einer sozialen Kategorie zuordnet, ohne dass hierbei (aus subjektiver Sicht) Gruppenidentitäten mitgemeint sind (z. B. «Mann», «Fahrradfahrer»). Von *kollektiver Identität* kann man sprechen, wenn das Individuum sich einer sozialen Gruppe zurechnet, die (aus subjektiver Sicht) eine Gruppenidentität besitzt («Wir Fans vom FCZ», «Wir Schweizer»). Ob ein bestimmtes Attribut, z. B. «Schweizer», nun kategorial oder kollektiv gemeint ist, kann nicht abstrakt bestimmt werden, sondern ist empirisch zu ermitteln. *Personale Identität* besteht aus Eigenschaften und Hypothesen über das Selbst, die (wiederum: aus subjektiver Sicht) auch unabhängig von sozialen Bezügen gegeben sind. Die gegenwärtig populären Casting-Shows zeigen, dass viele Menschen einen wichtigen Teil ihrer Identität aus der Meinung schöpfen, eine besonders schöne Stimme und Gefühl für Rhythmus zu besitzen.

---

2 Diese Konstruktion verdankt sich verschiedener Mechanismen. Sie entsteht durch primäre und sekundäre Sozialisation (Berger, 1982 (1980)), durch vergleichende Selbst- und Fremdbeobachtung (Festinger, 1954; Suls/Wheeler, 2000), durch Kommunikation identitätsstiftender Unterscheidungen (das «boundary making») (Barth, 1969; Wimmer, 2008), die bei Schulze so nicht vorkommen, durch Identitätsmanagement (Goffman, 1959) wie auch durch Zuweisung und Wahl von Bezugsgruppen (Tajfel, 1982).

3 Siehe Esser (2000, 335), Mead (1967 (1934)).

4 Siehe Esser (2000).

Konfessionelle Identität

Die Analyse unserer Daten zeigt zunächst, dass die verschiedenen Typen und Subtypen sich stark in der Art unterscheiden, wie sie ihre eigene konfessionelle Identität «konstruieren». Das wichtigste Ergebnis lautet: Während Institutionelle Konfession oftmals als kollektives Identitätsmerkmal sehen, d. h. als Gruppenidentität, betrachtet der Grossteil der Mitglieder der übrigen Typen Konfession nur als kategoriales Merkmal, zu dem sie eine mehr oder minder starke Distanz aufweisen.

Betrachten wir zunächst die *Institutionellen* und hier den Subtyp der *Etablierten*. Hier treffen wir auf Personen, die sich emphatisch als Katholiken oder Reformierte bezeichnen. Sie sehen die Katholiken oder Reformierten als Gruppe mit eigener Gruppenidentität, aus der wiederum ein Teil ihrer eigenen persönlichen Identität ableitbar ist. So etwa sagt Gisèle: «*Ich bin wirklich katholisch*»; in reformierten Kirchen dagegen fühle sie sich «*nie zu Hause*».[5] Sehr oft sprechen diese Personen in der Wir-Form. Das Wir kann dabei die Katholiken generell betreffen, manchmal aber auch die eigene Familie oder die Ehegemeinschaft. So etwa sagt Stephan:

> Das Grundprinzip ist schon der Katholizismus, wo wir sagen: Wir glauben an Gott, wir glauben an eine höhere Macht. Ob das die ganze Bibelgeschichte ist, da sind sicher Zweifel [angebracht ...] aber trotzdem, wir glauben schon [daran], dass es nach dem Tod auch weitergeht. (Stephan, 45, röm.-kath.)

Und Marc-Antoine formuliert:

> Wir sind sehr engagiert in unserer Kirche. Wir sind katholisch. Wir sind traditionell, wir gehen am Sonntag in die Messe. Für uns ist es wichtig, es fehlt uns etwas, wenn wir nicht hingehen. (Marc-Antoine, 63, röm.-kath.)

Auch Reformierte können eine solche kollektive Identität aufweisen – allerdings deutlich seltener. Die Reformierte Wilma[6] beispielsweise würde nie die Kirche

5 Am Fall von Gisèle ist besonders interessant, dass sie aufgrund ihrer Heirat zum Protestantismus überwechseln musste und daher offiziell reformiert ist, sich aber persönlich als katholisch sieht.

6 Wilma ist in unserer Typologie den Distanziert-Institutionellen zugerechnet, nicht den Institutionellen. Es zeigt sich generell, dass ziemlich viele sich emphatisch als reformiert Einstufende in unserer Kategorie der Distanziert-Institutionellen «landen». Dies macht insofern Sinn, als Reformierte traditionellerweise ein distanzierteres Verhältnis zur kirchlichen Institution aufweisen als Katholiken.

wechseln und sagt (wobei wieder an einer Stelle ein «*wir*» vorkommt und sie sich zusätzlich von den Katholiken abgrenzt):

> Ich erlebe und lebe [...] den reformierten Glauben als freier, [als einen] Glauben, in dem wir wenig Vorschriften haben, und das geniesse ich auch [lacht], also wenn ich jetzt vergleiche mit dem katholischen Glauben. (Wilma, 47, ev.-ref.)

Die Tatsache, dass Etablierte ihre Konfessionszugehörigkeit gleichzeitig als Gruppenzugehörigkeit empfinden, zeigt sich quantitativ auch darin, dass sich Etablierte meist als Mitglied auch einer lokalen religiösen Gemeinschaft empfinden. Unter den Etablierten fühlen sich 99 % «einer Religion oder Konfession zugehörig», aber auch 81 % «als Mitglied einer Pfarrei, Kirchgemeinde oder Religionsgemeinschaft» (Tabelle A6 im Anhang).

Im Subtyp der *Freikirchlichen* liegen die Verhältnisse leicht anders. Hier identifizieren sich die Personen nicht mit der Konfession, sondern mit dem «Christ-Sein». Die Wir-Gruppe dieser Personen ist meist nicht nur die lokale Gemeinde, sondern auch und vor allem die Gemeinschaft derjenigen, «*die an Jesus Christus glauben*» (Dorothée), der «*Gläubigen*», der Personen mit einem «*lebendigen Glauben*», der (in emphatischem Sinne) «*Christen*».

Alle anderen Typen und Subtypen dagegen weisen meist ein stark distanziertes Verhältnis zur Konfessionszugehörigkeit auf: Konfession wird nicht im kollektiven, sondern nur im kategorialen Sinne verstanden. Die Befragten erzählen, dass sie «*auf dem Papier*», «*von Geburt her*», «*von der Erziehung her*» katholisch oder reformiert seien, worauf sie eine Einschränkung (ein «*aber*») folgen lassen. Hierzu finden sich im Material sehr viele Beispiele. Der/die Befragte ist zwar katholisch/reformiert, «*aber*» es hat ihn «*nie berührt*», sie hatte «*extrem Mühe*», es «*stellten sich viele Fragen*» usw. Renato etwa sagt:

> [Ich] bin jetzt halt einfach römisch-katholisch zur Welt gekommen, aber wir haben ja in der Geschichte schon gesehen, was unter dieser Kirche alles gemacht wurde. (Renato, 41, röm.-kath.)

Immer geht es darum, dass die Befragten anerkennen, dass die kategoriale Identität zutrifft bzw. unter bestimmten Umständen auf sie angewandt werden kann – gleichzeitig möchten sie aber präzisieren, dass diese kategoriale Zugehörigkeit für sie nur beschränkte, z.T. auch gar keine Wichtigkeit hat. Sie fühlen sich meist nicht als Katholiken oder Reformierte, sie sehen in der Konfession keine Gruppenzugehörigkeit, die ihnen als Gruppenmitglieder wichtige identitäre Ressourcen zur Verfügung stellen könnte. Wiederum zeigt sich die distanzierte Haltung zur eigenen Konfession bzw. Religion auch in den quantitativen Daten. Sehr viele

Mitglieder der nicht-institutionellen Typen und Subtypen fühlen sich nur abstrakt einer Religion oder Konfession zugehörig, nicht aber auch der konkreten lokalen Religionsgemeinschaft vor Ort.[7]

Wie aber haben sich die konfessionellen Identitäten in den letzten Jahrzehnten verändert? Ein Blick auf die konfessionelle Zusammensetzung (gemäss Selbstangabe) der Schweizer Wohnbevölkerung zeigt, dass (prozentual gesehen) immer weniger Menschen sich als einer der grossen Konfessionen zugehörig erklären (siehe hierzu ausführlich Kapitel 9). Eine zweite Veränderung ist vor allem in unseren qualitativen Daten zu erkennen, wenn man die Erzählungen aus der Kindheit der Befragten betrachtet. Es zeigt sich, dass die Konfessionszugehörigkeit noch bis in die 1960er Jahre von vielen Menschen in einer sehr viel stärker kollektiven Art aufgefasst wurden. Die Konfessionen erschienen als Grossgruppen ganz unterschiedlicher Mentalität. Niklaus etwa erzählt:

> [Unsere Familie ist] im Jahr 1962 hierher gekommen [...] in das katholische Dorf, und wir waren damals fünf Reformierte, und wir [Kinder] sind in der Schule sehr geplagt worden von den Katholischen. Wir haben uns aber gewehrt, wir Reformierten, und da habe ich mir immer gesagt: Wenn ich mal gross bin, wenn ich erwachsen bin, spielt Religion, ob du katholisch oder reformiert bist oder was du bist, absolut keine Rolle, es soll jeder an das glauben, was für ihn stimmt, und dann haben wirs gut. (Niklaus, 47, ev.-ref.)

Quantitativ kann man die gleiche Entwicklung daran ablesen, dass der Anteil der Personen, die der Meinung sind «zwischen dem katholischen und dem reformierten Glauben bestehen wichtige Unterschiede» zwischen 1989 und 1999 deutlich – und zwar in allen Altersgruppen – gesunken ist.[8] Die Konfessionsdifferenz ist als «soziale Grenze» innert weniger Jahrzehnte immer durchlässiger und verschwommener geworden.[9]

---

7 Ob man sich als konfessionell verankert darstellt, kann dabei ganz von der Situation und Gelegenheit abhängen. Ein interessantes Beispiel einer solchen «Identitätspolitik» gibt uns Elina: «*Als ich mich an der Universität Freiburg einschreiben musste und angeben musste, welcher Religion ich angehöre [lacht], da hatte ich es angegeben [die konfessionelle Zugehörigkeit ‹katholisch›], einfach so, zufällig. Aber neulich war ich auf Facebook, ich habe gesehen, dass Freunde, Personen, die ich kenne, gläubiger sind als ich, die auch die Religion angegeben haben, oder andere, die ‹säkular› angegeben haben. Ich selbst habe nichts angegeben, keine Antwort [lacht].*»

8 2009 waren sich die Forschenden – d. h. wir selbst – leider so sicher, dass Konfessionsdifferenzen in der Bevölkerung nicht mehr wichtig seien, dass sie die Frage nicht mehr in den Fragebogen mit aufnahmen.

9 Es handelt sich in der Sprache von Richard Alba (1999) um einen Fall von «blurring» (= Verschwimmen).

Traditionellerweise wurde die konfessionelle Identität besonders dann wichtig, wenn es um die Wahl eines Ehepartners ging. Hiervon erzählen die älteren Interviewpartner fast ausnahmslos. Gegenwärtig aber scheint Konfession bzw. Religion für die grosse Mehrheit der Befragten – vor allem die Distanzierten und Alternativen – bei der Wahl des (Ehe-)Partners irrelevant geworden zu sein (siehe hierzu Kapitel 9).

Religiös-spirituelle und säkulare Identität[10]

Eine andere Form von Identitätskonstruktion ist die Selbstbeschreibung als «religiös» oder «spirituell» – bzw. gerade die Ablehnung dieser Bezeichnungen. In der wissenschaftlichen Literatur ist manchmal zu hören, dass heutzutage nicht mehr von Religiosität, sondern von Spiritualität gesprochen werden solle. Forschung, die noch den Religiositätsbegriff verwende, ziele an den wahren Verhältnissen vorbei, da die Menschen sich zunehmend nicht mehr als religiös, sondern als spirituell verstünden.[11]

Diese Frage können wir empirisch behandeln, indem wir untersuchen, ob unsere Typen sich als «religiös» und/oder «spirituell» bezeichnen. In der quantitativen Befragung wurden vier Möglichkeiten vorgegeben, ob man sich nämlich als «religiös und spirituell», «spirituell, aber nicht religiös», «religiös, aber nicht spirituell» oder «weder religiös noch spirituell» bezeichne (die vier Möglichkeiten entstehen durch Kreuztabellierung).[12]

In Grafik 4.1 sehen wir zunächst, dass unsere Religiositätstypen sich sehr stark danach unterscheiden, wie und ob sie sich als religiös bzw. spirituell bezeichnen. Sehr vereinfacht gesagt: Die Institutionellen sehen sich entweder als «religiös und spirituell» (47 %) oder als «religiös, aber nicht spirituell» (48 %). Die Alternativen sehen sich am häufigsten als «spirituell, aber nicht religiös» (39 %), die Distanzierten beschreiben sich vorwiegend als «religiös, aber nicht spirituell» (49 %), und die Säkularen sind – wenig erstaunlich – «weder religiös noch spirituell» (69 %).

---

10 Für diesen Abschnitt haben wir eine Triangulation von qualitativen und quantitativen Daten auf der Ebene der Individuen durchgeführt. Dabei zeigt sich gerade für diese Fragen eine recht hohe Diffusivität der Antworten. Das heisst, der Text lässt die Verhältnisse als geordneter und widerspruchsfreier erscheinen, als sie eigentlich sind.

11 Vgl. Heelas/Woodhead (2004); Rose (2001). Die Literatur zu «Spiritualität» ist sehr weitläufig. Siehe speziell die Beiträge in Flanagan/Jupp (2007); Giordan (2007); Höllinger (2012).

12 Das Item war etwas komplizierter formuliert, nämlich: «Ich bekenne mich zu (k)einer Religion und betrachte mich (nicht) als eine spirituelle Person, die sich für das Göttliche oder das Übersinnliche interessiert.»

In den qualitativen Interviews wird klar, welche Bedeutungen die Befragten diesen verschiedenen Selbstbezeichnungen geben. Warum finden wir bei den *Institutionellen* (und Distanziert-Institutionellen) sowohl «religiös und spirituell» als auch «religiös, aber nicht spirituell»? Es liegt daran, dass «spirituell» von Institutionellen in zwei Bedeutungen interpretiert wird. Zum einen finden wir Leute, die «spirituell» positiv als das authentische, individuelle (Er-)Leben der eigenen Religion interpretieren. Diese Institutionellen bezeichnen sich als «religiös und spirituell». Sehr häufig erscheint ihnen gerade diese Innerlichkeit als sehr viel wichtiger als die institutionelle Seite der Religion.

> Religiös sein, das klingt etwas nach Klischee, wie eine Etikette. Ich glaube, so sieht man mich ein wenig, weil ich in der Kirche arbeite. Ich will spirituell sein, ich möchte vom Geist beseelt sein. (Nathalie, 41, röm.-kath.)

Zum anderen finden wir unter den Institutionellen auch Personen, die «Spiritualität» negativ als Esoterik, Magie und Kontakt mit Geistern verstehen und ablehnen. Manche Freikirchliche sehen solche Praktiken sogar für gefährlich an, da hier ein Kontakt mit «dunklen Mächten» aufgebaut werde.

Alternative bezeichnen sich häufig als «Spirituell, aber nicht religiös». Spiritualität steht dabei positiv für offenen, kreativen, die eigene Persönlichkeit entwickeln-

Grafik 4.1: Die vier Typen unterscheiden sich danach, wie sie sich als «religiös» und/oder «spirituell» beschreiben

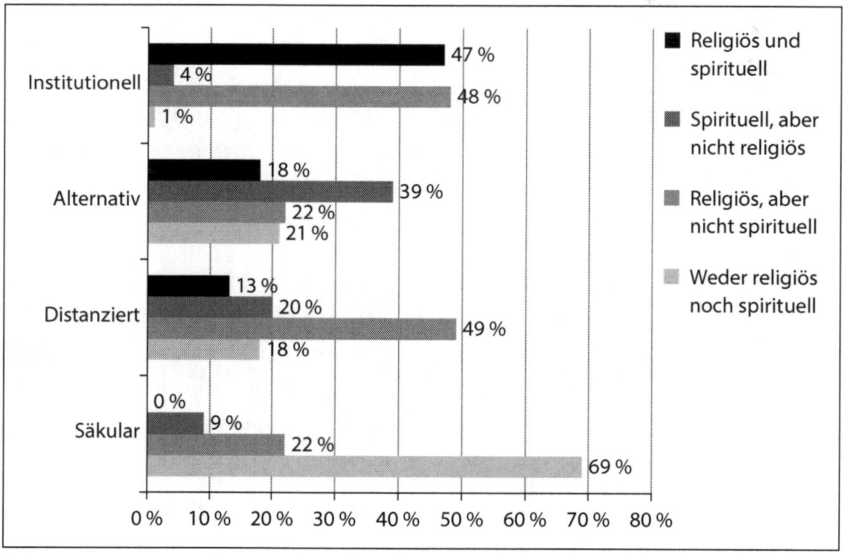

den Kontakt zu höheren Dimensionen des eigenen Selbst.[13] Ziel ist praktisch immer, das eigene Selbst authentischer werden zu lassen und in einen höheren Zustand zu versetzen. Claude gibt dem Interviewer Folgendes mit auf den Weg: «*Meine Key-Message: Sei selbst verantwortlich für dein Leben, du kannst es zu einem grossen, zu einem extrem grossen Teil selbst beeinflussen, mehr als du denkst.*» Der positiven Sicht auf Spiritualität steht bei Alternativen eine negative Sicht von Religion und Religiosität gegenüber. Religion wird als dogmatisch, institutionell, technisch und auf Macht versessen angesehen. Eliot hat «*sehr viel Mühe mit dem Wort Religion*». Für Michel ist Religion eine «*Krücke*», die in einer bestimmten Phase der Menschheit wichtig war, aber nun durch Spiritualität überwunden worden ist.

Bei den *Distanzierten* ist die häufigste Antwort «Religiös, aber nicht spirituell». Eine genauere Analyse der Leitfadeninterviews zeigt, dass sich hinter dieser Antwort vor allem zwei Fälle verstecken. Zum einen finden wir (wie bei den Institutionellen) Personen, die an Gott glauben und der Kirche – wenn auch in distanzierter Form – verbunden sind. Sie bringen spirituell mit (als negativ gesehener) Esoterik in Verbindung. So sagt etwa Maia:

> Also als religiös [sehe ich mich], weil ich ja an Gott glaube. [...] Also spirituell, das sind die, die an Magie glauben, oder was sind die? (Maia, 19, ev.-ref.)

Und Livia meint:

> [Als] spirituell [sehe ich mich] ganz entschieden nicht. Aber religiös schon, ja. [...] Religiös ist für mich eigentlich der Glaube an Gott. Spirituell [...] sind für mich so Geistheilersachen, mit Räucherstäbli, mit irgendwelchen Steinen, Esoteriksachen. (Livia, 38, ev.-ref.)

Ein zweiter Fall ist bei Distanzierten gegeben, die «religiös» nur allgemein als «kategoriale Zugehörigkeit» zu einer Konfession interpretieren; «nicht spirituell» dagegen zeigt an, dass die Befragten sich persönlich nicht besonders stark für religiöse, spirituelle oder esoterische Fragen interessieren oder dann gar nicht genau wissen, was sie mit «spirituell» verbinden sollen.

Bei den *Säkularen* schliesslich überwiegt eindeutig die Antwort «Weder religiös noch spirituell». Sowohl Religiosität als auch Spiritualität werden zur Selbstbezeichnung – oft vehement – abgelehnt. Was aber sind diese Befragten dann – wenn nicht religiös oder spirituell? Hier nennen uns die Befragten eine ganze Reihe von Begriffen. Sie bezeichnen sich als «*realistisch*», «*wissenschaftlich*», «*sachlich*», «*prag-*

13 Die positive Konnotation des Spiritualitätsbegriffs im alternativ-spirituellen Milieu ist ein universaler Befund der Forschung. Siehe z. B. Mayer (1993); Höllinger/Tripold (2012); Bochinger/Engelbrecht/Gebhart (2009).

matisch», «*rational*». Sie sind «*keine Träumer*». Siegfried sagt auf die Frage, ob er sich als religiöse oder spirituelle Person sieht: «*nein, gar nicht [...] ich bin ein technisch orientierter Kopfmensch*». Manchmal bezeichnen sich Säkulare auch explizit als atheistisch oder agnostisch. Mit der Ablehnung von Religiosität und Spiritualität und der Selbstbezeichnung als rational, wissenschaftlich usw. geht ferner oft die Erklärung einher, dass Religion eine unnötige, irrationale, z.T. schädliche Art und Weise des Menschen sei, mit seinen Problemen umzugehen. Religiöse Personen, so denken viele Säkulare, packen ihre Probleme nicht bei der Wurzel an, sondern vertrauen auf Scheinlösungen. Für Karine ist Religion «*das Opium des Volkes*», der «*Wille des Menschen, sich an etwas festzuhalten*», eine «*Projektion*».[14]

Positiv- und Negativbeschreibungen: Ich/Wir vs. die Anderen

Identität gewinnt der Mensch nicht nur durch Selbstzuschreibung von Merkmalen, sondern auch durch Abgrenzung von anderen sozialen Gruppen. Man zeigt, wer man ist, indem man deutlich macht, wer man nicht ist. Identität ist so gesehen stark von Grenzziehungen abhängig.[15] Von welchen sozialen Gruppen aber grenzen sich unsere Typen ab? Wie nicht anders zu erwarten, sind es je nach Typus andere Gruppen, denen man gerade nicht angehören will (Grafik 4.2). Da wir im Kapitel 8 über die Wahrnehmung religiöser Vielfalt noch vertieft auf dieses Thema eingehen, fassen wir uns hier kurz.

Freikirchliche grenzen sich generell von all denen ab, die keine «*echten Christen*» sind, d.h. die nicht bekehrt, wiedergeboren bzw. gläubig sind. Sie lehnen sowohl eine bloss kategoriale Zugehörigkeit zu einer Konfession und ein blosses «Weihnachtschristentum» als auch Atheismus und Esoterik sehr stark ab. Sie selbst besitzen demgegenüber einen «*lebendigen Glauben*», mit dem sich die in der Esoterik und im Atheismus zum Ausdruck kommenden «*dunklen Mächte*» bekämpfen lassen. *Etablierte*, d.h., katholische und reformierte Kerngemeindemitglieder, grenzen sich oft von «*bigottem*», «*strengem*» Verhalten ab, das andere Institutionelle oder ihre eigenen Eltern an den Tag legen bzw. gelegt haben. Sich selbst sehen diese Etablierten als «*offener*» und «*aus eigenem Antrieb gläubig*». Während gläubige Katholiken sich oft von traditionalistischen romtreuen Katholizismus abgrenzen, verwenden gläubige Reformierte ihrerseits Katholiken als Negativfolie für die eigene Selbstbeschreibung. *Alternative* grenzen sich von der Kirche mit deren starren Strukturen und Dogmen ab. Vor allem die katholische Kirche gilt ihnen als

14 Diese Argumentation nimmt natürlich Feuerbach'sches und Marx'sches Gedankengut auf.
15 Siehe hierzu klassisch Tajfel (1978); Barth (1969); zur neueren Literatur siehe Dahinden (2010); Wimmer (2008, 335).

Ausbund aller negativen Aspekte von Religion. Messbesucher etwa sind «*gar nicht bei sich*» (Emily), sie «*machen einfach das Zeremoniell mit*». Diesen Dogmen und starren Regeln setzen Alternative ihre eigene offene Spiritualität entgegen. *Distanzierte* grenzen sich oft von mehreren Gruppen ab. Sie betonen, dass sie nicht zu den «*wirklich Religiösen*» gehören, die «*ständig in die Kirche rennen*». Nadja etwa erklärt:

> Wir sind nicht wirklich religiös. Also unsere Nachbarn dort hinten zum Beispiel, die sind sehr religiös, sie gehen auch immer in die Kirche. Aber wir gehen nicht in die Kirche, ausser eben [...] gerade bei der Hochzeit oder [...] bei der Taufe. Das war für mich auch wichtig, aber sonst religiös, eigentlich nicht. (Nadja, 37, ev.-ref.)

Ausserdem weisen sie alles «*nicht Normale*» und «*Extreme*» weit von sich. Als Beispiele werden immer wieder die Zeugen Jehovas, nicht näher spezifizierte Sekten und islamistische Terroristen genannt. Sich selbst sehen Distanzierte dagegen oft als «*normal*», manchmal aber auch als «*nicht religiös, so wie man das erwarten würde*». *Säkulare* grenzen sich von Religiösem und Spirituellem ganz allgemein ab. Wiederum ist oft die Rede von der katholischen Kirche, vom Papst, von Muslimen, Sekten usw. Gerade bei den Religionsgegnern nimmt diese Abgrenzung oft stark kritische Töne an. Das Religiöse ist gefährlich, eine «*Schweinerei*», eine «*Hirnwäsche*». Sich selbst sehen Säkulare als rational, pragmatisch und wissenschaftlich denkend – als Personen, die die konkreten Probleme lösen, anstatt auf religiöse Scheinlösungen zu setzen.[16]

4.2 Soziodemografische Merkmale der Typen

Abschliessend wollen wir noch die soziodemografischen Merkmale der Typen etwas genauer ansehen.[17] Hierbei geht es wie generell in diesem Kapitel zunächst nur um eine Beschreibung der Typen. Warum die Typen so und nicht anders aussehen, ist eine zweite Frage, die wir nur ansatzweise behandeln. Wir kommen in Kapitel 9 darauf zurück.

16 Auch diese Beschreibungen sind stark vereinfacht. Hinter den relativ einfachen allgemeinen Aussagen versteckt sich eine grosse individuelle Vielfalt.

17 Zu soziodemografischen Korrelaten von christlicher Religiosität und alternativer Spiritualität siehe Miller/Stark (2002); Rose (1998); Stolz (2009); Woodhead (2007).

Grafik 4.2: Die Typen grenzen sich von je unterschiedlichen Negativ-Gruppen ab

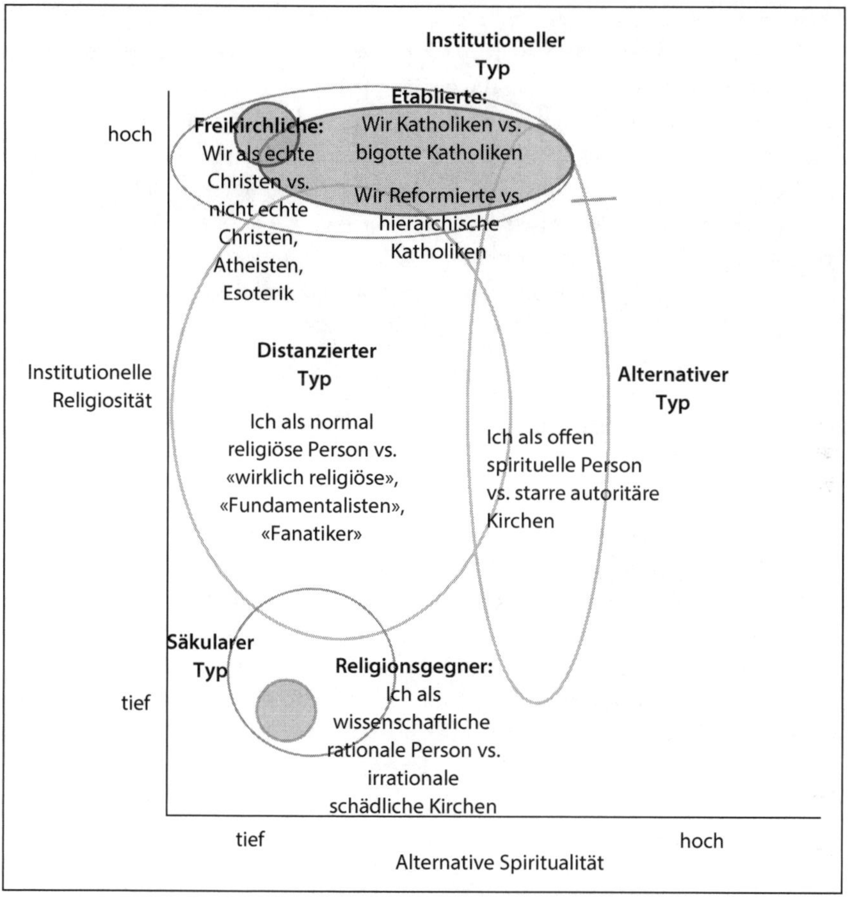

Der institutionelle Typus: Etablierte und Freikirchliche

Innerhalb des institutionellen Typus unterscheiden sich die reformierten und katholischen Kerngemeindemitglieder (die Etablierten) deutlich von den Mitgliedern der evangelischen Freikirchen (die Freikirchlichen). *Etablierte* sind durchschnittlich ältere Personen (39 % über 60) und mehrheitlich weiblich (59,3 %). Aufgrund des hohen Alters sind viele schon im Ruhestand (26,5 %). Etablierte sind häufig verheiratet oder verwitwet und weisen mit überdurchschnittlicher Wahrscheinlichkeit nur obligatorische Schulbildung auf (40,4 %). Sie finden sich mit etwas höherer Wahrscheinlichkeit auf dem Land und in sehr kleinen Dörfern und sind überdurchschnittlich häufig katholisch (57,3 %) oder reformiert (37,6 %).

Ausserdem fühlen sich vergleichsweise viele nicht nur der eigenen Kirche, sondern auch einer politischen Partei sehr oder eher verbunden (31,2 %). Anders als Etablierte weisen *Freikirchliche* kein erhöhtes Durchschnittsalter auf und auch keinen Frauenüberhang. Sie weisen aber die höchste Rate von Verheirateten auf (88,2 %) sowie eine deutlich überdurchschnittliche Geburtenrate, was die starke Familienorientierung der Freikirchlichen beweist. Definitionsgemäss sind sie Mitglieder in evangelischen Freikirchen, oder aber sie weisen einen ähnlichen Frömmigkeitsstil auf wie Freikirchler.[18] Bei Freikirchlichen finden wir ein ähnliches Bildungsniveau wie beim Bevölkerungsdurchschnitt, wobei sehr tiefe und sehr hohe Bildung etwas seltener vorkommen. Entgegen einer prominenten soziologischen Theorie sind Freikirchliche nicht überzufällig auf dem Land anzutreffen.[19]

Der alternative Typus: Esoterische und Sheilaisten/ alternative Kunden

Innerhalb des alternativen Typus unterscheiden wir die Esoterischen von den Sheilaisten und alternativen Kunden. Innerhalb der *Esoterischen* fällt zunächst der grosse Anteil der 40–50-Jährigen (48,5 %) und der Frauen (87,5 %) auf.[20] Dieser Befund lässt sich nur historisch erklären. Frauen, die zwischen 1960 und 1970 geboren wurden, sind stark durch die vor allem in den 1970er Jahren aufkommende New-Age-Bewegung geprägt worden und haben diese Ansichten und Praxis «durch die Zeit hindurch mitgenommen». Esoterische sind recht häufig geschieden (12,9 %), weisen eine deutlich überdurchschnittliche höhere Bildung auf (37,5 %) und arbeiten sehr häufig Teilzeit (48,1 %). Wir finden Esoterische überzufällig in der Agglomeration oder in mittelgrossen Städten. Esoterische sind häufig katholisch (43,8 %), weniger häufig reformiert (21,9 %) und immerhin zu 34,4 % konfessionslos. Die *Sheilaisten und alternativen Kunden* weisen sehr ähnliche typische Eigenschaften auf wie die Esoterischen – meist jedoch in geringerer Ausprägung. Auch bei Ihnen sind die 40–50-Jährigen (27,5 %) und die Frauen (62,4 %) überrepräsentiert. Auch hier finden wir eine überdurchschnittliche höhere Bildung (32,5 %) und sehr viele Personen, die Teilzeit arbeiten (32,4 %). Besonders auffällig ist der hohe Anteil von Geschiedenen (19,0 %). Wie auch bei den Esoterischen finden wir die Sheilaisten und alternativen Kunden überzufällig in Agglomerationen und mittelgrossen Städten (46,6 %). Für den alternativen

18 Siehe hierzu Gachet (2013).

19 Diese Aussagen stützen wir nicht nur auf unsere Daten, sondern vor allem auch auf Favre (2002); Favre/Stolz (2009) und Stolz/Favre/Gachet/Buchard (2013).

20 Zu ähnlichen Befunden für Österreich siehe Höllinger/Tripold (2012, 126 ff.).

Typus insgesamt ergibt sich das Bild eines recht gut gebildeten, stark weiblichen «mittel-alterlichen» Typs, der die gute Bildung nicht in beruflichen Erfolg hat umsetzen können.[21]

Der distanzierte Typus

Die Distanzierten zeichnen sich soziodemografisch kaum durch Besonderheiten aus. Wir finden sie überzufällig in Dörfern mit 1000–9999 Einwohnern, sie sind recht häufig reformiert und fühlen sich häufig keiner politischen Partei nahestehend. Wie schon in der Beschreibung bezüglich Religiosität und Spiritualität zeigt sich auch hier, dass die Distanzierten nur schwer prägnant zu charakterisieren sind. Auch zwischen den distanzierten Subtypen finden wir nur wenige prägnante Unterschiede. Auffällig ist immerhin, dass die Distanziert-Institutionellen ein höheres Durchschnittsalter aufweisen, überzufällig reformiert sind und häufiger nur obligatorische Schulbildung aufweisen. Wenig überraschend unterscheiden sich die drei Subtypen in Bezug auf den Anteil Konfessionsloser: Während dieser für Distanziert-Institutionelle nur 12,1 % beträgt, liegt er für Distanziert-Alternative bei 27,3 % und für Distanziert-Säkulare bei 35,8 %.

Der säkulare Typus: Indifferente und Religionsgegner

Innerhalb des säkularen Typus hatten wir Indifferente und Religionsgegner unterschieden. Die *Indifferenten* sind ein durchschnittlich junger Subtyp. 50 % sind jünger als 40 Jahre alt. Das geringe Durchschnittsalter schlägt sich im hohen Anteil nie Verheirateter (42,1 %) und einer vergleichsweise hohen Zahl von in Ausbildung Befindlicher (13,0 %) nieder. Wir treffen diesen Typ überzufällig in sehr grossen Städten an (21,3 %). 50,7 % sind konfessionslos.

Die *Religionsgegner* sind überproportional unter den 18–30-Jährigen (25,0 %) und den über 70-Jährigen (19,4 %) vertreten. 69,4 % der Religionsgegner sind Männer. Sie sind überzufällig Vollzeit erwerbstätig (61,5 %) und zu 88,9 % konfessionslos. Es ist eine interessante Frage, warum wir unter den Religionsgegnern so viele Männer finden. Der Befund fällt auch im qualitativen Material auf. Auch hier sind die vehementesten Kritiker Männer. Auf dieses Gender-Rätsel kommen wir in Kapitel 9 zurück. Im nächsten Kapitel werden wir zunächst die Religiosität und Spiritualität – oder gerade den Unglauben – der verschiedenen Typen genauer betrachten.

---

21 Vgl. Benthaus-Apel (1998).

***

In diesem Kapitel haben wir unsere Typen und Subtypen in Bezug auf Identität und Sozialstruktur näher untersucht. Dabei ist die Tatsache aufgetaucht, dass die Menschen in der Gesellschaft sich ständig sowohl selbst als auch gegenseitig beobachten und bewerten. Durch diese Beobachtungen und Bewertungen – im Bourdieu'schen Sinne «Distinktionen» – kommt es zu Identität. Der Beitrag des vorliegenden Kapitels liegt im Nachweis, dass unsere Typen sich durch spezielle Identitäten und dahinter liegende sozialstrukturelle Eigenschaften auszeichnen, die sich oft erst durch vertiefte Analyse erschliessen lassen.

5 Glauben, Wissen, Erfahren, Handeln

Mallory Schneuwly Purdie, Jörg Stolz

Wenn Dreiecke einen Gott hätten,
würden sie ihn mit drei Ecken ausstatten

Montesquieu

Wer oder was ist Gott? Ist er «*ein bärtiger Mann im Himmel*»? Ist er «*diese Präsenz, die da ist*»? Ist er eher eine «*Energie*» oder eine «*Kraft*»? Spürt man ihn als «*Liebe*» in sich, ist er ein «*Herrschergott*» da draussen? Oder handelt es sich vielleicht eher um eine Göttin? In diesem Kapitel zeigen wir, dass sich auch die riesige Vielfalt an Aussagen über eine das Sinnliche übersteigende Macht («Transzendenz»), eine mögliche Existenz nach dem Tod sowie religiös-spirituelle Praktiken und Erfahrungen besser verstehen lassen, wenn man sie mit Hilfe unserer Typologie ordnet und interpretiert.

In Bezug auf Religiosität bzw. Spiritualität lassen sich verschiedene «Dimensionen» unterscheiden, wobei wir die Dimension der Identität schon im letzten Kapitel behandelt haben.[1] In diesem Kapitel geht es um die Dimensionen des Glaubens, des Wissens, der Erfahrung und der Praxis. Hierbei interessiert uns nicht nur der Inhalt dieser Dimensionen, sondern auch ihre Form und ihr Auftauchen in alltäglichen Lebensbezügen. Es geht also nicht nur um das Was, son-

1 Seit den wichtigen Arbeiten von Charles Glock (1967) werden in der Religionssoziologie verschiedene Dimensionen von Religiosität unterschieden. Glock differenzierte eine Dimension der «religiösen Erfahrung», eine «ritualistische», eine «ideologische», eine «intellektuelle» sowie eine Dimension der Konsequenzen aus religiösen Überzeugungen. Die Glock'schen Dimensionen sagen wahrscheinlich weniger über «Religion» bzw. «Religiosität» aus, als dass sie ganz grundlegende Dimensionen des Menschseins überhaupt unterscheiden (Handeln, Erfahren/Fühlen, Glauben, Wissen). So betrachtet lassen sich auch leicht zusätzliche Dimensionen finden, etwa diejenige des «Werte-und-Normen-Befolgens» oder des «Mitglied-Seins» (das bekannte «Belonging»). Siehe für empirische Forschungen zu den Dimensionen der Religiosität: Boos-Nünning (1972); Kecskes/Wolf (1995). Grundlegend für den neueren Forschungsstand ist Huber (2003).

dern auch um das Wie.[2] Für das Verständnis des folgenden Textes ist es wichtig, sich die Zwei-Ebenen-Struktur unserer Typologie immer vor Augen zu halten (Grafik 5.1). Wir beschreiben im Folgenden die vier Haupttypen und die innerhalb jedes Typs vorkommenden Subtypen.[3]

Grafik 5.1: Die Typen und Subtypen

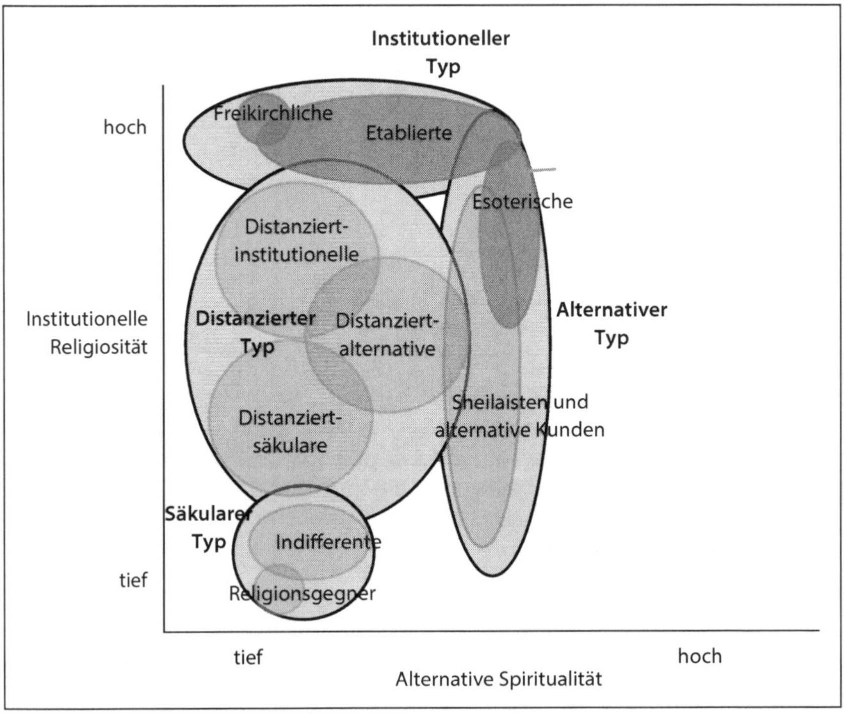

2 In Bezug auf «Glauben» und «Praxis» ist der religionssoziologischen Forschung (v.a. in ihrer quantitativen Ausprägung) vorgeworfen worden, sich zu stark auf die Inhalte und zu wenig auf die Form zu konzentrieren. Hierdurch seien die Positionen der als religiös beschriebenen Personen essenzialisiert und verzerrt worden. Es sei daher wichtig, auch das Wie zu beschreiben, die ganz konkrete Art und Weise, wie genau Personen etwa glauben, wissen, erfahren, praktizieren. Nur so erkenne man etwa die oft mehrdeutigen, schwankenden Formen des Religiös-Seins. Für Analysen von «Glauben» siehe Könemann (2002) und Lamine (2008; 2010). Für eine ethnografische Untersuchung, die das Wie der Praxis in einer katholischen Gemeinde aufzeigt, siehe Piette (1999). Im englischsprachigen Raum findet man viel diesbezügliche Literatur unter dem Stichwort *lived religion* (Orsi, 2003).

3 Unser Vorgehen ist vergleichend und idealtypisch: Wir vergleichen die Typen und Subtypen anhand verschiedener abstrakter Dimensionen (z.B. Glauben, Handeln) und stellen vor allem das jeweils Spezifische des Typs heraus.

5.1 Institutionelle Religiosität

Wer die Religiosität des institutionellen Typs betrachtet, dem fallen sofort drei Gemeinsamkeiten auf. Erstens glauben alle Institutionellen in charakteristischer Weise an *Gott*. Gott ist für Institutionelle eine als Person gedachte Gestalt, von der wir unter anderem durch die Bibel Kenntnis haben. Dieser Gott hat die Eigenschaft, sich persönlich um jeden Menschen zu kümmern, weshalb man ihm im Gebet die ganz eigenen Sorgen, Nöte, Freuden und Hoffnungen vortragen kann. Zweitens glauben Institutionelle meist an ein *Leben nach dem Tod und einen Himmel* (weniger häufig an eine Hölle). Drittens zeichnet sich institutionelle Religiosität durch eine *starke christliche Praxis* aus: 73 % gehen monatlich oder öfter in die Kirche, und 85 % beten mehrmals pro Woche. In den Wohnungen der Mitglieder des institutionellen Typs finden wir oft religiöse Gegenstände wie Kreuze, Heiligenbilder und religiöse Zeitschriften und Bücher. Eine nähere Betrachtung zeigt jedoch gerade innerhalb dieser Gemeinsamkeiten auch interessante Unterschiede – und zwar insbesondere zwischen den Subtypen der Etablierten und Freikirchlichen.

Etablierte

Die Etablierten sehen Gott als eine transzendente Gestalt, die verständnisvoll und gütig zuhört, der man alles anvertrauen kann und die den einzelnen Menschen bedingungslos annimmt.[4] Für Nathalie ist Gott eine «*unendliche Präsenz*», die sie «*unendlich liebt*». Sie erzählt, dass sie auf dem Jakobsweg «*diese Präsenz Gottes in mir und nicht mehr ausserhalb von mir*» gespürt habe. Und Béatrice formuliert:

> Also für mich [ist Gott jemand,] dem man alles sagen kann und der uns zuhört. Ich glaube, man kann ihm wirklich alles sagen. Es ist eine absolute Vertrauensbeziehung. Und er ist jemand, der uns nicht richtet. Man sagt, Christus sei die Liebe, ich glaube, das ist es. Er ist nicht der strafende Gott, an den man uns in der Kirche glauben machen wollte, vor noch nicht so langer Zeit. (Béatrice, 44, röm.-kath.)

Aus distanzierter Warte erscheint dieser Gott wie eine Mischung aus gütigen Eltern, die ihr Kind bedingungslos annehmen, und Psychotherapeut, der unterstützend zuhört, was immer auch der Patient vorbringen mag. Der Gott der Etablierten tritt dagegen – wie schon im Zitat von Béatrice ersichtlich – nicht autori-

4 Zu einer Beschreibung der «Präsenz» Gottes in den Versammlungen einer katholischen Gemeinde siehe Piette (1999; 2006).

tär, machtbewusst oder richtend auf. Die Etablierten sind allesamt überzeugt, dass man vor Gott keine Angst zu haben braucht (anders als dies den über 60-Jährigen in ihrer religiösen Erziehung noch vermittelt wurde).[5] Gott scheint vor allem die psychische und moralische Befindlichkeit der Gläubigen zu beeinflussen.[6] Durch ihn erhält man «*Halt*», «*Unterstützung*» und die Möglichkeit, ein sinnvolles Leben zu führen. Dagegen scheint Gott kaum in die physische und historische Welt einzugreifen, wenngleich er dies – so die meisten Etablierten – wahrscheinlich könnte. Zwar hat Gott wohl «*die Welt erschaffen*», aber sein gegenwärtiger Einfluss auf das Geschehen in der Welt ist indirekt. Gerade hier treffen wir auf die berühmte Theodizeefrage.[7] Wenn doch Gott eigentlich eingreifen könnte – warum tut er es dann nicht? Warum lässt er zu, dass Béatrices Schwägerin sich so unmöglich aufführt, warum lässt er Massenmörder gewähren, warum erlaubt er, dass ein 17-Jähriger bei einem Autounfall stirbt? Mit Fragen dieser Art ringen viele Etablierte. Oft lösen sie das Problem, indem sie Gott einfach trotzdem weiter vertrauen. Etablierte weisen meist recht unklare und oft auch schwankende Vorstellungen über das Jenseits auf. Das Thema kommt meist erst auf Nachfrage der Interviewerin zur Sprache. Daniele glaubt ans Paradies, hat aber keine Ahnung, wie dieses sein wird. François glaubt an ein Leben nach dem Tod, seine Vorstellungen sind aber «*vage*». Gisèle glaubt, dass es nach dem Tod etwas gibt, hat aber manchmal Zweifel. Marc-Antoines Äusserung ist symptomatisch:

> Ich glaube, da gibt es etwas nach dem Leben, ich glaube an das Jenseits, aber ich weiss nicht, wie es dort sein wird. Ich kann mir nicht vorstellen, wie das sein wird, aber ich glaube daran, das ist so. (Marc-Antoine, 63, röm.-kath.)

An den wenigen Stellen im Material, wo Etablierte etwas konkreter über das Jenseits Auskunft geben, wird dieses meist als Ort dargestellt, an dem man (hoffentlich) Verstorbene wiederfindet. Es ist ein Ort «*der Gemeinschaft mit denen, die vor uns gegangen sind*» (François), ein Ort, «*wo man die wiederfindet, die man verloren hat, aber nicht so wie hier auf der Erde, auf einer anderen Ebene.*» (Béatrice). Nur selten gehen die Etablierten in ihren Präzisierungen weiter – und wenn, dann vor allem in der Form des Zweifels. Typisch hierfür ist wiederum Marc-Antoines

---

5 Mehrere Befragte betonen, Gott sei «*jemand, der uns nicht verurteilt*». Er ist nicht der Bestrafergott, an den wir «*als Kinder glauben sollten*». Die Tatsache, dass Gott nicht mehr richtet, ist ein allgemeiner Befund in westeuropäischen Ländern. Siehe hierzu das ausgezeichnete Buch von Ebertz (1993) zur «Zivilisierung Gottes».

6 Im Diskurs der Etablierten fällt auf, dass Gott häufig auftaucht, aber nur selten die Rede von Jesus, Maria und dem Heiligen Geist ist. Insbesondere bei den gläubigen Katholikinnen und Katholiken hätten wir erwartet, dass Maria häufiger erwähnt würde.

7 Siehe hierzu klassisch Weber (1985 (1922)); Berger (1988 (1973)).

Frage zur Auferstehung: «*Da werden einige Leute zusammenkommen*», sagt er, «*wo sollen die denn alle hin?*».

Wenden wir uns der *religiösen Praxis* zu, so zeigt sich, dass Etablierte meist allein praktizieren. Sei es nun der Gang zum Gottesdienst, das Gebet, die Wallfahrt oder eine religiös motivierte Hilfeleistung – fast immer geht das Individuum die betreffenden Tätigkeiten als Einzelperson an. Prototyp ist die ältere katholische oder reformierte Frau, die allein zum Gottesdienst geht. In manchen Fällen allerdings finden wir auch Paare, die gemeinsam den Gottesdienst besuchen oder beten. Fast nie begegnen uns ganze Familien, die als solche religiös praktizieren. Die häufigste Praxisform der Etablierten ausser Haus ist der Besuch des Gottesdienstes. Dennoch erklären fast alle Etablierten, dass der Gottesdienst *nicht* das Wichtigste in ihrer Religiosität sei, und dass man nicht (mehr) hingehen müsse, wenn man nicht wolle. Sie gehen, wenn und weil es ihnen «*guttut*» oder wenn «*etwas Spezielles*» los ist. Dagegen mache es nichts, wenn sie den Gottesdienst einmal ausfallen lassen – wenn etwa ein ihnen unliebsamer Priester die Messe lesen wird. Sehr oft singen Etablierte noch in einem Kirchenchor oder verbinden jedenfalls ihre Gottesdienstpraxis mit einer starken Liebe zur Kirchenmusik. Der Besuch im Gottesdienst wird nur in Ausnahmefällen damit begründet, dass hier ein «Heilsgut» verteilt werde (etwa ein Segen, die Hostie). Die wichtigste individuelle Praxisform der Etablierten ist das Gebet. Etablierte beten regelmässig, meist abends vor dem Einschlafen, z.T. aber auch morgens, bevor der Tag beginnt, oder zu anderen Tageszeiten. Sehr häufig vermengen sie dabei «*traditionelle Gebete*» wie das Vaterunser oder das Ave Maria (nur Katholiken) und ein freies Gebet. In diesen Gebeten danken sie für das, was ihnen geschenkt wurde, und bitten für andere oder für sich selbst. Das Gebet gibt ihnen eine Ruhe, Entspannung und neues Vertrauen, da sie Schwierigkeiten «*an Gott weitergeben können*». Béatrice betet täglich und dankt Gott für «*die vielen Dinge, die er für uns macht und die er uns gibt*». So dankt sie etwa dafür, in einem Land wie der Schweiz geboren worden zu sein, gesund zu sein, ihr eigenes Haus zu haben; gleichzeitig bittet sie etwa um Gesundheit für Bekannte und Unbekannte. Gisèle nutzt Waldspaziergänge mit ihrem Hund, um einen Rosenkranz zu beten und andere Menschen Gott anzuempfehlen. Und François spricht

> [...] ein stilles Gebet. [...] Vor allem abends im Bett, es kann auch tagsüber sein. Es geht darum, Gott zu danken, um etwas zu bitten, für jemanden, der mir nahesteht oder für mich. (François, 55, ev.-ref.)

Etablierte lesen nur selten in der Bibel. Wenn die Bibel im Material vorkommt, so meist in abgrenzender Form, so wie bei Stephan, der sagt, dass man an den Geschichten der Bibel doch auch manche Zweifel habe. Nur manchmal berichten

Etablierte von speziellen religiösen Events wie einem Besuch in Lourdes oder einer Wallfahrt nach Santiago di Compostela. Wenn sie dies aber tun, so oft in begeisterten Tönen: Hier haben sie grosse religiöse Emotionen und einen ganz neuen Glauben erfahren. Etablierte sehen normalerweise kein Problem darin, manchmal auf alternativ-spirituelle Praktiken zurückzugreifen: 24 % unter ihnen verwenden häufig oder sehr häufig Heilmittel alternativer Medizin, Barbara verwendet Echinacea-Tropfen, Berta-Lisa war mit ihrem Mann bei einer Gesundbeterin, François benützt homöopathische Mittel, Marc-Antoine schwört auf die Lymphdrainage, und Béatrice liess schon Geister aus ihrem Haus vertreiben. Allerdings werden diese Praxisformen, die man sonst eher dem alternativen Milieu zuordnen würde, hier nur am Rande erwähnt: Sie nehmen gegenüber den christlichen Elementen einen sehr geringen Platz in der Weltsicht der Etablierten ein. Insgesamt erscheint etablierte Religiosität als verhalten, traditionell und kontemplativ. Das unterscheidet sie von derjenigen der Freikirchlichen.

Freikirchliche

Schon der *Gott* der Freikirchlichen ist eine deutlich aktivere Gestalt als derjenige der Etablierten.[8] Einerseits ist er den Freikirchlichen in einer persönlichen Beziehung sehr nah. Er ist «*wie eine Mutter*», «*mein Heiland*», «*mein Retter*» und «*engster Freund*».[9] Andererseits handelt es sich aber um eine eminente, übermächtige Autoritätsperson. Gott ist der «*Herr von allem*», der «*Chef*», der «*Schöpfergott, welcher alles geschaffen hat*» und der «*die Fäden in der Hand hat*». Dass es diesen Gott gibt, daran zweifeln die Freikirchlichen nicht. 95,5 % von ihnen geben an, dass sie «*wissen, dass Gott wirklich existiert und keinen Zweifel daran haben*» (dies sagen bei den Etablierten nur 70,3 %). Bei den Freikirchlichen ist Gott nicht zu trennen von Jesus, in dessen Gestalt Gott die Menschen am Kreuz von ihren Sünden erlöst habe. Er ist es, der den Zugang zum Paradies ermöglicht und der in Jesu Gestalt wiederkehren wird. So erklärt Beat:

> [Ich glaube] an Jesus. Dass er uns rettet, dass er unsere Fehler vergibt. Und der Bezug zum Leben ist einfach, möglichst nach der Bibel [zu] leben, [...] keine Sünde [zu] begehen [...] Es gibt ein Lied, das [...] hat einen ganz interessanten Text, das ist von einer Punk-Band, und die sagen: Wenn wir alle an den Himmel glauben würden, dann würde er [Jesus] in einem Jahr hier unten sein. (Beat, 18, ev.-ref./freikirchlich)

---

8 Siehe hierzu Stolz/Favre/Gachet/Buchard (2013).

9 Einige dieser Vergleiche stammen aus den Daten von Stolz/Favre/Gachet/Buchard (2013).

Gleichzeitig erwarten die Freikirchlichen, dass Gott auch ins tägliche Leben in äusserst aktiver Weise eingreift. Alles, was geschieht, ist durch Gott bewirkt. Er heilt, sorgt für das Finden einer Lehrstelle, führt die Lebenspartner zusammen, entscheidet über Leben und Tod. Auch bei den Freikirchlichen taucht das Theodizeeproblem manchmal auf. Die Lösung besteht meist darin, Gott den Menschen unbekannte, rationale Gründe zuzuschreiben. Gott hat «*hinter allem einen Hintergedanken, der weiss schon.*» (Beat).

Freikirchliche sprechen meist mit grosser Überzeugung vom Himmel. Für Barnabé etwa besteht kein Zweifel, «*dass es ein ewiges Leben gibt, so wie auch Gott ewig ist*». Willi glaubt fest daran, dass, «*wenn man fertig ist auf der Welt, dass [...] man dann einmal ins Gottesreich kommt*». Gemäss Beat führt Jesus «*uns ins Paradies*». Bei allen Freikirchlichen zeigt sich in unserem Material eine spontane Gegenüberstellung von Himmel und Hölle und die Vorstellung, dass das Leben auf der Erde die Zuweisung zu einem der beiden Jenseits-Orte beeinflussen könnte. Dorothée etwa sagt:

> Wir bauen auf die Tatsache, dass, wenn es einen Gott gibt, dass es dann auch zwei Welten nachher gibt. Wir glauben an den Himmel und die Hölle, also dass es ein Leben nach dem Tod gibt. Unser Leben auf der Erde beeinflusst, wo wir das Leben nachher verbringen [lacht etwas]. (Dorothée, 32, freikirchlich)

Anders als bei den Etablierten ist bei *Freikirchlichen* die religiöse Praxis – der Kirchgang, das Gebet, das Singen usw. – meist nicht nur Sache des Individuums, sondern des Paars oder gar der ganzen Familie. Das wird durch den Umstand ermöglicht, dass Freikirchliche normalerweise einen ebenfalls bekehrten Partner heiraten und ihre Kinder stark im Glauben erziehen. Häufig geht die ganze Familie in den Gottesdienst, wobei ein vielfältiges Programm auch für Kinder angeboten wird. An manchen Stellen des Materials wird besonders auf den «*dynamischen*» Charakter dieser Gottesdienste hingewiesen, in denen nicht etwa eine Orgel spielt, sondern eine Band mit Schlagzeug und Gitarre moderne Musik für den Lobpreis zum Besten gibt. Ein wichtiger Punkt freikirchlicher Praxis ist die individuelle Bekehrung (ein Moment oder Prozess, in dem das Individuum sich «*für Jesus entscheidet*»). Im Anschluss an diese Wandlung wird das Individuum vor der Gemeinde getauft, sei es in der Kirche, sei es im Freien in einem See. Erst die Bekehrung und anschliessende Taufe machen das Mitglied für die Gemeinde zum vollwertigen Mitglied. Aus soziologischer Sicht liegt hier eine soziale Grenzziehung und ein Mitgliedschaftskriterium vor, das bei den Etablierten und ihren volkskirchlichen Strukturen in dieser Form fehlt. Wie bei den Etablierten ist auch bei den Freikirchlichen das Gebet äusserst wichtig, aber es wird doch in anderer Art geübt und interpretiert. Zunächst beten Freikirchliche nicht nur zu bestimmten Zeiten des Tages und nicht nur mit festgelegten Gebeten; vielmehr können sie immer und überall mit Gott und Jesus in Verbindung stehen:

> Ob auf meinem Traktor, in meinem Auto, bei meinen Kühen – ich kann in Verbindung mit meinem himmlischen Vater sein, wie ich in Verbindung mit meinem Sohn bin, der mit mir zusammenarbeitet. (Barnabé, 56, freikirchlich)

Dieses spontane, ständige Beten (das bei Etablierten nur manchmal vorkommt) ist bei Freikirchlichen ein ganz typischer Lebensstil. Ein weiterer wichtiger Punkt ist, dass das Gebet sehr viel stärker für die Bewältigung ganz konkreter Lebensprobleme verwendet und ihm eine direkte Wirksamkeit zugesprochen wird. Freikirchliche sind der Meinung, dass das Gebet «*wirkt*», dass ihnen Gott im Gebet die Antwort auf ganz konkrete Fragen gebe und dass es durchaus sinnvoll sei, für einen zukünftigen Ehepartner, eine neue Wohnung oder um Rat in einer Beziehungskrise zu beten.[10]

Anders als bei den Etablierten kommt bei den Freikirchlichen dem Bibellesen eine zentrale Rolle zu. Alle Freikirchlichen in unserem Sample lesen in der Bibel. Barnabé hat die Bibel viermal durchgelesen. Willi liest täglich. Dorothée liest ihren Kindern jeden Abend eine Geschichte aus der Bibel vor. Nur Beat ist eine Ausnahme und liest seltener – wofür er sich prompt entschuldigt. Die Bibel wird von den Freikirchlichen als relativ direkt verstehbares Wort Gottes gesehen, und jegliche historisch-kritische Auslegung wird strikt abgelehnt. 50 % der Freikirchlichen sind der Meinung, die Bibel sei «*das Wort Gottes und muss streng wörtlich genommen werden*».[11]

Die Freikirchlichen unterscheiden sich stark von den Etablierten in ihrer Auffassung von alternativer Spiritualität. Esoterik, alternativ-spirituelles Heilen, Yoga und Meditation sind, so viele Freikirchliche, äusserst gefährlich. Dabei wird nicht in Abrede gestellt, dass solche Methoden wirksam sind. Das Problem ist vielmehr, dass – immer: gemäss den Freikirchlichen – in alternativer Spiritualität böse Mächte, der Teufel, wirksam sein können.

5.2 Alternative Spiritualität

Das Universum der alternativen Religiosität oder Spiritualität unterscheidet sich stark von demjenigen der Institutionellen. Alternative behaupten etwa gleich häufig wie Institutionelle, dass es «*eine höhere Macht*» gebe (82 %), aber was sie

10 Vgl. Stolz/Favre/Gachet/Buchard (2013).

11 Zu freikirchlichem Bibelverständnis siehe auch Gachet/Stolz (2010).

hierunter verstehen, unterscheidet sich doch deutlich von der Gedankenwelt der Institutionellen. Erscheint «Gott» dem institutionellen Typ als übernatürliche Person, so ist er für den alternativen Typ meist eine alles durchwirkende, in jedem Menschen und in der Natur vorhandene Energie, ein Licht oder eine Kraft. Glaubten Institutionelle an ein Leben nach dem Tod in einem wie immer gearteten Himmel, so hält die Mehrheit der Alternativen eher eine Reinkarnation in immer neuen Leben für wahrscheinlich. Und während sich die institutionelle Praxis vor allem im Rahmen christlicher Riten und Gewohnheiten abspielte, besteht alternative Praxis aus einer riesigen Anzahl von alternativ-spirituellen Techniken, die den unterschiedlichsten Quellen – etwa dem Buddhismus, (christlicher und fernöstlicher) Esoterik, dem New Age oder alternativen Heilmethoden entstammen.

Manche Glaubens- und Praxisformen werden von grossen Mehrheiten der Alternativen vertreten bzw. benutzt. So denken etwa 71 %, dass «*manche Wunderheiler tatsächlich über übernatürliche Heilkräfte verfügen*», und 70 % sind der Meinung, dass das «*Sternzeichen bzw. das Geburtshoroskop eines Menschen einen Einfluss auf den Verlauf seines Lebens*» haben kann. 70 % verwenden Therapien, die den Atem, Entspannung oder Bewegung betreffen, und 67 % benutzen Techniken, bei denen der Körper durch die Hände beeinflusst wird, wie Reiki, Akupressur oder Massage. Dennoch ist die Vielfalt des den Alternativen zur Verfügung stehenden Angebots so immens, dass viele Überzeugungen und Praxisformen dann doch wieder nur von Minderheiten vertreten oder praktiziert werden. So etwa ist Yoga eine der wichtigsten alternativ-spirituellen Techniken. Aber es sind doch nur 33 % der Alternativen, die Yoga praktizieren.

Diese Vielfalt führt dazu, dass alternative Glaubens- und Praxisformen sich nur durch lange Listen beschreiben lassen. In unserem Material wurden etwa genannt: *Glaube* an Karma, Reinkarnation, Schutzengel, singende Steine, Feen, Sternenenergie, Licht, Kraft, Energie, Meridiane, Rückführungen, verborgene Bedeutungen christlicher Rituale usw. sowie *Praxis* von esoterischen Ritualen im Wald, Konsum von LSD, Yoga, Chromotherapie, Zen-Meditation, Seminare über Engel und positives Denken, autogenes Training, Qigong, Tai-Chi, Homöopathie, Kinesiologie, Akupunktur, Reiki, Reflexologie, chinesische Medizin, Craniosakraltherapie, Familienaufstellung, Polarity und viele weitere. Genau wie institutionelle Praxis ist auch alternative Praxis ein mehrheitlich weibliches Phänomen. In allen Bereichen alternativer Praxis – von der Verwendung pflanzlicher Heilmittel bis zur Durchführung esoterischer Rituale – sind die Frauen gegenüber den Männern in einer Überzahl von mindestens 2:1. Welche Unterschiede finden wir aber *innerhalb* des alternativen Typus, zwischen den zwei Subtypen?

Esoteriker

Alles oben über alternative Religiosität bzw. Spiritualität allgemein Gesagte trifft für die Untergruppe der Esoteriker in ganz besonderer Weise zu. Esoteriker sind die Virtuosen des alternativen Typs.[12] Das zeigt sich zunächst daran, wie und wo sie Transzendenz erleben – nämlich überall! Esoteriker leben in einer verzauberten Welt, einer Welt, die vom Göttlichen durchwirkt ist. Klaus etwa erklärt:

> Wie überall Luft da ist, ist überall Macht, also Geist. Das Göttliche ist überall, in jedem Atom. Es ist nur die Frage, ob ich sie überhaupt wahrnehme, die Realität, und wenn ich natürlich verschlossen bin vor lauter Konzepten, dann kann ich die Wirklichkeit nicht sehen. (Klaus, 62, konfessionslos)

Da das Göttliche in allem steckt, kann man gemäss vielen Esoterikern auch nicht zwischen einer Erde und einem Himmel oder einer Immanenz und einer Transzendenz unterscheiden. Es gibt, so wiederum Klaus, «*keine Dualität, es gibt nur die Einheit*». Wie wir sehen, ist Gott hier nicht wie bei den Institutionellen eine als Person gedachte Gestalt, sondern eine eher unpersönliche Macht, die von unseren Befragten auch als Kraft, Liebe, Farbe, Atem oder Leben bezeichnet wird. Typisch ist der Ausspruch Emilys:

> Gott ist für mich keine Vaterfigur oder irgendeine Figur, sondern Gott ist für mich eine unendliche Kraft, eine unendliche Energie, Gott ist für mich Licht. (Emily, 62, kath.)

Da es ihnen gelingt, das Aussergewöhnliche im Gewöhnlichen zu sehen, das ganze Leben als göttlich wahrzunehmen, leben die Esoteriker in einer Welt, in der ihnen von überallher spezielle Botschaften, Einsichten und Geheimnisse zufliessen können. So weiss Michel etwa um verborgene Bedeutungen im christlichen Ritual der Taufe (es handle sich um das Öffnen des siebten Chakra), Eliot erkennt in seiner kleinen Tochter seinen «*Meister*», Klaus ist überzeugt, dass er mit Geistwesen in Kontakt stehe. Alle Esoteriker in unseren Daten glauben fest an die Reinkarnation und sind überzeugt, dass es eine Vorherbestimmung gebe, die mit dem Karma zusammenhänge. Hierbei erzählen sowohl Emily als auch Klaus, dass sie sich ihre eigenen Eltern wohl selbst ausgesucht hätten, um in diesem Leben etwas ganz Bestimmtes zu lernen. Klaus etwa ist überzeugt, dass er aufgrund von Verfehlungen in früheren Leben in diesem Leben lernen müsse, wie es sei, wenn das Männliche

12 Zu Beschreibungen der Spiritualität dieses Typs siehe Bloch (1997; 1998); Bochinger/Engelbrecht/Gebhart (2009); Heelas/Woodhead (2004); Höllinger/Tripold (2012).

vom Weiblichen verachtet werde. Es ist interessant, dass Esoteriker der Reinkarnation grundsätzlich positiv gegenüberstehen, während diese in ihrer ursprünglichen indischen Bedeutung gerade überwunden werden sollte. Der höllische Zyklus der Reinkarnation, der durchbrochen werden muss, um zum Nirvana zu gelangen, wird ebensowenig erwähnt wie die Möglichkeit einer nicht-menschlichen Reinkarnation. Stattdessen sehen die Interviewpartner Reinkarnation ausschliesslich als Möglichkeit, sich ständig zu verbessern und höhere Erkenntnisse zu erreichen. Transzendenz tritt Esoterikern nicht zuletzt in Gestalt «aussergewöhnlicher Menschen» entgegen, die durch ihr übernatürliches Wissen und ihre erstaunlichen Fähigkeiten beeindrucken. Alle Esoteriker berichten von solchen Begegnungen; es handelt sich im Material um einen am Hermetismus interessierten Bischof, verschiedene spirituell interessierte Ärzte, einen Zen-Meister, eine mit Engeln in Kontakt stehende Frau und viele weitere.

Betrachten wir die *Praxis* der Esoteriker in unserem Sample, so fällt sofort eine starke soziale Vernetzung auf. Zwar ist die esoterische Ideologie extrem individualistisch: Es ist das Individuum, das auf seinem ganz eigenen Weg spirituell vorankommen soll, es soll und darf nur annehmen, was «für es stimmt». Aber faktisch sind Esoteriker fast immer in ein starkes soziales Netz von Gleichgesinnten integriert, das die Plausibilität der jeweiligen Praxisformen stützt. Die Freunde, der Partner oder wichtige Bekannte sind meist genauso esoterisch gestimmt wie das Individuum selbst. Esoteriker besuchen sehr viele Kurse, Seminare und Ausbildungen. Emily etwa hat Seminare über Engel, positives Denken, autogenes Training, Homöopathie, Fauna, Meeresbiologie, Kinesiologie und vieles mehr besucht. Eliot hat zunächst einen Zen-Meditationskurs besucht, sich anschliessend einer Tai-Chi-Gruppe angeschlossen, bevor er einen mehrjährigen Qigong-Lehrgang besuchte – heute ist er Qigong-Lehrer. In diesen Veranstaltungen erlernen Esoteriker, was man mit Bourdieu einen «esoterischen Habitus» nennen könnte, eine Art, die Welt zu sehen, zu erleben und sich in dieser zu bewegen.[13] Gleichzeitig wird ihnen beigebracht, dass sie selbst in Zukunft diese Techniken an andere weitergeben können und sollen. Im alternativ-spirituellen Milieu fühlt man sich oft schon nach kurzer Lernzeit befähigt, selbst zur Lehrperson zu werden. Tatsächlich geben sowohl Michel als auch Eliot unterdessen haupt- oder nebenberuflich Kurse in verschiedensten spirituellen Methoden. Die in den Kursen und an den Veranstaltungen gelernten Techniken wenden Esoteriker dann auch im Privatleben an; sie werden in vielfältigster Weise kombiniert und, sei es zu Hause, sei es ausser Haus (oft in der Natur) eingesetzt. Ganz generell gilt für esoterische Praxis, dass das «Heilsgut» dadurch angeeignet wird, dass das Individuum sich ständig weiter- und in gewisser

13 Zum Konzept des Habitus siehe Bourdieu (1987).

Weise auch höherentwickelt. Das Individuum gleicht einem Wanderer, der einen Berg erklimmt, wobei er einen ganz eigenen Weg finden muss.[14]

Sheilaisten und alternative Kunden

Im Unterschied zu den virtuosen Esoterikern hat alternative Spiritualität bei Sheilaisten und alternativen Kunden eine weniger starke Bedeutung. Sie tritt in stark abgeschwächter und nur manchmal aktuell werdender Form auf den Plan. Was etwa Transzendenz betrifft, so glauben auch die Sheilaisten und alternativen Kunden an Energien, Schutzengel, Feen, das Leben bestimmende Sterne. Auch hier ist das Transzendente eher «*das Leben*» oder «*ein Licht*» als ein personhaft gedachter Gott (der allerdings auch manchmal auftaucht). Auch hier treten spezielle Menschen, meist Heiler und Therapeuten, mit aussergewöhnlichen Fähigkeiten auf. Aber anders als bei den Esoterikern leben Sheilaisten und alternative Kunden nicht ständig in dieser transzendent aufgeladenen Welt und befinden sich nicht in einem starken alternativ-spirituellen Netzwerk. Sheilaisten wie Lucia oder Maude haben sich ganz eigene alternativ-spirituelle Ansichten zurechtgelegt, die sie mit niemandem teilen und die einen zwar deutlichen, aber gleichwohl beschränkten Platz in ihrem Leben einnehmen. Ein schönes Beispiel einer Sheilaistin ist Maude, wenn sie von Gott spricht:

> Gott, das ist der einzige Gott, ja, aber er besteht aus verschiedenen Sachen. Er ist ein Trost, so wie ein Kissen, auf dem du schlafen kannst. Ein Kissen, das dich trösten kann, aber das dir kein Brot gibt, weder zu essen noch zu trinken. Er kann dir kein Auto geben [lacht], aber er kann dir vielleicht Zeit geben, Dinge zu tun. Liebe. Er kann dir viele Sachen geben, aber keine materiellen Sachen. Für mich ist das ein Raum, in dem ich mich finden kann, sagen wir es vielleicht so. […] Gott ist keine Person, denn er kann dir nicht antworten, aber er kann zuhören. Es ist ein Raum für mich, ein kleiner Moment zum Innehalten, wo du dich selber finden kannst, weil Gott, das ist tiefes Glück, das ist etwas, was dich trägt, das dich voranbringt. (Maude, 50, röm.-kath.)

Alternative Kunden wiederum versuchen vor allem, ganz bestimmte Lebensprobleme mit alternativen Mitteln zu lösen, wobei die spirituelle Seite manchmal eine nur untergeordnete oder gar nicht vorkommende Rolle spielt.

Wenn wir die *Praxis* der Sheilaisten und alternativen Kunden betrachten, zeigt sich im Unterschied zu den Esoterikern ein fast völliges Fehlen eines alternativ-

14 Zum Konzept des «spirituellen Wanderers» siehe Bochinger u. a. (2009).

spirituellen Netzes. Diese Gruppe «glaubt», «erfährt» und «praktiziert» allein. Mona kocht für sich indianisch (was von ihrer Mutter herrührt), Simon zieht in der Einsamkeit Energie aus Sternen und Bäumen (was noch von seiner Zeit mit seiner stark esoterischen Freundin herrührt). Félicia betet im Geheimen: Sie hat weder ihrem Ehemann noch ihren Töchtern je davon erzählt. Die Praxis mit anderen beschränkt sich auf die Inanspruchnahme der Dienste von alternativ-spirituellen Heilern und Spezialisten. Angela etwa lässt sich mit Reiki behandeln, und David probiert Reflexologie, einen Magnetiseur, Akupunktur, Phytotherapie und Homöopathie aus. Meist geht es weniger darum, einen Habitus fest ins gesamte Leben zu übernehmen (wie bei den Esoterikern), als sich von Menschen mit aussergewöhnlichen Fähigkeiten fallweise behandeln und beeinflussen zu lassen. Bei David zeigt sich diese Art des Kunde-Seins sehr deutlich:

> Oh, ich habe viele Dinge ausprobiert. Ich habe sowohl parallele als auch natürliche Medizin gemacht. Ich habe im Moment ziemlich viel Reflexologie gemacht, ich wurde von einem Magnetiseur behandelt, ich habe chinesische Medizin gemacht, Akupunktur, chinesische Phytotherapie, jetzt werde ich von einem Homöopathen behandelt. Was habe ich noch ausprobiert? Eine Person hatte eine Art Apparat, und sie konnte mehr oder weniger sondieren, was uns im Körper fehlte, solche Sachen, ich weiss nicht mehr genau, wie es war. Ich habe auch einen, was man einen Guru nennt, besucht, ein Typ, der in dir liest und der ein kleines Pendel hat [lacht]. (David, 30, konfessionslos)

Dabei ist es durchaus möglich, dass diese Praxisformen nur bedingt oder gar nicht als spirituell interpretiert werden. Da Sheilaisten und alternative Kunden nicht in starke soziale Netze eingebunden sind, widerspiegelt ihre Praxis nicht so sehr die gerade besuchten Kurse und Gruppen, sondern besteht aus nur individuell gestützten Ritualen, deren Elemente manchmal weit in die Vergangenheit der Individuen zurückverfolgt werden können. Insgesamt finden wir bei Sheilaisten und alternativen Kunden nicht so sehr die Idee, dass das Individuum immer besser und höher entwickelt wird, als vielmehr eine Offenheit für ganz verschiedene Problemlösungen und eine oft tiefe Bewusstheit für *«andere Dimensionen»*.

5.3 Distanzierte Religiosität

Viele Befragte haben Religion nicht einfach aus ihrem Leben gestrichen, sondern sich von ihr distanziert. Distanzierte sind überzeugt, an etwas zu glauben – allerdings fällt ihnen schwer zu sagen, woran. Geht es um Gott, ein Leben nach dem Tod, Energien, Geister oder andere transzendente Dinge, so zeichnen sich Distanzierte vor allem durch eine hohe Unbestimmtheit der Antworten aus.[15] Quantitativ zeigt sich dies daran, dass Distanzierte in Fragen zu religiösen Glaubensüberzeugungen die höchsten Ausprägungen in «weder-noch»-Kategorien aufweisen.

Distanzierte weisen durchaus eine gewisse religiöse Praxis auf. 20,8 % von ihnen geben an, mindestens täglich zu beten, und rund 72 % beten mindestens ein- bis zweimal pro Jahr. 6,9 % gehen mindestens monatlich in einen Gottesdienst, und 67 % finden sich häufiger als ein- bis zweimal pro Jahr in einer Kirche zu einem Gottesdienst ein – meist an einem grossen Feiertag (v. a. Weihnachten) oder zu Kasualien (Beerdigungen, Hochzeiten, Taufen). Distanzierte haben manchmal Kontakte zu alternativer Spiritualität, wobei die entsprechenden Techniken mehr oder weniger «spirituell» aufgefasst werden können. 42 % haben im letzten Jahr eine Methode benutzt, die auf die heilende Wirkung von Pflanzen oder auf biologischer Ernährung beruht, 34 % haben im letzten Jahr Techniken verwendet, bei denen der Körper durch die Hände behandelt wird (z. B. Reiki, Akupressur, Massage), 14 % haben im letzten Jahr mindestens ein esoterisches Buch oder eine esoterische Zeitschrift gelesen, 12 % haben Yoga praktiziert. Für distanzierte Praxis ganz allgemein gilt jedoch, dass sie nicht im Zentrum des Lebens steht. Sie wird nur manchmal benötigt und besitzt eine stark eingeschränkte Wichtigkeit. Während religiöse Praxis für den institutionellen und den alternativen Typ oft ein zentraler Lebensbereich ist, der viele andere Lebensbereiche beeinflusst und bestimmt, besitzt religiöse Praxis für den distanzierten Typ – in der Sprache Stefan Hubers – eine geringe «Zentralität» (Huber, 2003). Das heisst: Diese Praxis wird durch andere, nichtreligiöse Kriterien gesteuert und beeinflusst, während sie selbst kaum einen Einfluss auf andere Lebensbereiche hat.

Wiederum lassen sich drei Untergruppen von Distanzierten unterscheiden, und wir versuchen die je unterschiedliche Form der religiösen Unbestimmtheit darzustellen. Dies wird insofern erleichtert, als die drei Untergruppen je zu einem der drei Pole (institutionell, alternativ, säkular) hingezogen werden. Es handelt sich in gewisser Weise um die «distanzierten Varianten» von institutioneller, alternativer und säkularer Lebensweise.

Distanziert-Institutionelle

Die *Distanziert-Institutionellen* sind eine Gruppe von Distanzierten, die dem institutionellen Typ nahestehen. Fast alle Befragten dieses Typs erzählen, an *«etwas Höheres»* zu glauben. Im Hintergrund steht deutlich der christliche Gott – aber

15 Diese Unbestimmtheit war von Voas (2009) in den Begriff der Fuzzy Fidelity gefasst worden.

die zu konkreten christlichen Vorstellungen behagen den Distanziert-Institutionellen nicht. Dass Gott ein übernatürlicher Akteur ist, womöglich ein bärtiger Mann, der handelt und in die Welt eingreift, können sich die Distanziert-Institutionellen beim besten Willen nicht vorstellen. Was ihnen bleibt, ist ein Gefühl davon, dass es «*eine höhere Macht*» gibt. Dieses Höhere kann man, so die Distanziert-Institutionellen, durchaus Gott nennen, aber das ist nicht zwingend. Kaitline etwa sagt:

> Ich persönlich glaube, dass es etwas gibt, was uns dominiert. Wenn man die Natur beobachtet in ihrer Perfektion. Das kann nicht das Werk des Menschen sein. Der Mensch kann nur ergänzen, erneuern, verändern, zerstören, wieder aufbauen, was es schon gibt. Aber im Ursprung gibt es eine Kraft, die über uns steht. Jetzt – welchen Namen soll man dieser Kraft geben? Ich weiss es nicht. (Kaitline, 63, röm.-kath.)

Oder Renate, die das Höhere als «*etwas drüber*» bezeichnet:

> Ich habe das Gefühl, wie wenn etwas noch drüber wäre, was aber nicht Macht ausübt, sondern was eigentlich den Rahmen gibt, in dem man sich entwickeln kann. (Renate, 51, röm.-kath.)

Auch wenn es um die Frage geht, wie dieses «Höhere» wirkt, sind die Distanziert-Institutionellen unschlüssig. Wirkt es als «*Rahmen*», als «*Kissen*» oder doch eher als «*Boden*»? Schliesslich ist sehr auffällig, dass die Distanziert-Institutionellen in ihrer Einschätzung dieser höheren Gestalt oft schwanken. Bettina ist «*hin- und hergerissen*», Kaitline spricht von einem Oszillieren *(«Kommen und Gehen»)*, Maia kann nicht glauben, dass Gott dort oben irgendwo sitzt, und glaubt doch irgendwie daran, für Marcel sind die Dinge im Innern jetzt sehr «*paradox*». Karol etwa sagt:

> Im Moment ist es ein Hin und Her. In einem Moment glaube ich, und dann nachher gibt es Elemente, die bewirken, dass ich ins Gegenteil falle. Ich sage mir: Es ist nicht möglich. Es gibt so viele Dinge, die passieren, es ist nicht möglich, dass es eine Ursache irgendwo gibt. Gut, man kann in die Debatte über den freien Willen einsteigen [...] Das ist eine sehr schwierige Frage. Aber, um ihre Frage zu beantworten, ich schwanke zwischen dem Ja und dem Nein, mit manchen sehr starken Momenten und anderen Momenten mit viel geringerer Intensität. (Karol, 64, röm.-kath.)

Sehr ähnlich Melanie:

> Also gut, ich glaube, dass wir Situationen bewirken können, durch unsere Gedanken, unsere Handlungen, unsere Gemütszustände. Und dann – gibt es eine übernatürliche Macht, welche uns führt – manchmal sage ich mir ja, manchmal sage ich mir nein. (Melanie, 33, röm.-kath.)

Es sieht aus, als besitzten diese Distanzierten in ihrem Innern verschiedene kognitive Strukturen, die einander widersprechen. Fallweise werden die einen oder die anderen aktiviert, was als Schwanken und Unsicherheit erfahren wird. Der Grund für diese unterschiedlichen Strukturen liegt meist in der Tatsache, dass Distanziert-Institutionelle zwar eine starke christliche Sozialisierung in der Kindheit erfahren haben, sich aus verschiedenen Gründen aber während ihres Lebenslaufs von diesen Glaubensinhalten distanziert haben. Dies hat aber oft nicht zu einer völligen Ersetzung der früheren Glaubensinhalte, sondern zu einem «Nebeneinander» der verschiedenen sich z.T. widersprechenden kognitiven Strukturen geführt.[16] Die gleiche Unbestimmtheit und das gleiche Schwanken finden wir übrigens, wenn viele Distanziert-Institutionelle über ein mögliches Leben nach dem Tod sprechen. Oft wird behauptet, es gäbe wahrscheinlich «*etwas danach*», wobei unklar ist, was dies genau sein könnte. Andere Distanziert-Institutionelle allerdings neigen eher dazu zu glauben, dass nach dem Tod alles aus ist.

Distanziert-Alternative

Die Glaubensinhalte der Distanziert-Alternativen zeichnen sich ebenfalls durch hochgradige Unbestimmtheit aus, wobei diese auch hier vor allem dadurch zu erklären ist, dass die entsprechenden Fragen für die Befragten einfach nicht besonders wichtig sind. Hierbei stehen Distanziert-Alternative dem alternativen Pol nahe, d.h., ihnen erscheint Gott nicht so sehr als Person, sondern eher als Energie, als positiver Gedanke, als Einfluss von Geistern oder als Potenzial im Ich. Wenn sie an ein Leben nach dem Tod glauben, so am ehesten in Form einer Reinkarnation. Auch die Praxis der Distanziert-Alternativen steht in der Nähe des alternativen Pols. Sie gehen nur selten in eine Kirche (oder dann vor allem zu Beerdigungen oder Hochzeiten), wohl aber finden wir bei ihnen von Zeit zu Zeit eine Beschäftigung mit alternativ-spirituellen Angeboten: sei es ein Kursbesuch in einem esoterischen Kreis, sei es eine Lektüre eines Buches über NLP, sei es eine esoterische LSD-Erfahrung. Auch für Distanziert-Alternative allerdings gilt, dass diese Praxis nur eine geringe Zentralität aufweist. Die Befragten berichten von einer Aktivität unter vielen anderen, die überdies keine besondere Wichtigkeit in ihrem Leben hat.

Ein Beispiel eines Distanziert-Alternativen ist der 39-jährige Claude. Nach einem naturwissenschaftlichen Studium arbeitet er jetzt in der Wirtschaft. In der Vergangenheit hat er verschiedene alternativ-spirituelle Seminare (z.B. Mentaltraining, Kreis eines Heilers) besucht und ist überzeugt, «*eine gute Aura*» zu haben.

---

16 Zu einer Theorie des Nebeneinanders verschiedener kognitiver Strukturen im Innern des Individuums siehe Schulz von Thun (1998).

Spirituelle Praxis ist für ihn vor allem eine Möglichkeit, eine «*Kraft anzuzapfen*» und so leistungsfähiger und gelassener zu werden. Dennoch habe er, wie er der Interviewerin sagt, gegenwärtig keinerlei religiöse oder spirituelle Praxis, weil er zu viel arbeite:

> Ich fange immer mal wieder so an und habe dann auch kleinere Erfolge vielleicht. Aber [...] ich habe relativ viel zu tun, ich habe nebenbei auch noch eine andere Firma mit ein paar Kollegen gestartet, und da bleibt im Moment wenig Zeit. Obwohl ich das eigentlich schon weiss, ich muss das [die Meditation] fest einbauen [...] Aber in den letzten zwei Jahren habe ich das nicht bewusst ausgeübt. (Claude, 39, ev.-ref.)

Distanziert-Säkulare

Die nun zu behandelnde Gruppe von Personen sind Distanzierte, die sich besonders zum säkularen Pol hingezogen fühlen. Sie behaupten meist, nicht an Gott zu glauben, oder dann in stark säkularisierter Form, etwa als «*kollektives Unterbewusstsein*» oder «*universelle Liebe*» oder das «*Leben*». Sie glauben normalerweise nicht an ein Leben nach dem Tod. *Distanziert-S*äkulare weisen nur eine minimale religiöse Praxis auf. Sie sind zwar oft (noch) offizielle Kirchenmitglieder. Ihre Praxis beschränkt sich aber meist auf den Besuch von Gottesdiensten im Rahmen von Kasualien oder Familienfesten. Elina etwa geht an Weihnachten in die Kirche, weil sie dann ihre Familie in einem kleineren Dorf besucht. Sie «*spielt das Spiel der Tradition mit*», wie sie sagt. Sonst jedoch finden wir bei ihr keinerlei religiöse Praxis. Bei Distanziert-säkularen finden wir auch nur sehr geringe religiöse Praxis: Sie beten kaum und verwenden auch kaum alternativ-spirituelle Techniken. Trotz allem finden wir bei allen Distanziert-Säkularen noch irgendetwas, was sie mit Religiosität, Spiritualität oder religiös-spirituellen Anbietern verbindet. Anders als Säkulare haben sie der Religion nicht völlig den Rücken gekehrt. Ein Beispiel eines Distanziert-Säkularen ist der 41-jährige Renato. Dieser spanische Staatsbürger hat Elektroingenieur FH studiert und arbeitet im IT-Service-Management. Er sieht sich als extrem rationalen Menschen, dennoch sagt er, nicht alles mit Vernunft erklären und begreifen zu können. Renato hat keine religiöse Praxis, ausser dass er ein- bis zweimal pro Jahr betet. Dies kommt in extremen emotionalen Situationen vor, seien sie positiv (etwa bei der Geburt seiner Kinder) oder negativ (während der Scheidung seiner Eltern oder beim Tod seiner Schwiegermutter). Der Kirche als Institution steht Renato kritisch gegenüber, er würde aber nie austreten. Als Spanier ist Renato katholisch erzogen worden. Im Vergleich zu ihm selbst sind seine Eltern viel katholischer.

5.4 Säkularität

Der säkulare Typ weist – wenig erstaunlich – am wenigsten religiöse Glaubensüberzeugungen auf. Nur 10 % der diesem Typ zuzurechnenden Personen glauben an eine höhere Macht, nur 2 % denken, dass es einen Gott gibt, der sich um jeden einzelnen Menschen kümmert. Säkulare lehnen nicht nur christliche, sondern auch alternativ-spirituelle Glaubensansichten ab: Nur 10 % glauben an eine Wiedergeburt, nur 5 % glauben, dass es «übersinnliche Kräfte im Universum gibt, die das Leben der Menschen beeinflussen», und nur 14 % glauben an übernatürliche Heilkräfte von Wunderheilern. Unter den Säkularen findet sich – wiederum wenig erstaunlich – der höchste Anteil von Konfessionslosen (62 %) und Atheisten (72 %). Auch hier lohnt es sich, unsere zwei Untergruppen der Säkularen zu unterscheiden.

Indifferente

Die Indifferenten in unserem Sample behaupten meist, weder an Gott noch an ein Leben nach dem Tod, wohl aber an etwas anderes zu glauben. Dieses «Andere» ist meist der Mensch mit seinen Fähigkeiten. Qasim behauptet, «*an die Leute [zu glauben]*» und daran, dass «*man die Dinge ändern kann, wenn es charakterstarke Leute gibt*». Gemäss Gustave solle man an den Menschen glauben, selbst wenn das «*eine ganze Menge Enttäuschungen*» mit sich bringe.[17] Und Karine sagt in ganz typischer Manier:

> Ich glaube nicht [an Gott]. Ich glaube an den Menschen. Trotz allem, was geschieht, trotz aller schrecklichen Dinge, die man hat sehen können. Ich glaube trotzdem, dass es etwas im Menschen gibt, sein Gewissen, wenn man so will, welches die Menschheit voranbringt. Das ist es für mich. (Karine, 68, konfessionslos)

Nicht immer ist das «Andere», an das die Indifferenten glauben, der Mensch. Indifferente können auch an das Leben, die Natur, die Evolution oder eine aus-

17 Dieser Glaube an das menschliche Wesen hat auch zur Folge, dass die Säkularen Jesus als historische Person anerkennen und ihm diesbezüglich durchaus eine bestimmte Wichtigkeit einräumen können. Manche sehen ihn als Revolutionär, als einen Störefried. Für Ernesto hat Jesus «*gegen die Mächtigen und für das Volk geredet, und darum hat man ihn auch gekreuzigt*». Cécile wiederum erklärt ihrer Tochter, «*dass die Römer Jesus gekreuzigt haben, weil er die Leute gestört hat*», mag aber auf keinen Fall ins Detail gehen. Sie erzählt ihrem Kind zwar von Jesus als Gottes Sohn, weigert sich aber kategorisch, von irgendeinem göttlichen Auftrag zu sprechen.

gleichende Gerechtigkeit glauben. Diese Glaubensansichten, so die Indifferenten, sind nicht etwa abgehoben oder schwärmerisch, sondern lassen sich bestens mit einem rationalen, logischen und wissenschaftlichen Weltbild vereinen. Auch wenn Indifferente religiöse Glaubensansichten nicht teilen, stehen sie diesen meist nicht negativ gegenüber. Indifferente schimpfen nicht über Religion, versuchen nicht, religiöse Menschen von der Falschheit ihrer Ansichten zu überzeugen und vertreten keine anti-religiösen Ideologien. Manche Indifferente lassen sogar so etwas wie eine leichte Wehmut erkennen – es wäre schön, so diese Befragten, wenn sie etwa an ein Leben nach dem Tod oder an einen wohlmeinenden Gott glauben könnten – aber sie können es nicht.

Indifferente haben meist keine religiöse Praxis. Wenn Daniela vor einer schwierigen Prüfung in ihrem Studium zu einem «*Stossgebet*» Zuflucht nimmt, so richtet sie dieses nicht an Gott, sondern an sich selbst – und sagt etwa:

> Mann, Daniela, wenn du das schaffst […] – dann gehen wir nächste Woche in die Oper (Daniela, 24, ev.-ref.)

Wenn Cécile in den Ferien eine Kirche betritt, so hält sie nicht zur Besinnung inne; sie besucht die Kirche «*wie ein Museum*». Das meist völlige Fehlen religiöser Praxis oder religiöser Rituale wird fast immer als unproblematisch beschrieben. Eine Ausnahme ist Gustave, ein Indifferenter, der schon völlig areligiös aufgewachsen ist und im selben Jahr Vater und Grossvater verlor. In diesem Moment empfand er es als sehr schwierig, keine Zeremonie zur Verfügung zu haben, auf die er hätte zurückgreifen können.

> Ich brauchte eine Zeremonie, aber keine religiöse Zeremonie. Es ist zu schwer, während des Trauerns Sachen [eine eigene Zeremonie] neu zu erfinden. (Gustave, 30, konfessionslos)

Meist haben Indifferente wenig für alternative Heilmittel übrig. Wenn sie diese jedoch trotzdem konsumieren, so nehmen sie normalerweise an, dass diese Heilmittel auf irgendeine durchaus naturwissenschaftlich erklärbare Weise wirkten.

Religionsgegner

Die Religionsgegner zeichnen sich durch sehr ähnliche Glaubensüberzeugungen aus wie die Indifferenten. Sie glauben nicht an Gott, nicht an ein Leben nach dem Tod, nicht an Reinkarnation oder ein göttliches Ich. Von alternativer Heilung halten sie meist auch nichts. Was den Unterschied ausmacht, ist die *Emphase*.

Während Indifferente meist nüchtern über ihr Nicht-Glauben bzw. ihre naturalistische oder wissenschaftliche Weltsicht Auskunft geben, antworten Religionsgegner auf unsere Fragen hochemotional. Religionsgegner pflegen einen *emphatischen Nicht-Glauben*, es ist ihnen wichtig, Religion vor anderen abzulehnen, und manche verwenden negativ belegte Begriffe, abwertende Metaphern und Schimpfwörter, um ihre Meinung kundzutun. Peter kann nichts anfangen mit diesen «*Weibergeschichten*». Siegfried glaubt nicht an die «*ewigen Jagdgründe*». Ernesto ruft:

> Ha, eine höhere Macht! Nein, absolut nicht! (Ernesto, 68, konfessionslos)

Hierbei zeigt sich, dass Religionsgegner zwar nicht an eine überweltliche Macht glauben, wohl aber an eine grosse schädliche Macht der Kirchen und Religionen in verschiedensten Gesellschaftsbereichen. Peter meint, alle bisherigen Kriege hätten «*irgendwie auf Religion aufgebaut*». Ernesto glaubt, Religion sei «*immer auf der Seite der Mächtigen*». Und Gregory sagt:

> Nein, ich glaube, dass das eine raffinierte Ausbeutung ist, entschuldigen Sie, wenn Sie gläubig sind, eine raffinierte Ausbeutung der menschlichen Schwäche. Denn ob man die Bibel oder den Koran nimmt, ob katholisch, protestantisch, Neues Testament, Altes Testament, das sind alles Versprechen eines Paradieses. Ich glaube nicht daran. Aus verschiedenen Gründen. Wenn man die Entwicklung des Lebens sieht, von der Geburt an, oder schon vorher, wenn das Kind noch ein Fötus im Bauch seiner Mutter ist, dann sehe ich nicht, wo da die Hand Gottes ist, wie die Religiösen sagen. Und dann, dieser ganze Saustall, dieser ganze Scheissdreck, den die Kirche anrichtet, hä? [lacht]. Überall, wo es Krieg gibt, ist auch die Kirche: im Nahen Osten, in Irland, die Kreuzzüge – na ja, das ist schon eine Weile her, ist nicht heute. Sagen wir Naher Osten mit Israel und den angrenzenden Ländern und dann weiter mit diesen Irren, Taliban und Kompanie. Nein, nein, die Religion muss wirklich nicht stolz auf sich selbst sein. (Gregory, 70, konfessionslos)

Religionsgegner haben keinerlei religiöse Praxis im engeren Sinn, wohl aber eine *auf Religion bezogene* Praxis: Sie wehren sich gegen Kirchen und Religion – sei es nur auf verbaler Ebene, sei es durch individuelle private oder öffentliche Handlungen. Einige, beispielsweise Siegfried oder Erich, argumentieren bedacht. Andere, etwa Gregory oder Peter, legen einen fast missionarischen Anti-Religions-Eifer an den Tag. Peter ist sogar schon extra an religiöse Veranstaltungen von Freikirchen und Scientology gegangen:

> Ich habe mich schon mal ein wenig befasst mit Sekten. So Fischli, Scientology, Moonie und so weiter, etwa vier Jahre lang. Da muss man ja aufhören, sonst fängt man an zu spinnen. Und ich bin sogar dabei gewesen, […] habe ich mich mal ein-

> geschlichen, ja, dort bei den Fischli, [...] und bei Scientology auch, da habe ich ja auch einen Nachbarn, der bei denen so ein Oberheiliger ist, allerdings ist er jetzt ausgezogen, weil es ihm zu viel geworden ist [... Ich habe das gemacht, um] mal zu schauen, wie das so läuft, nicht? Wie die das Volk ver[seckeln] können und [ihnen] das Geld aus der Tasche ziehen. Das ist [eine] Vergewaltigung, das ist [...] Hirnwäsche. (Peter, 65, konfessionslos)

Das negative Interesse der Religionsgegner an Kirchen, «Sekten» und Religionen kann bis zum öffentlichen Engagement und zur Gruppenbildung führen. Allerdings finden wir in unserem Sample nur eine Person – nämlich Ernesto, der sich einer dezidiert religionskritischen (kommunistisch orientierten) Vereinigung angeschlossen hat.

***

Der in Bezug auf die Literatur wesentliche Beitrag dieses Kapitels besteht darin, eine «dichte Beschreibung» von religiösem bzw. spirituellem Glauben, Wissen, Erfahren und Handeln in der Schweiz zu geben.[18] Gegenüber nur quantitativen Darstellungen hat der Einbezug verschiedener Methoden es ermöglicht, nicht nur Prozentzahlen oder Korrelationen etwa bezüglich religiösen Glaubens zu präsentieren, sondern diese auch mit typischen individuellen Bedeutungen zu verbinden. Eine nur quantitative Forschung erkennt zwar beispielsweise, dass 71,6 % der Befragten an «etwas Höheres» glauben – aber sie versteht nicht, *warum* so viele Menschen *gerade dieser* Aussage zustimmen. Mit unserem Typenmodell wird deutlich, dass und warum Freikirchliche, Etablierte, Alternative wie auch Distanzierte dieser Aussage aus ganz unterschiedlichen Gründen zustimmen können.

Auch wenn wir, wie gezeigt, viele Unterschiede zwischen den Typen und Subtypen finden, so fallen doch auch transversale Elemente auf, Eigenschaften, die alle Typen gemeinsam haben. Überall finden wir etwa aussergewöhnliche Lebenslagen, in denen die Menschen innehalten und sich fragen, was der Sinn dieses Geschehens ist, grosse Enttäuschungen und Brüche, als wunderschön empfundene Momente usw. Nur einige Typen und Subtypen allerdings deuten diese Momente religiös. In allen Typen und Subtypen zeigt sich auch die Wichtigkeit des Ichs: die Tatsache, dass das Individuum als autonom gesehen wird und selbst entscheiden kann, was es (nicht) glauben und wie es (nicht) praktizieren will. In allen Typen und Subtypen scheint schliesslich ein grösserer gesellschaftlicher Prozess durch, den wir in diesem Buch den «Übergang zur Ich-Gesellschaft» genannt haben und der eine fortschreitende Distanzierung von institutioneller Religiosität mit sich bringt.

---

18 Zum Begriff «dichte Beschreibung» siehe Geertz (1993).

Diese Punkte werden wir in Kapitel 9 wieder aufnehmen, wenn es um die Erklärung des gesellschaftlichen Wandels geht. Zunächst führen wir aber die Beschreibung und Interpretation fort und interessieren uns dafür, wie die Typen und Subtypen Religion und Werte verbinden. Das ist Gegenstand des nächsten Kapitels.

6 Werte und Wertewandel

Jörg Stolz, Thomas Englberger

Der wahre Zweck von Religion soll sein,
die Grundsätze der Sittlichkeit tief in die Seele einzudrücken

Gottfried Wilhelm von Leibniz

Während Jahrhunderten waren in westlichen Gesellschaften Religion, Moral und Werte aufs Engste miteinander verknüpft. Ein moralisch gutes Leben zu führen hiess, ein guter Christ zu sein und umgekehrt. Erst allmählich, vor allem mit der Erfahrung der Religionskriege im 17. Jahrhundert, der Aufklärung im 18. und den bürgerlichen Revolutionen im 18. und 19. Jahrhundert, entstand ein Bewusstsein, dass es auch nichtchristlich legitimierte Werte geben könnte.[1] Doch es blieb nicht bei diesen Veränderungen. Eine grosse Literatur belegt, dass es in den 1960er Jahren zu einem weiteren tiefgreifenden Wertewandel gekommen ist.[2] Der wohl bekannteste Wertforscher weltweit, Ronald Inglehart, sieht einen Wandel von «materialistischen» zu «postmaterialistischen» Werten gegeben.[3] Eine Forschergruppe um Helmut Klages hat das Gleiche im Blick und spricht von einem Übergang von Pflicht- und Akzeptanzwerten zu Selbstentfaltungswerten.[4] Dieser letzteren Version gemäss verlieren Pflicht- und Akzeptanzwerte wie Gehorsam, Unterordnung, Pflicht, Treue usw. in westlichen Gesellschaften an Bedeutung, während Selbstentfaltungswerte wie Individualismus, Phantasie, Kreativität und Unabhängigkeit immer wichtiger werden. Ein wesentlicher Teil des Wertewandels bezieht sich auf Familien- und Sexualitätsnormen: Frauen sollen die gleichen Rechte und Möglichkeiten haben wie Männer, Sex vor der Ehe bzw. ohne Ehe

1 Siehe z. B. Böckenförde (1991); Taylor (2007).
2 Siehe z. B. Inglehart (1977); Sacchi (1992); Inglehart (1997); Inglehart/Baker (2000); Klages (1985; 1988).
3 Siehe z. B. Inglehart (1977); Inglehart (1997); Inglehart/Baker (2000).
4 Klages (1985; 1988; 1994); Franz/Herbert (1987a; 1987b).

wird normal, und auch Homosexualität trifft immer mehr auf gesellschaftliche Akzeptanz.[5]

Was bedeutet dieser Wertewandel der 1960er Jahre – der einen Teil des Übergangs zur «Ich-Gesellschaft» darstellt – für Religion und Religiosität?[6] In der religionssoziologischen Literatur ist gerade zu dieser Frage erstaunlich wenig zu finden. Das vorliegende Kapitel möchte an dieser Stelle mit Hilfe unserer Typologie einen Beitrag leisten. Es lässt sich nämlich zeigen, dass der Wertewandel der 1960er Jahre das Verhältnis zwischen Werten und Religion in der Gesellschaft tatsächlich tiefgreifend verändert hat – dass aber die Effekte sich je nach Typus und Subtypus stark unterscheiden. Im Folgenden analysieren wir zunächst die Werte unserer Typen und Subtypen in einer Art Momentaufnahme (Querschnittsbetrachtung). Anschliessend behandeln wir die Frage, wie sich der Wertewandel auf die Veränderung der Religiosität in den letzten Jahrzehnten ausgewirkt hat (Längsschnittbetrachtung). Damit leisten wir schon Vorarbeiten für das Thema von Kapitel 9: die Erklärung des religiös-sozialen Wandels.

6.1 Die Typen und ihre Werte

Unsere religiösen Typen und Milieus unterscheiden sich in charakteristischer Weise bezüglich der Art, wie sie Religion, Religiosität und Werte verbinden.

Institutionelle

Die Institutionellen als Gesamttyp zeichnen sich dadurch aus, dass christlicher Glaube und Praxis selbst sehr wichtige Werte sind, aus denen alle anderen Werte abgeleitet werden. Wann immer von Werten die Rede ist, ist eine religiöse Begründung nicht weit. Innerhalb der von Institutionellen hochgehaltenen Werte finden wir ausserdem (tendenziell) konservative Sexual- und Familienwerte. In Grafik 6.1 sehen wir, wie wichtig Religion als Wert den Institutionellen im Vergleich zu Alternativen, Distanzierten und Säkularen ist. Gleichzeitig wird deutlich, wie viel traditionellere Sexualitäts- und Gendernormen die Institutionellen vertreten. Sex vor der Ehe, Seitensprünge von Verheirateten, Homosexu-

5 Zur Emanzipation der Frauen siehe auch Kapitel 2 und 9.

6 Als «Werte» bezeichnen wir mit Esser (2000b, 312) «kollektiv geteilte und für verbindlich angesehene Vorstellungen über wünschenswerte Zustände». Als «Normen» definieren wir durch Sanktionen gesicherte institutionelle Regeln (vgl. Esser (2000a, 10)). Unter «Moral» verstehen wir die Art, wie in einer Gesellschaft oder sozialen Gruppe aufgrund von Werten und Normen Achtung bzw. Missachtung verteilt wird (Luhmann, 1987, 320).

Grafik 6.1: Institutionelle sehen religiösen Glauben als Wert an und weisen konservativere Sexualitäts- und Geschlechtsnormen auf als die anderen Typen

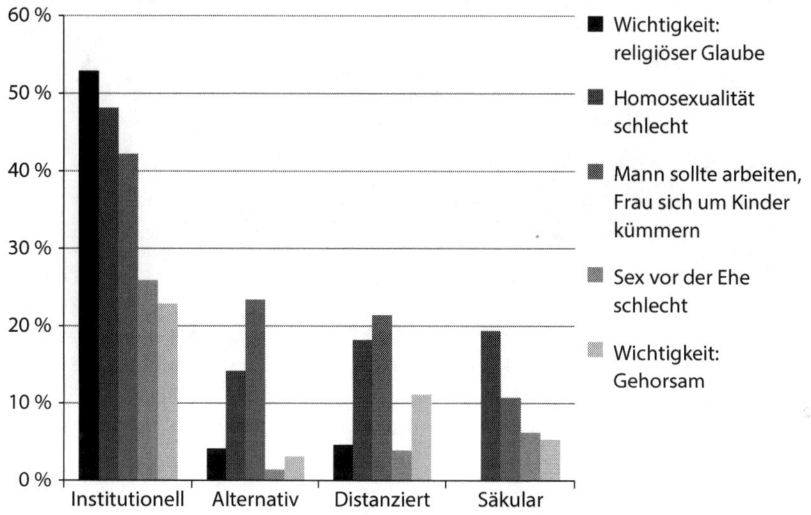

alität, Abtreibung und gleiche Aufgaben von Mann und Frau in der Familie werden weit häufiger abgelehnt als in den anderen Typen. Institutionelle zeigen auch mehr «Pflicht- und Akzeptanzwerte» und weniger «Selbstentfaltungswerte», d. h., sie legen mehr Wert auf «Aufrechterhaltung der Ordnung», auf «Gehorsam» und «Sparsamkeit» und weniger Wert auf «Phantasie», «Unabhängigkeit» und «Partizipation».

Interessanterweise unterscheiden sich Institutionelle *nicht* deutlich von den anderen Typen in Bezug auf eine ganze Reihe von Werten, die sie gleichwohl aus der Religion ableiten: Toleranz und Respekt, Grosszügigkeit, Verantwortungsgefühl oder gute Manieren sind für Institutionelle nicht wichtiger als für die anderen Typen. Es scheint also, als ob die Etablierten Religion und Glaube für etwas verantwortlich machten, was die anderen Typen trotz geringerer Religiosität ebenfalls aufweisen. Auch in Bezug auf Arbeitsnormen unter schwierigen Verhältnissen wie z. B. «Hart arbeiten», «Sein Bestes tun», «das Leistungsniveau halten» oder «Entschlossenheit und Ausdauer» zeigen sich keine deutlichen Unterschiede zwischen den Typen.

Eine genauere Analyse zeigt jedoch, dass *innerhalb* der Institutionellen, nämlich zwischen Etablierten und Freikirchlichen – deutliche Unterschiede zu finden sind: Die beiden Untergruppen bringen ihre Religiosität in je anderer Weise mit ihren Werten in Verbindung.

Die *Etablierten*, d.h. die katholischen und reformierten Kerngemeindemitglieder, bringen ihre Religiosität in moderater Form mit Werten zusammen.[7] Der Glaube, die Zehn Gebote und die biblische Nächstenliebe führen zu einer allgemeinen Lebenshaltung und zu verschiedenen Werten wie: sich gut verhalten, geduldig, ehrlich sein, den anderen auch und gerade in seiner Verschiedenheit und Schwäche zu akzeptieren. So erzählt etwa Gisèle:

> Wenn man an eine Sache glaubt, dann hat man viele Beispiele der Bibel, so dass – ich sage immer: Wenn ich zu den anderen gut bin, dann kommt das in gewisser Weise zurück. Vielleicht nicht jetzt gerade, aber irgendwann muss es zurückkommen. Ich bin überzeugt. (Gisèle, 63, röm.-kath.)

Zwar sind Etablierte meist in Bezug auf Sexualitäts- und Geschlechternormen konservativer als andere Gesellschaftsmitglieder. Gleichwohl finden wir bei manchen Etablierten auch Zeichen der Progressivität: Sie sind für die Gleichberechtigung der Geschlechter, für das Kondom als Verhütungsmittel, für Offenheit gegenüber Andersdenkenden. Gerade diese Offenheit führt Etablierte nicht selten zu ganz eigenständigen Positionen gegenüber dem, was sie als «kirchliche Meinung» wahrnehmen. Ein Beispiel ist Daniele: Erst kürzlich gefirmt, verkörpert der 46-jährige Tessiner einen neu Bekehrten, der sich sehr ernsthaft und interessiert mit religiösen Fragen auseinandersetzt. Für Daniele ist es selbstverständlich, dass Frauen ihrem Beruf nachgehen wollen. Da er die Beziehungen zwischen den Geschlechtern als ebenbürtig betrachtet, tut er sich schwer damit, dass die Unterordnung der Frau unter den Mann Gottes Wille sein soll. Daniele zieht den Schluss: «*Gott ist sexistisch*».

Freikirchliche vertreten dagegen eine sehr viel direktere Verbindung von Glaube und Werten. Ihrer Meinung nach lassen sich Werte oft *direkt* und manchmal *wortwörtlich* aus der Bibel ableiten. Für Barbara ist das Neue Testament eine «*Regel*», für Barnabé «*lehrt uns die Bibel*» die Werte, und Beat bezieht seine Werte aus biblischen Vorbildern. Ebenfalls viel deutlicher – manchmal vehement – vertreten Freikirchliche die traditionellen Sexual- und Familiennormen. Diese Werte sollten aus freikirchlicher Sicht nicht so sehr als «*Zwang*» verstanden werden, sondern als Schutz sowohl der Individuen als auch der Gesellschaft. Durch das Leben dieser Werte werde dem Einzelnen ermöglicht, eine stabile Familie aufzubauen und ein im Gottesglauben erfülltes Leben zu führen. Die starken, stabilen Familien stützten gleichzeitig die Gesellschaft und bewahrten sie vor dem drohenden Zerfall. So erklärt Barnabé:

7 Für ähnliche Befunde in Australien siehe Bellamy (2002, 55).

> Die Bibel lehrt uns das familiäre Gleichgewicht. Ein Vater, eine Mutter, Kinder, die durch ihre Eltern erzogen werden. Das ist etwas, was die heutige Gesellschaft am Verlieren ist. Schauen Sie in der Zeitung – und wenn man nicht die Werte aufrecht erhält – Mann, Frau, Kinder – also dann wird man es nicht weit bringen. (Barnabé, 56, freikirchlich)

Als Fazit können wir festhalten, dass viele Institutionelle den Wertewandel nur beschränkt mitgemacht haben oder sich ihm sogar bewusst entgegenstellen. Gerade darum werden die Positionen der Institutionellen von den anderen Typen manchmal als «*altmodisch*» und «*nicht mehr zeitgemäss*» angesehen.

Alternative

Alternative (Esoterische, Sheilaisten und alternative Kunden) unterscheiden sich in ihren Werten stark von Institutionellen. Religiöser Glaube ist ihnen nicht wichtig, und in Sexualitäts- und Genderfragen zeigen sie sich progressiv. Ansonsten scheinen sie, wenn man nur die Zahlen betrachtet, ziemlich ähnliche Werte zu vertreten wie die Distanzierten und Säkularen.

Der wichtigste Punkt in Bezug auf die Werte der Alternativen erschliesst sich erst aus dem qualitativen Material. Alternative stellen nämlich – wie Institutionelle – eine enge Verbindung zwischen ihrer eigenen «Spiritualität» und bestimmten gesellschaftlich weit verbreiteten Werten her. Bei den Werten handelt es sich dabei aber um moderne, d. h. Selbstentfaltungswerte wie Fantasie, Unabhängigkeit, Toleranz, Individualismus usw. Genau diese Werte sind für Alternative aber etwas hoch Spirituelles. Für Alternative steht der Einzelne mit seinen Bedürfnissen im Zentrum. Der eigene Körper und das eigene Fühlen haben im Zweifel eine höhere Autorität als alle äusseren Normen und Vorschriften. Seine Bedürfnisse, Emotionen und Meinungen soll das Individuum so authentisch wie möglich ausleben und hierdurch zu einer auch spirituell höheren Stufe emporklimmen. Aufgrund dieser «Ich-Bezogenheit» wird alles, was das Individuum einschränken könnte, kritisch betrachtet. Klaus etwa ist stark katholisch geprägt, tritt aber aus der Kirche aus, um sich selbst ganz zu entsprechen. Es geht ihm darum, «*das Netz weg[zu]nehmen, damit ich wirklich alles riskiere und da konsequent auf dem Weg bin*». Eliot und Michel sprechen von der eigenen «*Persönlichkeitsentwicklung*». Ein weiterer Wert der Alternativen ist die Toleranz, da die Authentizität und der je eigene Entwicklungspfad des Einen vom jeweils Anderen nicht eingeschränkt werden darf. Es gibt den Alternativen gemäss «*viele Gesichter und Formen, wie sich das Göttliche manifestiert und inkarniert im Menschen*» (Klaus). Ein Unwert liegt dagegen gerade in den Normen und Dogmen, die aus Sicht der Alternativen von den

Kirchen ausgehen, die das Individuum zu etwas zwingen, was nicht seinen Bedürfnissen entspreche. Hiergegen wehren sich alle Alternativen vehement. Eliot hat «*an jenem Tag, als ich mich konfirmieren musste, die Bibel verbrannt*». Klaus erläutert:

> Die Bevormundung [...] die jetzt im Moment vom Päpstlichen [...] wieder manifest wird, das stimmt jetzt einfach nicht für mich. (Klaus, 62, röm.-kath.)

Und Emily bringt ihre Vorbehalte gegenüber den Ritualen der katholischen Kirche folgendermassen auf den Punkt:

> Wenn du in eine Messe gehst, dann habe ich nie das Gefühl, die Menschen seien ein Stück weit bei sich, sie sind einfach da, man macht das Zeremoniell, es gehört dazu, heute ist Sonntag [...] das brauche ich absolut nicht mehr. Was ich brauche, ist [...] wenn ich mit dem Göttlichen zusammen bin, gedanklich oder energetisch [...] dann will ich in die Ruhe hinein und in die Liebe. Und das, was da [...] in den Kirchen geht, hat für mich mit der absoluten Liebe gar nichts mehr zu tun. (Emily, 62, röm.-kath.)

Der wichtigste Punkt lautet hier also nicht etwa, dass die Alternativen viel stärker auf Selbstentfaltung, Individualismus usw. aus seien als andere Gesellschaftsmitglieder. Das ist nicht der Fall. Wir alle leben in der «Ich-Gesellschaft» und vertreten solche Werte. Vielmehr zeichnen sich die Alternativen dadurch aus, dass sie ihre Selbstentfaltung in direkte Beziehung zu ihrer Spiritualität bringen. In diesem Sinn leben sie eine Ich-Spiritualität.

Distanzierte

Die Distanzierten kommen interessanterweise gar nicht so häufig auf Werte zu sprechen, wenn man sie zu Religiosität und Spiritualität befragt. Der Grund ist ganz einfach: Für viele von ihnen sind die beiden Bereiche nicht besonders stark verbunden.

Die meisten Werte, die Distanzierten wichtig sind, scheinen ihnen selbstverständlich und nicht unbedingt einer religiösen Begründung bedürftig. Genannt werden etwa Nächstenliebe, Toleranz, andere akzeptieren, Solidarität, Leuten immer wieder eine Chance geben, gut mit den anderen zusammenleben, Fairness, Verantwortung des Stärkeren gegenüber dem Schwächeren, gut handeln – aber sehr häufig fügen Distanzierte an: «*Dazu brauche ich keine Religion!*» Olga sieht Mitgefühl nicht als etwas speziell Christliches:

> Gut, aber [Mitgefühl,] finde ich [ist] nicht unbedingt ein typisch christlicher Wert [...] das gehört ins Allgemeingut. (Olga, 38, röm.-kath.)

Gutes Benehmen hat für Nadja nichts mit Religion zu tun:

> Also ich hoffe einfach, dass meine Kinder [...] einen gewissen Anstand haben, dass man sich benimmt, eben wie man sich benimmt [...] Aber ob das jetzt mit der Religion zu tun hat? [Das] finde ich jetzt nicht unbedingt. Gehört das dazu? (Nadja, 37, ev.-ref.)

Und auch für Fabio haben Fairness und die Verantwortung des Stärkeren für den Schwächeren nichts direkt mit Religion zu tun:

> Ja, es gibt schon ein paar Grundsätze, woran ich glaube. Zum Beispiel glaube ich, dass eine gewisse Fairness eine Rolle spielen muss im Leben, ich glaube daran, dass die Stärkeren gegenüber den Schwächeren eine gewisse Verantwortung haben zum Beispiel. Ich glaube, dass [eine] gewisse Offenheit, [eine] gewisse Ehrlichkeit [...] Werte sind, die durchaus verfolgt werden sollen [...] Aber das hat jetzt für mich nicht viel mit Religion zu tun. Das sind eigentlich Sachen, die [...] für mich in jeder Religion [...] eine Bedeutung hätten, wenn sie überhaupt mit Religion etwas zu tun haben sollten. (Fabio, 57, röm.-kath.)

Distanzierte bezeichnen jedoch häufig die konservativen Sexual-, Heirats- und Geschlechternormen der katholischen Kirche und der evangelischen Freikirchen als «*nicht mehr zeitgemäss*», oft sogar als «*schockierend*» (siehe hierzu Kapitel 8).

Säkulare

Die Säkularen zeichnen sich in Vielem wiederum durch ganz ähnliche Werte wie die Distanzierten und Alternativen aus. Der grosse Unterschied im Vergleich zu Institutionellen und Alternativen: Sie bringen diese Werte *gerade nicht* mit Religiosität oder Spiritualität in Verbindung. Im Gegenteil: Sie sehen Religiosität und Spiritualität häufig negativ und wehren sich gegen jegliche religiös-spirituelle Legitimierung dessen, was sie wichtig finden. Wiederum finden wir die gleichen Werte, die überall hochgehalten werden: Ehrlichkeit, Gerechtigkeit, sich benehmen, Solidarität, Respekt usw. Siegfried etwa antwortet auf die Frage, ob seine Werte eine religiöse Grundlage hätten:

> Nein, das ist [...] eine idealistische Vorstellung, die ich [...] habe, oder wo ich hoffe, wenn das alle so machen würden, dann hätten wir einfach [...] weniger Probleme, oder? (Siegfried, 39, konfessionslos)

Der tiefere Grund dieser Ablehnung liegt darin, dass Säkulare den religiösen Aussagen keinerlei Plausibilität zumessen und zudem oft davon ausgehen, Religion sei sowohl für das Individuum als auch die Gesellschaft geradezu schädlich.

6.2 Wertewandel und Religiosität

Die verschiedensten Autoren sind sich einig, dass in den 1960er Jahren in allen westlichen Industrienationen ein ganz aussergewöhnlicher Wertewandel stattgefunden habe (vgl. Kapitel 2).[8] Diesen finden wir auch in unseren Daten. Man kann ihn als Abnahme von Pflicht- und Akzeptanzwerten und Zunahme von Selbstentfaltungswerten beschreiben. Hiermit verbunden haben sich die Sexualitätsnormen gelockert, und es ist zur Frauen- und Homosexuellenemanzipation gekommen. Das alles ist bekannt. Was aber bedeutet dies für Religion und Religiosität? Hierzu stellen wir drei Thesen auf. Erstens: Religion und Religiosität sind selbst ein möglicher Wert – sie haben aber innerhalb des Wertekanons durch den Wertewandel stark an Bedeutung eingebüsst. Noch in den 50er Jahren war für eine Mehrheit der Bevölkerung klar, dass Religion den Wertekanon insgesamt legitimierte und dass als wertvoll empfundenes Verhalten im Einklang mit Religion stand. Diese Legitimierungsfunktion hat Religion für weite Teile der Bevölkerung verloren. Zweitens: Religion wird von vielen Menschen als etwas Altmodisches betrachtet und dementsprechend kritisiert. Vor allem steht vielen Befragten der Katholizismus vor Augen, der veraltete Sexualnormen und Geschlechterrollen vertrete. Drittens: Viele Werte werden zunehmend als von Religion unabhängig betrachtet. Dies gilt sowohl für traditionelle (aber nicht als veraltet angesehene) Werte wie Ehrlichkeit und Respekt als auch für die «neuen» Selbstentfaltungswerte wie Individualismus oder Fantasie. Diese drei Thesen führen wir im Folgenden aus.

Wie Religion an «Wert» und Legitimationsfunktion verliert

Es kann kein Zweifel bestehen, dass Religion als Wert durch den Wertewandel an Bedeutung eingebüsst hat. Die Erzählungen der älteren Befragten ergeben einheitlich, dass Mehrheiten der Vor-1960er-Generationen die religiöse Unterwei-

8 Zum Wertewandel siehe Klages (1985; 1988; 1994); Franz/Herbert (1987a; 1987b); Inglehart (1997); McLeod (2007); Putnam (2010). Zur Individualisierung der Werte siehe Bréchon/Galland (2010). Zu einem Ländervergleich der religiösen Fundierung (bzw. zunehmenden Entkopplung) von Werten siehe Pickel (2001).

sung ihrer Kinder für wichtig hielten. Dies einerseits, weil es «*einfach dazugehörte*», andererseits auch, weil diese Elterngenerationen glaubten, dass Religion die Kinder zu «*besseren Menschen*» mache. Religion und Moral wurden in einer noch relativ starken Einheit gesehen, und selbst diejenigen Eltern, denen Religion persönlich nicht viel bedeutete, liessen ihre Kinder ganz selbstverständlich taufen und firmen bzw. konfirmieren. Religion hatte in all dem eine Art Klammerfunktion und wurde als Basis von moralischer Lebensführung insgesamt gesehen. Nur noch sehr selten argumentieren heute Befragte so, wie damals viele dachten: dass der religiöse Glaube an einen gerechten Lohn oder eine gerechte Strafe im Jenseits zu einer höheren Sittlichkeit im Diesseits führen würden:

> Ja, wir haben doch eine gewisse Ordnung, wenig Kriminalität, ich glaube, das sind Wertbegriffe, wenn einer einem etwas stiehlt, glaube ich, ist der Gedanke immer noch da: Es ist nicht nur die Polizei, die ihn straft, sondern vielleicht ja auch dann [...] er muss damit leben [...] das ist dann vielleicht nicht alles fertig [lacht]. (Stephan, 45, röm.-kath.)

Die 60er Jahre sollten dieser Klammerfunktion für weite Bevölkerungskreise ein Ende bereiten. Vergleichen wir die älteste und die jüngste Generation in unserem Datensatz bezüglich ihrer Werte, so sehen wir äusserst deutlich, wie die Älteren mehr Wert auf Arbeitseinsatz und Gehorsam (Pflicht- und Akzeptanzwerte) legen, während Jüngere mehr für Fantasie und Unabhängigkeit (Selbstentfaltungswerte) einstehen. Der für uns zentrale Punkt ist aber, dass religiöser Glaube mit einer Negativbilanz an die nächste Generation weitergegeben wird. Die Generation der Älteren hält dies für einen sehr viel wichtigeren Wert als die Jungen.[9]

Die Kritik an «alten» Werten und deren Verbindung zur Religion

Gewissermassen die andere Seite des gerade betrachteten Prozesses ist die Tatsache, dass Religion von vielen Menschen als etwas mit alten Werten Verbundenes betrachtet und dementsprechend kritisiert wird. Religion und die Werte der Kirchen seien nicht mehr zeitgemäss, zu wenig authentisch, sie grenzten aus und engten das Individuum ein. Diese Kritik finden wir in allen Typen. Ein Beispiel ist Klaus, wenn er die katholische Sexualmoral folgendermassen kritisiert:

---

9 Auch das Bildungsniveau und der sozialräumliche Kontext spielen eine Rolle: Je urbaner (und anonymer), desto eher wird ein egalitäres und liberales Beziehungs- und Familienbild unterstützt. Im ländlich-dörflichen Kontext findet das traditionelle Verständnis hingegen mehr Rückhalt. Generell lehnen Frauen die klassische Rollenzuschreibung signifikant deutlicher ab als Männer.

In meinem Leben ist jetzt klar: Ich bin das achte Kind von neun Kindern [...] Eigentlich wäre ich überflüssig gewesen, wenn nicht die katholische Moral gegolten hätte, dass die Frau dem Manne untertan zu sein hat, auch im Bett. Dann hätte die Mutter sicher nicht zehn Kinder gehabt, weil das ist eine sehr grosse Überforderung gewesen. (Klaus, 62, konfessionslos)

Grafik 6.2 zeigt in spektakulärer Weise, wie jüngere Generationen eine traditionelle Rollenaufteilung (der Mann arbeitet, die Frau ist Hausfrau und kümmert sich um die Kinder) stärker ablehnen sowie Homosexualität und voreheliche Sexualität mehr akzeptieren als ältere Generationen.[10] Gerade die Sexualität vor der Ehe, Homosexualität oder auch die Gleichstellung von Mann und Frau werden aber von den meisten Befragten als durchaus normal, aber in krassem Wider-

Grafik 6.2: Ältere Personen weisen deutlich konservativere Sexualitäts- und Gendernormen auf als jüngere Personen

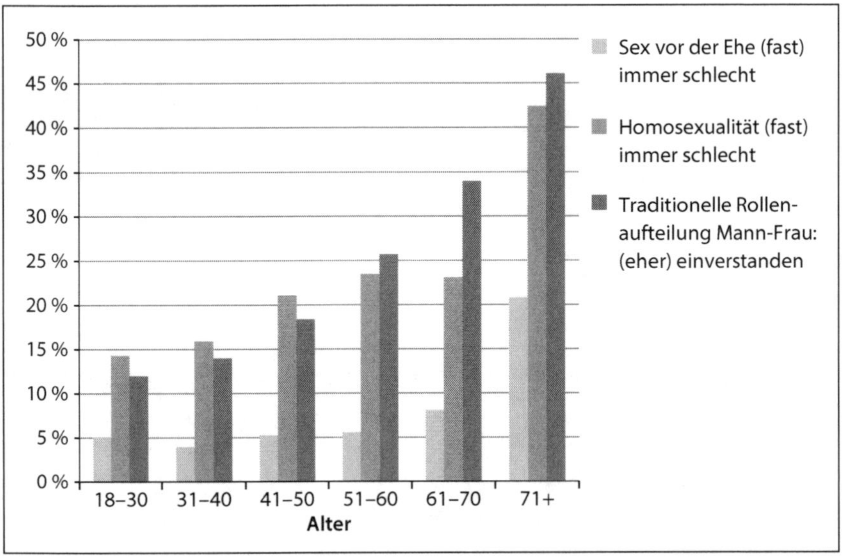

10 Erneut liegt es nahe, diese Altersunterschiede als Generationenunterschiede zu verstehen. Es ist m. a. W. unwahrscheinlich, dass die jetzt jüngeren Personen mit zunehmendem Alter traditioneller werden und konservative Auffassungen bezüglich Sexualität, Ehe und Familienrollen entwickeln. Diese Werte hängen nicht nur vom Alter, sondern auch vom Bildungsniveau, dem Geschlecht und dem Merkmal Stadt-Land ab. Höher Gebildete, Frauen und in Städten Lebende lehnen traditionelle Sexualitätsnormen und Geschlechterrollen eher ab.

spruch zu den Normen der (meist katholischen) Kirche gesehen. Insbesondere für konservative Haltungen in diesem Bereich werden die Kirchen getadelt und verurteilt. Hierbei verschwimmen für viele Befragte Konfessionsunterschiede, und das, was man über den Papst und die katholische Kirche zu wissen glaubt, wird für «Kirche» ganz allgemein behauptet.

Die Freisetzung «neuer» Werte

Ein weiterer Aspekt des gleichen Prozesses besteht darin, dass viele der «neuen» Werte als von Anfang an von Religion unabhängig betrachtet wurden. Individualismus, Fantasie, Kreativität werden in unserem Material meist nicht mit Religion in Zusammenhang gebracht. *Eine* Ausnahme allerdings finden wir hierfür: die Alternativen. Bei dieser Gruppe werden Selbstentfaltungswerte durch alternative Spiritualität legitimiert. Klaus tritt aus der Kirche aus, um seinen Sufi-Weg ganz authentisch beschreiten zu können. Für Michel führt Yoga zu einer spirituellen Evolution der Persönlichkeit. Bei Alternativen fällt immer wieder die extreme Wichtigkeit individueller Authentizität auf. Was immer man tut – es muss für das eigene Ich stimmen. Das Ich hat mit sich selbst authentisch zu bleiben bzw. sich zu einem noch authentischeren Ich zu entwickeln.

***

Als Fazit ergibt sich, dass die «Revolution der 1960er Jahre» das Verhältnis zwischen Werten und Religion in der ganzen Gesellschaft tiefgreifend verändert hat, dass die Effekte je nach Typ und Subtyp aber ganz unterschiedliche sind. Sehr schematisch beschrieben geschah im 1960er-Wertewandel ein Dreifaches: «Alte» Werte wie Gehorsam, Unterordnung, traditionelle Geschlechter- und Sexualitätsrollen wurden zerstört. «Konstante» Werte wie Pflichtbewusstsein, Erfolgsstreben, Ehrlichkeit, gute Manieren wurden zwar in der Hitze des 1968er-Gefechts auch abgelehnt, setzten sich aber langfristig durch und wurden insgesamt beibehalten. «Neue» Werte wie Selbstentfaltung, Individualismus, Kreativität kamen zum Wertekanon hinzu und setzten sich in der gesamten Gesellschaft durch. Die Beziehung dieser Werte zu Religion und Spiritualität wurde nun von den verschiedenen Typen ganz unterschiedlich gesehen. Eine Mehrheit der Bevölkerung – die Distanzierten und Säkularen – lehnten die alten Werte vehement ab und sahen die konstanten und neuen Werte als prinzipiell unabhängig von Religion und Spiritualität. Um diese Werte zu vertreten, musste man nicht religiös sein. Dies ist eine interessante historische Neuerung, da in der Schweizer Gesellschaft noch bis in die 1950er Jahre hinein galt, dass Werte in ihrer letzten Begründung durch Religion legitimiert waren. Im Unterschied dazu zeigte sich bei drei Typen auch weiterhin eine enge Verbindung zu Religion. Freikirchliche hielten auch weiterhin die alten Werte – traditionelle Geschlechterrollen und Sexualitätsnormen – hoch und legitimierten dies mit ihrem sich auf die Bibel berufenden Glauben. Die Etablierten fanden sich meist mit der Zerstörung der alten Werte in der Gesellschaft ab, waren aber weiterhin der Meinung, dass ihre eigenen Werte auf ihrem Glauben aufbauten und dass die Gesellschaft Religion benötige, um insbesondere die konstanten Werte – Pflichtbewusstsein, Erfolgsstreben, Ehrlichkeit, gute Manieren usw. – aufrechtzuerhalten. Die Alternativen zeichneten sich ihrerseits ebenfalls durch eine enge Beziehung von Werten und Religiosität/Spiritualität aus. Sie waren der Meinung, dass gerade die neuen Werte – Selbstentfaltung, Individualismus, Kreativität – nur durch die neue, alternative Spiritualität zu begründen seien. Für sie wurde gerade das individuelle, kreative, selbstbestimmte Streben nach Glück und Persönlichkeitsentwicklung zur spirituellen Aufgabe.

7 Kirchen, Freikirchen und alternativ-spirituelle Anbieter

Jörg Stolz, Thomas Englberger

Ich glaube an Gott; ich traue nur niemandem, der für ihn arbeitet

Unbekannter Autor

Das religiöse Feld der Schweiz besteht nicht nur aus Individuen, sondern massgeblich auch aus «religiösen Anbietern», d. h. Gemeinschaften oder Einzelpersonen, die religiös-spirituelle Rituale, Glaubensansichten, Werte oder Heilmethoden praktizieren, anbieten und verbreiten.[1] Sie sind es, die gemäss unserer Theorie miteinander und mit säkularen Anbietern in Konkurrenz stehen (siehe Kapitel 2). Hier gehen wir der Frage nach, welche «Heilsgüter» und «Nutzen» die Befragten bei diesen Anbietern und Angeboten wahrnehmen, wie sie die Angebote auswählen bzw. gerade ausschlagen, ob es zu einem «religiös-spirituellen Markt» kommt und wie sie die Angebote und Anbieter einschätzen und kritisieren. Wir gehen auf drei verschiedene Anbieter ein: die Grosskirchen, d. h. die römisch-katholischen und reformierten Kirchen, die evangelischen Freikirchen sowie alternativ-spirituelle Anbieter. Unsere Perspektive bleibt jedoch immer diejenige der Nachfrager, d. h., wir analysieren, wie die Befragten die religiös-spirituellen Anbieter wahrnehmen, bewerten und nutzen. Aufgrund unserer speziellen sowohl qualitativen wie auch quantitativen Daten kommen wir zu verschiedenen neuen Einsichten, die den Vorstellungen weit verbreiteter Theorien zum religiösen Markt (Stark, Iannaccone) zur «Stellvertreter-Religion» (Davie) z. T. diametral widersprechen.

1 Man kann sich fragen, ob der Begriff Anbieter gut gewählt ist. Ist damit nicht schon impliziert, dass wir es mit einem «Markt» mit «Anbietern» und «Nachfragern» zu tun haben? Für unsere Zwecke soll der Begriff nicht schon einen Markt implizieren. Eine religiöse Gemeinschaft als «Anbieter» kann durchaus «Heilsgüter» nur für die eigenen Mitglieder und ihre Kinder anbieten, ohne dass es zu einem «religiösen Markt» kommt. Wir weisen hier auch nochmals darauf hin, dass die nichtchristlichen «Anbieter» aus methodischen Gründen aus der Analyse ausgeschlossen wurden. Siehe hierzu die verschiedenen Studien des NFP 58; als Überblicksstudie siehe Stolz/Chaves/Monnot/Amiotte-Suchet (2011).

7.1 Drei Typen von Anbietern

Grosskirchen, Freikirchen, alternativ-spirituelle Anbieter

Rufen wir uns kurz einige zentrale Eigenschaften der drei zu behandelnden religiös-spirituellen Anbieter in Erinnerung. Da sind zunächst einmal die *Grosskirchen*. Es handelt sich um römisch-katholische und evangelisch-reformierte Kantonalkirchen, deren lokale Gemeinschaften aus Kirchgemeinden und Pfarreien bestehen.[2] Diese Kirchen sind (in den meisten Kantonen) öffentlich-rechtlich anerkannt, woraus ihnen verschiedene Rechte und Pflichten erwachsen. Beispielsweise haben sie das Recht, Kirchensteuern zu erheben oder in Schulen, Krankenhäusern oder der Armee Seelsorge anzubieten. Andererseits sind sie zu einer demokratischen Organisationsstruktur gezwungen und müssen sich eine gewisse staatliche Aufsicht gefallen lassen.[3] Das Gründungsjahr der lokalen Gemeinschaften liegt meist schon mehrere hundert Jahre zurück, es handelt sich um Territorialgemeinden (d. h., die Mitgliedschaft ist nicht frei, sondern durch den Wohnort bestimmt), und die meisten Gemeinden besitzen ein speziell für religiöse Zwecke errichtetes Gebäude – eine Kirche. Die Mitgliederstruktur zeichnet sich dadurch aus, dass eine grosse Anzahl von Personen «Passivmitglieder» sind, d. h. zwar Kirchensteuern bezahlen, aber nicht aktiv an Ritualen oder anderen Aktivitäten der Gemeinde teilnehmen. Die erste Totalzählung im Jahr 2008 ergab 1094 reformierte, 1750 römisch-katholische und 35 christkatholische lokale religiöse Gemeinschaften.[4]

Ein zweiter Typ von Anbietern sind die *Freikirchen*.[5] Sie sind protestantisch oder doch im Umfeld des Protestantismus angesiedelt und nicht öffentlich-rechtlich anerkannt. Sie finanzieren sich daher nicht durch Kirchensteuern, sondern durch Spenden ihrer Mitglieder. Die meisten dieser Gemeinschaften sind im 19. und 20. Jahrhundert entstanden. Es handelt sich meist nicht um Territorial-, sondern um Freiwilligkeitsgemeinden: Die Mitglieder treten der Gemeinschaft aus eigenem Entschluss bei – unabhängig vom Wohnort oder der elterlichen Herkunft.[6] Manche Freikirchen besitzen speziell für religiöse Zwecke gebaute

---

2 Auch die christkatholische Kirche ist in einigen Kantonen öffentlich-rechtlich anerkannt. Aufgrund ihrer geringen Mitgliederzahl kann sie jedoch nicht als «Grosskirche» bezeichnet werden. Siehe Pahud de Mortanges (2007).

3 Siehe hierzu Pahud de Mortanges (2007); Winzeler (1998; 2005).

4 Siehe Stolz/Chaves/Monnot/Amiotte-Suchet (2011, 13).

5 Siehe hierzu Favre (2002); Stolz/Favre/Gachet/Buchard (2013).

6 Was nicht bedeutet, dass die elterliche Sozialisierung nicht wichtig wäre. Das Gegenteil ist der Fall. Siehe hierzu Kapitel 9.

Gebäude, andere lassen ihre Rituale in säkularen Gebäuden stattfinden: in ehemaligen Supermärkten, Wohnhäusern, Geschäftsgebäuden, Fabriken usw. Die Mitgliederstruktur der freikirchlichen Gemeinschaften unterscheidet sich deutlich von derjenigen der Grosskirchen, da sich hier die Anzahl von offiziellen und Aktivmitgliedern häufig in etwa entspricht. Der Grund liegt darin, dass die freikirchlichen Gemeinschaften meist klein sind und aus «bekennenden Mitgliedern» bestehen; ein Beitritt impliziert ein hohes religiöses Engagement. Die Zählung von 2008 ergab 1423 freikirchliche Gemeinschaften.[7]

Ein dritter Typ sind *alternativ-spirituelle Anbieter*.[8] Hierbei handelt es sich oft um Einzelpersonen, die Kurse, Seminare, Lehrgänge, Retraiten oder Therapien, Heilungssitzungen oder Beratungssitzungen anbieten. Inhaltlich ist das Angebot weit gefächert: von Yoga, Tai-Chi, Qigong, Familienaufstellung, Reiki, NLP, Chromotherapie, Zen-Meditation oder Akupunktur bis zur Homöopathie, Reflexologie und zu Seminaren über Engel. Um manche dieser Anbieter bilden sich lockere Kreise und Gemeinschaften; andere hingegen pflegen ein reines Anbieter-Klient-Verhältnis. Alternativ-spirituelle Anbieter besitzen meist kein für spirituelle Zwecke erbautes Gebäude. Die Finanzierung läuft über Teilnahmegebühren bzw. Entlöhnung der individuellen Heilungssitzung oder aber über Spenden. Genaue Angaben zur Anzahl von alternativ-spirituellen Anbietern in der Schweiz existieren u. E. nicht. Magali Jenny und Riti Sharma haben Listen mit über 250 Heilern in der Romandie und über 200 Heilern in der deutschen Schweiz veröffentlicht.[9] Vor allem in der deutschen Schweiz dürften die tatsächlichen Zahlen deutlich höher liegen.[10]

In Grafik 7.1 haben wir noch einen vierten Typ eingezeichnet: die säkularen Anbieter. Diese gibt es natürlich – Freidenker/innen, atheistische Vereinigungen usw. Unser Material gibt jedoch zu wenig her, als dass wir hier Aussagen machen könnten.[11]

---

7 Stolz/Chaves/Monnot/Amiotte-Suchet (2011, 13).

8 Siehe hierzu Mayer (1993); Hero (2010).

9 Jenny (2008); Sharma/Jenny (2009).

10 Es ist klar, dass es auch innerhalb des säkularen Typs verankerte Anbieter gibt. Man denke etwa an die Freidenker-Vereinigung, die Giordano-Bruno-Stiftung, die Skeptiker/innen oder kommunistisch orientierte Vereinigungen, in denen ebenfalls atheistische Ziele verfolgt werden. In unserem Material tauchen diese Vereinigungen jedoch in zu marginaler Weise auf, als dass wir sie hier analysieren könnten.

11 Ein grösseres Forschungsprojekt hierzu ist gegenwärtig geplant. Siehe als Vorarbeit Ramsel/Huber/Stolz (2013).

Verankerung und Ausstrahlung der drei Anbieter

Jeder Typ von Anbieter ist – grosso modo – in einem der drei von uns identifizierten Milieus verankert. Die Grosskirchen mit ihren Gemeinden und Pfarreien im etablierten Milieu; die Freikirchen im freikirchlichen Milieu und die spirituellen Unternehmer im esoterischen Milieu (vgl. Grafik 7.1). Mit «Verankerung» meinen wir dabei, dass die Anbieter im entsprechenden Milieu ihre Führungsfiguren und professionellen oder halbprofessionellen Praktiker wie auch ihre treusten Ritualteilnehmer rekrutieren.

Religiös-spirituelle Anbieter offerieren ihre «Produkte» jedoch nicht nur in ihrem Verankerungsmilieu; vielmehr strahlen sie in die ganze Gesellschaft aus und versuchen, für weite Gesellschaftskreise attraktiv zu sein (symbolisiert durch die Pfeile in Grafik 7.1). Die Grosskirchen etwa können in den Gottesdiensten auf die «Institutionellen» zählen. Sie bieten jedoch Kasualien, Werte, Unterstützung, Religionsunterricht usw. für alle ihre Mitglieder (bzw. für Gesellschaftsmitglieder

Grafik 7.1: Freikirchen, Grosskirchen und alternativ-spirituelle Anbieter sind je in einem eigenen Milieu verankert

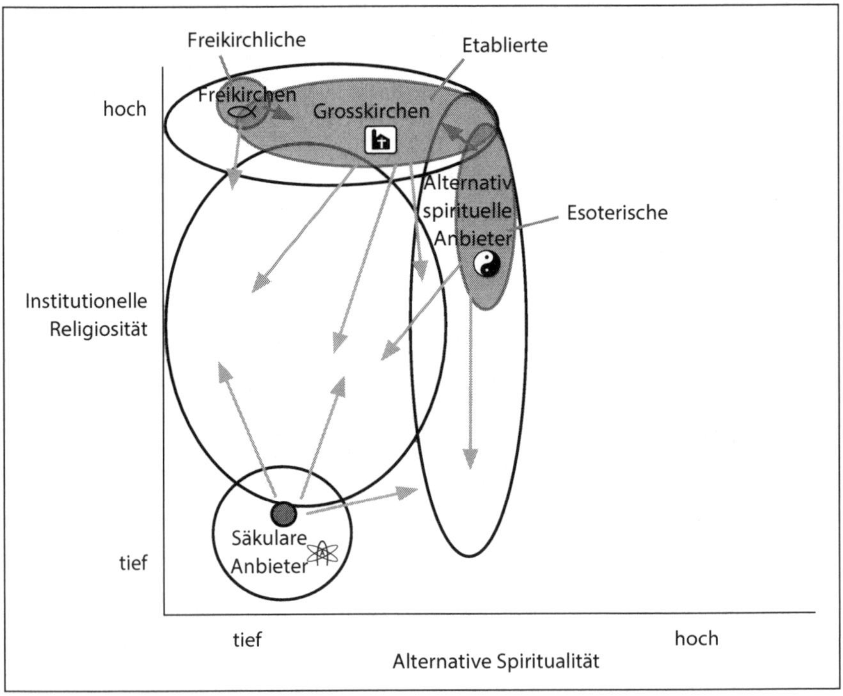

ganz generell) an, wobei es sich hier vor allem um Distanzierte, z. T. auch Alternative und Säkulare handelt. Grafik 7.2 macht diesen Umstand deutlich. Von allen sich als «römisch-katholisch» bezeichnenden Personen sind nur 27 % Institutionelle. Die grosse Mehrheit besteht aus Distanzierten (58 %), ferner treffen wir auch auf 11 % Alternative und 4 % Säkulare. Ähnliche Verhältnisse finden wir bei den Reformierten. Die Freikirchen sind im Vergleich ein ganz anders gelagerter Fall. Ihre Mitglieder bestehen zu 86 % aus Institutionellen, d. h. aus kirchlich stark engagierten Personen. In diesen Gemeinschaften entsprechen sich «offizielle Mitglieder» und «Teilnehmende». Auch wenn Freikirchen durch ihre Missionstätigkeit, wohltätigen Werke und ihr öffentliches Auftreten ebenfalls auf die übrige Gesellschaft «ausstrahlen» können, so ist dies doch in sehr viel geringerem Ausmass möglich als bei den Grosskirchen.

Wie wir schon in Kapitel 4 gesehen haben, gelingt es auch vielen *alternativ-spirituellen Anbietern*, ein breites, über ihr eigenes Milieu weit hinausgehendes Publikum anzusprechen. Viele der Kunden dieser Anbieter fragen die entsprechenden Dienstleistungen (Heilmittel, Massagen, Zukunftsprognosen) vor allem aus ganz konkreten praktischen Gründen nach und bringen nur in manchen Fällen eine spezielle Spiritualität hiermit in Verbindung.

Grafik 7.2: Freikirchliche gehören meist dem institutionellen Typ an; unter Katholiken und Reformierten sind Institutionelle deutlich in der Minderheit

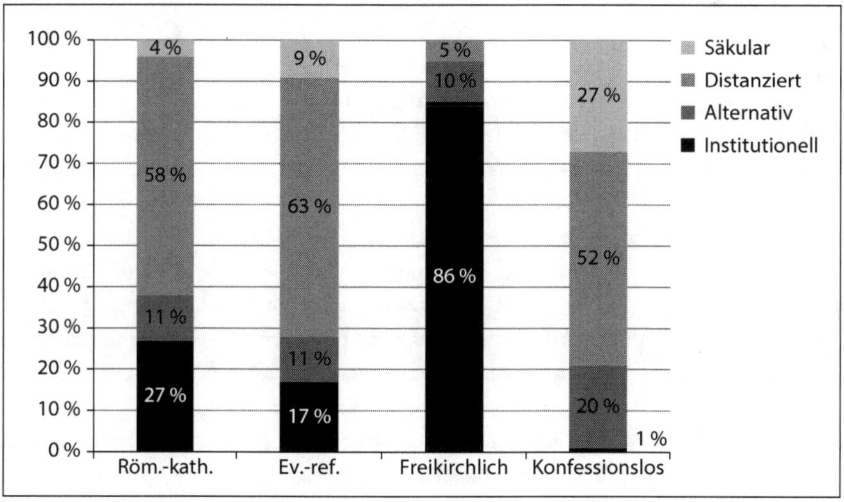

Anmerkung: Aufgrund der Rundung auf ganze Zahlen ergeben sich in der Summe nicht immer exakt 100 %.

7.2 «Heilsgüter» und «Nutzen» der Angebote

Was aber bieten Kirchen, Freikirchen und «alternative Anbieter» an? In der Sprache des grossen Soziologen Max Weber: Welche «Heilsgüter» versprechen die Anbieter?[12] Und welchen sonstigen Nutzen sehen die Menschen darin, einer Kirche oder Freikirche anzugehören bzw. die Dienste eines alternativ-spirituellen Anbieters in Anspruch zu nehmen?

Kirchen: Kraft, Halt, Tradition und ein Nutzen für andere

Wenn es um das «Angebot» der Kirchen geht, denken die meisten Befragten an den Gottesdienst, die Kirchenmusik, Kasualien und «gute Werke». Personen, die diese Angebote häufig in Anspruch nehmen (in unserer Typologie die «Etablierten»), geben verschiedene Gründe für ihre Beteiligung an. Einige Befragte finden es schön, eine Tradition weiterzuführen, die sie seit ihrer Kindheit kennen. Andere geben an, im Gottesdienst durch Kirchenmusik und Kasualien «*Kraft*», «*Halt*», «*Schutz und Geborgenheit*» zu bekommen. Wieder andere sind überzeugt, dass sie durch die Kirche ihren Glauben lebendig halten und vertiefen können. Bei Bettina finden wir das Argument der «*Kraft*»:

> Ich habe das Gefühl, ich bekomme Kraft, wenn ich in der Kirche bin. Dann konzentriere ich mich auch und höre zu [...] und komme nachher wieder anders heim und gehe anders wieder an die Arbeit. (Bettina, 40, röm.-kath.)

Eine zweite Gruppe von Gründen bezieht sich auf die *Kirchenmusik*. Viele Personen mit engem Kontakt zu Kirchen beteiligen sich, weil sie innerhalb der Kirchen einen Rahmen finden, um zu singen und zu musizieren. Die «*sehr schönen Kirchenlieder*» machen ihnen «*Freude*», sie erleben «*grosse Emotionen*» und Momente des Glücks.

Es fällt auf, dass die meisten der genannten Gründe für die Beteiligung einen Bezug zur Psychologie und inneren Befindlichkeit haben. Das Individuum beteiligt sich aufgrund eigener religiös-psychisch-traditioneller Bedürfnisse. Dagegen werden kaum starke transzendente Heilsgüter mit dem Angebot der Kirchen in Verbindung gebracht. Kein Etablierter etwa glaubt, Gott sei der Meinung, man müsse in die Kirche gehen. Niemand gibt an, aufgrund des Kirchgangs werde ein ewiges Leben wahrscheinlicher u. ä. Auch werden (abgesehen von der Kirchenmusik) kaum andere immanente Vorteile genannt, etwa dass man in der Kirche

12 Siehe Weber (1985 (1922)) und Stolz (2006).

Freunde treffe, interessante Personen kennenlerne oder mit ihrer Hilfe seine Kinder besser erziehen könne. Schliesslich treffen wir auch kaum (mehr) auf eine «soziale Kontrolle», die die Inanspruchnahme kirchlicher Angebote erzwingen könnte. Gerade dieser letzte Punkt ist sehr wichtig, zeigt er doch, wie stark sich die Verhältnisse seit dem Übergang zur Ich-Gesellschaft verändert haben (siehe hierzu die Kapitel 2 und 9).

Insgesamt sind häufige Kirchgänger der Meinung, das kirchliche Angebot sei nicht nur für sie, sondern für die ganze Gesellschaft wichtig. Insbesondere stellten Kirchen Kasualien bereit und gäben der Gesellschaft wichtige Werte mit auf den Weg. Sie halten die Kirchen für vertrauenswürdige Institutionen und sind der Meinung, die ganze Gesellschaft würde von mehr Religion und mehr Einfluss der Kirchen profitieren.

Die *Alternativen* und *Distanzierten* schätzen den Nutzen der Kirchen dagegen meist ganz anders ein. Viele von ihnen sehen einen gewissen Nutzen in Kasualien und Festtagsgottesdiensten. Für eine spätere eigene Heirat oder die der Kinder, für Taufen, Konfirmationen und Beerdigungen kann man sich gut vorstellen, die Dienste der Kirche in Anspruch zu nehmen: Es sind «*die Hauptpunkte, die Feierlichkeiten*». Beryl meint:

> Also ich denke schon, dass die Kirche wichtig ist. Eben diese Zeremonien, dass man im Leben aufgenommen wird bei der Taufe oder auch bei der Hochzeit. (Beryl, 64, röm.-kath.)

Manche nennen auch den Weihnachtsgottesdienst als hauptsächlichen Berührungspunkt mit der Kirche:

> Ich denke an die Weihnachtsmesse: Das ist das einzige Mal, wenn ich in die Messe gehe, und dann gehe ich gern. (Elina, 25, röm.-kath.)

Wieder andere Befragte sehen in den Kirchen eine psychologische Stütze. Livia hat zwar gegenwärtig keinerlei Kontakt zur Kirche, empfindet es aber als positiv, dass sie sich an die Kirche wenden könnte, wenn es nötig wäre:

> Ich finde, wenn ich jemand brauche zum Reden oder so – dann kann ich mich an den Pfarrer wenden. Ich kann aber auch in die Kirche gehen und das Gefühl haben, dass ich Geborgenheit finde. Jawohl. Das gibt einem die Kirche schon. (Livia, 38, ev.-ref.)

Die bei Weitem wichtigste Antwort auf die Frage: «Bieten die Kirchen etwas, was für Sie nützlich ist?» lautet jedoch: «Für mich nicht, aber für andere». Die Kirchen brächten für sie selbst nichts, seien jedoch durchaus nützlich für andere, und zwar in drei Bereichen. Erstens für die Gläubigen, d.h. Personen, «*die Erklärungen letztendlich [...] in der Kirche finden wollen*» und denen das «*Halt gibt, wenn sie zur Predigt gehen*». Zweitens für Benachteiligte, für «*Notdürftige*», «*Personen mit emotionalen Problemen, die am Rand der Verzweiflung sind*». Drittens sehen viele Befragte einen Nutzen für die Gesamtgesellschaft im Sinne einer moralischen Grundlage. So wird etwa gesagt, die Kirchen seien ein «*Schutzgeländer für die Gesellschaft*», ein «*Gegenpol in der heutigen Leistungsgesellschaft*» oder eine «*Bremse für die Gewalt und die Entgleisung der Gesellschaft*».

Den gleichen Befund sehen wir auch quantitativ mit aller Deutlichkeit (Grafik 7.3). Nicht nur Distanzierte, sondern auch Alternative und sogar Säkulare finden die Kirchen zwar für sich persönlich nicht besonders wichtig, sehen aber durchaus die Wichtigkeit der Kirchen für Benachteiligte und – wenn auch in vermindertem Mass – für die Gesellschaft. Hier liegt nach wie vor eine der wichtigsten Legitimitätsquellen der Kirchen.[13] Unabhängig vom persönlichen religiösen Standpunkt oder der Kirchenzugehörigkeit werden die Kirchen von der Mehrheit der Bevölkerung gleichsam wie Hilfswerke wahrgenommen und anerkannt.

Grafik 7.3: Bei Alternativen, Distanzierten und Säkularen sind die Kirchen vor allem «wichtig für Andere»

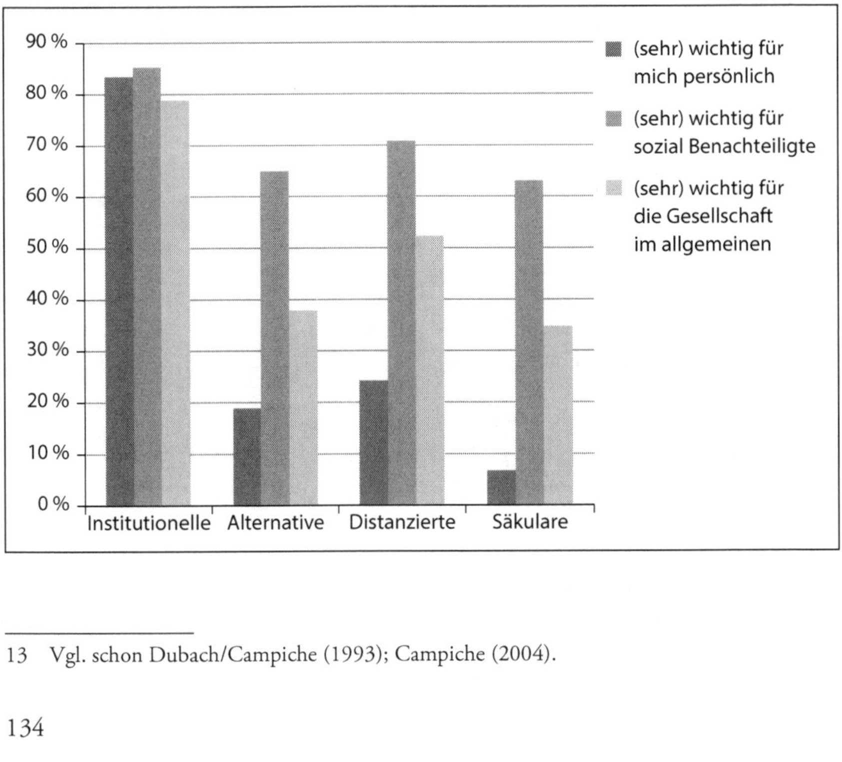

13 Vgl. schon Dubach/Campiche (1993); Campiche (2004).

Freikirchen: Leben mit Jesus und anderen Christen

Im Vergleich zu den Grosskirchen scheinen die Freikirchen einen deutlich anders gearteten «Nutzen» und andere «Heilsgüter» zu versprechen. Es sind nicht ein religiös-psychisch-traditioneller «Halt», die Kirchenmusik, die Bereitstellung von Kasualien und eine Korrektivfunktion für die Gesellschaft, die hier im Vordergrund stehen. Für Freikirchliche ist ihre religiöse Gemeinschaft vielmehr *notwendiger Bestandteil eines ganzen christlichen Lebensstils.* Im Zentrum steht das durch Wunder durchwirkte Leben mit Gott und Jesus Christus, die Sündenvergebung und die Hoffnung auf ein ewiges Leben. Ein solcher Lebensstil ist aber in der Auffassung der Freikirchlichen nur in Gemeinschaft mit anderen «Christen» (im emphatischen Sinne) möglich. Die Freikirche ist daher für die Freikirchlichen nicht etwa eine entfernte Institution, sondern die als überaus nah empfundene Gemeinschaft. Es ist der Ort, wo man seine Freunde wiederfindet, persönliche Unterstützung erfährt und sich über den Glauben austauscht. Ein Ort, den man benötigt, um seine Kinder christlich zu erziehen, den Glauben aufrechtzuerhalten und Zweifel zu beseitigen. Barbara erzählt, wie die Gemeinde für sie betet, als sie schwer erkrankt. Willi erzählt, wie familiär es in der Gemeinde zu- und hergeht:

> Wir kennen uns natürlich, das ist keine grosse Gemeinde. Es sind ungefähr sechzig Leute, und da kennt man natürlich jeden gut, fast persönlich, und wir gehen auch gemeinsam aus, und man hat Kollegen. Ja, es ist eine engere Beziehung, eher eine familiäre Gruppe. (Willi, 40, freikirchlich)

Dorothée erklärt, wie durch den Austausch in den Kleingruppen ein Wissen darüber entsteht, wie man seinen Glauben ganz praktisch anwendet:

> Ja, ich glaube, dass es nützlich ist in dem Sinne, dass man andere Personen trifft und mit ihnen diskutiert. Man wird mit den Problemen der anderen konfrontiert […] Probleme, die wir nicht unbedingt kennen. So lernt man. (Dorothée, 32, freikirchlich)

Für Mitglieder von Freikirchen sieht also die Frage nach dem «Nutzen» anders aus als für Mitglieder von Grosskirchen. Aus freikirchlicher Sicht ist es *notwendig*, einer Gemeinschaft anzugehören, auch wenn es meist weniger darauf ankommt, welcher – solange diese einen «echten» Glauben vertritt.

Alternativ-spirituelle Anbieter: Spirituelles Wachstum und Problembehebung

Nochmals anders gelagert als bei Gross- und Freikirchen sind der «Nutzen» und die «Heilsgüter» im Falle der alternativ-spirituellen Anbieter. Die Nachfrager versprechen sich eine ganze Flut von individuellen Vorteilen. Die Kerngruppe (unsere «Esoterischen») sucht nach einer Vervollkommnung und Perfektionierung des eigenen, als transzendent verstandenen Ichs. Es geht darum, «*spirituell zu wachsen*», sich «*persönlich zu entwickeln*», «*das Göttliche in mir*» zu entdecken, sich «*zu regenerieren*», «*gänzer zu werden*», «*alles spirituell werden zu lassen, wie der Atem*». Über die verschiedensten Wege und Techniken gerät das Individuum in einen höheren Seins-Zustand, der spirituell, geistig und körperlich zu bemerken ist. Yoga etwa bringe, so Michel,

> [...] eine körperliche Geschmeidigkeit, das ist die erste Phase. Das bringt ein besseres Wohlgefühl auf der Ebene der Gesundheit – das ist nicht zu verachten. Und dann auf der Ebene des psychischen Gleichgewichts führt es zu einer gewissen inneren Ausgeglichenheit, einem gewissen Frieden, und dann hilft es, sich spirituell zu entwickeln. (Michel, 63, konf.-los)

Viele andere Befragte dagegen (etwa «Sheilaisten und alternative Kunden», «Distanzierte») sehen den Nutzen der Angebote alternativ-spiritueller Anbieter eher in punktueller Lösung von ganz spezifischen Problemen. Berta-Lisa probiert Homöopathie gegen Ohnmachtsanfälle aus. Julie hat Rückenprobleme und geht zu einem Ostheopathen mit erstaunlichen hellseherischen Fähigkeiten. Der Geliebte von Deborah geht zu einer Farbenspezialistin, um sich zwischen jener und seiner (späteren Ex-) Frau zu entscheiden. David unterzieht sich einer Flut verschiedener alternativ-spiritueller Heilmethoden, um seine verschiedenen Krankheiten zu behandeln. In allen diesen Fällen geht es den Befragten nicht um eine «spirituelle Entwicklung», sondern um die Lösung eines ganz konkreten psychischen oder körperlichen Problems. Hierbei sind sie bereit zu glauben, dass alternativ-spirituelle Anbieter aussergewöhnliche Fähigkeiten haben, um diese Probleme zu lösen.

Unterschiedliche religiös-spirituelle Anbieter weisen nicht nur verschiedene Angebote auf, sondern stellen auch unterschiedliche Formen zur Verfügung, wie man sich als Mitglied oder Kunde an sie binden kann. Dies ist das Thema des nächsten Abschnitts.

7.3 Das Mitgliedschaftsverhältnis zum religiös-spirituellen Anbieter

Eine wichtige religionssoziologische Richtung – die sogenannten Markttheoretiker – geht davon aus, dass Menschen in westlichen Gesellschaften ganz generell ihre Mitgliedschaften in religiösen Gruppen wie ein Produkt wählen. Abhängig von den eigenen Ressourcen und dem Preis-Leistungs-Verhältnis der verfügbaren Anbieter, suchten sie anschliessend diejenige Mitgliedschaft aus, die ihnen den höchsten Nutzen verspreche, bzw. von einer Gruppe zur anderen wechseln, sobald ein besseres Angebot verfügbar sei. Wie bewährt sich diese Theorie im Feld?

Grosskirchen: Bleiben oder Austreten

Interessanterweise trifft die Theorie für den grössten Teil der Kirchenmitglieder *nicht* zu. Die Frage, die sich die Kirchenmitglieder stellen, ist keineswegs, welche Gemeinschaft sie auswählen bzw. ob sie von einer zur anderen *wechseln* sollen. Das gilt sowohl für religiös aktive Kirchenmitglieder («Etablierte») als auch für wenig aktive Kirchenmitglieder («Distanzierte»). Aktive Kirchenmitglieder wählen bewusst aus den Angeboten ihrer Kirche aus und sind unter Umständen mit manchem in ihrer Kirche unzufrieden. Dennoch überlegen sie sich nicht, ob ein Wechsel möglich wäre, informieren sich nicht über andere Möglichkeiten und wägen keine entsprechenden Optionen ab.[14] Der Grund liegt meist darin, dass sie ihre Mitgliedschaft als Teil ihrer Identität erleben und ein Kirchen- oder Gemeindewechsel meist schon gar nicht als Möglichkeit in ihrem Bewusstsein auftaucht. Auch die wenig aktiven Kirchenmitglieder überlegen sich keineswegs einen «Wechsel des Anbieters». Ihr Grund ist aber meist ein anderer: nämlich ungenügende Nachfrage nach Religiosität. Viele Befragte erklären, nicht wechseln zu wollen, weil sie sich zu wenig für Religion interessieren. Sie haben «*sowieso nie die Absicht, aktiv zu werden*». Blandine etwa sagt:

> Wenn ich ja nicht drin bin [in der Gemeinschaft], sehe ich nicht, warum ich mich nach einer anderen umschauen sollte. (Blandine, 63, röm.-kath.)

14 Wir treffen auf den sozialwissenschaftlichen Befund, dass Märkte auf typische Wahrnehmungen und Regeln aufbauen, die ein Marktverhalten für normal erklären.

Die Frage, die wir im Material finden, ist nicht diejenige nach dem Kirchenwechsel, sondern nach dem völligen *Kirchenaustritt*.[15] Zu dieser Frage machen sich Kirchenmitglieder Gedanken, sie führt zu Abwägungen und Diskussionen.

Die meisten der Befragten lehnen den Kirchenaustritt klar ab – und zwar häufig selbst dann, wenn sie gleichzeitig ihre Kirche stark kritisieren, wenig bis gar nichts glauben und schon lange nicht mehr in der Kirche waren. Die Gründe für den Verbleib in der Kirche sind vielschichtig. In den meisten Fällen scheint die Kirchenmitgliedschaft traditionell und selbstverständlich zu bestehen. Für einen Austritt sieht man «*keinen Grund*», man «*wüsste nicht warum*». Während viele Befragte keinen weiteren Grund der selbstverständlichen Kirchenmitgliedschaft angeben, führen andere bestimmte Begründungen an, wobei diese sehr weit gefächert sind und identitäre, bedürfnisorientierte, auf soziale Kontrolle bezogene und sich auf öffentliche Güter beziehende Argumente einbeziehen können. Ein Austritt sei etwa ausgeschlossen, da man «*von klein auf katholisch*» sei, dies zum «*Lebensweg*» gehöre, da man «*die Heiligen*» brauche, da man sonst «*komisch angeschaut*» würde oder weil es die «*Institution*» in der Gesellschaft benötige. Insbesondere Institutionelle, aber auch viele Distanzierte betrachten einen Kirchenaustritt in diesem Sinne als «*kein Thema*».

Andere Befragte geben an, sich einen Kirchenaustritt schon überlegt, aber noch nicht umgesetzt zu haben. Sie wägen Austrittsgründe und Verbleibgründe gegeneinander ab. Die möglichen *Austrittsgründe* können in drei Kategorien gefasst werden. Es kann erstens sein, dass einem die Kirche und der christliche Glaube nichts mehr sagen, die entsprechenden Fragen sind einem gleichgültig geworden. Zweitens kann es sein, dass man sich über die Kirche ärgert (zu dominant, autoritär usw.). Drittens möchte man möglicherweise Steuern sparen. Während jedoch ein Austritt aus Nichtinteresse oder Ärger als sozial unbedenklich eingestuft wird, scheint ein Austritt aus finanziellen Gründen den meisten Befragten illegitim. Zwar bezeichnet ein Befragter die Kirchenmitgliedschaft als sein «*teuerstes Abonnement*», und ein anderer fragt, warum er nicht mehr von dieser Mitgliedschaft merke, wenn er schon so viel bezahle. Aber die meisten Befragten, die die Kirchensteuer diskutieren, sind der Meinung, dass hier gerade kein valides Argument für einen Austritt vorliege. Typisch ist etwa die Argumentation von Renato:

> Also, zu wechseln kommt bei mir nicht in Frage. Äh, [die Kirche] zu verlassen – die Frage ist berechtigt. Es ist […] etwas, was ich nicht als finanziellen Entscheid fällen würde, denn dann müsste ich rein den Nutzen ansehen. Aber dann mache ich es

15 Siehe zum Thema Kirchenaustritt Pollack (2001); Need/de Graf (1996); Birkelbach (1999); Stolz/Ballif (2010).

weniger egoistisch, weniger auf mich bezogen, sondern für alle. Ich glaube, wenn alle dann dies nicht machen würden [...] dann würde etwas fehlen. (Renato, 41, röm.-kath.)

Den möglichen Austrittsgründen stehen jedoch wie gesagt wichtige und weit gefächerte *Verbleibensgründe* entgegen. Manchmal fehlt der Anlass, um sich wirklich zu entscheiden. Manchmal ist der Ärger über die Kirche nicht gross genug, man vergisst ihn wieder. In vielen Fällen bleiben eine gewisse Verbundenheit, ein *«kleines Feeling»*, eine *«Restgläubigkeit»*. Oft scheinen die Kasualien ein wichtiger Verbleibensgrund zu sein: Man möchte kirchlich heiraten können, sich und seine Nächsten beerdigen können, die Kinder taufen können. Bei manchen finden wir eine Art Stand-by-Modus mit der Argumentation, dass man nie wissen könne, ob man die Kirche nicht doch irgendwann einmal brauche. Laurence erzählt:

> Ich weiss nicht, was uns die Zukunft einmal bringt. Vielleicht wird man irgendwann einmal froh sein, sich dahin [zur Kirche] wenden zu können. (Laurence, 40, röm.-kath.)

Die schon ausgetretenen Personen geben ihrerseits alle schon erwähnten Gründe ebenfalls an, vertreten allerdings das finanzielle Argument oft mit Nachdruck.[16] Man kann, meint Peter, durch den Austritt *«einen Haufen Geld sparen»*. Und Erich sagt:

> Da habe ich dann einfach schlussendlich gesagt: Dafür [für die Kirche] zahle ich nicht noch Geld. Das unterstütze ich nicht. (Erich, 40, konfessionslos)

Das bisher erhaltene Bild zur Verbleibs- bzw. Austrittsneigung können wir durch eine Analyse der quantitativen Daten ergänzen. Ein Gedanke an einen Kirchenaustritt ist wahrscheinlicher bei jüngeren Personen, Männern, in einer Stadt Wohnenden, im Konkubinat Lebenden, Personen mit keinen oder wenigen Kindern und höher Gebildeten. Es fällt auf, dass im Material sehr viel häufiger von Austritt als von Eintritt die Rede ist. Die einzige Befragte, die wieder in die Kirche eingetreten ist, ist Nadja. Der Grund: Sie möchte kirchlich heiraten und ihre Kinder taufen lassen. Auch an diesem Punkt erkennen wir im Hintergrund den in diesem Buch immer wieder angetroffenen Säkularisierungs- und Distanzierungsprozess.[17]

---

16 Es ist interessant, dass es vor allem Männer sind, die die Frage der Kirchensteuer diskutieren, sei es als legitim oder illegitim.

17 Ein zunächst paradox erscheinender Zusammenhang ergibt sich, wenn wir Sprachregionen und Austrittsgedanken betrachten: In der französischsprachigen Schweiz finden wir mehr Konfessionslose, aber weniger Personen, die an einen Kirchenaustritt denken, als in der

Freikirchen und alternativ-spirituelle Anbieter: wettbewerbsstarke Mitglieder- und Kundenmärkte

Die Lage sieht ganz anders aus, wenn wir zu den Freikirchen und alternativ-spirituellen Anbietern wechseln. Anders als in Bezug auf Grosskirchen finden wir hier – je sehr unterschiedliche – Formen von Markt im Sinne eines Wechsels religiöser Anbieter.

Bei den Mitgliedern von Freikirchen zeigt sich eine recht hohe Bereitschaft zum Wechsel der Gemeinde.[18] Zwar sind die Freikirchlichen der Meinung, man müsse der eigenen Gemeinschaft gegenüber loyal sein und dürfe nicht bei jedem Problem sofort «*davonrennen*». Auch wird eine christliche «*Konsum-Mentalität*» kritisiert. Dennoch sind viele Freikirchliche durchaus bereit, die Gemeinde zu wechseln, falls ihnen dies die Möglichkeit gibt, ihren Glauben besser zu leben, ihre Kinder besser in christlicher Weise zu erziehen oder wenn andere Umstände dies nahelegen. Aus ihrer Sicht kommt es nicht so sehr darauf an, *welche* Gemeinde es ist, als vielmehr, *dass* man sich in einer Gemeinde befindet, in der der eigene Glaube bestärkt und vertieft wird. Das wird bei Dorothée sehr klar, die erzählt:

> Wir sind hier [in dieser Gemeinde], weil wir denken, dass dies unser Platz ist, aber gleichzeitig hätten wir kein Problem damit zu wechseln, vorausgesetzt, dass die neue Gemeinde die gleichen Werte und den gleichen Glauben vertritt. (Dorothée, 32, freikirchlich)

Es wird sehr deutlich, dass viele Freikirchliche ihre Gemeinde mehrmals im Leben wechseln, dass sie sich bei einem Umzug oder einem notwendigen Wechsel mehrere mögliche Gemeinden anschauen, um dann zu wählen. Gerade bei jüngeren Personen ist ein reges Spiel von Angebot und Nachfrage zu beobachten. Wir finden auch eine Reihe von Personen, die zwischen den reformierten und freikirchlichen Gemeinden hin- und herwechseln.

Nochmals andere Verhältnisse zeigen sich in Bezug auf *alternativ-spirituelle Anbieter*. Sie wirken auf einem fast idealtypischen Markt. Meist handelt es sich

---

deutschsprachigen Schweiz. Dies dürfte mit den unterschiedlichen Kirche-Staat-Verhältnissen in den verschiedenen Kantonen zusammenhängen. Die französischsprachigen Kantone kennen (meist) keine Kirchensteuer (Genf, Neuenburg) oder zumindest keine, die sich durch diesen Schritt einsparen liesse (Waadt, Wallis). Daher ist für Personen in der französischsprachigen Schweiz oft weniger klar, ob sie «offiziell» zu einer Konfession gehören, was die Zahl der Konfessionslosen nach oben drücken dürfte. Ausserdem haben sie weniger Anreiz, sich einen Austritt zu überlegen, weil sich hiermit keine Kirchensteuern einsparen lassen – was den niedrigen Anteil an «Austrittswilligen» erklären könnte.

18 In aller Ausführlichkeit wird dieser Punkt im Kapitel zum Kirchenwechsel von Caroline Gachet in Stolz/Favre/Gachet/Buchard (2013) analysiert.

um religiös-spirituelle Einzelunternehmer, um die herum sich manchmal «Kreise» oder «Gemeinschaften» bilden. Oft sehen sich die Nachfrager nicht als «Mitglieder», sondern als «Teilnehmer» oder «Kunden». Sie haben das ständige «Wandern» von einem zum anderen Angebot verinnerlicht. Emily, die an diversen Seminaren über Engel, Aura, positives Denken, Homöopathie und autogenes Training teilgenommen hat und sich in Craniosakral- und Polarity-Therapie hat ausbilden lassen, erklärt, dass sie «*weitergekommen*» sei, weil sie sich «*nie an etwas festgesaugt*» habe. Und Félicia erklärt der Interviewerin nach einer langen Liste von Dingen, die sie schon ausprobiert habe (Reiki, Shiatsu, natürliche Ernährung usw.):

> [...] und es kann gut sein, dass ich später noch andere Sachen mache. Je nachdem, was ich antreffe. (Félicia, 55, ev.-ref.)

Gerade in der Ich-Gesellschaft besitzen viele Menschen nur ein lockeres oder gar kein Mitgliedschaftsverhältnis zu einem oder mehreren religiös-spirituellen Anbieter(n). In einer solchen Situation werden für die Anbieter Fragen der öffentlichen Wahrnehmung und das «Image» extrem wichtig. Diesem Thema wenden wir uns im nächsten Abschnitt zu.

7.4 Die Wahrnehmung der religiös-spirituellen Anbieter

Das Image der Grosskirchen: sinnvoll, aber veraltet und konservativ

Die Grosskirchen als «religiöse Anbieter» besitzen bei den Befragten ein sehr ambivalentes Image.[19] Einerseits sind – wie oben dargestellt – weite Kreise der Bevölkerung sich einig, dass die Kirchen Gutes für Benachteiligte tun und dass sie für die Gesellschaft wichtige Werte vertreten können. Auch nehmen viele die kirchlichen Kasualien und die Festtagsgottesdienste gern in Anspruch und denken, dass bei einem hypothetischen Verschwinden der Kirchen «*etwas fehlen*» würde. Diesen positiven Einschätzungen stehen jedoch ganz andere, sehr viel negativere entgegen. Die Gottesdienste der Kirchen werden oft als «*fad*», «*zum Einschlafen*» und «*verstaubt*» gesehen. Man treffe dort nur vereinzelte, ältere Leute an. Diese seien allerdings, so Mona, «*mega-froh, wenn sie in die Kirche gehen können*». Von Gemeinschaft werde zwar geredet, sie sei aber faktisch nicht gegeben. So seien die Kirchen einfach nicht attraktiv, selbst wenn man mitarbeiten wolle. Barbara etwa erzählt:

19 Zum Image der Grosskirchen siehe Stolz/Ballif (2010).

> Aber wenn es in der Landeskirche so wenig Leute [hat] und nur ältere Leute in die Kirche kommen, dann finde ich das schade, oder? Ich hoffe immer, dass ich irgendwann in der Landeskirche mitarbeiten kann, aber wenn es so wenig Menschen hat, dann stinkt es mir. (Barbara, 58, ev.-ref.)

Vanessa geht mit ihren Kindern in einen Weihnachtsgottesdienst und ist enttäuscht darüber, wie wenig lebendig dieser ist. Sie hat Mühe, die Kinder eine Stunde lang einigermassen ruhig zu halten.

> Ich habe dann auch zu meiner Schwägerin gesagt, dann wundert es mich nicht mehr, dass keine Leute in die Kirche gehen, das ist ja zum Schlafen. (Vanessa, 41, ev.-ref.)

Das Image der Kirchen wird ausserdem dadurch beeinträchtigt, dass ihre Werte als konservativ und nicht mehr zeitgemäss, z. T. sogar unchristlich angesehen werden (vgl. Kapitel 6 und 8). Sehr viele Befragte sprechen ausführlich über Themen wie die Konservativität des Papstes, den Priesterzölibat, die Tatsache, dass Frauen keine Priester werden können, die Ablehnung von Empfängnisverhütung. Wie wir noch im nächsten Kapitel ausführlich darstellen, empfinden die meisten Befragten diese Haltungen als «*nicht mehr zeitgemäss*», «*nicht mehr angebracht in der heutigen Zeit*» und «*veraltet*». Für viele Befragte wird die Kirche so am Hunger und der Verbreitung von Aids in Afrika wie auch an der Pädophilie ihrer Priester mitschuldig. Auch wenn diese Punkte alle den Katholizismus betreffen, verschwimmen für viele Befragte die Konfessionsgrenzen, und meist wird «Kirche allgemein» mit diesen konservativen Werten in Verbindung gebracht. Wenn die Reformierten im Material auftauchen, wird allerdings oft positiv vermerkt, dass sie doch wahrscheinlich offener als die Katholiken seien. Viele Befragte sind also der Meinung, die Kirchen müssten etwas «*anders machen*», sie müssten «*den alten Zopf abschneiden*», «*sich entstauben*». Ausser der Empfehlung (an die Katholiken), die Priester heiraten zu lassen, Frauen zum Priesteramt zuzulassen und Verhütung zu erlauben, treffen wir aber nicht auf klare Visionen. Meist wissen die Befragten auch nicht, «*was man da machen sollte*».

Das Image der Kirchen lässt sich aus nochmals anderer Perspektive einschätzen, wenn man es mit demjenigen anderer Institutionen vergleicht. In Grafik 7.4 ist das totale und grosse Vertrauen unserer vier Typen gegenüber verschiedenen Institutionen dargestellt. Wir sehen, dass die Kirchen vor allem bei den Institutionellen ein vergleichsweise hohes Vertrauen geniessen (ein höheres als National- und Ständerat, Handel und Industrie oder Gerichte und Rechtssystem). Andererseits haben Alternative, Distanzierte und Säkulare ein geringeres Vertrauen in die Kirchen als in alle anderen genannten Institutionen. Im Zeitvergleich zeigt sich (hier nicht dargestellt)

Grafik 7.4: Ausser bei Institutionellen geniessen die Kirchen vergleichsweise wenig Vertrauen

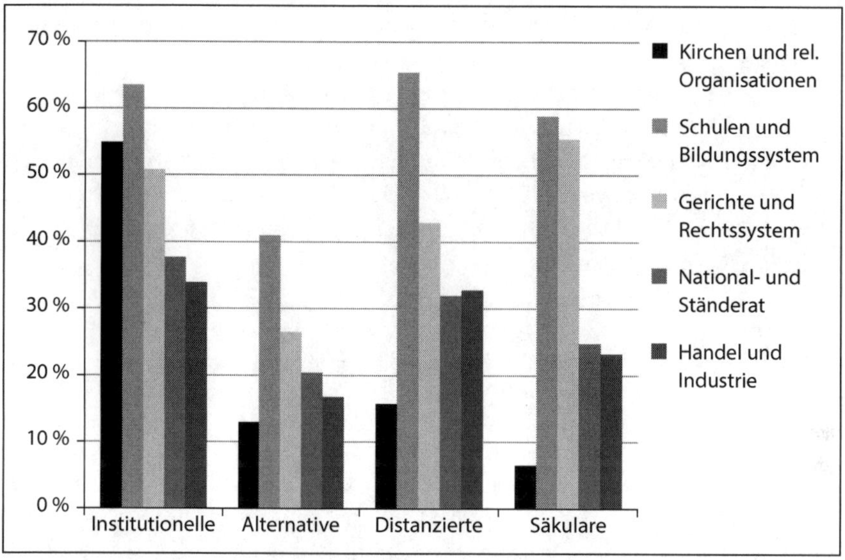

Bemerkung: Abgebildet ist «totales bzw. grosses Vertrauen» in die entsprechenden Institutionen

ein insgesamt sinkendes Vertrauen in die Kirchen, das jedoch demjenigen gegenüber anderen Institutionen vergleichbar ist. Auch hier zeigt sich der Übergang zur «Ich-Gesellschaft»: Die Individuen emanzipieren sich von Institutionen und nehmen ein distanziertes und kritisch-evaluierendes Verhältnis zu ihnen ein.

Kirchliche Pfarrer und Priester: von altmodisch bis «cool»

Die Pfarrer/innen, Priester und anderen kirchlichen Spezialisten und Spezialistinnen werden nicht minder ambivalent eingeschätzt als die Grosskirchen, für die sie arbeiten.[20] Es fällt auf, dass über alle Typen und Milieus hinweg sehr stereotype Bilder von guten und schlechten Pfarrern oder Priestern im Material auftauchen. Der typische schlechte Pfarrer oder Priester wird beschrieben als älterer, «*engstirniger*», «*bockiger*», «*scheinheiliger*», «*unsensibler*» und «*autoritärer*» Mann, der konservativ und obrigkeitsgläubig die Normen und «*Dogmen*» seiner Kirche durchsetzt. Er hält Predigten, «*die nichts besagen*». Die Befragten sind diesem Typ Pfarrer

20 Zur Entwicklung des Pfarrberufs siehe Willaime (1996; 2002).

oder Priester in ihrer religiösen Sozialisation begegnet oder hatten mit ihm bei einer kirchlichen Trauung oder Beerdigung zu tun. Dieser Mann tut das, was Religion gemäss den Befragten gerade nicht tun darf: Er versucht, ihnen Glaubensüberzeugungen «*aufzuzwingen*», «*einzuhämmern*», «*einzutrichtern*». Er ist möglicherweise nicht völlig selbst verantwortlich für sein problematisches Verhalten, denn er ist Teil einer «*skandalösen Organisation*», die ihn nicht heiraten und eine Familie gründen lässt. Dieser Mann lebt «*in seiner eigenen Welt*», er «*wäscht nicht ab*» und «*macht sein Bett nicht selbst*». Da er nicht verheiratet ist, weiss er über viele Dinge des Lebens gar nicht so gut Bescheid. Blandine würde einen Priester nicht um Rat fragen, denn:

> Lebenskenntnis – ich glaube, dass wir davon mehr haben als sie [die Priester]. Familie? Was haben sie? Sie machen uns schöne Predigten! Aber was haben sie erlebt? Nichts! (Blandine, 63, röm.-kath.)

Das Material ist voll von Geschichten und Begegnungen mit in dieser Weise empfundenen – ganz überwiegend katholischen – Geistlichen. Der gute Pfarrer oder Priester dagegen nimmt zwei stereotype Gestalten an. Zum einen kann es sich um einen «*jungen*», «*coolen*», «*dynamischen*» Geistlichen handeln, der sich über alle kirchlichen Normen hinwegsetzt und «*normal*», «*sehr offen*», «*sehr sympathisch*» ist. Er «*spielt Fussball mit den Kindern*». Man würde ihn gern besser kennenlernen, «*als Menschen*» und «*ganz ausserhalb von Religion*». Zum anderen treffen wir auf einen «*alten*», «*weisen*», «*speziellen*», «*bärtigen*», «*einsamen*», «*sehr gläubigen*» Mann. Er ist «*sanft*», «*schaut einem in die Augen und weiss alles*», «*sieht, was man fühlt*». Man kann ihn um Rat fragen und fühlt sich aufgehoben. In beiden Fällen allerdings scheint es, wie wenn der «*gute Pfarrer*» nicht *wegen*, sondern *trotz* der Institution Kirche als positiv empfunden wird. Der gute Pfarrer setzt sich über die «*Dogmen*» und «*Regeln*» der Institution souverän hinweg und begegnet den Menschen als Mensch. Gerade weil er das Evangelium vollständig anwendet, wirkt er gar nicht wie ein Pfarrer oder Priester. Daniele erzählt:

> Er ist ein Priester, der das Evangelium anwendet, er sieht gar nicht wie ein Priester aus. Weil er nämlich das Evangelium zu sehr anwendet. Er lässt alle Institutionen hinter sich, er mag keine Vorschriften, er liebt es, seinen eigenen Weg zu gehen. (Daniele, 46, röm.-kath.)

Der gute Pfarrer oder Priester trägt die Last des Pfarrer-Seins allein, weil er als Mensch ist, wie er ist. Die institutionelle Verbundenheit stört eher, als dass sie hilft.[21]

---

21 Zum gleichen Befund siehe Bruhn u. a. (1999).

Bei aller Ambivalenz ist jedoch ein Punkt unzweifelhaft. Die Autorität der kirchlichen Spezialisten hat in der Ich-Gesellschaft – im Vergleich zu früher – abgenommen. Ein ähnliches Phänomen würde man finden, wenn man das Image nicht-religiöser Spezialisten untersuchte. Hier, im religiösen Bereich, scheint es aber in besonders starker Weise vorzuliegen. Vor allem die katholischen Geistlichen haben einen extremen Autoritätsverlust hinnehmen müssen. Berta-Lisa sagt:

> Die Priester, das sind alles auch Menschen wie wir. Früher, als wir klein waren, waren die so hoch oben. Und irgendwann einmal haben wir gemerkt: Ja sie sind genau gleich hoch, oder wir sind auch so hoch. Und das hat einfach das Priestergläubige ein wenig abgelöst. (Berta-Lisa, 62, röm.-kath.)

Zum einen also sind Priester keine «*speziellen, höheren*» Menschen mehr, zum anderen scheint auch die universitäre Ausbildung den religiösen Spezialisten kein besonderes Fachwissen zu geben, dem die Befragten vertrauen könnten. Die Pfarrer und Priester wissen meist «*auch nicht mehr als wir*».

Das Image der Freikirchen und ihrer Pastoren: von lebendig bis gefährlich

Auch das Image der *Freikirchen* ist ambivalent. Die Ambivalenz rührt allerdings daher, dass verschiedene Personengruppen sehr unterschiedliche Ansichten zu Freikirchen aufweisen. Sehr knapp und etwas überspitzt formuliert, zeichnen die Mitglieder der Freikirchen fast durchweg ein positives Bild, während ehemalige Mitglieder und Nichtmitglieder oft eine pointiert kritische Meinung zu Freikirchen haben. Die Mitglieder der Freikirchen sprechen von ihrer Freikirche als «*familiärer Gemeinschaft*», als Ort, wo sie ihre Freunde treffen, wo man sich über den Glauben austauschen kann, wo «*die einen von den anderen lernen können*», wo ihre Kinder ein ideales Umfeld finden, um ihrerseits den Glauben zu leben. In gewisser Weise stehen diese Personen ihren Gemeinschaften so nah, dass man nur in eingeschränktem Sinne von einem Image sprechen kann. Die Gemeinschaften treten ihnen nicht als etwas Äusserliches gegenüber – sie selbst sehen sich als Teil dieser Gemeinschaften. Aussenstehende haben dagegen oft einen sehr anderen Eindruck. Auf der Basis von oft nur punktuellem Kontakt oder Medienberichten schätzen sie Freikirchen meist kritisch ein. Sie bezeichnen diese oft als «Sekten» und nennen sie in einem Atemzug mit kontroversen neuen spirituellen Gemeinschaften. Maia hatte als Kind Klassenkameraden, die in einer «*Freikirche, Sekte*» waren, die von «*allen blöd angeschaut wurden*» und deren «*Eltern komisch waren*». Daher ging Maia nicht zu dieser Familie nach Hause. Peter bezeichnet Mitglieder von Freikirchen als «*Fischli*» und setzt sie in den Zusammenhang von «*Fischli, äh Dings, Scientology, Moonie und so weiter*». Daniela berichtet von einer Freundin,

> [...] die geht also irgendwie so einer Sekte auf den Leim grad, also das ist, glaube ich, ganz, ganz schrecklich, oder nicht Sekte, ich glaube, ich übertreibe jetzt, aber irgendwie so Freikirche, und die haben auch so Zeugenberichte von Leuten, die mit Gott geredet haben. Also ich find das ganz, ganz schrecklich. (Daniela, 24, ev.-ref.)

Wenig erstaunlich sind die Einschätzungen von ehemaligen Mitgliedern von Freikirchen oder Personen am Rand von Freikirchen sehr viel differenzierter. Barbara etwa schätzt an den Freikirchen die Tatsache, dass auch viele Junge Leute im Gottesdienst zugegen sind, dass die Stimmung «*lebendig*» ist. Sie stört sich aber am «*Gesetzlichen*», an der «*Geschlossenheit*» und daran, dass die Freikirchen nicht wirklich ökumenisch seien.

Freikirchliche Pastoren werden von den Mitgliedern der Freikirchen meist positiv gesehen.[22] Sie gelten als Personen mit einer speziellen Aufgabe, die einerseits als Beispiel für ein exemplarisches Leben mit Gott fungieren, andererseits ein biblisches Wissen und einen christlichen Lebenswandel lehren. Die Autorität freikirchlicher Pastoren ist unter ihren Mitgliedern meist sehr viel ausgeprägter als diejenige der grosskirchlichen Pastoren. Sie stützt sich auf drei kombinierbare Quellen: Erstens gilt unter freikirchlichen Mitgliedern das theologische Wissen durchaus etwas. Ein Theologiestudium oder grosse Bibelkenntnis verschaffen dem Pastor daher Ansehen. Zweitens erreichen freikirchliche Pastoren Autorität durch ihre starke Vernetzung innerhalb der Freikirche. Drittens kann es sein, dass ihnen ein ganz spezifisches «Charisma» zugeschrieben wird, das bis hin zu Wunderkräften reicht (v. a. im pfingstlich-charismatischen Submilieu).

Das Image alternativ-spiritueller Techniken und Anbieter: von neutral bis aussergewöhnlich

Bei den alternativ-spirituellen Anbietern treffen wir nochmals auf ein sehr anderes Image. Alternativ-spirituelle Anbieter sind meist nicht mit einer Institution, Gemeinschaft oder Kirche assoziiert, die ihnen ein gewisses Image vermitteln würde. Vielmehr verwenden sie gewisse Techniken, denen ein bestimmtes Image anhaftet. Die Techniken haben bei den Nutzern insgesamt ein neutrales bis gutes

---

22 Die Aussagen des folgenden Abschnis stützen sich auf das Kapitel 5 «Jeux et enjeux de l'exercice de l'autorité» von Emmanuelle Buchard in Stolz/Favre/Gachet/Buchard (2013, 121–144).

Image. Reiki, Qigong, Craniosakraltherapie, Yoga oder Lymphdrainage werden meist einfach als etwas dargestellt, das man verwendet hat und das in manchen Fällen positive Effekte hatte. Die alternativ-spirituellen Spezialisten werden oft als «*speziell*» und «*aussergewöhnlich*» bezeichnet. Sie haben «*erstaunliche Fähigkeiten*», «*fühlen enorm viel*», «*lesen in einem wie in einem offenen Buch*», sind möglicherweise sogar «*allwissend*» und ein «*lebender Beweis für die Reinkarnation*». Ihre gute Reputation gewinnen sie aus verschiedenen Quellen. Eine erste Legitimationsquelle ist interessanterweise ein wissenschaftlicher Anstrich. Sie werden an Universitäten eingeladen, sie lehren an «*Instituten*», ihre Techniken sind «*ziemlich wissenschaftlich*», und manchmal tragen sie einen Doktortitel. Zweitens werden sie von «*guten Freunden*» empfohlen, die die Wirksamkeit ihrer Techniken und Fähigkeiten bezeugen. Drittens haben die Befragten oft selbst erfahren, dass ihnen die Lehren und Behandlungen geholfen haben. Viertens versetzen viele Techniken die Lernenden und Behandelten in die Lage, selbst zum Lehrer oder Behandler zu werden. Dieses «Empowerment» führt bei vielen zu einem gesteigerten Vertrauen in die entsprechenden Techniken.

Die Tatsache, dass zwar die Anbieter als Personen und die Techniken ein Image haben, nicht aber die meisten alternativ-spirituellen Gemeinschaften um sie herum, ist soziologisch interessant. Die soziale Wirklichkeit des Alternativ-Spirituellen wird ausgeblendet, obwohl sie, wie das Material deutlich macht, latent äusserst wichtig ist. Mit anderen Worten: Sehr oft machen die Alternativen vor allem in Kursen, Seminaren oder Therapien aussergewöhnliche und meist positive Erfahrungen, d. h. gerade im Beisein anderer. Aber die Tatsache, dass diese Sozialität die Erfahrung erst ermöglicht, wird meist nicht erwähnt.[23] Die Erklärung scheint hier einerseits im sehr fluiden Charakter dieser Gemeinschaften (Kurse, Vorträge, Retraiten, Kreise) und andererseits im überaus starken Individualismus der Esoteriker und Alternativen zu liegen.

Kritik an alternativ-spirituellen Spezialisten und Techniken kommt im Material vor – im Vergleich zur Kritik an den Grosskirchen ist sie jedoch erstaunlicherweise sehr verhalten. Zumeist begnügen sich Befragte damit zu sagen, dass sie keine alternativ-spirituellen Techniken verwenden, weil sie nicht an deren Wirksamkeit glauben. Wie ist das zu erklären? Wenn man davon ausgeht, dass die Wissenschaftlichkeit der entsprechenden Techniken meist nicht gegeben ist und dass auch die Heilungserfolge jedenfalls nach biomedizinischen Standards oft eher gering sein dürften – warum wird dann nicht mehr kritisiert?[24] Es scheinen verschiedene Faktoren zu sein, die die alternativ-spirituelle Szene vor Einwänden

23 Dieser Punkt wird sehr klar bei Bochinger/Englberger/Gebhart (2009) beschrieben.

24 Zur Wirksamkeit alternativ-spiritueller Heilmittel siehe Singh/Ernst (1991; 2008). Zum Fall christlicher Heilungsgottesdienste siehe Stolz (2011).

schützen. Da die Szene wie ein Markt aufgebaut ist, macht sich Kritik immer an einzelnen Angeboten fest. Selbst wenn ein Anbieter als «Scharlatan» enttarnt wird, können viele andere durchaus qualitativ hochstehende Techniken anbieten. Ferner gilt unter den häufigeren Nutzern alternativ-spiritueller Techniken das Prinzip des «epistemologischen Individualismus»[25]: Das Individuum ist einzige Autorität, wenn es darum geht, ob etwas «stimmt» oder «wirksam ist». Daher kommt es immer darauf an, ob es «für mich stimmt» oder «für mich wirksam ist».

***

In diesem Kapitel haben wir gezeigt, wie die Befragten drei Arten von religiös-spirituellen Anbietern – Grosskirchen, Freikirchen und alternativ-spirituelle Anbieter – wahrnehmen, bewerten und nutzen. Wir haben gesehen, dass die typischen Heilsgüter dieser Anbieter sich unterscheiden. Sehr schematisch formuliert, bieten Grosskirchen Kraft, Halt, Tradition und Nutzen für andere, Freikirchen ermöglichen einen hochgradig normierten Lebensstil als bekehrter Christ, und alternativ-spirituelle Anbieter offerieren spirituelles Wachstum und Lösungen von spezifischen Lebensproblemen.

Eine zweite Einsicht betrifft das Mitgliedschaftsverhältnis zu diesen Anbietern. Hier können unsere Ergebnisse die prominente Markttheorie in eklatanter Weise falsifizieren. Gemäss dieser Theorie wählen alle Menschen in der modernen Gesellschaft ihre Mitgliedschaften in religiösen Gruppen wie ein Produkt – es entsteht so ein Mitgliedschaftsmarkt und eine generelle Konkurrenz zwischen den religiösen und spirituellen Anbietern. Wie wir jedoch gesehen haben, finden wir bei den Mitgliedern der Grosskirchen kaum Evidenz für die Existenz eines Mitgliedschaftsmarktes. Weder die Kernmitglieder noch die distanzierten Mitglieder überlegen sich, ob sie zu einem anderen Anbieter wechseln sollten – allenfalls denken sie an Austritt. Mitgliedschafts- und Kundenmärkte finden wir dagegen in Bezug auf die Freikirchen und die alternativ-spirituellen Anbieter. Der Fehler der Markttheorie lag offensichtlich darin, nur die intra-religiöse Konkurrenz zu beachten. Im gegenwärtigen Konkurrenzregime der Ich-Gesellschaft aber können Individuen frei zwischen religiösen und säkularen Optionen wählen, wobei viele die säkularen Angebote bevorzugen (siehe Kapitel 2). Die meisten Gesellschaftsmitglieder sind daher Distanzierte und sehen nicht ein, warum sie den Anbieter wechseln sollen, wenn sie sowieso in nur sehr schwacher Weise Mitglied sind.

Schliesslich haben wir gesehen, dass die Anbieter sehr unterschiedlich wahrgenommen werden. Wiederum stark schematisch zusammengefasst, werden Grosskirchen als sinnvoll, aber veraltet und konservativ, Freikirchen als dynamisch, aber

25 Siehe Wallis (1977, 14).

potenziell gefährlich und alternativ-spirituelle Anbieter als aussergewöhnlich und möglicherweise wirksam wahrgenommen. Auch hier lässt sich wieder ein interessanter Bezug zu einer bekannten Theorie herstellen. Grace Davie, eine der einflussreichsten gegenwärtigen Religionssoziologinnen, hat in verschiedenen Publikationen behauptet, es gebe so etwas wie eine *vicarious religion*. Die Personen seien nicht selbst religiös, befürworteten aber explizit oder implizit, dass andere gewissermassen «an ihrer Stelle» religiös seien, schreibt Davie.[26] So einleuchtend diese These auch scheinen mag – sie wird durch die Daten widerlegt. In unserem Material tritt eine solche Argumentation nie auf. Die Tatsache, dass andere und nicht sie selbst religiös sind, wird von den Befragten in anderer Weise gesehen und beschrieben, nämlich in der Form: Kirchen sind ein öffentliches Gut, ich benötige sie nicht, wohl aber andere – und möglicherweise könnte ich sie selbst zu einem späteren Zeitpunkt einmal brauchen. Hier liegt unserer Ansicht nach der «wahre Kern» der Beobachtung von Davie.

26 Davie (2006; 2006a; 2007). Unsere Kritik vervollständigt die Argumente in Bruce/Voas (2010).

8 Die Wahrnehmung und Bewertung von Religion(en)

Jörg Stolz, Thomas Englberger

Niemand ist so sehr Atheist,
dass er nicht die christlichen Feiertage mitfeiern hülfe

Friedrich Hebbel

Anders als noch zu Beginn des 20. Jahrhunderts ist die Schweiz kein fast ausschliesslich christlich geprägtes Land mehr. Vielmehr finden wir, v.a. seit den 1960er Jahren, zum einen eine rasant wachsende Anzahl Konfessionsloser, zum anderen eine neue religiöse Vielfalt bestehend aus Angehörigen nichtchristlicher Religionen.[1] Diese neue Situation hat – gemeinsam mit anderen Faktoren – zu einer noch nie dagewesenen Distanzierung vom Phänomen «Religion(en)» geführt und wirft brisante Fragen auf, die die Schweizer Öffentlichkeit in den letzten Jahren umgetrieben haben: Ist Religion sozial wertvoll oder eher schädlich? Handeln alle Religionen eigentlich vom Gleichen? Ist das Christentum (noch) als Basis der Schweizer Gesellschaft zu verstehen? Ist die Zuwanderung nichtchristlicher Religionen ein Verlust oder ein Gewinn? Sollte man den Bau von Minaretten erlauben oder verbieten? Und in welcher Weise sollte das Prinzip der Religionsfreiheit angewandt werden? Hier betrachten wir genauer, wie die Bevölkerung der Schweiz zu diesen Fragen steht und wie ihre Wahrnehmungen und Bewertungen erklärt werden können.[2]

1 Als Überblick siehe Baumann/Stolz (2007a); ferner Bochinger (2012) und speziell Mader/Schinzel (2012).

2 Zu einer analogen Untersuchung siehe Pollack (2011). Zur Erforschung von Vorurteilen und Stereotypen gegenüber Outgroups in der Schweiz siehe Cattacin u.a. (2006); Stolz (2000). Zur Geschichte der Wahrnehmung religiöser Vielfalt in der Schweiz siehe Forclaz (2007); Baumann/Stolz (2007a).

8.1 Wahrnehmung und Bewertung von «Religion an sich»

Betrachten wir zunächst, was die Bevölkerung ganz generell über «Religion an sich» denkt, ohne auf spezifische Religionen Bezug zu nehmen.[3]

Wahrheitsrelativismus und «Gleichheit» der Religionen

Eine erste wichtige Einsicht ist, dass sich in der Ich-Gesellschaft ein Wahrheitsrelativismus und die Annahme der fundamentalen Gleichheit der Religionen durchgesetzt haben.[4] Nur rund 5 % der Befragten denken, dass es Wahrheit nur in einer Religion gebe. Der Wahrheitsanspruch des Christentums, mit dem früher Kreuzzüge, Inquisitionen, jahrzehntelange Kriege legitimiert worden sind und die in der katholischen Kirche zumindest offiziell immer noch gilt,[5] wird nicht mehr akzeptiert. Ganz ähnlich wie Lessings «Nathan der Weise» ist stattdessen eine erdrückende Mehrheit von rund 79 % der Befragten der Ansicht, dass es «Grundwahrheiten in vielen Religionen» gebe. 17 % der Befragten glauben schliesslich,

---

3 Die sozialen Wahrnehmungen und Bewertungen, die wir in diesem Kapitel untersuchen, werden in der Literatur unter verschiedenen Begriffen abgehandelt. Eine Reihe von Veröffentlichungen verwendet die Bezeichnungen Stereotype, Vorurteile, Xenophobie, Islamophobie, Antisemitismus usw., wobei hier immer mitgemeint ist, dass es sich um in irgendeiner Weise «pathologische» Wahrnehmungen handelt; siehe z. B. Zick (1997). Eine andere Literatur verwendet den Diskursbegriff, z. B. van Dijk (1993); Behloul (2007), wobei hier immer impliziert ist, dass eine herrschende Gruppe eine andere Gruppe unterdrückt. Nochmals anders setzt die Literatur rund ums «Boundary Making» an, z. B. Wimmer (2008), wobei hier notwendigerweise immer eine Wir/die anderen-Unterscheidung gegeben sein muss. Die unserer Sicht vielleicht am nächsten stehende Literatur spricht von «sozialen Repräsentationen», die im Begriff weder Pathologie noch Machtgefälle noch eine Wir/die anderen-Unterscheidung impliziert: siehe z. B. Moscovici (1981); Farr (1990).

4 Auch in den USA finden wir den Trend einer Abnahme von Personen, die nur an die Wahrheit der eigenen Religion glauben: Chaves (2011).

5 Zwar wurde mit dem Zweiten Vatikanum die Religionsfreiheit anerkannt, aber noch immer gilt der katholische Absolutheitsanspruch «Extra ecclesiam nulla salus» (Ausserhalb der Kirche kein Heil). Siehe hierzu die Enzyklika Lumen Gentium Nr. 14: «Den katholischen Gläubigen wendet die Heilige Synode besonders ihre Aufmerksamkeit zu. Gestützt auf die Heilige Schrift und die Tradition, lehrt sie, dass diese pilgernde Kirche zum Heile notwendig sei. Christus allein ist Mittler und Weg zum Heil, der in seinem Leib, der Kirche, uns gegenwärtig wird; indem er aber selbst mit ausdrücklichen Worten die Notwendigkeit des Glaubens und der Taufe betont hat (vgl. Mk 16,16; Joh 3,5), hat er zugleich die Notwendigkeit der Kirche, in die die Menschen durch die Taufe wie durch eine Türe eintreten, bekräftigt. Darum könnten jene Menschen nicht gerettet werden, die um die katholische Kirche und ihre von Gott durch Christus gestiftete Heilsnotwendigkeit wissen, in sie aber nicht eintreten oder in ihr nicht ausharren wollten.»

dass der Wahrheitsgehalt jeglicher Religion sehr gering sei. Grafik 8.1 zeigt, dass die Relativisten in allen vier Haupttypen die Mehrheit ausmachen. Innerhalb der Institutionellen finden wir immerhin rund 15 % Personen, die Wahrheit nur in einer Religion zu finden glauben. Unter den Säkularen – wenig erstaunlich – finden wir rund 43 %, die jeglicher Religion Wahrheit tendenziell absprechen.

Dem Relativismus des Wahrheitsanspruchs entspricht die im qualitativen Material prominent auftretende Meinung, dass «alle Religionen etwas Ähnliches» seien. Diese Ansicht tritt uns in drei Gruppen entgegen. Eine erste Gruppe von Befragten ist aus rein intellektueller Warte überzeugt, dass es sich bei allen Religionen im Wesentlichen um das gleiche Phänomen handle. Sowohl stark religiöse als auch distanzierte Personen glauben, was Cécile folgendermassen formuliert:

> Die Anrufungsformen unterscheiden sich. Die Gebäude unterscheiden sich. [...] Aber es ist immer die gleiche Sache, immer – theoretisch – der gleiche Gott, in je unterschiedlicher Weise ausgedrückt. (Cécile, 38, ev.-ref.)

Die Annahme, dass es sich bei den Religionen um immer das gleiche Phänomen handle, führt viele Befragte zur Ansicht, dass Streitigkeiten oder gar Kriege über religiöse Inhalte sinnlos seien. Sie würden *«nie für eine Religion kämpfen»*, sie finden den Religionskrieg *«total widersinnig, dumm»*. Eine zweite Gruppe – vor allem der Kern der Alternativen (die «Esoteriker») – ist aufgrund der eigenen synkretisti-

Grafik 8.1: In allen vier Typen überwiegt eine relativistische Position, gemäss der es «Grundwahrheiten in vielen Religionen gibt»

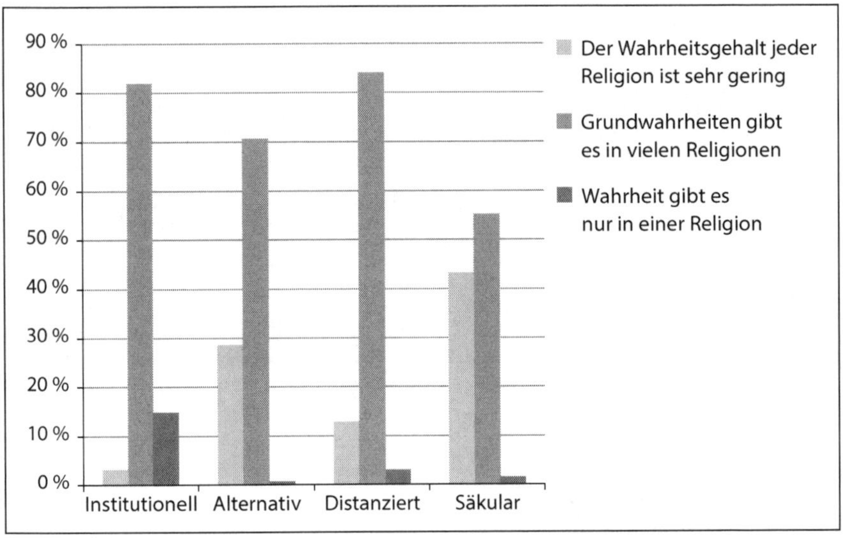

schen spirituellen Erfahrungen zu derselben Überzeugung gelangt. Rund 91 % der Esoteriker sind der Meinung, dass es «Grundwahrheiten in vielen Religionen gibt». In dieser Gruppe finden wir – übers Ganze gesehen – die positivsten Einstellungen gegenüber allen Weltreligionen. Eine dritte Gruppe – vor allem aus Säkularen bestehend – glaubt, dass alle Religionen gleich unnötig bzw. schädlich seien.

Insgesamt fällt auf, wie wenige Befragte exklusivistisch antworten. Während viele in der Schweizer Bevölkerung noch bis in die Mitte des 20. Jahrhunderts ganz selbstverständlich davon ausgingen, dass die eigene Religion «wahr» oder zumindest «besser» sei,[6] argumentieren heute nur noch kleine Minderheiten in dieser Weise – allen voran die Freikirchlichen.

Kriterien für die Einschätzung «guter» oder «schlechter» Religion

Die Annahme einer «fundamentalen Gleichheit der Religionen» und des Wahrheitsrelativismus haben eine äusserst wichtige Konsequenz. Die Individuen beginnen, «Religion an sich» im Vergleich zu anderen sozialen Phänomenen und Institutionen als «gut» oder «schlecht» zu bewerten.[7] Die von den Befragten verwendeten Kriterien erweisen sich hierbei als verblüffend konstant. «Gut» ist Religion für die Befragten, sofern sie positive gesellschaftliche Konsequenzen zeitigt: wenn sie soziale Probleme lindert, indem sie Bedürftigen und Randständigen hilft, wenn sie sich für Frieden und Völkerverständigung einsetzt und als moralisches Gewissen der Gesellschaft wirkt.[8] Das alles, so die Befragten, ist nur möglich, wenn sie *«offen»*, *«nicht extrem»*, *«nicht richtend»* und *«ökumenisch»* ist. In persönlicher Hinsicht ist Religion gut, wenn sie den Menschen *«Halt»*, *«Kraft»* oder *«Werte»* gibt. Verschiedene Personen werden genannt, die «gute Religion» inkarnieren: der Dalai Lama, Sœur Emmanuelle, Abbé Pierre, Pfarrer Sieber, Mutter Theresa, Ghandi. «Schlecht» ist Religion umgekehrt, wenn sie negative Folgen für die Gesellschaft bewirkt; wenn sie zu Kriegen, Diskriminierungen,

6 Vgl. hierzu Baumann/Stolz (2007a); Altermatt (2009).

7 Im Folgenden versuchen wir, die Kriterien herauszuarbeiten, die hierbei verwendet werden. Später im Kapitel wird uns dies nützlich sein, um zu erklären, warum bestimmte Religionen ein so gutes oder so schlechtes Image haben. Für Essays aus vielerlei Disziplinen mit Antworten auf die Frage, was eine «gute» Religion sei, siehe Wenzel (2007).

8 Anzumerken ist, dass diese Form der Argumentation natürlich selbst sehr voraussetzungsreich ist. Vor der Aufklärung hätte man nicht die Gesellschaft, sondern Gott als Letztreferenz gesetzt. Nicht die Religion und Gott wären an den Bedürfnissen der Gesellschaft gemessen worden, sondern umgekehrt die Gesellschaft an den Vorgaben der Religion bzw. Gottes. Zu den diesbezüglichen kulturellen Veränderungen siehe etwa Böckenförde (1991); Taylor (2007).

Ausgrenzungen, Terrorismus, Überbevölkerung führt. Diese Folgen entstehen nach Meinung der Befragten, wenn es sich um eine «*fanatische*», «*intolerante*», «*dogmatische*», «*nicht zeitgemässe*» Religion handelt, die auf alleinigen Wahrheitsanspruch pocht. Schlecht ist Religion in persönlicher Hinsicht immer dann, wenn sie die Freiheit ihrer Mitglieder in irgendeiner Weise einschränkt. Wenn sie ihren Mitgliedern Glaubensansichten und Schuldgefühle aufzwingt oder sie zu bestimmten Verhaltensweisen (z. B. Bekleidung, religiöse Praktiken) nötigt. Diese wenigen hier genannten Kriterien zur Einschätzung von «Religion an sich» lassen sich verwenden, um die Einstellungen der Mehrheit der Befragten zur religiösen Vielfalt und zu spezifischen Religionen (Islam, Buddhismus, Christentum usw.) weiter unten im Kapitel zu erklären.

Betrachtet man mit Hilfe der genannten Kriterien, was die Befragten zum Phänomen «Religion an sich» sagen, stösst man, wie nicht anders zu erwarten, auf vielfältigste individuelle Unterschiede in der Bewertung. Manche Befragten empfinden Religion als grundsätzlich gut; die meisten weisen ambivalente Einschätzungen auf, wieder andere sehen vor allem die problematischen Seiten der Religion. Wie wir weiter unten sehen werden, hängen die Einstellungen auch sehr davon ab, ob es um «eigene» oder «fremde» Religionen geht, ob die «herrschende Ordnung» durch die Religion tangiert ist, um welche Religion es sich genau handelt und welche allgemeinen politischen Einstellungen eine Person sonst aufweist.

Die Rückkehr der Religionskritik

An dieser Stelle möchten wir aber zunächst noch darauf eingehen, dass wir durch die Häufigkeit und Vehemenz gerade der kritischen Haltungen gegenüber «Religion(en) an sich» überrascht wurden. Religionskritik selbst ist vergleichsweise alt. Sie wurde von den Aufklärern und anschliessend in ihren bekanntesten Formen von Feuerbach, Marx, Nietzsche und Freud entfaltet.[9] Wer allerdings geglaubt hatte, die Debatte um die Wahrheit und Nützlichkeit von Religion gehöre der Vergangenheit an und die wesentlichen Probleme seien gelöst, täuscht sich. Moderne Religionskritiker wie Richard Dawkins, Sam Harris oder Christopher Hitchens platzieren ihre süffig geschriebenen Werke problemlos auf der internationalen Bestsellerliste.[10] Die Freidenkerbewegung erlebt in verschiedenen Ländern einen starken Aufschwung; ihre Aktionen, z. B. mit dem Slogan «Es gibt

9 Für einen Überblick siehe Weger (1979).
10 Dawkins (2008); Hitchens (2007); Harris (2004).

wahrscheinlich keinen Gott. Also mach dir keine Sorgen und geniess dein Leben», bewirken ein riesiges Medienecho.[11] Man kann daher mit deutlich mehr Recht von einer «Rückkehr der Religionskritik» als von einer «Rückkehr der Religion» sprechen.

Aber nicht nur in den internationalen Medien, auch in der Schweizer Bevölkerung treffen wir auf eine z.T. äusserst starke Religionskritik. Religion habe, so viele Befragte, im Verlauf der Weltgeschichte häufig eine sehr dunkle Rolle gespielt. Gemäss Cécile ist alles, was man im Namen der Religion gemacht hat, «*total abscheulich*». Die Befragten verweisen auf die Kreuzzüge, die Inquisition, die Conquistadores oder die Kriege in Ex-Jugoslawien. Peter äussert sich folgendermassen:

> Sagen Sie mir einen Krieg, der nicht irgendwie auf Religion aufgebaut hat? Oder sagen Sie mir nur einen Nachbarstreit, der nicht auf Glauben aufgebaut ist? Alles auf Glauben, immer Deckname Glaube. (Peter, 65, konfessionslos)

Aber nicht nur in der Vergangenheit, auch in der Gegenwart kann Religion leicht dazu verwendet werden, sich «*Macht anzueignen*», Menschen «*negativ zu beeinflussen*», Gewalt und Kriege zu entfachen. 85 % unserer Befragten sind eher oder voll einverstanden mit der Äusserung: «Wenn man so sieht, was in der Welt passiert, führen Religionen eher zu Konflikten als zum Frieden», und 82 % der Befragten glauben, dass «strenggläubige Menschen oft anderen gegenüber zu intolerant» seien. Hierbei ist interessant, dass alle unsere Typen bereit sind, problematische Seiten von «Religion» einzugestehen.[12] Betrachtet man die Religionskritik noch etwas genauer, wird allerdings schnell klar, dass nur die besonders kritische Untergruppe der Säkularen, die sogenannten Religionsgegner, Religion vollständig ablehnt. Alle anderen Gruppen sind bereit, problematische Seiten von Religion anzuerkennen, sehen aber oft auch positive oder wenigstens neutrale Seiten von Religion. Ihre Kritik richtet sich dann nicht so sehr auf Religion ganz allgemein, sondern auf spezifische Phänomene. Die wichtigsten Themen sind religiöse (v.a. islamische) Extremisten, die Nichtanpassung des Islams in der Schweiz, Sekten sowie die konservative Haltung der katholischen Kirche. Diese Punkte werden wir im Verlauf des Kapitels noch eingehend analysieren.

---

11 Zu dieser zunächst 2008 in England initiierten Aktion, die weltweit Nachahmer fand und Aufsehen erregte, siehe de.wikipedia.org/wiki/Atheist_Bus_Campaign.

12 Dieser Punkt ist auch deshalb so interessant, weil er von unseren Vorläufer-Studien einfach ausgeblendet wurde. Nirgends ist in den Büchern «Jede/r ein Sonderfall» oder «Die zwei Gesichter der Religion» von dieser Kritik die Rede.

8.2 Wahrnehmung und Bewertung spezifischer religiöser Gruppen

In einer pluralen Situation wird das «Image», d. h. die bewertende Wahrnehmung der Religionen und religiösen Gemeinschaften immer wichtiger. Ein positives Image und Prestige einer Religion oder religiösen Gemeinschaft ist hierbei eine wichtige Ressource für die Institutionen; ein negatives Image kann ihre Tätigkeit stark behindern und zur Diskriminierung ihrer Mitglieder führen. Unsere Daten zeigen ein einheitliches Bild. Die Befragten verwenden die schon oben dargestellten Kriterien, um zwischen «eigenen» und «fremden» Religionen sowie zwischen «guten», «neutralen» und «schlechten» Religionen zu unterscheiden.[13] Das Christentum wird von der Mehrheit als die eigene Religion angesehen, zu der man trotz aller Kirchenkritik ein relativ positives Verhältnis hat. Alle anderen Religionen sind «fremd». Die Grafiken 8.2 und 8.3 zeigen, wie positiv bzw. negativ unsere Typen Angehörige verschiedener Religionen einschätzen. Betrachten wir die Einstellungen im Einzelnen:

Grafik 8.2: Christen und Buddhisten ziehen die meisten der sehr und eher positiven Einstellungen auf sich

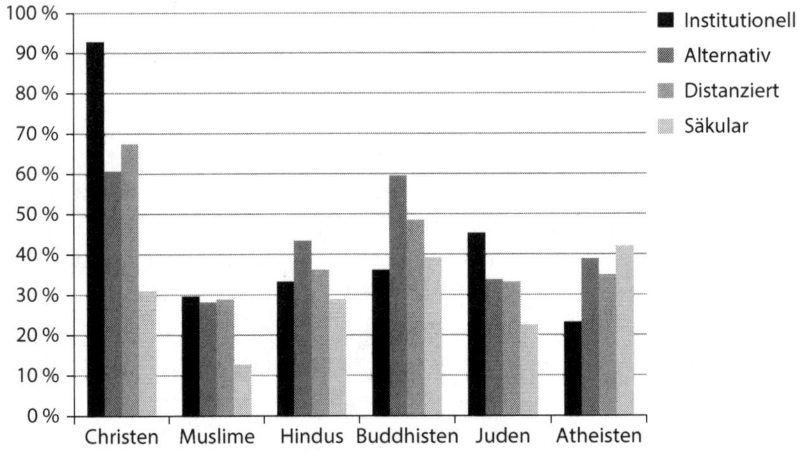

Anmerkung: Die Tabelle zeigt nur die sehr und eher positiven Einstellungen

13 Vergleiche Portmann/Plüss (2011).

Grafik 8.3: Muslime ziehen die meisten der sehr und eher negativen Einstellungen auf sich

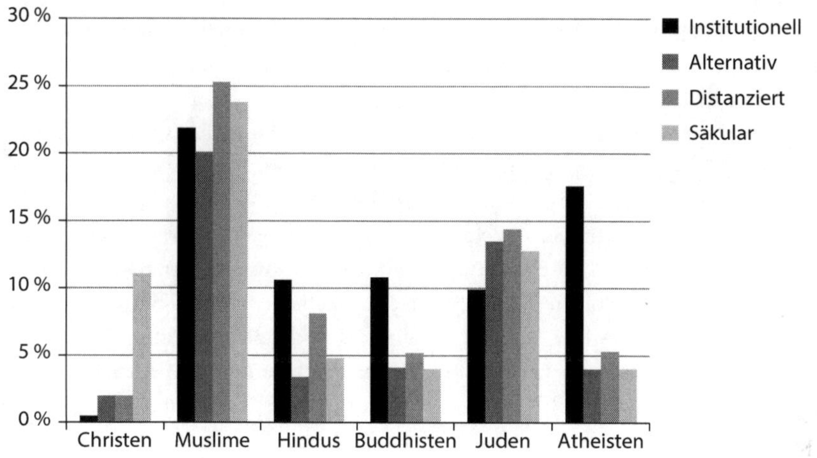

Anmerkung: Die Tabelle zeigt nur die sehr und eher negativen Einstellungen

Christentum

Das Christentum wird von der Mehrheit der Befragten als die «eigene Religion» angesehen. Fragt man nach positiven bzw. negativen Einstellungen gegenüber «Christen», so geben die meisten Befragten an, eine sehr oder eher positive Einstellung zu haben. Hierbei sind insbesondere die Institutionellen den Christen gegenüber sehr positiv eingestellt (Grafik 8.2). Wir sehen hier ein Beispiel für den ganz allgemeinen Befund, dass Menschen das, was ihnen bekannt und ähnlich ist, als positiv empfinden.[14] Die qualitativen Daten stützen dieses Bild, zeigen jedoch zusätzlich, dass die Befragten verschiedene christliche Gruppen sehr unterschiedlich wahrnehmen und dass sie insbesondere bei den christlichen Konfessionen zwischen den Mitgliedern der jeweiligen Religionen und den Kirchen als Institutionen unterscheiden. Wir gehen innerhalb des Christentums auf den Katholizismus und die Evangelisch-Reformierten ein; das Image der evangelischen Freikirchen wurde schon in Kapitel 7 behandelt.

14 Siehe hierzu Stolz (2000); Gergen/Gergen (1986); LeVine/Campbell (1972); Zick (1997).

Katholizismus

Der Katholizismus besitzt in der Bevölkerung ein tendenziell negatives Image. Auf den kürzesten Nenner gebracht, sehen viele Befragte die katholische Kirche als konservative, rigide, hierarchische, autoritäre, moralisch intolerante, scheinheilige und einer wahren Religion widersprechende Institution. Es ist bemerkenswert, wie viele Befragte – allen voran praktizierende Katholiken – der katholischen Kirche als Institution die heftigsten Vorwürfe machen.

Die wichtigste Kritik bezieht sich auf eine als *nicht mehr zeitgemäss empfundene, konservative Haltung*. Diese Haltung zeigt sich nach Ansicht der Befragten in verschiedenster Hinsicht. Die Kirche vertrete – nach Ansicht der Befragten – veraltete und absurde Dogmen wie die Unfehlbarkeit des Papstes, die Erbsünde oder die alleinige Wahrheit der katholischen Lehre. Auch verteidige die Kirche veraltete Normen und bestrafe Fehlbare durch Ächtung oder Ausschluss. Die Befragten führen eine Flut von Beispielen an, in denen ihnen die Kirche als autoritäre und intolerante Institution gegenübertritt: Katherine und Kaitline wurden – ihrer Meinung nach – wegen ihrer Scheidung exkommuniziert und empfinden dies als skandalös.[15] Renate erzählt von einem Geistlichen, der Selbstmord als «Gott ins Handwerk pfuschen» verurteilt. Diane und Ingolf empfinden die katholischen Geistlichen als autoritär, da diese ihnen bei der Gestaltung von Taufe und Trauung keine freie Hand lassen wollten. Eine grosse Anzahl von Befragten empfindet es als «*idiotisch*», dass die katholische Kirche Empfängnisverhütung verbietet und so in Afrika zu Überbevölkerung und der Verbreitung von Aids beitrage. Insbesondere praktizierende Katholiken, aber auch viele andere verstehen nicht, warum die katholische Kirche am Zölibat festhält. Dies sei «*nicht biblisch*» und könne nicht «*gottgewollt*» sein. Der Zölibat sei ein «*Schwachsinn*» und führe unter anderem, so verschiedene Befragte, dazu, dass die Priester von den tatsächlichen Lebensverhältnissen vieler Gläubigen keine Ahnung hätten. Zwei Befragte (Blandine, Rebecca) äussern zudem die Ansicht, dass der Zölibat direkt zur Pädophilie mancher Priester führe. Die katholische Kirche habe auch eine «*skandalöse*» Sicht auf die Frau und enthalte dieser viele Rechte vor. Fabio denkt, dass die «*Frau in der Kirche immer noch quasi nicht existiert*», dies sei «*völlig machomania-mässig*». Die starken Emotionen vieler Menschen, die Tatsache, dass sie sich regelrecht ärgern, lässt sich dadurch erklären, dass diese konservativ-richtende Haltung der Kirche einer aus Sicht der Befragten «wahren Religion» widerspreche. All diese Aspekte repräsentiert aus Sicht vieler Befragter der zur Zeit der Untersuchung amtierende Papst Benedikt XVI.

15 Siehe zu dieser Meinung schon Anmerkung 192.

Die Empörung verschärft sich noch durch einen zweiten, weit verbreiteten Vorwurf: denjenigen der «*Scheinheiligkeit*». Während es beim vorherigen Punkt darum ging, dass die Kirche das Falsche predige, geht es hier um die Ansicht, dass sie sich selbst nicht an die eigenen Regeln und Vorschriften halte und nur eine schöne Fassade vortäusche. Auf der einen Seite predige die Kirche nämlich Friedfertigkeit, Toleranz, gute Werke und Armut; auf der anderen Seite aber handle sie selbst in intoleranter und diskriminierender Weise, vertusche sie ihre Sex- und Pädophilieskandale und geniesse ihren eigenen Reichtum. Erich etwa konstatiert bei der katholischen Kirche

> [...] Scheinheiligkeit, wenn man hört, was passiert, ein Pfarrer wird suspendiert, wenn er eine Beziehung zu einer Frau hat, aber wenn er sexuelle Handlungen mit einem Kind macht, dann wird es vertuscht. (Erich, 40, konfessionslos)

Wenn der Islam, wie wir weiter unten sehen werden, für viele die «fremde schlechte Religion» ist, so ist der Katholizismus eindeutig die «eigene schlechte Religion».

Diesen negativen Aspekten stehen jedoch durchaus auch positive Einschätzungen gegenüber. Positiv empfinden viele Befragte das soziale Engagement der katholischen Kirche (siehe schon in Kapitel 7). Manche loben einen ihnen persönlich bekannten Priester oder eine Pfarreileiterin, andere schätzen den Katholizismus als einen ganz selbstverständlichen Teil der eigenen Lebensgeschichte und der eigenen sozialen Umwelt. «Katholiken» sind für viele Befragte einfach ganz normale Menschen, die sie gerade in dieser Normalität positiv sehen.

Evangelisch-Reformierte

Die Evangelisch-Reformierten haben nicht so sehr mit einem ambivalenten, als vielmehr mit einem fehlenden Image zu kämpfen.[16] Sie kommen als unterscheidbare Grösse im Material fast nicht vor. Während die Katholiken eine Flut von Kritik auf sich ziehen, ärgert sich so gut wie niemand über die Reformierten. Niemand macht sie für Missstände und Skandale verantwortlich. Niemand regt sich über sie auf.[17] Die vergleichsweise seltenen Äusserungen über Evangelisch-Reformierte lassen sich in drei Arten unterteilen. Erstens kommen sie in Auf-

---

16 Zum Image der Evangelisch-Reformierten siehe Stolz/Ballif (2010).

17 Das ist vielleicht etwas zu stark formuliert. Es gibt natürlich fallweise Personen, die Dinge an den Reformierten kritisieren (in unserem Material: Peter und Siegfried). Aber es handelt sich hier um deutliche Ausnahmen. Es gibt keinen «kritischen Diskurs» zur evangelisch-reformierten Kirche, so wie es ihn ganz eindeutig zur katholischen Kirche gibt.

zählungen vor, wenn es um die Darstellung religiöser Vielfalt geht: Katholiken, Reformierte, Buddhisten, Juden. Hier werden Evangelisch-Reformierte als «Teil der religiösen Landschaft» angesehen, aber nicht weiter beachtet. Zweitens werden die Evangelisch-Reformierten als positives Gegenbild für die eigentlich interessierende, negativ dargestellte katholische Kirche verwendet. Die Evangelisch-Reformierten sind «*schon ein bisschen intelligenter*» als die Katholiken, sie haben mehr «*kritischen Sinn*», sie sind «*ziemlich offen*». Diese positiven Noten bekommen die Evangelisch-Reformierten von den Befragten, weil sie im Vergleich zu den Katholiken als der Gegenwart besser angepasst erscheinen – weil bei ihnen die Frauen predigen dürfen, Empfängnisverhütung erlaubt ist, es weniger Verbote gebe usw. Cécile etwa erklärt:

> Die Reformierten sind ziemlich offen in vielen Dingen. In Bezug auf – dass die Frauen einen Gottesdienst leiten können, in Bezug auf ihre Ansichten zur Empfängnisverhütung, ihre allgemeinen Ansichten, es ist ziemlich offen. Denn ich finde skandalös, dass zum Beispiel die katholische Kirche die Frauen abweist und vor allem in Bezug auf die Empfängnisverhütung in afrikanischen Ländern. (Cécile, 38, ev.-ref.)

Eine dritte Art bezieht sich auf die Beobachtung, dass die Evangelisch-Reformierten keinen Erfolg haben, Personen für ihre Angebote zu interessieren. Die Gottesdienste kommen «*fad herüber*», es hat «*wenige Leute*», wenn man schaut, wie die Gottesdienste und Vorträge gefüllt sind, macht es einem «*Sorge*». Katherine meint:

> Es läuft schlecht für die Reformierten [«la religion protestante»], sie verlieren viele Leute. (Katherine, 61, röm.-kath.)

Die Evangelisch-Reformierten werden also als besser angepasst, aber wenig interessant gesehen. Sie machen weder in positiver noch in negativer Hinsicht von sich reden. Es wird zwar deutlich, dass sie nicht so sind wie die Katholiken, aber es bleibt unklar, *wofür* sie genau stehen. In Abwandlung des berühmten Buchtitels von Musil könnte man von einer «Kirche ohne Eigenschaften» sprechen.

Buddhismus

Das Paradebeispiel einer «fremden», aber «positiven» Religion ist der Buddhismus. Er wird stereotyp als gewaltfrei, friedlich, einladend und undogmatisch dargestellt. Buddhisten tun «*niemandem weh*», sie sind «*für den Weltfrieden*». Im Buddhismus findet man die «*Zen-Haltung (zénitude)*», und es wird nichts «*aufgezwungen*». Verschiedene Befragte erklären, dass sie den Buddhismus zwar nicht besonders gut kennen, dass der Buddhismus ihnen aber einen durchaus positiven Eindruck macht und diese Religion für sie zumindest potenziell attraktiv sein könnte. Erich erklärt, der Buddhismus habe

> [...] gute Ansatzpunkte, im Gegensatz [...] zu Islam oder Christentum, also wenn ich mich entscheiden müsste, wäre das für mich sicher besser. (Erich, 40, konfessionslos)

Und Rebecca meint:

> Der Buddhismus ist ja eigentlich eine Religion, die alles andere auch akzeptiert. Also [...] wenn ich jetzt konvertieren würde, [...] wäre [der Buddhismus] das, was ich mir auch noch vorstellen könnte. (Rebecca, 45, röm.-kath.).

Die positivsten Einstellungen gegenüber dem Buddhismus finden wir, wie nicht anders zu erwarten, bei den «Alternativen» (und hier nochmals in verstärktem Masse in der Untergruppe der Esoteriker). Das positive Image des Buddhismus kann man durch die oben herausgearbeiteten Kriterien für die Einschätzung von Religion(en) erklären. Der Buddhismus scheint all das zu verkörpern, was heute als «gute Religion» gilt: Friedlichkeit, fehlende Dogmen, Offenheit, Spiritualität.

Islam

Im Gegensatz zum stereotyp positiv wahrgenommenen Buddhismus wird der Islam ebenso stereotyp zum Inbegriff einer negativen Religion erklärt.[18] Was wird dieser Religion von ihren Kritikern vorgeworfen? Erstens handle es sich um eine Religion, in deren Namen es zu Extremismus, Hass, Gewalt und heiligem Krieg kommen könne. Vanessa sagt in ganz typischer Manier:

> Der Islam ist für mich ein rotes Tuch geworden, und das hat einfach mit Angst zu tun. An was denke ich, wenn ich Islam höre? Dann denke ich an Krieg, an Gewalt [...] Da tue ich ihm sicher zum grossen Teil Unrecht, aber das sind so die ersten Gedanken, die dann kommen. (Vanessa, 41, ev.-ref.)

18 Zum Thema der Wahrnehmung des Islam in der Schweiz auf der Ebene der Individuen siehe Stolz (2006); Helbling (2010). Zur Darstellung der Muslime in den Medien siehe Schranz/Imhof (2002). Die Literatur zu «Islamophobie» ist sehr weitläufig, siehe z. B. Allen (2001); Halliday (1999); Stolz (2006); Helbling (2010).

Zweitens behandle die Religion die Frauen nicht gut, diese würden zum Kopftuchtragen gezwungen, es komme zu Zwangsheiraten, und Mädchen dürften nicht in den Schwimmunterricht. Gregory etwa behauptet:

> Das macht die Leute kaputt, im Namen Allahs und Kompanie, und ausserdem finde ich, dass die Religion die Frauen misshandelt. Ja, in der muslimischen Welt ist es knallhart. Nein, nein, ich bin damit nicht einverstanden. (Gregory, 70, konfessionslos)

Drittens ist der Islam gemäss vielen Befragten eine Religion, die die einheimische Bevölkerung unterdrückt und die herrschende Ordnung zerstört. Hierbei verletze er in charakteristischer Weise das Gastrecht. Die Argumentation lautet hierbei, dass fremde Religionen zwar ein Recht auf freie Religionsausübung hätten, aber doch Gäste in einem für sie fremden Land seien und sich daher – wie Gäste – korrekt und diskret aufzuführen hätten. Viele Muslime aber «*nutzen die Gastfreundschaft aus*», «*hängen am Sonntag Wäsche auf*», «*stellen irgendeine Moschee auf*», «*laufen mit dem Kopftuch herum*», «*befreien ihre Kinder von der Schule*», «*expandieren*», «*fordern ständig mehr Sachen*». Die Einheimischen ihrerseits müssten «*sich anpassen*», sie «*haben das Gefühl, dass sie nicht so sein dürfen, wie sie sind*».

Diese Regelverletzung wird, viertens, in der Wahrnehmung vieler noch verschlimmert durch den Umstand, dass gerade die Muslime ihrerseits die Einhaltung dieser Regeln scharf überwachen und Zuwiderhandlungen streng ahnden. In verblüffender Häufigkeit verwenden die Befragten das folgende Argument: Wenn wir bei ihnen zu Gast sind, müssen wir uns anpassen; wenn wir es nicht tun, «*werden wir eingesperrt*» oder «*gesteinigt*». Wenn aber sie bei uns sind, machen wir Konzessionen, während sie sich keineswegs an die Regeln halten. Niklaus etwa sagt:

> Also, ich muss ehrlich sagen, so eine Moschee bräuchte ich irgendwie keine. Jedem seinen Glauben, aber wenn wir da runter gehen, können wir auch keine Kirche aufstellen, oder? (Niklaus, 47, ev.-ref.)

Gerade die Tatsache, dass die Personen mit fremder Religion als Regelverletzer und Störenfriede gesehen werden, erklärt auch, weshalb viele so emotional auf das Thema reagieren. Diese Vorwürfe werden teils ohne jede Einschränkung vorgebracht, zusammen etwa mit der Forderung, man müsse dem «*Islamismus*» Grenzen setzen. Oft schränken die Befragten ihre Einschätzungen aber ein, indem sie einerseits die Religionsfreiheit anerkennen und andererseits auf ihre begrenzten Kenntnisse und auf interne Vielfalt des Islam, z.T. sogar auf die Möglichkeit eigener Vorurteile hinweisen. Das äussert sich in Formulierungen wie «*ich denke, da tue ich ihm [dem Islam] sicher zum grossen Teil Unrecht, aber …*»; «*vielleicht ist das ein Vorurteil, weil ich es nicht besser verstehe, aber …*»; «*sie haben sicherlich auch sehr gute*

Punkte, aber …». Es mag allerdings auch sein, dass diese Äusserungen einfach zeigen, dass die Befragten denken, dass ihre islamkritischen Äusserungen sozial wenig erwünscht sind und sie diese daher dem Interviewer gegenüber abschwächen.

Neue religiöse Gemeinschaften

Neben den Muslimen werden auch neue religiöse Gemeinschaften oft in sehr negativer Weise gesehen.[19] Die Befragten sprechen von «*Sekten*». Während es für Religionswissenschaftler/innen ganz normal ist, dass kleine religiöse Gemeinschaften mit unüblichen Praktiken und Glaubensansichten so legitim oder illegitim sind wie grosse, bekannte religiöse Gemeinschaften, sehen die meisten Befragten dies ganz anders. Sekten sind ihrer Meinung nach Gruppen, die «*Gehirnwäsche*» betreiben. Ihre Mitglieder haben einen «*blinden Glauben*», man kann ihnen «*auf den Leim*» gehen, die Mitglieder werden von «*ihrem Heiligen verarscht*» und «*kommen nicht mehr heraus*». Sekten können «*Familien zerstören*», «*Inzucht*» betreiben und ihre Mitglieder sexuell missbrauchen. Renato erzählt:

> Wo ich eine Aversion habe, das [ist gegenüber] Sekten, das kommt mir einfach schrill herüber. Diese komischen Sekten, da kann ich nicht viel machen. Wenn mal wieder jemand [von einer Sekte] bei mir zu Hause auftaucht, dann sage ich ihm einfach, er solle jetzt gehen, denn [das] brauche ich nicht. (Renato, 41, röm.-kath.)

Nicht alle Befragten zeichnen ein so negatives Bild – immer aber wird der Sektenbegriff negativ verwendet; nie kommt zur Sprache, dass es sich in vielen Fällen einfach um stark gläubige Menschen handeln könnte, die aus subjektiv guten Gründen in kleinen, aussergewöhnlichen und spirituellen Minderheiten mitmachen.[20]

In den Interviews werden verschiedene Beispiele für «Sekten» genannt: Raelianer, Scientology, Freikirchen, Sonnentempel – eine Gruppe aber wird mit überwältigender Mehrheit immer wieder genannt: die *Zeugen Jehovas*. Sie ist für die Befragten das Paradebeispiel der «Sekte», und sie ist gerade deshalb so bekannt, weil sie die Bevölkerung flächendeckend an der Haustüre besucht. Die Befragten

19 Schon in der Untersuchung von Stolz (2000) zeigen sich extrem negative Einstellungen gegenüber «Sekten».

20 Damit soll überhaupt nicht geleugnet werden, dass in neuen religiösen Gemeinschaften problematische Verhältnisse herrschen können. Der Punkt ist aber, dass dies auch in grossen Gemeinschaften durchaus der Fall sein kann. Wir wenden uns hier also gegen die grobe Kontrastierung von «guten Religionen» und «schlechten Sekten».

haben ein negatives Bild der Zeugen Jehovas. Diese «*klingeln immer an der Tür*», «*kommen immer, uns zu stören*». Verschiedene Befragte geben Anekdoten zum Besten, wie man die Zeugen Jehovas habe abwimmeln können.

8.3 Ursachen der Wahrnehmungen und Bewertungen

Wie aber sind die Befragten zu ihren Einschätzungen der verschiedenen Religionen gelangt? Wie kann man ihre Wahrnehmungen und Bewertungen soziologisch erklären? Da hier nicht der Fokus unserer Untersuchung lag, stossen unsere Analysen an gewisse Grenzen. Immerhin lassen unsere Daten die folgenden Aussagen zu.

Religiöses (Sub-)Milieu

Ganz offensichtlich weisen die Mitglieder verschiedener (Sub-)Milieus unterschiedliche typische Einschätzungen gegenüber den religiösen Gruppen auf. Interessant sind hier insbesondere die hochreligiösen bzw. -spirituellen Milieus. Die *kirchliche Gruppe der Institutionellen* (die «Etablierten») stehen der eigenen Religion, dem Christentum, trivialerweise positiv gegenüber. Vor allem bei Katholiken finden wir aber auch viel Kritik gegenüber der eigenen Kirche. Anderen Religionen und der religiösen Vielfalt gegenüber wird oft eine Position des religiösen Dialogs eingenommen. Die Pluralität der Religionen, Glaubensansichten und heiligen Stätten ist als Gewinn zu sehen. Jeder Mensch sollte also seine Religion leben dürfen, um anschliessend in eine akzeptierende, interessierte, respektvolle Beziehung zu den jeweils anderen Religionen zu treten. Hierbei ist es gerade wichtig, dass jeder Partner im Dialog klar weiss, was er glaubt, und dies dem jeweiligen Gegenüber deutlich kommuniziert.

> Wir Christen sollten klarer zeigen, dass wir da sind und dass wir unsere Religion behalten – aber die Muslime haben auch das Recht, ihre Religion zu praktizieren. (Marc-Antoine, 63, röm.-kath.)

Das Ziel ist hierbei eine bessere Verständigung, eine friedlichere Welt und eventuell auch eine Annäherung an eine tiefere religiöse Wahrheit. Mit dem Titel eines Bestsellers aus den 70er Jahren könnte man sagen, dass die Befragten eine «Ich bin o.k., du bist o.k.»-Position einnehmen.[21] Hierbei befinden sie sich in einer deutli-

21 Harris (2012).

Grafik 8.4: Verschiedene Subtypen haben sehr unterschiedliche Einstellungen zu fremden Religionen

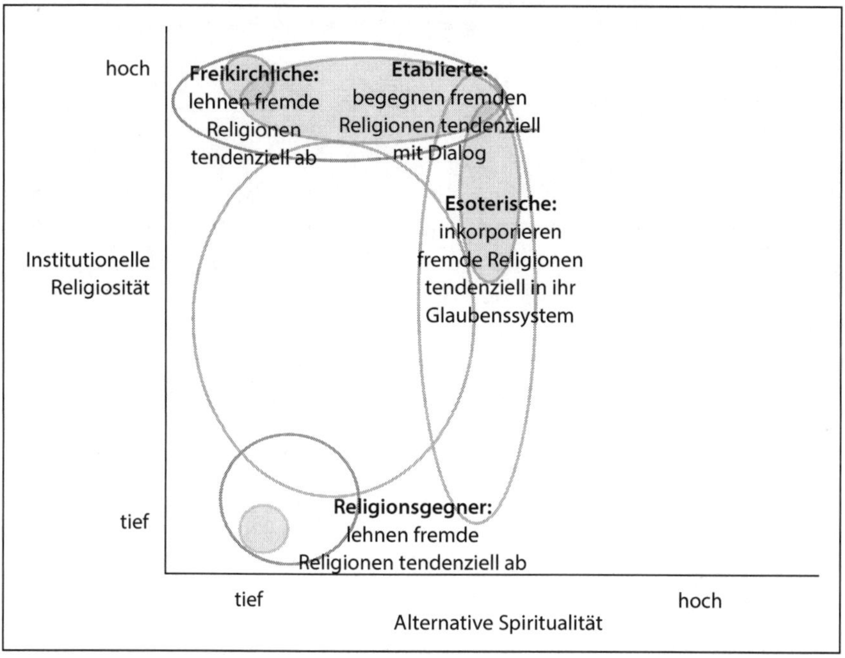

chen Nähe zu den Positionen der Grosskirchen, die ebenfalls viel Wert auf interreligiösen Dialog legen.[22]

Die *freikirchliche Subgruppe der Institutionellen* (die «Freikirchlichen») zeigen demgegenüber eine ganz andere typische Reaktion auf andere Religionen. Sie lehnen alle als «fremd» empfundenen Religionen – und hier vor allem den Islam – ab,[23] und das mit einer Flut von Argumenten. Da Freikirchliche typischerweise von der Wahrheit nur einer Religion (der ihren) ausgehen und ausserdem gegenüber anderen Religionen auf Mission (und gerade nicht auf Dialog) setzen, erscheinen ihnen andere Religionen – insbesondere der Islam – als Konkurrenz.

Die *Alternativen und hier insbesondere die Kerngruppe der Alternativen* (die «Esoterischen») zeigen demgegenüber die positivsten Einschätzungen von Religionen aller Art. Zwar lehnen sie alle dogmatischen und starren Formen von

22 Für die Reformierten siehe Stolz/Ballif (2010).

23 Freikirchliche lehnen überdies neben nichtchristlichen Religionen oft auch Esoterik sehr stark ab, da ihnen diese als Verehrung «dunkler Mächte» erscheint, vgl. Stolz/Favre/Gachet/Buchard (2013).

Religion (insbesondere die katholische Kirche als Institution) scharf ab. Aber in Bezug auf die Inhalte sind die Esoterischen bereit, überall religiöse Wahrheiten zu erkennen und, falls dies lohnend erscheint, in ihr Weltbild einzubauen. Rund 91 % der Esoteriker sind der Meinung, dass es «Grundwahrheiten in vielen Religionen gibt».

Im Vergleich dazu ist die *Kerngruppe der Säkularen* (die «Religionsgegner»), wenig erstaunlich, negativ gegenüber allen Religionen und religiösen Gemeinschaften eingestellt. Als Fazit dieses Abschnitts lässt sich sagen, dass die Einschätzung der eigenen und fremden Religion(en) immer dann stark vom eigenen religiösen (Sub-)Typ beeinflusst wird, wenn dieser Typ eine hohe «Zentralität» innerhalb der eigenen persönlichen Identität aufweist.

Massenmedien und Nahwelt-Diskurse

Es kann kein Zweifel bestehen, dass der Konsum von Massenmedien einen gewaltigen Einfluss auf die Konstruktion der Wahrnehmungen der Befragten hat.[24] Der bekannte Soziologe Niklas Luhmann formuliert prägnant:

> «Was wir über unsere Gesellschaft, ja über die Welt, in der wir leben, wissen, wissen wir durch die Massenmedien.»[25]

Die Massenmedien, vor allem das Fernsehen, tauchen an vielen Stellen des Materials auf und zeigen, dass die Befragten einen grossen Teil ihres Wissens über Religionen in der Tat über diesen Kanal erworben haben. Wie Juden koscher essen, wie Personen zum Judentum übertreten, wie Christen auf den Philippinen sich geisseln, wie Buddhisten meditieren, wie man mit Geistern der Toten kommuniziert, wie junge Männer sich als Märtyrer für den Islam in die Luft sprengen, wie der Papst in Afrika agiert – all das haben die Befragten im Fernsehen gesehen. Nur vereinzelte Befragte reflektieren diese massenmediale Bedingtheit ihrer Wahrnehmungen und Bewertungen. Nicolas etwa sagt, er sehe die Reformierten nicht als «*extreme Leute*», sondern als «*eher moderat*». Und begründet dies mit dem Image, das er über die Massenmedien erhalten habe:

---

24 Eine breite Forschung untersucht, wie Religion und Religionen in den Massenmedien dargestellt werden. Für den Schweizer Kontext siehe Schranz/Imhof (2002); Imhof/Ettinger (2007). Dabei ist allerdings noch nicht gesagt, welche Auswirkungen diese Berichterstattung tatsächlich auf die individuellen Wahrnehmungen und Bewertungen hat.

25 Luhmann (1996, 9).

> Warum sehe ich sie [die Reformierten] so? Ich weiss nicht. Mir scheint, ich sehe nicht die ganze Zeit negative Schlagzeilen über sie. (Nicolas, 36, konfessionslos)

In manchen Fällen treffen wir auch auf eine Medienkritik. So meint Cécile, dass es über den Islam gegenwärtig viele Vorurteile gebe, weil man am Fernsehen nur die *«schlimmsten Dinge»* sehe. Bei den allermeisten Befragten bleibt die Quelle massenmediale Bedingtheit der Wahrnehmungen jedoch latent und muss erschlossen werden. Interessant ist hierbei, dass die massenmedialen Informationen nicht eins zu eins übernommen, sondern sehr selektiv wahrgenommen werden und in die Konversationen mit der Nahumwelt einfliessen.

Persönlicher Kontakt

Neben den Massenmedien können auch persönliche Kontakte und konkrete Erfahrungen einen Einfluss auf die Wahrnehmungen und Bewertungen der Religionen ausüben.[26] Diese Erfahrungen können medial vermittelte Stereotype bestätigen oder diesen widersprechen. Von persönlichen Kontakten und konkreten Erfahrungen berichten die Befragten auf Reisen, im Beruf und in der Verwandtschaft.

Die Befragten geben meist an, dass die konkreten Erfahrungen ihnen zu einer *«differenzierteren»* Wahrnehmung der fremden Religionen und zu mehr Toleranz verholfen hätten und dass sich hierdurch auch ihr Blick auf die eigene Religion verändert habe. Olga hat aufgrund zahlreicher Reisen nach Asien *«mehr Offenheit»* gegenüber den verschiedenen Religionen gewonnen. Das Bild, das Cécile sowohl vom Islam wie vom Buddhismus hat, gründet auf ihren Reisen in islamische Länder und nach Asien. Sie bedauert die negative Darstellung des Islam in den Medien. Ihr ist wichtig geworden, zwischen der *«grossen Religion»* des Islam und dem, was eine extremistische Minderheit aus ihm macht, zu unterscheiden. Anlässlich eines Besuchs in Ägypten hat sie nicht nur Moscheen besucht, sondern sich auch durch Literatur über den Islam mit dieser Religion auseinandergesetzt.

> [Der Islam] ist auch eine grosse Religion, die in mancher Hinsicht vielleicht offener ist. Aber jetzt gibt es einige Extremisten, die daraus etwas Schreckliches machen. Das ist sehr schlimm, weil man alle in einen Topf wirft. (Cécile, 38, ev.-ref.)

26 Zur Kontakthypothese für den Fall von Einstellungen zu Ausländern siehe Zick (1997).

Cécile relativiert nicht nur das schlechte Image des Islam, sondern auch das positive des Buddhismus. Auf Reisen in buddhistische Länder hat sie die dortige konkrete religiöse Praxis erlebt:

> Und der Buddhismus, auch da muss man relativieren. Man muss realistisch sein. Die Leute beten, um in der Lotterie zu gewinnen! [lacht] Sie sind dort sehr pragmatisch, sie beten, um mehr Geld zu verdienen, und das ist schockierend. (Cécile, 38, ev.-ref.)

Alles in allem kommt Cécile unter den verschiedenen Gesichtspunkten von Architektur, religiösen Bräuchen und Glaubensvorstellungen zur Einsicht, dass die tatsächlichen Verhältnisse dem massenmedial konstruierten Bild völlig widersprächen. Renate arbeitete während vier Monaten in einem Spital in Kamerun. In dieser Zeit hat sie das Christentum neu kennengelernt. Renate beeindruckte die Frömmigkeit der Afrikaner:

> Sie haben die ganze Ostergeschichte von Donnerstag bis Ostern durchgespielt. Also wirklich mit Kreuzigung, mit Ins-Grab-Legen und alles. Und das war natürlich total eindrücklich. (Renate, 51, röm.-kath.)

Von einer ähnlich relativierenden Wirkung persönlicher Begegnungen berichten die Befragten im Bereich der beruflichen und verwandtschaftlichen Kontakte. Quentin, 50-jähriger Verwaltungsangestellter, hat einen Muslim in seiner direkten Verwandtschaft: «*Meine Schwester war mit einem verheiratet, sie sind sehr sympathisch, sehr nett.*» Dieser Erfahrungshintergrund verhilft Quentin zu einer von den Medien unabhängigen, positiveren Sicht des Islam:

> Ich bekam nicht das Bild, das man uns im Fernsehen zeigt, es war völlig anders. (Quentin, 50, ev.-ref.)

Reisen, berufliche oder familiäre Kontakte können offenbar zu einer Haltung führen, in der Verständnis für die andere Religion wächst. Häufig lässt sich eine aufgeklärt-kritische Distanzierung gegenüber allen Religionen feststellen, auch gegenüber dem Christentum. Die angeführten Personen verkörpern überwiegend das distanzierte (Olga, Niklaus, Wilma, Quentin), z.T. aber auch das säkulare (Cécile) oder institutionelle Profil (Bénédicte).

Allerdings führt Kontakt nicht immer zu mehr Offenheit. Verschiedene Befragte mit besonders stark ausgeprägten Meinungen zu Religion(en) berichten von Kontakten, die ganz offensichtlich nur dazu benutzt werden, eigene stereotype Wahrnehmungen zu bestätigen.

Politische Einstellung und Einstellung zu Ausländern

Schliesslich ist auch die generelle politische Einstellung, insbesondere ihre Haltung zur Offenheit bzw. Geschlossenheit der Schweiz und ihre Haltung zu Ausländern in wichtiger Weise mit der Wahrnehmung von Religion(en) verbunden. Verschiedene Autoren haben die These aufgestellt, dass insbesondere Islamophobie und die Angst vor der «Islamisierung der Schweiz» nichts anderes sei als ein Neuaufguss der alten Angst vor Ausländern und Asylbewerbern. Seien es früher die Italiener, später die Türken und (Ex-)Jugoslawen gewesen, die man als «fremd», «nicht integrierbar» und «überfremdend» wahrgenommen habe, so seien es jetzt die Muslime, die diese Position einnähmen. Insofern sei die Rede von Überfremdung der 1970er Jahre ein genaues Pendant zur Islamisierung der 2010er Jahre.[27] Unsere Daten lassen hier kein abschliessendes Urteil zu. Es kann jedoch kein Zweifel bestehen, dass bei vielen Befragten die Wahrnehmung nichtchristlicher Religionen und Themen rund um Ausländer, Asylbewerber und Schweizer Identität stark miteinander verknüpft sind. Personen, die politisch eher rechts-national orientiert sind, die die Neutralität der Schweiz bewahren möchten und einen Beitritt zur EU ablehnen, die eine härtere Gangart im Asylwesen fordern und eine Bevorzugung von Schweizern gegenüber Ausländern auf dem Arbeits- und Wohnungsmarkt befürworten, sehen nichtchristliche Religionen deutlich negativer als Personen, die in allen diesen Fragen politisch eher linke Positionen vertreten.

Im Material wird ausserdem sehr deutlich, dass die Befragten eine solche kritische Haltung gegenüber Ausländern und Muslimen als «sozial unerwünscht» sehen und ihre Meinung zwar äussern, sich jedoch gleichzeitig von einem möglichen Bild des «Rassisten» oder «Ausländerfeinds» distanzieren. Hierbei lachen die Befragten manchmal, was ebenfalls auf die Distanzierung hindeutet. Das äussert sich in Zusätzen wie «*aber ich gehöre nicht zur SVP, das dann doch nicht [lacht]*», «*ich bin kein Rassist, aber [...]*», «*das ist jetzt vielleicht eher rechtsorientiert, aber [...]*», «*ich bin ein wenig ein Patriot [lacht]*». Nachdem Vanessa berichtet hat, dass für sie der Islam «*auch bald ein rotes Tuch geworden*» ist, sie Kopftücher kritisiert hat und sich gefragt hat, ob «*unsere Kinder immer zurückstecken müssen*», wendet sie sich folgendermassen an die Interviewerin:

> Also, ich hoffe, Sie schauen mich jetzt nicht als ausländerfeindlich an [lacht], ich möchte da keine Werturteile fällen. (Vanessa, 41, ev.-ref.)

27 Zur Diskussion dieser These siehe Lindemann (2012).

Alter und Generation

Ein interessanter Zusammenhang lässt sich zwischen Alter (bzw. Generation) und Wahrnehmung von Religionen feststellen. Ältere Personen sind dem Christentum (als der eigenen Religion) gegenüber überdurchschnittlich positiv und «fremden» Religionen gegenüber überdurchschnittlich negativ eingestellt. Diese wahrgenommenen Unterschiede zwischen den Religionen nehmen tendenziell ab, je jünger die Befragten sind. Wenn wir diese Altersunterschiede wiederum als Generationseffekte interpretieren, geht die Gesellschaft zunehmend auf Distanz zu Religionen ganz allgemein (inklusive Christentum), akzeptiert aber religiöse Vielfalt immer mehr.

***

Der Übergang zur Ich-Gesellschaft hat auch die Wahrnehmung von Religion(en) tiefgreifend verändert (vgl. Kapitel 2 und 9). Was mit der Aufklärung und der auf sie folgenden Religionskritik schon vorgespurt wurde, erreicht nun in radikalisierter Form die breite Masse der Bevölkerung. Während noch bis in die 1950er Jahre von der Schweiz als «christlichem Land» gesprochen werden konnte und die Konfessionsdifferenzen ein wichtiger sozialer Marker waren, der die Wahrnehmung der Menschen stark beeinflusste, wird Religion im neuen Konkurrenzregime der Ich-Gesellschaft von der überwältigenden Mehrheit der Bevölkerung in ganz neuer Weise betrachtet: Religion(en) unterstehen aus dieser Sicht ganz generell dem Primat der Gesellschaft und des Individuums. Sie haben nicht selbst Ansprüche zu stellen, sondern müssen der Gesellschaft und dem Individuum dienen. Falls sie dies nicht tun oder gar schädliche Auswirkungen zeigen (z. B. zu Extremismus, Fanatismus, Intoleranz neigen), werden sie abgelehnt. Hiermit geht die Idee einer grundsätzlichen Gleichheit aller Religion(en), eines Wahrheitsrelativismus und einer Distanzierung von Religion einher. Die Befragten sind mehrheitlich der Meinung, dass zumindest der Kern der Religion(en) der gleiche sei, dass keine einzige Religion über die alleinige Wahrheit verfüge.

Anders als noch vor den 1960er Jahren werden fremde Religionen nicht mehr so sehr deshalb abgelehnt, weil sie sich von der eigenen, als wahr oder normal angesehenen Religion unterscheiden, sondern weil sie der religionsunabhängigen gesellschaftlichen Ordnung zu widersprechen scheinen. Religionen – allen voran der Islam – scheinen problematisch insoweit, als sie die «herrschende Ordnung» infrage stellten, die ihrerseits nicht besonders viel mit Religion zu tun habe. Fremde Religionen missbrauchten das Gastrecht, widersprächen der freiheitlichen Grundordnung, missachteten die individuellen Freiheiten (z. B. der Frau) usw.

Vor dem Hintergrund dieser Kriterien wird erklärbar, warum die Menschen manche Religionen als «gut» und andere als «schlecht» einstufen, warum insbesondere der Buddhismus und die Reformierten eher als positiv, der Islam und der Katholizismus eher als negativ wahrgenommen werden. Erstere scheinen die herrschende Ordnung nicht zu stören und dem Individuum alle Freiheiten zu belassen, letztere beeinträchtigen die Gesellschaft und schränken die Freiheiten der Individuen ein.

9 Der Wandel von Religiosität, Spiritualität und Säkularität

Jörg Stolz, Thomas Englberger, Michael Krüggeler, Judith Könemann, Mallory Schneuwly Purdie

Margarete: Nun sag, wie hast du's mit der Religion?
Du bist ein herzlich guter Mann, Allein ich glaub, du hältst nicht viel davon.
Faust: Lass das, mein Kind! Du fühlst, ich bin dir gut; Für meine Lieben liess ich
Leib und Blut, Will niemand sein Gefühl und seine Kirche rauben.
Margarete: Das ist nicht recht, man muss dran glauben.

Johann Wolfgang von Goethe

In diesem Buch haben wir nicht nur eine Typologie religiös-säkularer Grossgruppen vorgestellt, sondern auch eine neue Theorie religiös-säkularer Konkurrenz, die das Wachsen und Schrumpfen dieser Typen erklärt. Während wir bisher in den Kapiteln 3–8 vor allem die verschiedenen Typen und Milieus im Detail beschrieben haben, überprüfen wir im vorliegenden Kapitel die erklärende Theorie. Hierbei versuchen wir, mit Hilfe der uns zur Verfügung stehenden Daten zu zeigen, wie der Übergang zur Ich-Gesellschaft (bzw. der Wechsel des Konkurrenzregimes) in den 60er Jahren stattgefunden hat und welche Auswirkungen dies auf Religion und Spiritualität hatte: Wie sich religiöse Sozialisierung, Partnerwahl, Normen und Werte verändert haben, welche unterschiedlichen Veränderungen sich für Frauen und Männer ergaben und wie sich die Entwicklungen von der Stadt aufs Land ausbreiteten. Schliesslich geht es uns – wenn wir alle diese Mechanismen zusammennehmen – darum zu erklären, wie es über Wachstums- und Schrumpfungsprozesse zur gegenwärtigen Verteilung der institutionellen, alternativen, distanzierten und säkularen Typen und Milieus gekommen ist.

Methodisch verwenden wir wie schon in den bisherigen Kapiteln eine Mixed-Methods-Strategie. Dabei triangulieren wir vier Arten von Daten. Erstens vergleichen wir die Surveys von 1989, 1999 und 2009. Hier handelt es sich jeweils um repräsentative Querschnittsuntersuchungen. Zweitens werten wir bestimmte Fragen dieser Surveys retrospektiv aus. Es handelt sich um Fragen, die sich auf die jeweilige Kindheit der Befragten bezogen. Da die Befragten in verschiedenen Jahrzehnten geboren wurden, reichen diese Informationen bis in die 20er Jahre zurück. Drittens ziehen wir unsere qualitative Studie heran, in der die Befragten über ihre Kindheit berichten. Erneut erhalten wir Informationen, die z. T. bis in die 20er Jahre zurückreichen. Viertens verwenden wir die Daten der Volkszählungen (seit 1900) sowie verschiedene weitere staatliche und kirchliche Statistiken. Durch Triangulation dieser verschiedenen Daten wie auch die Verwendung historischer und sozialwissenschaftlicher Literatur zur Gesellschaftsentwicklung der Schweiz im 20. Jahrhundert versuchen wir, den historischen Hergang der Entwicklung zu rekonstruieren.

In Bezug auf die qualitativen Interviews ist es wichtig, unsere Daten genau historisch zu lokalisieren. Die älteste Generation, für die uns Interviews vorliegen, sind die 60–70-Jährigen, geboren in den 40er Jahren. Es handelt sich hier genau um diejenigen Personen, die später als junge Erwachsene den Übergang zur Ich-Gesellschaft ausgelöst haben. Sie haben die alte Gesellschaftsform noch erlebt; sie ist ihnen insbesondere in Gestalt ihrer Eltern, Lehrer/innen und anderen Sozialisierungsinstanzen entgegengetreten. Gegen die als veraltet angesehenen Normen wie auch gegen die neue aufkommende Konsumkultur aber haben sich manche

Grafik 9.1: Eine Übersicht der sieben Hypothesen

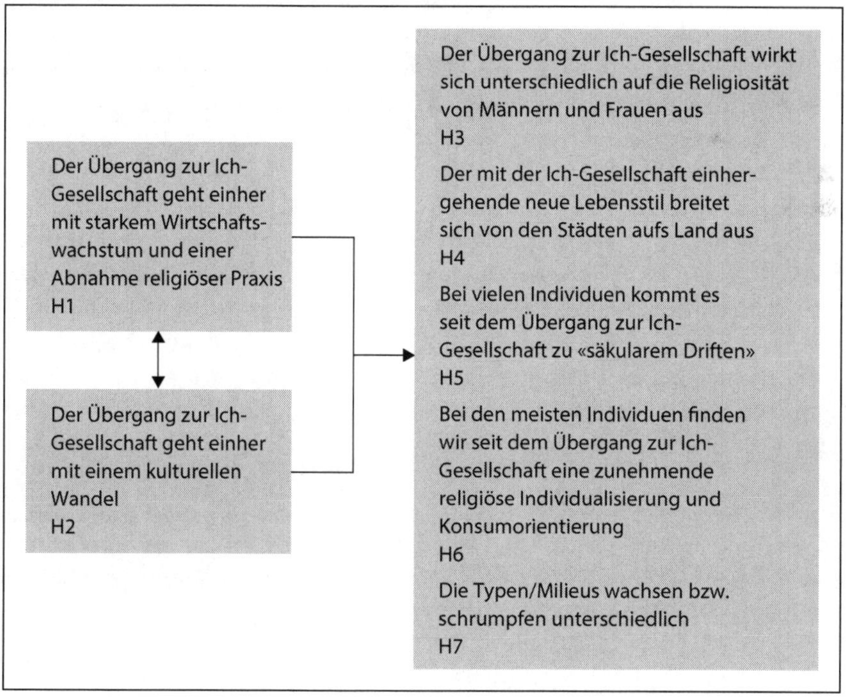

dieser Befragten damals aufgelehnt und so einen kulturellen Umbruch angestossen, der Religion und Spiritualität stark beeinflusste.

Der Text folgt den in Kapitel 2 aufgestellten Hypothesen (siehe Grafik 9.1). Die ersten vier Hypothesen betreffen dabei den Übergang zur Ich-Gesellschaft im Zusammenhang mit Wirtschaftswachstum, kulturellem Wandel, Geschlechterrollen und der Stadt-Land-Differenz (9.1). Zwei weitere Hypothesen beziehen sich auf individuelle Anpassungen an die Situation in der Ich-Gesellschaft: säkularisierendes Driften und religiöse Individualisierung/Konsumorientierung (9.2). Die letzte Hypothese beschreibt die Veränderung von Typen und Milieus im Zeitverlauf (9.3).

9.1 Der Übergang zur Ich-Gesellschaft

Ich-Gesellschaft und Wirtschaftswachstum

Unsere erste Hypothese lautet, dass der Übergang zur Ich-Gesellschaft (bzw. der Wechsel des religiös-säkularen Konkurrenzregimes) in den 1960er Jahren von einem starken Wirtschaftsaufschwung begleitet wurde. Gerade dieser Wirtschaftsaufschwung und die damit einhergehende Steigerung des Lebensstandards für die grosse Mehrheit der Bevölkerung in Bezug auf Realeinkommen, persönliche Sicherheit, Mobilität, Freizeitoptionen usw. ist einer der wichtigsten Gründe der neuen Haltung gegenüber Religion und Spiritualität gewesen.

Anders als die meisten anderen europäischen Staaten musste die Schweiz keine durch den Krieg zerstörte Gesellschaft aufbauen, sondern konnte mit bestehenden Produktionskapazitäten in die Nachkriegszeit einsteigen. Die verfügbaren wirtschaftshistorischen Daten zeigen den Wirtschaftsaufschwung der Schweiz anfangs der zweiten Hälfte des 20. Jahrhunderts mit grosser Deutlichkeit. Das reale Bruttoinlandprodukt pro Kopf verdoppelte sich zwischen 1946 und 1973 bei wachsender Bevölkerung (siehe Grafik 9.2). Das entsprach jährlichen Zuwachsraten des Bruttosozialprodukts von durchschnittlich 5 %.[1] Dieser Boom war im europäischen Vergleich nicht aussergewöhnlich, in Deutschland, Frankreich oder England finden wir eine ähnliche Entwicklung.[2]

1 Vgl Strahm (1987, 54 ff.). Im Zeitraum zwischen 1946 und 1973 verlief die Wirtschaftsentwicklung allerdings keineswegs gleichmässig. Zu einer Einteilung genauerer Konjunkturzyklen siehe Hotz-Hart u. a. (2001, 167). Vgl. auch Skenderovic (2012); Siegenthaler (1987).

2 McLeod (2007, 102 ff.). Zürcher (2010) kommt für die die Schweiz zu jährlichen Wachstumsraten von 1920–1950: 2,3 % (1,7 % pro Kopf), 1950–1973: 4,4 % (3,1 % pro Kopf), 1973–2008: 1,5 % (0,9 % pro Kopf).

Grafik 9.2: Zwischen 1946 und 1973 kommt es in der Schweiz zu einem Wirtschaftsboom

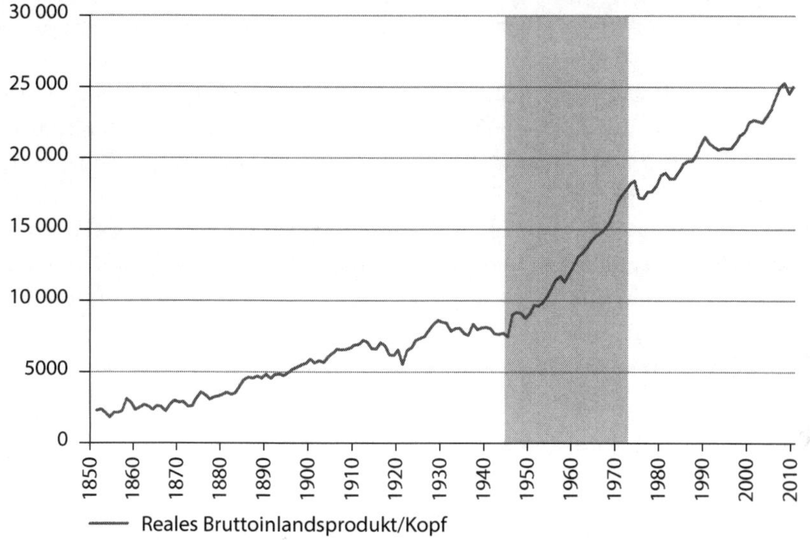

Bemerkung: Der Zeitraum des «Wirtschaftsbooms» von 1946 bis 1973 ist grau unterlegt

Quelle: Daten entstammen dem international vergleichenden Maddison-Projekt; www.ggdc.net/maddison/maddison-project/home.htm (15.8.2013).
BIP gemessen in 1990 GK Dollar

In unseren qualitativen Daten zeigt sich der Wirtschaftsaufschwung in der Weise, als verschiedene Personen der ältesten befragten Generation in Bezug auf ihre Kindheit noch von einer gesamthaft ärmeren Gesellschaft erzählen, in der die Bauernfamilie bei Gewitter in der Stube betet, da es keinen Blitzableiter gibt (Emily), in der die Mutter aufgrund der vielen Kinder viel arbeiten muss und wenig Zeit hat (Klaus), in der die Mutter nie Ferien nimmt, ausser für eine Wallfahrt nach Einsiedeln, und die Kinder bei der Arbeit mithelfen müssen (Berta-Lisa), in der die Kinder schon früh selbst mit der Arbeit beginnen müssen (Kaitline). Juan ist einer der spanischen «Gastarbeiter», die in den 1960er Jahren als Saisonniers einreisten und massgeblich zum Wirtschaftsboom beisteuerten; er berichtet von den damaligen Diskriminierungen, denen diese Arbeiter hatten ausgesetzt sein können. In den darauf folgenden Generationen verschwinden Erzählungen dieser Art, auch wenn Einzelne sich natürlich weiter in schwierigen ökonomischen Situationen wiederfinden können. Massenwohlstand und -konsum haben eingesetzt.

Die verschiedensten Indikatoren zeigen, dass sich die institutionelle religiöse Praxis gerade in den 1960er Jahren, d. h. während des Wirtschaftsbooms, tiefgreifend verändert hat. 1960 treten in der Volkszählung zum ersten Mal die Konfessionslosen auf, mit 0,7 % noch ein absolutes Minderheitsphänomen – aber eines, das rasant ansteigt bis 20,1 % im Jahr 2010. Während die evangelisch-reformierte Konfession ab 1950 massiv Mitglieder verliert (seit 1950 prozentual zur Gesamtbevölkerung und seit 1970 auch in absoluten Zahlen), steigt der Anteil der Katholiken zunächst ab 1950. Dies hängt mit dem Zuzug von italienischen und spanischen Arbeitern und Arbeiterinnen (es sind zunächst vor allem Männer, später setzt der Familiennachzug ein) zusammen. Seit 1970 sinkt zwar der Katholikenanteil in der Schweiz prozentual, in absoluten Zahlen hat sich der Katholizismus aber aufgrund des Bevölkerungswachstums stabil halten können. Ab 1960 sehen wir auch eine zwar zahlenmässig geringe, aber für die Gesellschaft als Ganze doch sehr wichtige neue religiöse Vielfalt entstehen, indem der Anteil der Muslime, Orthodoxen, Hindus und Buddhisten in der Schweiz wächst.

Grafik 9.3: Konfessionszugehörigkeit in der Schweiz: Die Zahl der Konfessionslosen steigt seit 1960 rapide an

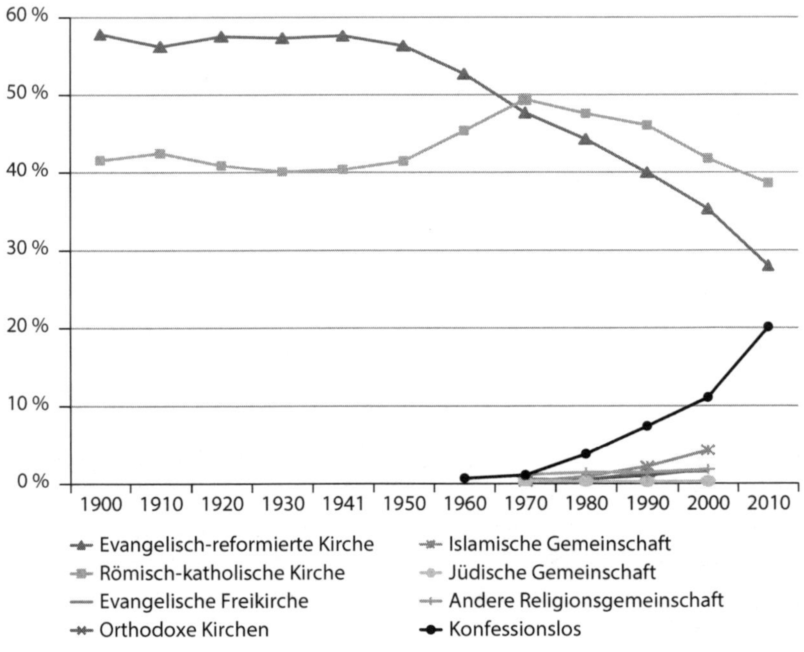

Quelle: Bovay (2004, 11), Medienmitteilung BFS (korrigierte Version vom 11.10.2012): Strukturerhebung der eidgenössischen Volkszählung 2010.
Ein Fünftel der Bewohnerinnen und Bewohner ist konfessionslos.
Die Medienmitteilung lässt keine Schlüsse über die Entwicklung der kleineren Religionen zu.

Grafik 9.4: Taufen und Bestattungen der Reformierten von 1950 bis 2005. Die Zahl der Taufen sinkt 1965 rapide ab

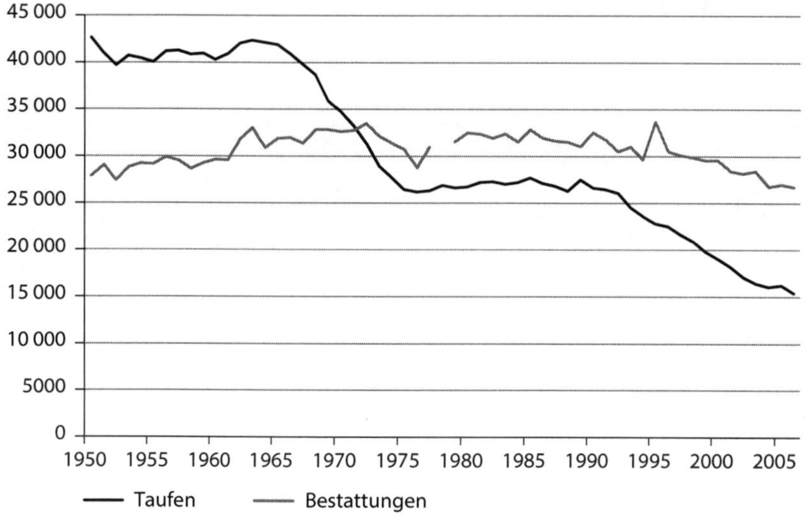

Quelle: Stolz/Ballif (2010, 61)

Auch wenn wir die Taufen – hier für die Reformierten – betrachten (Grafik 9.4), sehen wir, dass diese in den 1960er Jahren einbrechen. In einer Studie zu Kasualhandlungen kommt Charles Landert für den Zeitraum von 1970 bis 2000 zum Schluss, dass sich ein wichtiger Teil dieses Rückgangs auf die sinkende Geburtenzahl der Kinder von Reformierten zurückführen lässt.[3] Dennoch kann kein Zweifel sein, dass in den 1960er Jahren ein Trend beginnt, demgemäss reformierte Eltern ihre Kinder nicht mehr notwendigerweise taufen lassen. Hierbei spielen auch die gemischt-konfessionellen Paare eine wichtige Rolle, die ihre Kinder signifikant seltener taufen als mono-konfessionelle Paare.

Betrachten wir den retrospektiv angegebenen Kirchgang der Eltern (Grafik 9.5), so fallen zunächst die riesigen Konfessionsunterschiede auf. Katholiken gingen und gehen sehr viel häufiger in die Messe als Reformierte in den Gottes-

3 Siehe hierzu Landert (2001). Die Geburtenziffer in der Schweiz generell knickt nach dem sogenannten Baby-Boom ab 1963 (2.67) extrem ein und sinkt bis auf 1.55 (1980). Auch dieser Rückgang zeigt, dass die ganze Gesellschaft in diesem Zeitraum einen wichtigen strukturellen und kulturellen Wandel durchmacht. Siehe Daten: su-d-01.02.02.03.01.01.xls. auf www.bfs.admin.ch/bfs/portal/de/index/themen/01/06/blank/data/01.html (16.8.2013).

Grafik 9.5: Wöchentlicher Kirchgang der Eltern, als die Befragten 12–15 Jahre alt waren. Katholische Eltern gingen sehr viel häufiger in die Kirche als reformierte Eltern. In den 1940er und dann vor allem seit den 1960er Jahren zeigt sich in beiden Konfessionen eine deutliche Abnahme der religiösen Praxis.

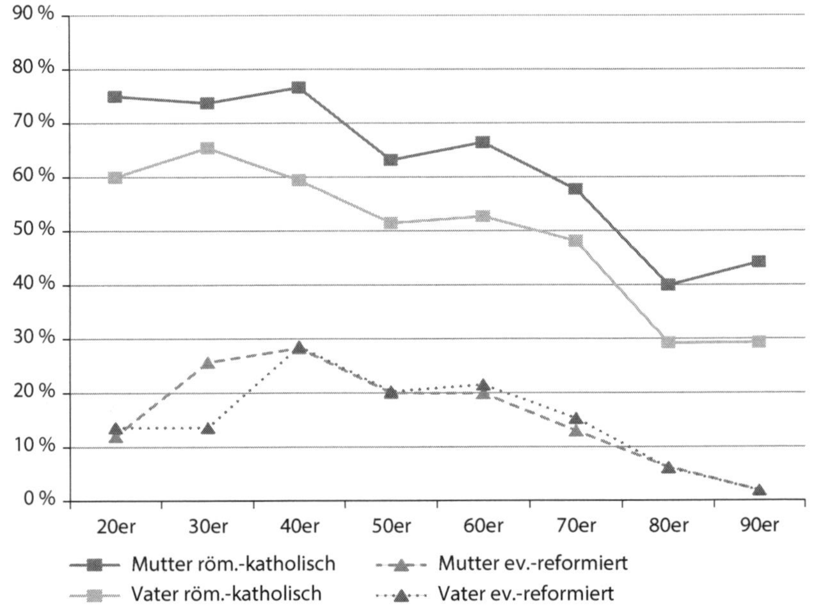

Quelle: Retrospektive Daten zum Kirchgang der Eltern der Befragten, gepoolte Daten der Datensätze 1989, 1999, 2009

dienst. Hierbei zeigt sich für Katholiken der bekannte «Gender Gap», d. h., katholische Frauen gingen und gehen häufiger in die Messe als katholische Männer. Bei Reformierten finden wir den Geschlechterunterschied nicht. In Bezug auf unsere zentrale Fragestellung zeigt sich in der Tat – und insbesondere für Katholiken – ein massiver Einbruch in den 60er und 70er Jahren. Wir sehen aber auch, dass ein gewisser Rückgang schon in den 40er Jahren zu verzeichnen ist.

Auch wenn wir unsere Befragten nach Jahrgang und Typen ordnen, zeigt sich der Übergang (Grafik 9.6). Es ist die älteste Generation der über 70-Jährigen (1938 und früher geboren), die noch den höchsten Anteil an Institutionellen aufweist (34 %). Die Generation der 61–70-Jährigen, d. h., die eigentlichen «68er» (die zwischen 1939 und 1948 geboren wurden, zum Untersuchungszeitpunkt 61–70 Jahre alt), sind zwar noch in der alten Gesellschaftsform sozialisiert worden, der Anteil Institutioneller ist aber massiv abgefallen (13 %). Wenn wir diese

Grafik 9.6: Institutionelle finden sich besonders häufig unter über 70-Jährigen; Alternative besonders häufig unter 41–50-Jährigen; Säkulare unter 18–30-Jährigen

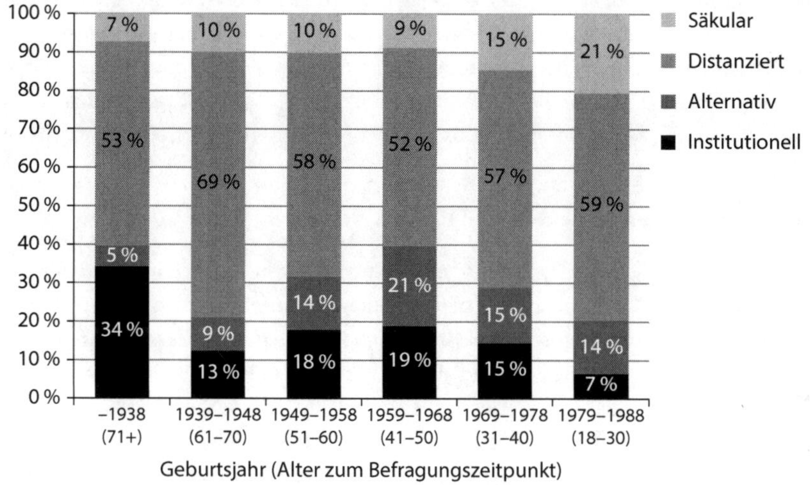

Anmerkung: Aufgrund der Rundung auf ganze Zahlen ergeben sich in der Summe nicht immer exakt 100 %.

Quelle: Survey 2009.

Daten historisch interpretieren, können wir auch das Entstehen der Alternativen erkennen. Sie kommen in der Generation der Nach-68er auf, d.h. der Personen, die in den 50er und 60er Jahren geboren wurden. Unter den zum Untersuchungszeitpunkt 41–50-Jährigen (und hier vor allem unter den Frauen) sind sie besonders stark vertreten.

Zusammenfassend können wir sagen, dass es vielfältige Belege dafür gibt, dass es in den 1960er Jahren tatsächlich gleichzeitig zu einer extremen Ausweitung der finanziellen Möglichkeiten des Einzelnen und zu einer Abnahme religiöser Praxis gekommen ist.

Ich-Gesellschaft und Kultur

Der Übergang zur Ich-Gesellschaft wurde nicht nur durch wirtschaftliche, sondern auch durch kulturelle Faktoren ausgelöst und brachte in der Folge weitere tiefgreifende kulturelle Umwälzungen (siehe hierzu schon Kapitel 6 zum Wertewandel). Unsere zweite Hypothese besagt daher, dass sich ältere Personen (v.a. die zwischen 1940 und 1960 Geborenen) in verschiedener Hinsicht deutlich von den später Geborenen unterscheiden sollten. Sie dürften von einer früher herrschenden normierten religiösen Praxis berichten wie auch von einer starken, erzwungenen religiösen Sozialisierung, die die Züge der vorherigen Gesellschaftsform trägt. Bei ihnen sollte man auch noch einen stärkeren Einfluss der Konfession auf die Partnerwahl und das Heiratsverhalten finden. Die späteren Generationen dürften in ihrer Kindheit kaum mehr eine normierte religiöse Praxis erlebt haben und sollten von einer viel freieren religiösen Sozialisierung und Partnerwahl berichten.

Normierte vs. optionale religiöse Praxis

Eine Phase normierter religiöser Praxis erscheint in der Tat, wenn ältere Personen (60+) aus ihrer Kindheit erzählen. Kasualien – Taufe, Konfirmation, Trauung, Beerdigung – waren selbstverständliche und notwendige Elemente des gesellschaftlichen Lebens. Messe- und Gottesdienstbesuch waren insbesondere in katholischen Gebieten sozial erwartet. In protestantischen Gebieten war zwar der Gottesdienstbesuch der Erwachsenen nicht notwendig, wohl aber mussten die Kinder obligatorisch dem Religions- und Konfirmationsunterricht beiwohnen. Die beiden grossen Konfessionen bezogen viel ihrer Identität aus der Tatsache, sich von der jeweils anderen Konfession zu unterscheiden. Verschiedene ältere Befragte berichten von diesbezüglichen Ablehnungen und Diskriminierungen. Die Mutter von Gisèle (63) hatte als Protestantin (vor ihrem Übertritt zum Katholizismus) ein schweres Leben im katholischen Kanton Schwyz; ihre katholische Schwägerin mied sie und verliess das Haus, wenn sie eintrat. Berta-Lisa (62, röm.-kath.) erhielt zusammen mit ihren Mitschülerinnen von der Religionsschwester in der Schule die Anweisung, sich nicht mit dem einzigen reformierten Mädchen in der Klasse abzugeben. Niklaus (47, ev.-ref.) wurde noch Anfang der 60er Jahre in der Schule als einer der wenigen Reformierten in einem katholischen Dorf in einem Innerschweizer Kanton von den katholischen Mitschülern ständig gehänselt. Den Katholiken ging es allerdings oft in den traditionell protestantischen Kantonen nicht besser. Victor erzählt, wie er als Kind im Kanton Zürich die Konkurrenz der Konfessionen erlebte:

> Also, man hat da selbstverständlich eine pompöse Fronleichnamsprozession durchgeführt, um den Reformierten zu zeigen, dass man da ein spezielles Fest hat. Und die haben dann ebenso selbstverständlich an sämtlichen Strassen der Prozessionsroute den Asphalt mit Presslufthämmern erneuern müssen, um zu zeigen, dass sie als arbeitssame Zwinglianer am Schaffen sind. (Victor, 55, röm.-kath.)

Manche Befragten beschreiben diese Normen und konfessionellen Identitäten im Rückblick als beengend, andere dagegen erzählen, sie seien einfach «*ganz normal*» gewesen.[4] Ein weiteres auffallendes Element dieser Zeit ist, dass die religiösen Spezialisten – Bischöfe, Pfarrer, Priester, Mönche, Nonnen – noch eine ganz selbstverständliche, ihrem Amt und ihrer Berufung entsprechende Autorität hatten.

Im Nachgang der 1960er Jahre finden wir zunehmend eine Situation der «Normlosigkeit und Konkurrenz». Die neue Botschaft lautet, religiöse Praxis, Kasualien und Inhalte des Glaubens seien Sache des Individuums. Religiöse Personen praktizieren, wie sie betonen, «*weil sie Lust haben*», «*aus eigenem Antrieb*», weil «*es ihnen etwas bringt*», wenn «*sie das Bedürfnis danach haben*». Berta-Lisa macht den Vergleich zu früher ganz explizit:

> Ich will jetzt nicht sagen, dass ich wie damals jeden Sonntag in die Kirche gehe, einfach [...] weil man geht, sondern es ist meistens dann schon so: Ja, ich möchte gehen. (Berta-Lisa, 62, röm.-kath.)

Für diese Befragten werden religiöse Rituale und kollektive Aktivitäten also zu «Angeboten», die sie nach Massgabe ihrer Präferenzen wahrnehmen können oder nicht (wobei immer auch die anderen, säkularen Möglichkeiten eine Rolle spielen). Die nicht Praktizierenden sehen einfach den Nutzen einer religiösen Beteiligung nicht, fühlen aber – genau wie die Praktizierenden – auch keinerlei sozialen Zwang, sich vermehrt religiös zu engagieren. Maude spricht belustigt darüber, dass sie «*in Sünde*» lebe (sie ist eine wiederverheiratete Katholikin). Und obwohl sie weiss, dass Wiederverheiratete nach katholischer Lehre von der Kommunion ausgeschlossen sind, kümmert sie sich darum keineswegs:

> [Mein Mann] und ich, wir haben eigentlich nicht das Recht, die Kommunion in der Kirche zu empfangen. [... Aber] ich empfange die Kommunion, das kümmert mich überhaupt nicht! (Maude, 50, röm.-kath.)

Alle – mit Ausnahme der Freikirchlichen – sind ausserdem der Meinung, dass es keineswegs nötig sei, in die Kirche zu gehen oder sonst zu praktizieren, um Christ zu sein. Ebenfalls Konsens ist die Meinung, dass das Individuum ein absolutes Recht habe zu bestimmen, was es glaube und praktiziere. Keinesfalls dürften die Kirchen dem Einzelnen ihre «Dogmen» aufzwingen. Priester und Pastoren verlieren in diesem Sinne ihre spezifische Autorität, Normen durchzusetzen, und jegli-

---

4 Unsere Beschreibung will nicht den Eindruck monolithischer Verhältnisse erwecken. Nicht alle älteren Befragten erzählen von so starker sozialer Kontrolle. Es gab grosse geografische, konfessionelle und individuelle Unterschiede. Dennoch weisen die Daten unmissverständlich auf eine normative Welt hin, die spätestens in den 60er Jahren beträchtliche Risse bekam.

che Versuche, dies doch zu tun, werden als hochgradig illegitim angesehen.[5] Als ein Priester Diane verbieten will, ausserhalb der Kirche zu taufen, wechselt sie einfach den Priester und tut es trotzdem; der Priester, so Diane, habe gedacht, Gott sei nur in der Kirche, dabei, sagt sie lachend, «*ist Gott überall*». Als der Priester Ingolf vorschlägt, zur Vorbereitung auf die Trauung an einem Bibelwochenende teilzunehmen, antwortet er «*Vergiss mich, das geht nicht*». Als der Priester dann «*bockig*» wird, sucht Ingolf mit seiner zukünftigen Frau einen anderen Priester auf. Ganz generell ist bei einem Priester wichtig, so Béatrice, «*dass er zuhört, dass er nicht richtet*». Schliesslich gilt, wie wir auch noch weiter unten sehen werden, dass die individuelle Freiheit der Religion gegenüber auch auf die Kinder ausgedehnt wird. Auch sie sollen «*selbst entscheiden*», ob sie konfirmiert werden wollen, ob sie in den Religionsunterricht gehen wollen, ob sie später einmal religiös sein wollen oder nicht.

Insgesamt treffen wir auf eine Situation, in der sich durch den Wegfall religiöser Normen die religiös-säkulare Konkurrenz frei entfalten kann. Religiöses Entscheiden ist – wie alles andere (politische, wirtschaftliche, sportliche) Entscheiden – vollends privatisiert und der individuellen Entscheidung überlassen.

Normierte vs. optionale religiöse Sozialisation

Wie man religiöse Sozialisation auch misst, immer kommt man zum Befund, dass die institutionelle religiöse Sozialisation rund um den Übergang zur Ich-Gesellschaft der 1960er Jahre *dramatisch abgenommen* hat. Dieser Befund zeigt sich sowohl in den quantitativen Daten wie auch in der qualitativen Untersuchung, wenn wir die Lebensgeschichten der Befragten analysieren. Die älteren Befragten gingen häufiger mit ihren Eltern in die Kirche, wurden öfter in die Sonntagsschule geschickt, hatten intensiveren konfessionellen Religionsunterricht, sie beteten häufiger und hatten mehr Kontakt zu Pfarrern, Priestern, Schwestern und anderen religiösen Spezialisten und Spezialistinnen. Von den 18 Personen zwischen 61 und 70 Jahren waren vier in kirchlichen, von Ordensleuten geführten Schulen, zwei besuchten ein Kolleg, das spezifisch auf die Ausbildung zum Priester ausgerichtet war.

Die jüngeren Befragten werden in all diesen Dimensionen zunehmend weniger religiös sozialisiert. Eine wichtige Ausnahme finden wir allerdings im freikirchlichen Milieu. Hier werden die Kinder in konstant starkem Masse religiös sozialisiert, und darin scheint denn auch eine der wichtigsten Ursachen des zahlenmässigen «Erfolgs» dieses Milieus zu liegen.

5 Auch im französischen Limerzel verlieren die Priester ab den 1960er Jahren deutlich an Autorität, vgl. Lambert (2007 (1985)).

Die religiöse Sozialisierung hat aber nicht nur abgenommen, ihr *Status* hat sich durch das neue Konkurrenzregime in der Ich-Gesellschaft auch grundlegend verändert, sie ist von einer *selbstverständlichen, notwendigen* zu einer *optionalen* sozialen Praxis geworden. Dies zeigt sich in unserem Material unmissverständlich.

Noch in den 50er Jahren war religiöse Sozialisation selbstverständlich, und die Teilnahme der Kinder an Gottesdiensten und religiöser Unterweisungen wurde notfalls mit Zwang durchgesetzt. Es war «*strikt*», «*aufgezwungen*», es gab «*kei Birre*» (keine Birnen, Mundartausdruck für «keine Diskussion»). Tisch- und Abendgebete gehörten in vielen (vor allem katholischen) Familien zum selbstverständlichen Tagesablauf. Sonntagsschule, Erstkommunion, Katechismus- und Konfirmationsunterricht waren unhinterfragte Bestandteile der Biografie. Ein Ausscheren, etwa die Verweigerung der Kasualien, wurde sozial stark geächtet. Es galt – so Diane – «*jedes Kind muss getauft sein*». Und Gisèle sagt über die Konfirmation:

> Man musste, sonst wäre das ein öffentlicher Skandal gewesen, wenn man es nicht gemacht hätte. (Gisèle, 63, röm.-kath.)

Ob die Kinder einverstanden waren, ob ihnen der Katechismus gefiel oder sie konfirmiert werden wollten oder nicht, war daher kein Thema. Da die Teilnahme allgemein und selbstverständlich war, wurde der faktische Teilnahmezwang nicht immer als solcher empfunden. Die Unterrichtenden in Schule und Kirche verfügten über eine generell anerkannte Autorität und wurden manchmal auch als autoritär empfunden. Ein Teil ihrer Autorität konnte auch darin bestehen, dass sie einen gegebenenfalls strafenden Gott vertraten, der über den späteren Eingang ins Paradies wachte. Religiöse Sozialisierung scheint in den meisten Fällen *nicht* darin bestanden zu haben, dass die Eltern ihren Kindern einen persönlichen Glauben vermittelt hätten. Vielmehr gab es eine Arbeitsteilung zwischen den Eltern, der Kirche und der Schule. Die Eltern befolgten die als selbstverständlich angesehenen Normen und Erwartungen und delegierten die religiöse Unterweisung an die Kirche und Schule. Alle drei Instanzen setzten – gemeinsam mit der gesellschaftlichen sozialen Kontrolle – die religiösen Normen durch. Fabio drückt es so aus:

> Autorität hat [...] eine relativ wichtige Rolle in meinem Leben gespielt. Zu wichtig, meine ich. [...] Meine Eltern waren autoritär, nicht in dem Sinne, dass sie Autorität auf mich ausgeübt haben, sondern weil sie mir zu verstehen gaben, dass das wichtig ist und dass man sich der Autorität, bitte sehr, fügen soll. Für sie war das das Normalste, dass man Autorität beachtet. [...] Also erstens haben wir natürlich über solche Themen [Religion, Spiritualität] so gut wie gar nie geredet [...] Früher hatte man ja netterweise noch diese klare Aufgabenteilung: Wenn du um vier Uhr nach Hause kommst, dann sind wir die Eltern, dann sind wir zuständig, und wenn du von zwei bis vier Uhr in der Schule bist, dann ist der Lehrer zuständig, und man hat

> sich so quasi wie ergänzt, verflochten [...] Und somit sind natürlich auch die religiösen Themen in die Schule abgeschrieben gewesen und bei uns zu Hause kaum gross ein Thema, also [...] zumindest verbal nicht, aber eben vielleicht im einen oder anderen Brauch, da hing sicherlich noch ein Kreuz. Und die Eltern gingen sicherlich auch in die Kirche und wollten, dass ich in die Kirche gehe, und wollten sicherlich auch, dass ich schön angezogen bin, wenn ich am Sonntag in die Kirche gehe, aber das waren eigentlich alles nur so äussere Erscheinungen für irgendwelche Geschichten, die nicht im engen Sinne etwas mit Religiosität zu tun hatten. (Fabio, 57, röm.-kath.)

Diese Arbeitsteilung scheint sowohl bei Katholiken als auch bei Reformierten funktioniert zu haben. Der grosse Unterschied zwischen den Konfessionen bestand darin, dass der Kirchgang und die gelebte Religiosität im Alltag bei den Katholiken sehr viel stärker verankert war als bei Reformierten.

Nach dem Übergang zur Ich-Gesellschaft der 1960er Jahre wird religiöse Sozialisierung dagegen sowohl von Eltern als auch von Kindern immer stärker als *optional* angesehen. Viele Eltern lassen ihre Kinder nicht taufen oder konfirmieren, um diese später «*selber entscheiden zu lassen*». Ganz generell möchte man den Kindern in religiösen Dingen «*keine Gedanken aufzwingen*», sie «*wählen, was sie wollen*», «*man öffnet ihnen eine Tür für die Religion, und dann können sie damit tun, was sie wollen*». Das hängt auch damit zusammen, dass viele Eltern die selbstverständlichen religiösen Rituale des Alltags verloren haben und den kirchlichen Institutionen nicht mehr automatisch die Autorität für die religiöse Sozialisation zusprechen.

Diese neue Optionalität hat zu einer religiös-säkularen Konkurrenz geführt. Religiöse Sozialisierung wird hinsichtlich ihres «Freizeitwerts» und «Nutzens» mit anderen, säkularen Optionen verglichen und muss sich in dieser Konkurrenz behaupten. Rebecca erzählt:

> Also, so bei dem Angebot, dass es allgemein gibt, also von den Kindern sowieso, ist es riesig. Also, man muss [...] herauskristallisieren, was man herauspicken soll [...] Für was will man sich entscheiden in dem Bereich und in der Kirche, in der Schule, in der Musik, im Sport [...]? (Rebecca, 45, röm.-kath.)

Eltern und Kinder fragen sich, was die Kinder in der für religiöse Sozialisation benötigten Zeit sonst alles tun könnten. Maudes (50, röm.-kath.) Kinder etwa möchten nicht so viele Wochenenden für den Konfirmationsunterricht einsetzen, sondern lieber tanzen und schwimmen gehen. Viele Kinder widersetzen sich, wenn sie dennoch gezwungen werden. Gerade der Widerstand der Kinder ist einer der auffälligsten und deutlichsten Befunde im Material. Die Kinder «*wollten nicht*», «*widersetzen sich allem*». Eltern, die ihre Kinder dennoch religiös sozialisieren wollen, verwenden dann oft monetäre Anreize. Der Sohn von Mona (48, konfessionslos) etwa lässt sich *«nur wegen dem Geld»* firmen.

Auch bezüglich ihrer Plausibilität wird religiöse Sozialisierung mit säkularen Alternativen konfrontiert. Wurde die Autorität der Inhalte religiöser Sozialisierung vor den 60er Jahren – trotz der seit der Aufklärung bestehenden Religionskritik – von den religiösen Spezialisten einfach durchgesetzt, so zeigt sich nach dem Übergang zur Ich-Gesellschaft eine deutlich andere Situation. Viele zu sozialisierende Kinder betrachten religiöse Erzählungen und Dogmen aus einer modern wissenschaftlichen Perspektive und halten sie für falsch. So berichtet Elina über ihren Religionslehrer:

> Er denkt, dass es Adam und Eva gibt und dass es das Paradies gab [...] und ich habe gefragt, aber was ist mit Darwin, mit den Affen. Er hat gesagt: «Nein, nein, davon darf man hier nicht sprechen.» (Elina, 25, röm.-kath.)

Blandine erzählt, wie ihr 7-jähriger Sohn entrüstet aus dem Religionsunterricht nach Hause kommt:

> Er ist nach Hause gekommen und hat eine Grimasse gemacht, und ich sage ihm: «Was ist los? Was ist gewesen?» Er sagt: «Hör mal, der Priester war in der Schule [...] Er soll aufhören, uns Blödsinn zu erzählen». Und ich sage: «Warum»? Und er: «Weisst du, was er uns heute Morgen erklärt hat? Er hat uns gesagt, dass einmal Jesus zum Meer gekommen ist mit einer Horde von Leuten, und er hat dem Meer gesagt: Öffne dich, und sie sind alle zu Fuss durchgegangen, und nachher hat sich das Meer wieder geschlossen.» Er hat mir gesagt: «Wer's glaubt!» Also, es ist wahr, heutzutage kann man das die Kinder nicht mehr glauben machen. (Blandine, 63, röm.-kath.)

Überhaupt berichten die Befragten häufig davon, dass im Religionsunterricht Blödsinn aller Art gemacht werde, dass man sich *«amüsiere»*, und dass die Religionslehrer Disziplinarprobleme hätten.

Wiederum ist der Vergleich mit dem freikirchlichen Milieu aufschlussreich, in dem weiterhin eine intensive religiöse Sozialisation erfolgt. Hier versuchen die Eltern, einen *«lebendigen, persönlichen Glauben»* an die Kinder weiterzugeben. Freikirchliche Eltern hüten sich dabei, ihren Kindern irgend etwas *«aufzuzwingen»*, da dies negative Reaktionen nach sich ziehen könnte. Stattdessen *«leben sie den Glauben vor»* und präsentieren ihre Religion in attraktiver Form (z. B. Kassetten mit Bibelgeschichten, christliche Kindermusik). Ferner wählen Freikirchler oft ganz bewusst eine Gemeinde mit starkem Kinder- und Jugendprogramm, so dass die Kinder mit anderen christlichen Kindern zusammen aufwachsen und sozialisiert werden. Schliesslich filtern die Eltern die Umwelt des Kindes, indem sie verschiedene als «*nicht christlich*» angesehene Umwelteinflüsse ausschalten (z. B. Fernsehen, Internet, säkulare Clubs usw.). Wir sehen hier also eine interessante Reaktion auf die Ich-Gesellschaft: Säkulare Konkurrenz für religiöse Sozialisierung wird bewusst ausgeschaltet, indem das Milieu sich auf sich selbst zurückzieht und möglichst attraktive eigene Sozialisationsmöglichkeiten anbietet.

Partnerwahl, Heiratsverhalten, Einfluss des Partners

Auch beim Heiratsverhalten und der Verbindung zum Partner zeigen sich ganz erstaunliche Veränderungen, die im Zusammenhang mit dem Übergang zur Ich-Gesellschaft stehen. Auf den kürzesten Nenner gebracht, war eine Ehe vor 1960 nicht nur eine Sache zwischen den zwei Ehepartnern. Vielmehr hatten auch die Eltern, die Kirche und die Gesellschaft ganz generell einen gewissen Einfluss auf die Partnerwahl, die Form der Offizialisierung der Partnerschaft, die gemeinsame Lebensform wie auch auf die Erziehung der Kinder. Die älteren Befragten erzählen, dass vor 1960 eine kirchliche Heirat im eigenen konfessionellen Milieu sozial erwartet wurde. Die Eltern hatten unter Umständen bei der Wahl des Partners ein gewichtiges Wort mitzureden. Wenn man einen Ehepartner aus der anderen Konfession wählte, kam es oft zu Problemen mit den eigenen Eltern bzw. Schwiegereltern. Gisèle (63, röm.-kath.) musste vom Katholizismus zum Protestantismus konvertieren, um ihren Mann heiraten zu können. Zu dieser Zeit galt für die meisten Gesellschaftsmitglieder, dass nur die kirchliche Heirat eine «*wirkliche Heirat*» sei.[6]

> Interviewer: Haben Sie kirchlich geheiratet? – Blandine: Ja, ja, denn für meine Eltern war man nicht verheiratet, wenn man nicht kirchlich verheiratet war. (Blandine, 63, röm.-kath.)

Auch Mima, für die eine zivile Trauung durchaus genügt hätte, heiratet kirchlich, «*um dem Wunsch meiner Mutter zu genügen*». Generell war die kirchlich sanktionierte Ehe die normale und sozial erwartete Lebensstil-Form. Ein Leben als Single mit Kindern, ein Zusammenleben von Frau und Mann (das Konkubinat oder die «wilde Ehe») mit oder ohne Kinder, eine Patchwork-Familie und die Wohngemeinschaft waren verpönt. Die Schwangerschaft einer nicht verheirateten Tochter war ein grosses moralisches Problem und Angst-Thema aller Eltern. Es konnte normalerweise nur durch die sofortige Heirat der Tochter mit dem Vater des Kindes gelöst werden. Geschah dies nicht, kam es zu einem Status-Verlust sowohl der Tochter als auch der Familie.

---

6 Für die 63-jährige Gisèle ist noch heute «*la mairie [...] pas le vrai mariage*».

Mit dem Übergang zur Ich-Gesellschaft verändert sich die Situation grundlegend. Insbesondere die Pille und weitere Verhütungsmittel, aber auch die etwa von den Hippies, Herbert Marcuse oder Wilhelm Reich vertretene Idee einer «freien Liebe» führte zu einer Liberalisierung der Sexualität vor allem der Frau. Die Frage, mit wem und in welcher Form eine Partnerschaft eingegangen werden sollte, war nun nur noch eine Sache der beiden Partner. Diese Sicht hat sich mittlerweile durchgesetzt und wird von fast allen Befragten vertreten. Karol (64, röm.-kath.) bringt es auf den Punkt: Wenn zwei Leute zueinander passen, «*sollte die Religion auch kein Problem sein, heutzutage*». Sex vor der Ehe, das Konkubinat, Eineltern- und Patchworkfamilie sind völlig normal. Blandine kommentiert:

> Heutzutage ist jedermann frei, man heiratet oder heiratet nicht, man bekommt Kinder, obwohl man nicht verheiratet ist, also, das geht jetzt ab wie ein Brief auf der Post! (Blandine, 63, röm.-kath.)

Eine Heirat ist für ein sozial anerkanntes Zusammenleben von Frau und Mann nicht mehr erforderlich – eine *kirchliche* Heirat schon gar nicht, auch wenn immer noch viele Paare die Form der mindestens zivilrechtlichen Eheschliessung wählen. Auch die Norm der konfessionellen Homogenität des Paares ist fast völlig verschwunden und wird als veraltet angesehen. Die Frage nach der Bedeutung von Religion für die Partnerwahl ruft bei unseren Befragten vielfach Unverständnis oder gar Belustigung hervor. Wenn der Partner einer anderen Konfession angehört, «*nimmt man das zur Kenntnis*» (Ingolf) – es hat aber meist kaum weitere Bedeutung. Da in der Ich-Gesellschaft nur noch die Partner ein Recht haben, auf die Beziehung einzuwirken, wird jegliche Einflussnahme Dritter – der Eltern, der Gesellschaft, der Kirche – als hochgradig illegitim angesehen und abgewehrt. Fragen der Priester zur Sexualität in der Beichte, wie sie noch in den 1960er und 1970er Jahren selbstverständlich waren, werden zunehmend als grobe Einmischung in die Intimsphäre empfunden.[7] Katholische Normen, die Scheidung und Wiederverheiratung unter Strafe der Exkommunikation verbieten (bzw. von speziellen Erlaubnissen abhängig machen), wirken auf die Befragten empörend und einer richtig verstandenen Religion widersprechend. Nicht zuletzt bei den Kasualien, insbesondere bei der Eheschliessung, hat sich die Individualisierung deutlich niedergeschlagen. Auch hier möchten die Partner so viel der Zeremonie wie möglich selbst bestimmen. Es widerstrebt ihnen, sich «*dem Fahrplan der Kirche zu unterwerfen*» (Ingolf). Im Material finden sich denn auch verschiedene

7 In manchen Interviews wird sehr deutlich, wie die Befragten eine kirchliche Kontrolle ihrer persönlichen Moral – insbesondere durch die Beichte – als nicht mehr plausibel und gerechtfertigt empfinden.

Erzählungen von z. T. harzigen Aushandlungsprozessen zwischen Priestern/Pfarrern und Paaren in Bezug auf die Form des kirchlichen Rituals.

Quantitativ zeigt sich, dass die Personen, die bis und mit 1938 geboren sind (die zum Zeitpunkt der Untersuchung 71 Jahre und älter sind), mit einer Wahrscheinlichkeit von über 60 % angeben, dass Konfession für die Partnerwahl ein wichtiger Einflussfaktor war. Bei der jüngsten Generation sagen dies nur noch etwas mehr als 20 % der Befragten (Grafik 9.7).

Wiederum beobachten wir eine grosse Diskrepanz der Mehrheit der Befragten (auch der Etablierten) zu den Freikirchlichen. In dieser Gruppe finden wir das Fortbestehen einer Norm, gemäss der ein «*Christ*» einen gläubigen Partner brauche. Auch wenn die Norm oft als rein pragmatische Lebensweisheit verpackt wird, ist doch klar, dass das ganze Milieu stark auf die Einhaltung dringt. Barnabé ist ausser sich, dass seine Tochter mit einem Ungläubigen zusammenlebt und dessen Bett teilt (der Partner sei ein «*Delinquent*»; für die Tochter sei dies das «*Scheitern für das Leben*»). Alle unsere freikirchlichen Befragten sind denn auch mit anderen gläubigen Partnern verheiratet oder befreundet. Nichts dergleichen finden wir bei den Alternativen. Obwohl alternative Spiritualität für sie sehr wichtig sein kann, scheinen sie so individualisiert zu sein, dass der Partner diese Ansichten und Prak-

Grafik 9.7: Bei älteren Befragten war Religion häufiger wichtiger für die Partnerwahl als bei jüngeren Befragten

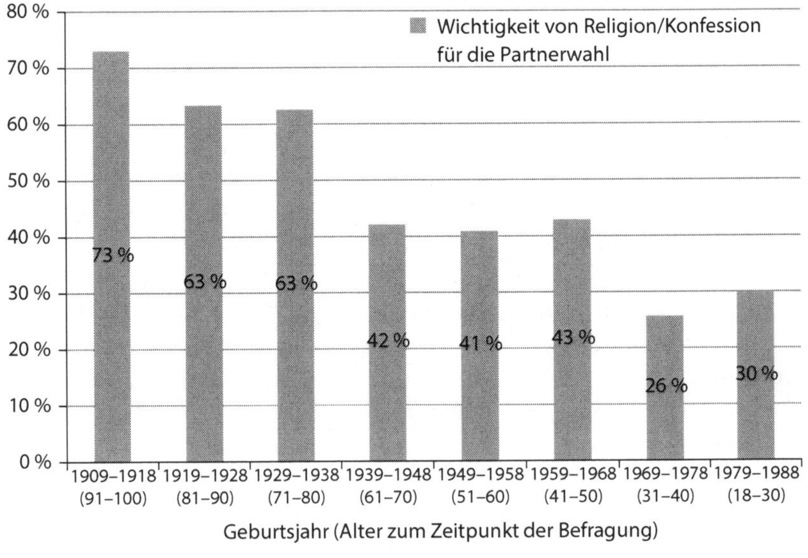

Quelle: Retrospektive Daten, gepoolte Daten der Datensätze 1989, 1999, 2009

tiken nicht unbedingt teilen muss. Bei den *Säkularen* finden wir sehr häufig, dass auch die Partner säkular sind. Säkulare geben an, dass es sehr schwierig wäre, mit einem religiös praktizierenden Partner zusammenzusein. Hier scheint es sich jedoch nicht um eine Norm zu handeln, sondern eher um die praktische Überlegung, dass es für ein Paar schwierig wird, wenn die Partner zu verschiedene Ansichten und Werte vertreten.

Die Tatsache, dass in der Ich-Gesellschaft externe normative Einflussnahme auf die Partnerschaft als unerwünscht angesehen wird, führt zu einer nie zuvor gegebenen Wichtigkeit des Partners für die eigenen Werte, das eigene Verhalten und die eigene Religiosität bzw. Säkularität. Im Material kommt dies an diversen Stellen zum Ausdruck. Man «*entwickelt sich gemeinsam in eine Richtung*», «*konstruiert sich gemeinsam*», es kommt darauf an, dass es «für beide stimmt». Dieser Einfluss zeigt sich auch in religiöser Hinsicht sehr deutlich. Die Religiosität bzw. Säkularität des einen Partners beeinflusst diejenige des anderen Partners. In manchen Fällen wirkt der Einfluss hin zu mehr Religiosität: Die Frau von Willi bekehrt sich ebenfalls, François begleitet seine Frau alle 14 Tage zur Messe (er würde sonst weniger häufig gehen), Barbara geht oft wegen ihrem Ehemann in den Gottesdienst. Quentin hat manchmal den leichten Eindruck der «*Präsenz*» eines Geistes – und ist hierbei ganz offensichtlich stark von seiner Frau beeinflusst, die regelmässig und intensiv mit Geistern von Verstorbenen in Kontakt steht.

> Ich habe den Eindruck, dass es gewisse Personen gibt, die verstorben sind, die man kennt, wenn man Dinge tun muss [...] dann habe ich manchmal den Eindruck, dass [der Verstorbene] uns führt oder dass er da ist. Es ist wie eine Präsenz. [...] Aber meine Frau ist viel stärker da drin als ich. Sie ist wirklich sicher. Ich selbst habe Manifestationen, aber nie reale Manifestationen. (Quentin, 50, ev.-ref.)

Häufiger wirkt der Mechanismus in die säkularisierende Richtung: Die Söhne von Marc-Antoine, die regelmässig mit den Eltern in die Messe gingen, hören hiermit auf, sobald sie säkulare Partnerinnen gefunden haben, die Frau des säkularen David verliert langsam ihre orthodoxe Praxis, die Frau von Peter sagt: «*Im Prinzip hast du recht, da können wir viel Geld sparen*», und tritt ebenfalls aus der Kirche aus.

Veränderungen des Coping

Eine weitere interessante Veränderung betrifft das Coping, d. h. Reaktionen auf persönliche Probleme. Während der Pfarrer oder Priester für viele Personen vor den 60er Jahren noch eine selbstverständliche Anlaufstelle bei persönlichen Problemen war, scheint die religiös-säkulare Konkurrenz seither immer mehr auf eine Verdrängung der religiösen durch säkulare Spezialisten hinzudeuten. Zum einen sehen wir, dass die Menschen immer häufiger andere, nicht-institutionell-religiöse Coping-Strategien vorziehen. So etwa sagt Félicia:

> Aber es käme mir nicht in den Sinn, einem Pastor ein Problem anzuvertrauen. [...] Das sind keine Psychologen. (Félicia, 55, ev.-ref.)

Ganz ähnlich Elina:

> [Die Kirche war früher] eine psychologische Unterstützung. [...] Der Priester war [wie heute] unser Psychologe. (Elina, 25, röm.-kath.)

Zum anderen scheinen insbesondere die Pfarrer und Priester gemäss vielen Befragten kein spezielles Wissen mehr zu besitzen, das im Falle von Lebensproblemen weiterhelfen könnte. Ihre Fachkenntnis in solchen Fällen wird nicht mehr plausibel. Im Gegenteil: Oft wird sogar behauptet, katholische Priester hätten eine nur eingeschränkte Kenntnis des «*normalen Lebens*», da sie «*in ihrer eigenen Welt*» lebten, nicht «*selber abwaschen*» würden und nicht verheiratet seien. Ausserdem sehen viele Befragte religiöses Coping als zunehmend *unplausibel* an. Es löse die eigentlichen Probleme nicht. Es bringe mehr, die Probleme «*rational*», «*sachlich*», «*wissenschaftlich*» anzugehen, «*mit Freunden*» zu besprechen.

Im Gegensatz zu institutionell-religiösem Coping scheint alternativ-spirituelles Coping dagegen in den letzten 20 Jahren gesamthaft stabil zu bleiben, wobei die spezifischen Techniken und Strategien sehr starker Fluktuation unterworfen sind. Diese Coping-Form scheint sich in der religiös-säkularen Konkurrenz besser halten zu können und wird aus verschiedenen Gründen als *plausibel* angesehen. Die wichtigsten Argumente in unserem Material sind, dass alternative Coping-Strategien in ihrer Effektivität individuell erfahren worden sind und/oder bei anderen gewirkt haben, auf (angeblich) wissenschaftlich erforschten Mechanismen beruhen und «*natürlich*» und «*sanft*» sind (im Unterschied zu «*aggressiven Medikamenten*»).

Ich-Gesellschaft und Geschlecht

Gemäss unserer dritten Hypothese lässt sich auch das Verhältnis von Geschlecht und institutioneller Religiosität und alternativer Spiritualität nur verstehen, wenn man es in den Kontext der Entwicklungen der letzten Jahrzehnte und damit in den Übergang zur Ich-Gesellschaft stellt. Auch hier erweist sich die kulturelle Revolution der zweiten Hälfte des 20. Jahrhunderts als zentral: In den 1960er Jahren kam es aufgrund der Erfindung der Pille zur sexuellen Revolution. In den

1970er Jahren erhielten die Frauen das politische Stimmrecht. Und in den 1980er Jahren kam die sogenannte zweite Frauenbewegung auf. Insgesamt führten diese Entwicklungen zu einem Übergang von einer Gesellschaftsstruktur, in der Männer und Frauen deutlich getrennte Geschlechterrollen innehatten (die dem Mann die Vorrangstellung einräumten), zu einer Situation der (zumindest ideellen) Gleichstellung, innerhalb derer beiden Geschlechtern die genau gleichen Rechte zukommen. Damit einherging auch eine Veränderung der inhaltlichen Zuschreibung der Geschlechterrollen. Innerhalb der traditionellen Situation bis in die 1950er Jahre war die Stellung der Frau gekennzeichnet durch die klassische Mutter- und Hausfrauenrolle, die sich durch ideale Eigenschaften wie Fleiss, Bescheidenheit, Unterordnung, Hilfsbereitschaft, Keuschheit vor der Ehe usw. auszeichnete. Zu dieser weiblichen Rolle gehörte genuin die Frömmigkeit und damit die Zuständigkeit für die religiösen Angelegenheiten in der Familie, allem voran die religiöse Erziehung der Kinder.[8] In gewisser Weise war die Unterscheidung und Trennung der Geschlechterrollen selbst religiös legitimiert, indem nämlich die religiösen Vorschriften zu Sexualität und Ehe ganz allgemein den Status quo als richtig erscheinen liessen. Der Übergang zur Ich-Gesellschaft erschütterte dieses System der Geschlechterrollen zutiefst.[9]

Mit unseren Daten lassen sich nicht alle diese Hypothesen zweifelsfrei belegen. Dennoch gibt es viele Befunde, die unser Modell zumindest plausibel erscheinen lassen. Sehr deutlich wird in den qualitativen Interviews, dass vor den 1960er Jahren noch bürgerliche Geschlechterrollen mit einer sehr starken geschlechtsspezifischen Arbeitsteilung herrschten. Hierbei war Kindererziehung und insbesondere religiöse Erziehung ausschliesslich Angelegenheit der Mutter. Fast alle älteren Befragten berichten, dass es die Mütter gewesen seien, die sie stark religiös erzogen hätten. Mima erzählt in sehr typischer Weise:

> Meine Mutter war wirklich sehr religiös [...] Sie ging immer regelmässig in die Kirche, sie machte alles so, wie die Religion es vorschrieb. [...] Sie ging am Sonntag [...] und auch [...] an allen anderen Tagen. Mein Vater nicht [lacht]. Mein Vater ging am Sonntag, eher aus Gewohnheit oder um der Mutter eine Freude zu machen. Aber es gab keine grossen Diskussionen. Jeder lebte auf seine Weise [...] Logischerweise versuchte die Mutter, uns [die Religion] zu lehren und uns in die Kirche zu schicken. (Mima, 59, röm.-kath.)

8 Diese inhaltliche Beschreibung der Geschlechterrollen ist für die katholische Kirche auf der lehramtlichen Ebene bis heute religiös legitimiert.

9 Vgl. Woodhead (2007).

Die bürgerlichen Geschlechterrollen gingen von biologisch bedingten unterschiedlichen männlichen und weiblichen Eigenschaften aus und versuchten diese über Sozialisation zu festigen. Die älteren weiblichen Befragten erzählen, wie sie in dieser Weise erzogen wurden; oft haben sie die betreffenden Eigenschaften internalisiert und zu Teilen ihrer eigenen Persönlichkeit gemacht.[10] Emily ist beigebracht worden, dass man «*nicht hochmütig ist*», bescheiden sein soll und «*nie andere Menschen übertrumpfen oder etwas Besseres sein*» darf. Wenn jemand Mima um Hilfe bittet, ist sie «*unfähig, Nein zu sagen*», sie tut alles in ihrer Kraft Stehende, um zu helfen. Gisèle hat im Internat von den Schwestern gelernt, dass man sich nie streiten und immer alle lieben soll – das hat in entscheidender Weise auf ihre heutige Persönlichkeit eingewirkt. Sie sagt:

> Es liegt in meinem Charakter, nicht zu streiten, alle zu lieben. Und manchmal sagen die anderen, dass ich ihnen damit auf die Nerven gehe [lacht], wenn ich zehnmal frage: Willst du nicht noch etwas essen? [lacht] (Gisèle, 63, röm.-kath)

Die Reinheit der Frau war auch und vor allem sexuell zu verstehen. Sexualität vor der Ehe war – wie schon Gretchen in Goethes Faust erfahren musste – absolut tabu. Die Einhaltung der Sexualitätsnormen wurde in der Beichte kontrolliert, was allerdings schon in den 1950er Jahren nicht mehr als legitim erscheint. Zwei katholische Frauen erzählen entrüstet, wie Fragen nach der Sexualität im Beichtstuhl sie davon abhielten, je wieder zu beichten.

Sowohl Frauen wie Männer der «68er Generation» erzählen, wie sie sich aus religiösen Zwängen langsam herausgearbeitet haben, wobei dies bei Frauen nicht nur ein Abstreifen religiöser Normen, sondern gleichzeitig ein Ablegen der traditionellen Geschlechterrollen war. Auf die Frage, warum sie weniger religiös geworden sei als ihre ältere Schwester, antwortet Mima:

> Also [...] meine Schwester ist fast zwanzig Jahre älter als ich. Sie war es gewohnt, die einem auferlegten Dinge eher zu akzeptieren, sogar in der Familie. Vielleicht bin ich etwas mehr der Rebell in der Familie [lacht]. Ich bin eine Achtundsechzigerin, das ist der Grund [lacht]. Eine Zeit des grossen Aufbruchs, die vielleicht ein bisschen meine Art zu sein verändert hat [lacht]. [...] Du weitest deinen Horizont aus, du glaubst nicht mehr, dass man die Dinge einfach aus Gewohnheit machen muss. Du machst es, wenn du Lust dazu hast, sonst lässt du es bleiben. Dieser Wandel ist gekommen und hat alles beeinflusst. (Mima, 59, röm.-kath.)

---

10 Die männlichen Geschlechterrollen sind im Material weniger gut zu fassen. Ein Beispiel ist etwa, wenn Barbara erzählt, dass der Religionslehrer die Jungen (aber nicht die Mädchen) schlug, wenn sie nicht spurten.

In den 1970er und 1980er Jahren kam die alternative Spiritualität auf, die auf viele Menschen eine grosse Faszination ausübte. Es war die Zeit der Gurus, der sogenannten Jugendreligionen und des New Age. Viele stark religiös erzogene Personen – insbesondere Frauen – versuchten, ein Bedürfnis nach religiöser Erfahrung mit den neuen Freiheiten zu verbinden. Die in dieser Zeit sozialisierten Generationen sind noch heute besonders stark alternativ spirituell. Für viele Frauen war diese neue Art der Spiritualität ein Weg in die Emanzipation. Die stark katholisch sozialisierte Emily berichtet von dieser Selbstfindung:

> Als Frau [habe ich] später [durch] verschiedene Seminare […] gelernt, dass ich jetzt einfach mehr so bin, wie ich bin. Und wer im Freundeskreis und Bekanntenkreis das nicht so gut findet, egal, der gehört nicht zu meinem Leben. […] Beim Yoga habe ich sehr viel über meinen Körper und über Geist und Seele gelernt, in der Meditation ganz viel über meine Seele, und beim Polarity hat man die Blockaden gelöst. Und das ist immer sehr schwierig, wenn du beginnst Blockaden zu lösen, weil dann passiert ja etwas mit dir. Und das ist ja dann meistens nicht so gemütlich für die Familie, weil du dich […] ganz subtil [zu verändern] beginnst. Und es gibt dann gewisse Situationen, [in denen] deine Ehepartnerin oder das Mami nicht mehr ganz so ist, wie man es eigentlich kennt. […] Das […] hat mich dann dort hin geführt, wo ich eigentlich stehen will. (Emily, 62, röm.-kath.)

Bei den jüngeren Befragten finden wir all dies nicht mehr. Es wird immer weniger von bürgerlichen Geschlechterrollen und schon gar nicht mehr von männlichen und weiblichen Eigenschaften (nach bürgerlicher Ideologie) berichtet. Weder denken (männliche und weibliche) Befragte, dass Frauen besonders zart, liebend, helfend und rein zu sein hätten, noch wird Frömmigkeit als positive Tugend des Frauseins erwähnt. Das Ideal des «Schwesterntums» hat eindeutig ausgedient. Zwar sind es immer noch meistens die Mütter, die den wichtigsten Einfluss auf die Erziehung aufweisen – aber sie vermitteln viel seltener Religion. Wenn von Geschlechterrollen die Rede ist, so in Erzählungen über fehlende Gleichberechtigung etwa in der katholischen Kirche oder im Islam. Eine Ausnahme bilden hier wiederum die Freikirchlichen und einige ältere Etablierte, die noch an traditionellen Geschlechterrollen festhalten möchten.

In den quantitativen Daten zeigen sich andere Facetten der Veränderungen. Insbesondere wird hier deutlich, dass es die heute 51–60-jährigen und vor allem 41–50-jährigen Frauen sind, die besonders stark alternativ spirituell sind (Grafik 9.8). Dies spricht für die These, dass alternative Spiritualität für diese Generationen von Frauen als eine Art Bewältigungsstrategie in Bezug auf die Veränderungen des neuen Gesellschaftsmodells zu sehen ist. Zweitens zeigt sich – hier nicht dargestellt – ein deutlicher Zusammenhang zwischen weiblicher religiöser Praxis und Erwerbstätigkeit. Hausfrauen weisen deutlich stärkere institutionelle religiöse

Grafik 9.8: Frauen sind in allen Altersgruppen sowohl institutionell religiöser als auch alternativ-spiritueller als Männer. Frauen zwischen 41 und 60 sind besonders stark alternativ

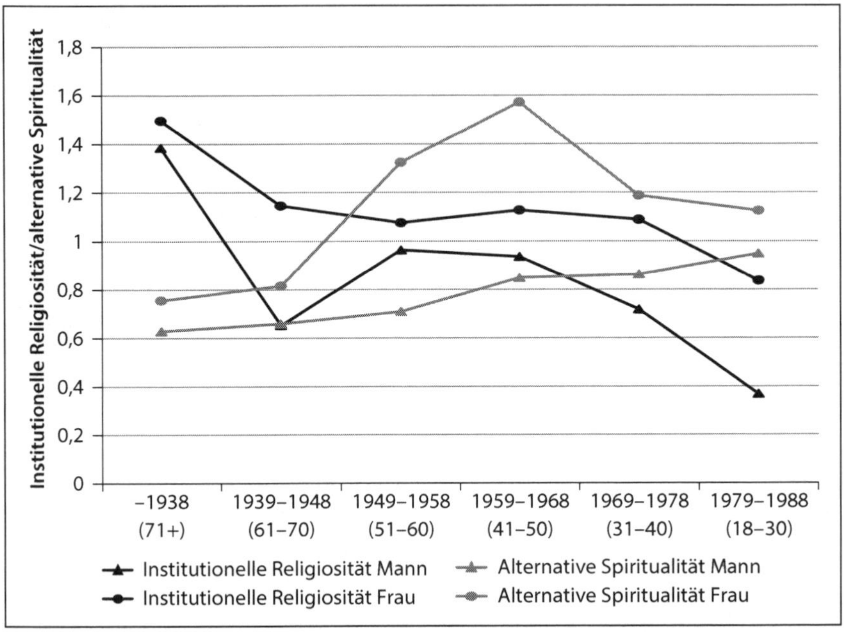

Praxis auf, was für die Konkurrenzthese spricht. Schliesslich finden wir (wiederum Grafik 9.8) den bekannten «Gender Gap» wieder: Frauen sind in allen Altersklassen sowohl institutionell religiöser als auch alternativ spiritueller. Gerade dieser letzte Befund ist für unsere Theorie allerdings ein Problem: Aufgrund der theoretischen Überlegungen hätten wir eigentlich erwartet, dass der Gender Gap sowohl für institutionelle als auch alternative Religiosität/Spiritualität sich für jüngere Generationen verkleinern müsste. Hier besteht Bedarf für weitere Forschungen.

Ich-Gesellschaft und Stadt/Land

Gemäss unserer vierten Hypothese haben sich der neue, moderne, individualisierte Lebensstil und die religiös-säkulare Konkurrenz um Nachfrage seit den 1950er und 1960er Jahren von der Stadt aufs Land ausgebreitet. Zunächst hatte er eine jüngere, höher gebildete, städtische Schicht ergriffen. Insbesondere aufgrund der steigenden Auto-Mobilität breitete er sich schnell immer mehr auch aufs Land aus. Wir verfügen in unserem Material nur über beschränkte Möglichkeiten, um diese Hypothese zu prüfen, immerhin lassen sich gewisse Aspekte mindestens plausibilisieren.

An einigen Stellen des Materials finden wir noch Überreste des vor den 60er Jahren häufigen Phänomens, dass in (insbesondere katholischen) Dörfern eine starke soziale Kontrolle herrschte, die Kirchgang, Kasualien und konfessionelle Identität stützte. So berichtet die im katholischen Wallis wohnhafte Bäuerin Bettina, dass ihr die Kirche wichtig sei, dass die kirchlichen Kasualien für sie eine Selbstverständlichkeit seien, dass sie die Religion an ihre Kinder weitergeben wolle und dass ein Kirchenaustritt überhaupt nicht in Frage komme. Auf Nachfrage des Interviewers hin erzählt sie dann, dass es auch noch einen gewissen sozialen Druck im Dorf gebe, in der Kirche zu sein:

> Ich denke, hier im Dorf, wo man sich so kennt [...] würden wir wahrscheinlich schon noch komisch angeschaut, wenn wir austreten würden [lacht]. Als eingesessene Bauernfamilie. (Bettina, 40, röm.-kath.)

Stephan (45, röm.-kath.), ebenfalls aus dem Wallis, erzählt, wie die Feuerwehr noch heute sehr gute Beziehungen zur Kirche unterhält und jährlich eine Messe für die Schutzpatronin der Feuerwehr gelesen wird. Auch die Neubauten im Dorf

Grafik 9.9: Der Stadt-Land-Unterschied in Bezug auf institutionelle Religiosität verringert sich zwischen 1989 und 2009 tendenziell

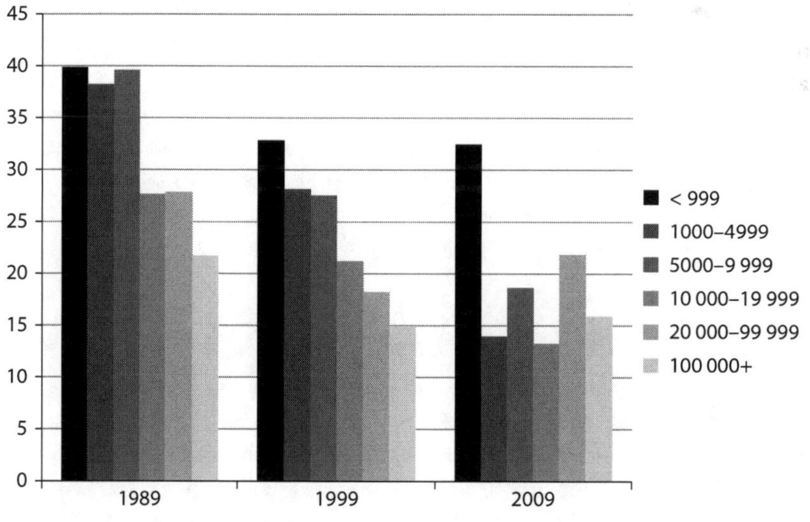

Quelle: Surveys 1989, 1999, 2009

würden noch unter den Schutz Gottes gestellt. Mima erzählt, die Leute im Dorf redeten, wenn man nicht in die Kirche gehe:

> Wenn man hier nicht in die Kirche geht, sagen die Leute Dinge, sie reden unter sich. (Mima 59, röm.-kath.)

Quantitativ reichen unsere Daten bezüglich des Stadt-Land-Merkmals leider nicht besonders weit in die Vergangenheit zurück. Der Vergleich der drei Datensätze 1989, 1999 und 2009 zeigt jedoch, dass eine noch recht eindeutige Beziehung zwischen Stadt-Land (bzw. Einwohnerzahl des Ortes) und institutioneller Religiosität sich von 1989 an abzuschwächen scheint. Während 1989 kleinere Orte deutlich institutionell religiöser sind als grosse Orte und Städte, sind es 2009 nur noch die kleinsten Dörfer, die religiöser sind als alle anderen Kategorien. Ansonsten finden wir hier keine Unterschiede mehr. Das kann man vorsichtig so interpretieren, dass die Ausbreitung des individualisierten Lebensstils von der Stadt aufs Land – wenigstens was Religion und Spiritualität betrifft – langsam ihren Abschluss findet.

9.2 Individuelle Anpassungen

Säkularisierendes Driften

Die Individuen sollten – so unsere fünfte Hypothese – ein säkulares Driften zeigen, d. h., sie sollten – im Aggregat – in ihrem Lebenslauf weniger religiös werden. Dies, weil die Individuen seit den 1960er Jahren sehen, dass sie zu Religion nicht mehr gezwungen sind, sie viele Ressourcen und sehr viele säkulare Optionen haben und sie ihre Bedürfnisse ihrer Ansicht nach oft besser mit säkularen Institutionen befriedigen können. Säkulares Driften sollte insbesondere zwischen Generationen zu beobachten sein, da für Religiosität Sozialisierung wichtig ist und jede neue Generation in einer noch stärker durch säkulare Alternativen gekennzeichneten Welt aufwächst.

Das säkularisierende Driften zeigt sich sowohl im quantitativen wie auch qualitativen Material unmissverständlich, wenn man für jedes Individuum betrachtet, in welchem «Typus Elternhaus» es aufgewachsen und welchem Typus es nun zuzurechnen ist. Es zeigt sich, dass wir viele Befragte finden, die im gleichen Typus verbleiben, dem auch das Elternhaus angehörte. Auch finden wir die verschiedensten individuell-biografischen Veränderungsmöglichkeiten. Der wichtigste Gesamtbefund ist jedoch eindeutig derjenige des «säkularisierenden Driftens». Diesen Befund können wir grafisch in unserem Schema der Typen darstellen

(Grafik 9.10). Die dünnen Pfeile zeigen an, dass die Personen verschiedenste Typenwechsel vornehmen können (wir haben nicht alle Möglichkeiten eingezeichnet). Dennoch zeigt sich empirisch eine deutliche Häufung der säkularisierenden Typenwechsel – dargestellt durch die dicken Striche: vom etablierten Milieu in den distanzierten Typus. Und vom distanzierten Typus wiederum in den säkularen Typus. Wer, mit anderen Worten, in einem institutionellen Elternhaus aufwuchs, der wird mit hoher Wahrscheinlichkeit im gleichen Typ bleiben oder aber in den alternativen oder distanzierten Typus abwandern. Wer in einem distanzierten Elternhaus aufwuchs, wird in diesem Typus verbleiben – oder aber in den säkularen Typus abwandern. Und wer im säkularen Typus aufwuchs, wird mit höherer Wahrscheinlichkeit in diesem Typus verbleiben.[11]

Grafik 9.10: Typenwechsel finden vor allem vom etablierten zum distanzierten und vom distanzierten zum säkularen Typ statt

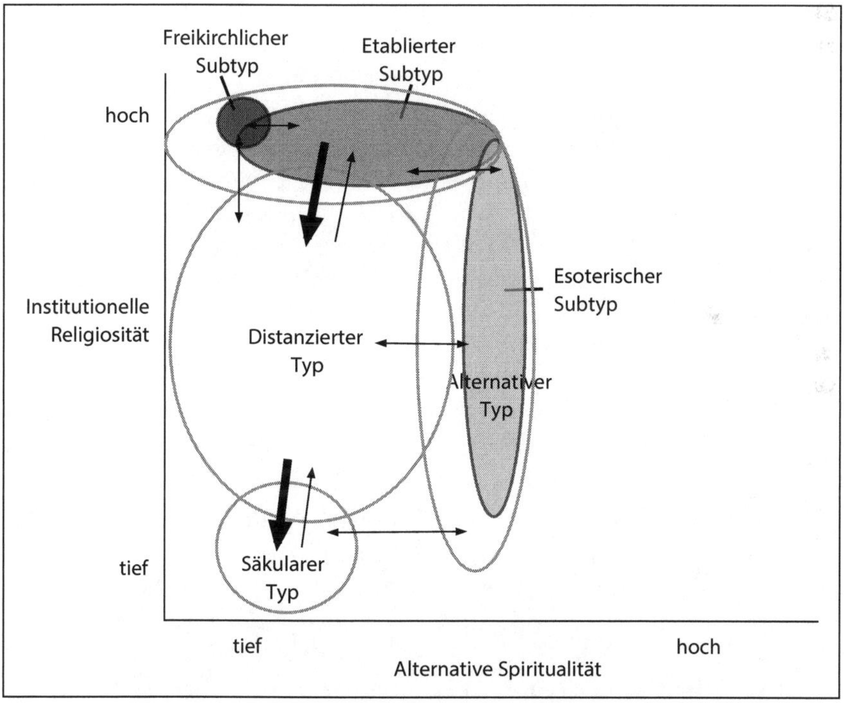

11 Es fällt auf, dass wir nur ein «alternativ-spirituelles» Elternhaus in unserem qualitativen Datensatz finden. Dies hängt einerseits damit zusammen, dass der alternativ-spirituelle Typus erst in den 1970er Jahren stark wird. Andererseits muss hier auch der Zufallsfehler eine Rolle spielen.

Eine weitergehende Analyse des qualitativen Materials zeigt, dass das säkularisierende Driften *aktiv oder passiv* geschehen bzw. als solches dargestellt werden kann. Manche Befragten erklären, sie hätten sich aktiv von der Religion entfernt: Lea (36, konfessionslos) hat gegen den Willen der Mutter «*entschieden*», sich von der Kirche «*abzuwenden*». Blandine sagt nach einem schlechten Erlebnis mit einem Priester: «*Nein, jetzt reichts*». Kaitline beendet ihre kirchliche Praxis schlagartig mit ihrer Scheidung, die ihrer Meinung nach zur Exkommunikation führt. Bei den meisten aber ist das säkulare Driften nicht so sehr eine Sache der (ein- oder mehrmaligen) Entscheidung, sondern scheint einfach von selbst zu geschehen. Das zeigen viele Formulierungen wie: «*Es ist natürlich gekommen, es war nicht bewusst*», «*es hat sich verloren*» oder man hat es «*schrittweise fallen lassen*».

Welche subjektiven Gründe führen die Befragten für das säkulare Driften an? Eine erste Gruppe von Personen sieht Religion nicht unbedingt negativ, interessiert sich aber *faktisch eher für anderes*. Da diese Befragten zu religiösem Verhalten nicht (mehr) gezwungen werden, zeigen sie dies nur noch, wenn sie dazu Lust haben – und für viele ist das fast oder gar nie. Viele Befragte berichten in diesem Sinn, dass sie nach dem obligatorischen Religionsunterricht und der Konfirmation einfach nicht mehr in die Kirche gegangen seien und sich auch sonst kaum für Religion interessiert hätten (z. B. Ferdinand, Renato, Deborah, Victor, Laurence). Deborah habe schon immer lieber ausgeschlafen und geht nicht mehr in die Kirche, sobald sie dies nicht mehr muss. Und Laurence erzählt:

> Ich habe manche Glaubensansichten, aber in letzter Zeit habe ich kaum mehr Zeit, daran zu denken. Es gab eine Zeit, als ich mich gefragt habe, ob es einen Gott, eine Kraft gebe. Aber jetzt, in den letzten Jahren ist es ziemlich intensiv, mit den Kindern, mit der ganzen Organisation der Familie, die Arbeit und alles. Es ist wahr [lacht], man setzt Prioritäten. Und da ist [Religion] einfach nicht in meinen Prioritäten. (Laurence, 40, röm.-kath.)

Selbst und gerade wenn das Individuum sich noch für Religion und die Aktivitäten der Kirchen interessiert, ist aufgrund der nun fehlenden Norm ständig abzuwägen, ob man nicht auch anderes zu tun hätte (Bettina, Gisèle, Berta-Lisa). Oft hängen die Gründe, warum man sich für anderes interessiert, auch mit einer Migrations- oder Umzugssituation zusammen. Verschiedene Befragte berichten, dass sie oder ihre Familie nach einem Umzug nicht mehr in die Kirche gegangen seien (Juan, Beryl, Maude, Elina).

Eine zweite Gruppe von Personen führt das säkulare Driften vor allem auf *privat erlebte Enttäuschungen* mit der Kirche zurück. Hier finden wir tiefe Verletzungen aufgrund von persönlichen Zurückweisungen durch Priester, Ärger über das Verbot, am Sonntag Ski zu fahren (Blandine) oder Erinnerungen an eine Ohrfeige und anderes autoritäres Verhalten in der Sonntagsschule und im Religionsunterricht (Gregory, Stan, Félicia, Norbert, Lea). Kaitline etwa sagt:

> Ich war eine sehr fleissige Kirchgängerin bis ins Erwachsenenalter. Meine Praxis hat sich aus Zeitmangel etwas gelockert, als ich meine Kinder bekommen habe. Und sie hat völlig aufgehört, als ich [aufgrund der Scheidung] aus der Kirche exkommuniziert wurde.[12] (Kaitline, 63, röm.-kath.)

Eine dritte Gruppe von Personen begründet das säkulare Driften vor allem mit einer *Zunahme eigener kritischer Gedanken und einem Zerfall der Plausibilität* der christlichen Religion. Diese Personen geben an, durch eigenes kritisches Nachdenken immer mehr von der Religiosität weggekommen zu sein (Erich, Fabio, Siegfried, Ingolf, Angela, Félicia, Olga, Karine). Karine etwa sagt:

> Ich weiss nicht, es ist schrittweise so gekommen. Ich habe grosse Mühe, es zu erklären. Ich habe angefangen, über gewisse Dinge nachzudenken. Wissenschaftlich konnte ich nicht dran glauben, ich glaube, das ist es, aber ich muss sagen, dass es sehr langsam gekommen ist. (Karine, 68, konfessionslos)

Ein interessanter Fall ist Ernesto (68, konfessionslos), der vom Katholizismus über die Theologie der Befreiung zu einem atheistischen, Kuba-orientierten Kommunismus driftet. In drei anderen Fällen führen Theodizee-Erfahrungen zu einer starken Erschütterung des vormaligen Glaubens. Die Krankheit eines engen Freundes, die Häufung von Unfällen in einem Jahr, der Verlust des Partners – all das lässt manche Befragten an der Existenz Gottes zweifeln (Marcel, Melanie, Mima).

Im Vergleich zu den sehr häufigen Beispielen von Personen, die von säkularem Driften berichten, sind die Fälle einer Annäherung an institutionelle oder alternative Religiosität bzw. Spiritualität an einer Hand abzuzählen. Zwei Personen aus distanziertem Elternhaus werden zu Institutionellen – in beiden Fällen hängt dies mit einer stark gläubigen Partnerin zusammen (Daniele, François). In drei Fällen werden Personen aus distanzierten oder säkularen Elternhäusern zu Alternativen (Diane, Eliot, David). In zweien dieser drei Fälle hat dies mit Krankheit und Deprivation zu tun, für die im alternativ-spirituellen Bereich nach Lösungen gesucht wird.

Insgesamt zeigt sich, dass die oben dargestellten Mechanismen eine Umwelt schaffen, die die Individuen immer mehr in die Richtung von Säkularität drängt, wobei die individuellen Formen dieser Entfernung dann ganz unterschiedlich ausfallen können.

---

12 Vgl. S. 76, Anmerkung 18.

Religiöse Individualisierung/Konsumorientierung

Gemäss unserer sechsten Hypothese sollte in den letzten Jahrzehnten über die ganze Gesellschaft hinweg eine Zunahme der Individualisierung und Konsumorientierung zu beobachten sein, d. h., dass die Individuen zunehmend der Meinung sind, sie könnten und müssten in religiösen/säkularen Fragen selbst entscheiden und zunehmend die Optionen wählen, die ihnen subjektiv den grössten «Nutzen» oder die grösste «Befriedigung» verschaffen.

In der Tat zeigt sich in unserem qualitativen Material, dass religiöse Individualisierung und Konsumorientierung mittlerweile das gesamte gesellschaftliche Feld erfasst haben. Dies jedoch nicht so, das alle Menschen sich ständig wie in einem spirituellen Supermarkt verhalten würden. Vielmehr äussert sich Individualisierung und Konsumorientierung je nach Typ/Milieu unterschiedlich.

Bei den *Etablierten* zeigen sich Individualisierung und Konsumorientierung durchgehend darin, dass sich die Teilnahmemotivation im Vergleich zu den 1940er und 1950er, z.T. auch noch in den 1960er Jahren verändert hat (z.B. Berta-Lisa, Gisèle, Marc-Antoine, Nathalie). Die Befragten erklären, dass sie früher aufgrund von Zwang und Autorität der religiösen Spezialisten an religiösen Veranstaltungen teilgenommen hätten, dass sie dies heute aber (wenn auch etwas seltener) aus eigenem Antrieb täten. Die Tatsache des Glaubens und Praktizierens wird so in individualisierter Weise als ganz persönliche, bewusste Aneignung eines Bestands von Traditionen dargestellt, als ein Handeln, das einen persönlichen Nutzen bringt und ganz persönlichen Bedürfnissen entspringt. Etablierte legen allesamt Wert darauf, dass sie gerade nicht praktizieren, um eine Norm zu befolgen. Sie gehen nicht in den Gottesdienst *«wegen dem Pfarrer»* und nicht *«weil sie einen neuen Mantel haben»*. Vielmehr beschreiben sie sich als völlig innengeleitet: Sie *«gehen, weil sie Lust haben»*, *«das Bedürfnis haben»*, sie *«gehen gern»*, *«sie fühlen sich gut nachher»*, es *«bringt ihnen etwas»*. Man könnte diese Personen «Traditionelle aus persönlichen Gründen» nennen. Nathalie erzählt:

> Als ich jung war, bin ich auch in die Messe gegangen, weil ich Angst hatte, man musste in die Messe gehen – sonst … Heute sage ich mir, ich gehe, weil ich Lust habe und es brauche. (Nathalie 41, röm.-kath.)

Neben der Teilnahmemotivation haben sich bei vielen Etablierten auch die Gottesbeziehung und die Gestalt Gottes individualisiert. Sie entdecken, dass sie Gott duzen können, frei mit ihm reden können oder ihn vor allem in der Natur in ganz eigener Weise erfahren (z. B. Béatrice, Berta-Lisa, Gisèle). Bei denjenigen Etablierten, die noch gemäss der alten Gesellschaftsform sozialisiert wurden, finden wir häufig eine Phase der persönlichen Rebellion gegen die als einengend empfundenen kulturellen Normen und die Pflicht- und Akzeptanzwerte der Eltern sowie die mit ihnen verhängten religiösen Vorschriften und Selbstverständlichkeiten. So sagt Berta-Lisa:

> Und ich habe angefangen zu rebellieren und gesagt: Es ist manches nicht gut, was da von Rom kommt. (Berta-Lisa, 62, röm.-kath.)

Oder hören wir erneut Nathalie, die berichtet, wie ihre Revolte sie von strengem Katholizismus zu einer freien (Taizé-)Spiritualität geführt hat:

> Ich komme aus einer sehr, sehr engagierten katholischen Familie. Wir haben immer am Tisch gebetet, am Abend, während des Advents, der Fastenzeit [...] An jedem Sonntag waren wir in der Messe. Und als ich 15 war, hatte ich ein wenig meine Revolte [...] und dann war ich in einer Jugendgruppe [...] und habe eine andere Spiritualität entdeckt, diese freie Spiritualität. (Nathalie, 41, röm.-kath.)

Bei den *Freikirchlichen* finden wir seit je eine stark individualistische Komponente. Auch hier wird auf persönliche Erfahrung und ganz individuelle Entscheidung gesetzt. Man muss sich für Jesus «*selber entscheiden*», «*Ja sagen zum Glauben*», man hat eine «*persönliche Beziehung [zu Jesus]*», man «*lebt es*», man spricht «*sehr spontan*» zu Gott. Das ganze eigene Leben mit all seinen Einzelheiten wird mit Gott zusammen erfahren. Auch in diesem Milieu finden wir aber eine Verstärkung des Individualismus und der Konsumorientierung seit den 1960er Jahren. Dies zeigt sich in einer (leicht) sinkenden Akzeptanz von Teilnahmenormen, einer zunehmenden Mobilität zwischen den Freikirchen und dem Erfolg der stark auf Konsum setzenden Megachurches.[13]

Der im Anschluss an die 1968er Revolution in den 70er Jahren zu voller Blüte gelangte Typ der *Alternativen* kann als solcher als Ausdruck einer Zunahme von spiritueller Individualisierung und Konsumorientierung gewertet werden. Er vereint Personen mit hochgradig individualistischem Wertesystem, denen persönliche Authentizität und Selbstentfaltung als höchste Güter gelten. Diese Personen konsumieren Spiritualitätsangebote, Kurse, Bücher, Objekte usw., wobei sie sich einen ihnen zusagenden Spiritualitätsmix aus den verschiedensten Angeboten zusammensuchen. Das äussert sich in Aussagen wie, dass sie «*ihr eigenes Ding*» haben, sie «*machen ihre eigene Religion*», sie «*haben sich ihre Religion selbst zusammengebastelt*», was «*ihnen guttut, das holen sie sich*». Angela nimmt sich aus verschiedenen Religionen ethische Prinzipien heraus, die ihr gefallen:

13 Vgl. Gachet (2013).

> Ich kann einen *melting pot* machen, ich nehme, was ich in dieser [Religion] gut finde, was ich in jener gut finde, und ich mache draus einen Mischsalat. (Angela, 37, röm.-kath.)

Nochmals anders zeigt sich zunehmende Individualisierung und Konsumorientierung bei vielen *Distanzierten.* Zwar kann es durchaus vorkommen, dass Distanzierte sich verschiedene Glaubensansichten individuell zusammenstellen. Der wichtige Punkt ist hier aber, dass Religiosität und Spiritualität als meist gar nicht so wichtig angesehen werden. Vielmehr belassen sie oft das, was sie irgendwann einmal als Glauben oder Praxis erhalten haben, in einer Art Stand-by-Modus, sie «*lassen es nebenherlaufen*», während sie sich um anderes kümmern. So erzählt Ingolf über seine Mitgliedschaft in der reformierten Kirche:

> Positiv [am Status quo] finde ich nach wie vor, dass, sollte ich irgendwann in meinem Leben durch ein einschneidendes Ereignis das Gefühl haben, die Macht [Gottes] ist real, dann habe ich Tür und Tor offen. Sonst müsste ich mich noch bemühen, dass Tür und Tor offen sind. Durch das ist es vielleicht auch einfacher und auch [eine] innere Bequemlichkeit, nicht mit etwas brechen [zu] wollen, was ich nicht wirklich aus absolut tiefster Überzeugung verneinen kann. (Ingolf, 51, ev.-ref.)

Hiermit geht einher, dass diese Distanzierten oft der Meinung sind, auch in Bezug auf Kasualien genau selbst auswählen zu können, welche Elemente sie verwenden wollen. Kirchliche Aktivitäten, so viele Distanzierte, kann man besuchen, wenn man Lust dazu verspüre oder wenn es sich gerade anbiete. So sagt Karol auf die Frage, ob er auch weiterhin einmal in die Kirche gehen könnte:

> Ja, wieso nicht? Wenn das einem guttut. Die einen, die sitzen im Restaurant, und die anderen, die ... Das ist die Frage, was für eine Lebensqualität der eine oder der andere hat. Es gibt viele Leute, die sagen, jetzt muss ich meine innere Ruhe haben, und wie mache ich das? Die einen machen Yoga, die anderen meditieren, die dritten sagen, ich muss mal ins Fitnesscenter, das ist das, was ich brauche. (Karol, 64, röm.-kath.)

Religiöse Individualisierung und Konsumorientierung äussern sich schliesslich auch in der von vielen *Säkularen* gewählten Möglichkeit, gar nicht religiös zu sein, sich keineswegs für religiöse oder spirituelle Dinge zu interessieren.

9.3 Effekte auf Typen und Milieus

Wachstum und Schrumpfen der Typen und Milieus

Gemäss unserer siebten und letzten Hypothese sollten seit dem Übergang zur Ich-Gesellschaft Grossgruppen mit traditionell-christlicher Religiosität schrumpfen; Grossgruppen mit distanzierter Religiosität und säkularen Ansichten sollten wachsen. Eine Grossgruppe mit alternativer Spiritualität sollte ab den 70er Jahren zu beobachten sein. Auch diese Hypothese können wir im Grossen und Ganzen bestätigen, wobei wir die meisten hierzu interessierenden Daten schon im Verlauf dieses Kapitels präsentiert haben. Fassen wir die wichtigsten Punkte nochmals kurz zusammen.

Die oben dargestellten Grafiken zur Konfessionszugehörigkeit und zum Kirchgang wie auch die grosse Mehrheit aller übrigen Indikatoren (Beten, Glaube an Gott, Wichtigkeit von Religion) zeigen, dass der institutionelle Typ seit den 1950er Jahren sehr deutlich geschrumpft ist.

Die uns verfügbaren Zahlen zur Entwicklung der *Freikirchen* zeigen dagegen, dass das freikirchliche Milieu innerhalb des institutionellen Typs leicht gewachsen ist.[14] Dies hat mit einer starken Betonung der intern-freikirchlichen Homogamie, einer vergleichsweise hohen Geburtenrate, einer starken religiösen Sozialisierung der Kinder wie auch mit den Rekrutierungserfolgen insbesondere der charismatischen Kirchen zu tun.

Auch die Entstehung des alternativen Typus in den 1970er Jahren haben wir oben in Grafik 9.6 plausibilisieren können. In der Folge der 1968er Revolution, die noch sehr stark politisch geprägt war, wurden von einem Teil der Bewegten die religiösen und spirituellen Elemente immer stärker gewichtet. Es ist die Gruppe der zum Untersuchungszeitpunkt 41–50-Jährigen, die in den 60er Jahren geboren und in den 1970er Jahren sozialisiert wurden, und unter ihnen vor allem die Frauen, die den Hauptanteil der Alternativen ausmachen. Auch wenn der Anteil der Alternativen in den späteren Generationen abnimmt, scheinen andere Indikatoren darauf hinzuweisen, dass der alternative Typ sich bisher in der Gesellschaft einigermassen halten konnte.

Die genannten Grafiken lassen ferner die Annahme zu, dass in den letzten Jahrzehnten der distanzierte und säkulare Typ gewachsen sind. Versucht man in einem Gedankenexperiment abzuschätzen, wie die Typen 1950 etwa in unserem Schema ausgesehen haben und wie sie möglicherweise 2030 aussehen könnten, wenn die beschriebenen Mechanismen weiterwirken wie bisher, so kommt man zu Ergebnissen wie in Grafik 9.10. Wir sehen für 1950 eine Situation mit einer

14 Siehe Favre/Stolz (2009); Stolz/Favre/Gachet/Buchard (2012).

Grafik 9.11: Die Typen 1950, 2012 und 2030. Für 2030 ist von einem deutlichen Schrumpfen der Etablierten und Distanzierten sowie einem Anwachsen der Säkularen auszugehen

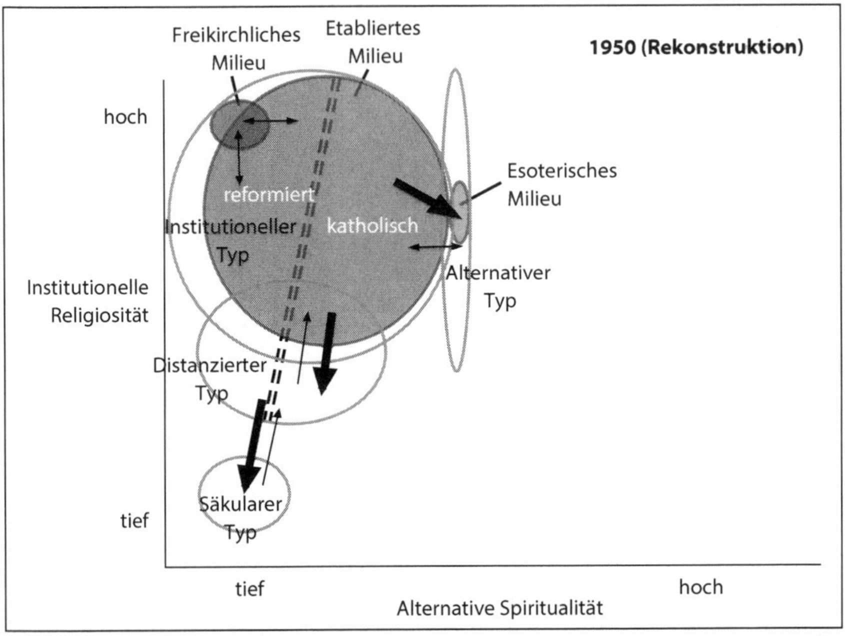

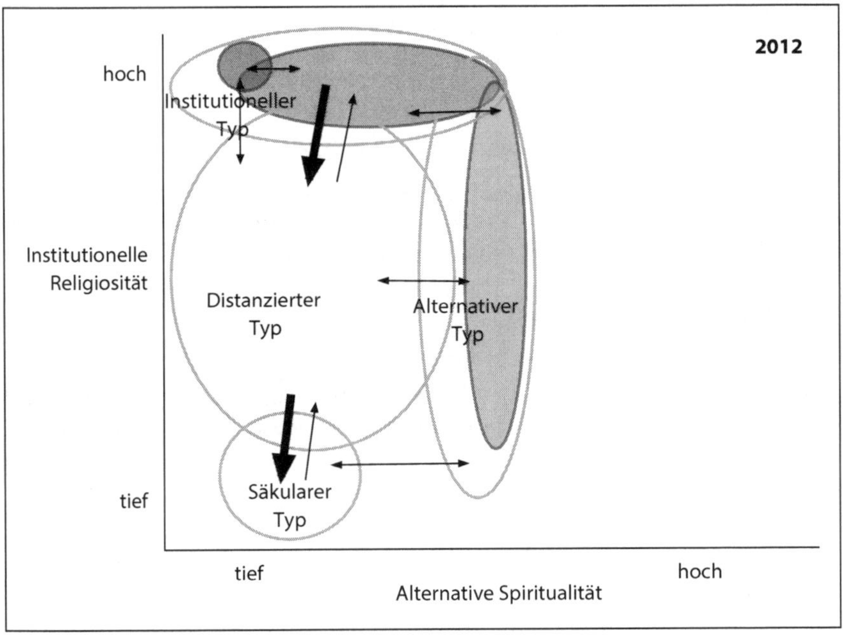

Grafik 9.11: Fortsetzung

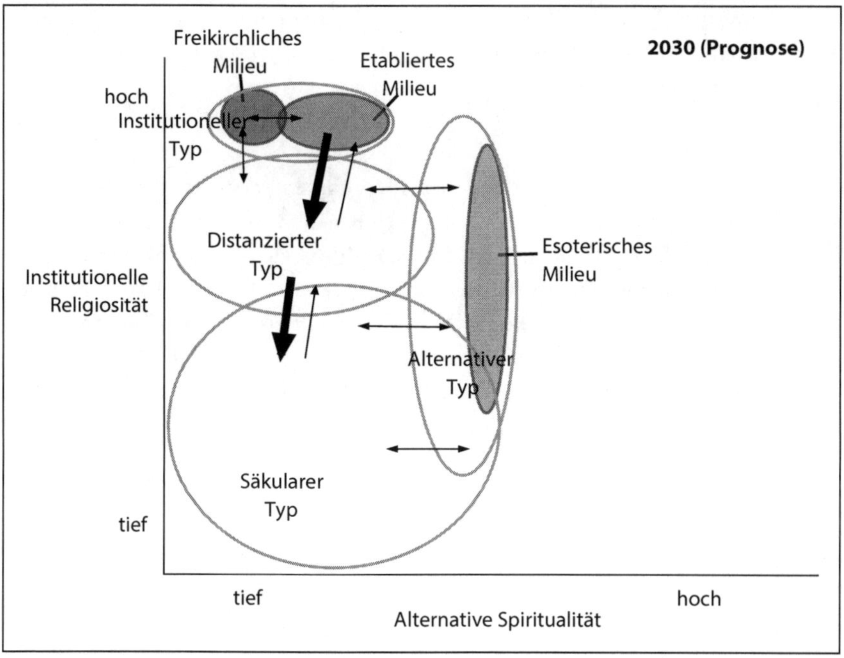

Die Grösse der Kreise repräsentiert die ungefähre Grösse der Milieus (Prozentanteil), nicht deren Ausdehnung im Koordinatensystem. Eine genaue Darstellung müsste drei Dimensionen verwenden, um sowohl die Häufigkeiten als auch die Ausdehnung im Koordinatensystem abzubilden.

grossen Gruppe von Etablierten und einer kleineren Gruppe von Distanzierten. Das religiöse Feld ist zweigeteilt in ein reformiertes und ein römisch-katholisches Milieu. Das freikirchliche Milieu ist etwas kleiner als heute, und die Alternativen sind ebenfalls eine sehr kleine Gruppe.

Gegenüber 1950 sind 2012 vor allem die Etablierten geschrumpft und die Distanzierten und die Alternativen sehr stark angewachsen. Mit David Voas gesprochen, befand sich die Schweiz in einer Phase der *rise of fuzzy fidelity*. Die Beschreibung dieser Situation haben wir im vorliegenden Buch in allen Einzelheiten vorgenommen.

Wenn sich die Modernisierungsprozesse in gleicher Weise fortsetzen, ist für die Zukunft zu erwarten, dass die Etablierten weiter stark schrumpfen, da die sie tragenden Generationen wegsterben. Die Alternativen sollten sich in etwa halten können, obwohl ihre Kerngruppe ständig älter wird. Die Distanzierten werden tendenziell wieder schrumpfen, und stattdessen werden die Säkularen zur grössten Gruppe werden. Dies lässt daher eine gewisse Polarisierung zwischen sehr religiösen Freikirchlichen und Esoterischen und einer sehr grossen Gruppe von völlig indifferenten oder religionskritischen Personen erwarten.

***

Dieses Kapitel hat mit Hilfe von sieben Hypothesen versucht zu erklären, über welche Prozesse die gegenwärtige religiös-spirituelle Situation der Schweiz entstanden ist. Die hier gewählte Mixed-Methods-Strategie zeigt unmissverständlich, dass es nicht weiterführend ist, wie dies gegenwärtig oft in der Literatur geschieht, Säkularisierungs-, Individualisierungs- und Markttheorie gegeneinander auszuspielen. Faktisch sehen wir, dass seit dem Übergang zur Ich-Gesellschaft in den 1960er Jahren eine Abnahme der Religiosität/Spiritualität und ein starkes säkulares Driften zu beobachten ist. Gleichzeitig zeigt sich eine tiefgreifende Individualisierung in allen Typen und Milieus wie auch eine sehr deutliche Zunahme der religiös-spirituellen Konsumorientierung. Der Schlüssel zum Verständnis liegt hier im Übergang zur Ich-Gesellschaft, in dem ein Wechsel des Regimes religiös-säkularer Konkurrenz stattgefunden hat: Durch den Rückgang der prägenden Kraft religiöser Normen und Werte und den Anstieg der materiellen und zeitlichen Ressourcen in den 1960er Jahren können sich die Individuen nun als Nachfrager auf einem Markt verhalten, auf dem religiöse Güter nur ein Angebot unter vielen anderen (auch nicht religiösen Gütern) sind. Diese Entwicklung führt zur gleichzeitigen Zunahme der drei genannten Phänomene: säkularisierendes Driften, religiöse Individualisierung und religiöse Konsumorientierung.

10 Schluss: Religion und Spiritualität in der Ich-Gesellschaft

Jörg Stolz, Judith Könemann

Liebe Gott und tue, was du willst

Augustinus

10.1 Rückblick

In diesem Buch haben wir eine klassische Fragestellung mit neuen Mitteln zu beantworten versucht. Es ging uns darum, die Religiosität und Spiritualität in der Ich-Gesellschaft zu beschreiben und zu erklären. Wir haben uns auf quantitative und qualitative Daten gestützt, um die Entwicklungen der letzten Jahrzehnte bis zur Gegenwart nachzuzeichnen. Die Ergebnisse unseres Buchs bestehen aus einer Beschreibung, einer allgemeinen Theorie und einer spezifischen Erklärung.

Eine neue Beschreibung

Ein grosser Teil unserer Ausführungen zielte auf eine neuartige Beschreibung der religiös-spirituellen Landschaft der Ich-Gesellschaft. Da sie quantitative und qualitative Elemente kombiniert, hat diese Beschreibung eine Fülle von Einsichten ermöglicht, die manche bestehenden Theorien stützen, anderen diametral widersprechen und in vielen Fällen zu einer differenzierteren Sichtweise als bisher führen. Ein erstes beschreibendes Ergebnis besteht in einer neuen *Typologie*, die die je unterschiedliche Religiosität, Spiritualität und Säkularität der Menschen beschreibt (Kapitel 3). Wir haben vier Typen unterschieden: Institutionelle, Alternative, Distanzierte und Säkulare. Jeder dieser Typen, so haben wir gesehen, lässt sich nochmals in Subtypen unterscheiden, und drei dieser Subtypen bilden je eigene religiös-spirituelle Milieus (das freikirchliche, etablierte und esoterische Milieu) mit eigenen Produzenten, einer Milieuidentität und Milieugrenzen. Aus unserer Sicht besteht ein Vorteil dieser Typologie in der «dichten Beschreibung», die die Eigenschaften, Denk- und Handlungsweisen der Mitglieder verschiedener Typen gut nachvollziehbar macht.

Zweitens konnten wir zeigen, dass die verschiedenen Typen und Subtypen sich deutlich in ihrer *Identitätskonstruktion* unterscheiden (Kapitel 4). Dies ist ein Aspekt, der in der Literatur zu Religiositätstypen bisher völlig übersehen wurde. Manche Subtypen weisen eine kollektive Identität auf (sie verwenden ein emphatisches «Wir»), so z. B. die Freikirchlichen oder die Katholiken im Subtypus der Etablierten. Andere Typen und Subtypen kennen vor allem kategoriale Selbstbeschreibungen – beispielsweise wenn die Distanzierten von sich selbst sagen, sie seien «*von Geburt her*» oder «*auf dem Papier*» katholisch oder reformiert. Die verschiedenen Typen unterscheiden sich ferner darin, wie sie sich als «religiös», «spirituell» oder «säkular» beschreiben und welche Bedeutungen sie diesen Begriffen geben. Schliesslich schaffen sich die verschiedenen Typen eine Identität, indem sie sich von je unterschiedlichen Negativgruppen absetzen. Beispielsweise grenzen sich Freikirchliche als «*Christen*» von «*nicht Bekehrten*» ab; engagierte Katholiken von «*bigotten*» Katholiken; engagierte Protestanten von «*Katholiken*»; Distanzierte von «*Extremen*», «*Fundamentalisten*» und «*wirklich Religiösen*» sowie Religionsgegner von «*Träumern*» und «*Weichlingen*».

Drittens haben wir mit Hilfe unserer Typen und Subtypen eine *«dichte Beschreibung» der symbolischen Formen und Inhalte von Religiosität, Spiritualität und Säkularität* in der Schweiz erstellt (Kapitel 5). So konnten wir nicht nur die statistischen Verteilungen von Aussagen zu Gott, Leben nach dem Tod, Reinkarnation, Yoga usw. aufzeigen, sondern auch die jeweiligen unterschiedlichen Bedeutungen dieser Symbole in den entsprechenden Typen analysieren. Beispielsweise zeigten sich grosse Unterschiede zwischen den Typen und Subtypen in ihrem Verständnis von Begriffen wie «Gott». Während Freikirchliche Gott als übernatürlichen Freund, Herrn und Wunderwirker sehen, erscheint er Etablierten als Mischung aus Vater-Mutter-Figur und transzendentem Psychoanalytiker. Alternative verstehen Gott meist als eine Licht-Kraft-Energie, während Distanzierte nicht so recht wissen, wie sie sich Gott vorstellen sollen. Neben diversen Unterschieden im Glauben, Wissen, Erfahren und in der Praxis konnten wir interessante Gemeinsamkeiten erkennen: In allen Typen finden wir Berichte von aussergewöhnlichen, beglückenden wie bestürzenden Erfahrungen – aber nur einige Typen und Subtypen deuten diese Momente religiös. In allen Typen und Subtypen zeigt sich auch die Wichtigkeit des Ichs: die Tatsache, dass das Individuum als autonom gesehen wird und selbst entscheiden kann und muss, was es (nicht) glauben und wie es (nicht) praktizieren will.

Viertens ermöglichte unsere Typologie durch eine Kombination von Querschnitts- und Längsschnitts-Betrachtung einen neuen Blick auf das seit den 1960er Jahren veränderte *Verhältnis von Religion und Werten* (Kapitel 6). Es zeigte sich, dass der Übergang zur Ich-Gesellschaft das Verhältnis zwischen Werten und Religion in der ganzen Gesellschaft tiefgreifend verändert hat – aber dass die Effekte je nach Typ und Subtyp ganz unterschiedliche sind. Während die meisten Gesellschaftsmitglieder, insbesondere die Distanzierten und Säkularen, zunehmend von einer Unabhängigkeit ihrer eigenen Werte von Religion ausgehen, behalten vor allem drei Typen eine jeweils unterschiedliche Beziehung zwischen Werten und Religion bei: Freikirchliche halten weiterhin «alte Werte» (z. B. traditionelle Geschlechterrollen, Sexualitätsnormen) hoch und legitimieren sie biblisch. Institutionelle legitimieren mit Vorliebe «konstante Werte» (z. B. Ehrlichkeit, Pflichtbewusstsein, Erfolgsstreben) durch ihre Religion. Alternative sind der Meinung, dass sogenannte «neue Werte» (z. B. Selbstentfaltung, Individualismus) sehr eng mit ihrer eigenen, alternativen Spiritualität zusammenhängen.

Fünftens haben wir in unserem Kapitel 7 zum *Verhältnis der Individuen zu den religiösen Anbietern* zeigen können, dass Grosskirchen, Freikirchen und alternativ-spirituelle Anbieter (aus der Sicht der Befragten) je sehr unterschiedliche «Heilsgüter» anbieten. Schematisch formuliert bieten Grosskirchen Kraft, Halt, Tradition und Nutzen für andere, Freikirchen ermöglichen einen hochgradig normierten Lebensstil als bekehrter Christ, und alternativ-spirituelle Anbieter befähigen zu spirituellem Wachstum und zur Lösung von spezifischen Lebensproblemen. Was das Image betrifft, zeigt sich, wiederum sehr schematisch zusammengefasst, dass Grosskirchen als sinnvoll, aber veraltet und konservativ, Freikirchen als dynamisch, aber potenziell gefährlich und alternativ-spirituelle Anbieter als aussergewöhnlich und möglicherweise wirksam wahrgenommen werden. Der Bezug zu unserer Typologie wirft auch ein neues Licht auf zwei bekannte Theorien. So sieht sich, entgegen der Markttheorie, die grosse Mehrheit der Bevölkerung (die dem distanzierten Typ angehört) keineswegs in einer religiösen Marktsituation. Nur im Bereich der freikirchlichen und alternativ-spirituellen Anbieter können wir von Mitgliedschaftsmärkten bzw. Kundenmärkten sprechen. Entgegen der Theorie der *vicarious religion* von Grace Davie treffen wir auch keineswegs auf Personen, die froh darüber wären, dass andere an ihrer Stelle religiös sind. Dennoch steckt möglicherweise ein wahrer Kern in der Beobachtung von Davie in dem Sinne, dass viele Personen die Kirchen für Produzenten öffentlicher Güter halten. Daher sind viele Befragte der Meinung, die Kirchen seien zwar nicht für sie selbst, aber für andere wichtig.

Sechstens konnten wir zeigen, dass der Übergang zur Ich-Gesellschaft auch die *Wahrnehmung von Religion(en)* tiefgreifend verändert hat (Kapitel 8). Während noch bis in die 1950er Jahre von der Schweiz als «christlichem Land» gesprochen werden konnte und die Konfessionsdifferenzen ein wichtiger sozialer Marker waren, wird Religion gegenwärtig von der überwältigenden Mehrheit der Bevölkerung in ganz neuer Weise betrachtet. Religion(en) müssen aus dieser Sicht der gesellschaftlichen «herrschenden Ordnung» und dem Individuum dienen. Falls sie dies nicht tun oder gar schädliche Auswirkungen zeigen, werden sie abgelehnt. Hiermit geht die Idee einer grundsätzlichen Gleichheit aller Religionen und ein Relativismus in Bezug auf religiöse Wahrheit einher. Vor dem Hintergrund dieser Kriterien wird erklärbar, warum insbesondere der Islam von vielen Befragten negativ beurteilt wird. Der Islam stelle aus Sicht vieler Personen die herrschende Ordnung infrage, er missbrauche das Gastrecht, widerspreche der freiheitlichen Grundordnung und missachte die individuellen Freiheiten (z. B. der Frau). Die zweite stark negativ stereotypisierte Religion in den Daten ist der Katholizismus. Er wird negativ beurteilt, da er Werte legitimiere, die aus der Sicht vieler Befragter nicht mehr zeitgemäss erscheinen (Zölibat, keine Frauen als Priester) und negative Folgen für die Gesellschaft haben (Verbot der Empfängnisverhütung). Demgegenüber wird vor allem der Buddhismus von den meisten Befragten als positiv wahrgenommen, da er die herrschende Ordnung nicht zu stören scheint und dem Individuum alle Freiheiten belasse.

Eine allgemeine Theorie

Neben den beschreibenden Ergebnissen haben wir eine *neue allgemeine Theorie religiös-säkularer Konkurrenz* vorgestellt (Kapitel 2). Diese verwendet allgemeine Prinzipien der analytischen Soziologie und führt Ergebnisse und Einsichten aus ganz unterschiedlichen Forschungskontexten wie der Geschichte, der Soziologie, der Marketingwissenschaft oder der Ökonomie zusammen. Die Theorie sieht den religiösen Wandel als Resultat von religiös-säkularen und intra-religiösen Konkurrenzverhältnissen und -kämpfen auf verschiedenen Ebenen. Die Konkurrenten, die einander gegenübertreten, sind religiöse oder säkulare Spezialisten und Berufsgruppen, Organisationen, politische Parteien, Eliten und selbst der Staat, je nach politischer Ausrichtung, die er gerade vertritt.

Diese Akteure kämpfen gemäss unserer Theorie um drei erstrebenswerte Konkurrenzobjekte. Erstens um *Macht, Einfluss und Deutungshoheit auf der Ebene der Gesamtgesellschaft*. Diese Konkurrenz kann genauso gut politisch geregelt ablaufen (die Katholisch-Konservativen kämpften in der ersten Hälfte des 20. Jahrhunderts in der Schweiz gegen die liberale FDP und die Sozialisten) wie auch in offenen Bürgerkrieg münden (so die Konflikte der Muslim-Brüder mit dem Militär in Ägypten seit dem Rücktritt Mubaraks 2011). Zweitens kämpfen die kollektiven Akteure um *Macht, Einfluss und Deutungshoheit innerhalb von Gruppen/Organisationen/Milieus*. Ein Beispiel sind die gegenwärtig ablaufenden Kämpfe innerhalb der liberalen und konservativen Eliten der katholischen und protestantischen Milieus in verschiedenen Ländern Europas. Drittens finden wir einen Konkurrenzkampf um *individuelle Nachfrage*. Sobald in der Gesellschaft prinzipiell Wahlfreiheit herrscht, treten religiöse und säkulare «Anbieter» – Gemeinschaften, Berufsgruppen, Institutionen – miteinander in Konkurrenz um Güternachfrage, Partizipation, Zeit, Energie und Spenden. Psychotherapeuten stehen so in Konkurrenz mit Seelsorgern, die Sonntagsschule mit dem Fussball, der Kirchenchor mit dem Gesangsverein.

Die Konkurrenten verwenden in diesen Konkurrenzkämpfen eine grosse Anzahl von *Strategien*, so z. B. Mobilisierung, soziale Schliessung, Rekrutierung, biologische Reproduktion, Sozialisierung der eigenen Mitglieder, Preisanpassung, Attraktivitäts- und Qualitätssteigerung usw. Mit Hilfe dieser Strategien versuchen sie, im Konkurrenzkampf zu bestehen oder gar den Wettstreit für sich zu entscheiden.

Diverse *externe Faktoren* beeinflussen das Konkurrenzgeschehen. Hierbei ist zunächst das staatlich und gesellschaftlich gegebene Regelungssystem bzw. Regime wichtig, das religiöse und säkulare Konkurrenz in einer bestimmten Gesellschaft regelt. Die Regeln dieses Konkurrenzregimes legen z. B. fest, welche religiösen und säkularen Gruppen mit ihren Angeboten auf dem Markt auftreten können und ob Nachfrage frei oder gelenkt ist. Ferner sind als wichtige externe Faktoren wissenschaftliche/technische Innovationen (z. B. Erfindung des Autos), soziale Innovationen (z. B. Entstehung der Professionen), Grossereignisse (z. B. Kriege) sowie sozio-demografische Faktoren (z. B. unterschiedliche Geburtenraten) zu nennen. Die Konkurrenzkämpfe können zu verschiedensten Ergebnissen führen, zu Kompromissen ebenso wie zu Pattsituationen, Differenzierungs- und Entdifferenzierungsprozessen, Individualisierungs- und Kollektivierungsprozessen wie auch zu Säkularisierung und Resakralisierung.

Ein wichtiger Punkt der Theorie besteht in der Annahme einer *sich wandelnden Vorteilhaftigkeit von Religion*. Während langer Phasen der Gesellschaftsentwicklung zeigten sich religiöse Strukturen als äusserst vorteilhaft, da sie es ermöglichten, «unlösbare» Probleme dennoch einer Behandlung zuzuführen. Seit der Neuzeit zeigt sich nun aber, dass säkulare Innovationen oft eine höhere Kontrolle und ein besseres Verständnis ermöglichen, wodurch immer mehr Phänomene dem religiösen Bereich entzogen werden. Diese Innovationen (z. B Entdeckung von Bakterien, Evolutionstheorie usw.) führen nun aber nicht direkt und notwendig zu einem Entzug von Themen und Zuständigkeiten aus dem religiösen Bereich. Vielmehr verändern sie die Rahmenbedingungen der Konkurrenzverhältnisse, in denen sich die verschiedenen Akteure befinden. Es ist erst der Ablauf des Konkurrenzgeschehens, der zu den je ganz verschiedenen möglichen sozialen Ergebnissen führt. Diese Konzeption erklärt, warum wir in sich modernisierenden Gesellschaften einerseits einen einheitlichen Gesamttrend der Säkularisierung beobachten und sich andererseits die Abläufe dieser Entwicklung zwischen verschiedenen Ländern und Regionen extrem unterscheiden.

Eine spezifische Erklärung

Eine historische Konkretisierung dieser allgemeinen Theorie (Kapitel 2) und eine Prüfung der hieraus folgenden Hypothesen (Kapitel 9) führten zur zentralen These unseres Buchs und damit zu einer neuen *spezifischen Erklärung* des religiösen Wandels in der Schweiz. Die These lautet, dass die kulturelle Revolution der 1960er Jahre einen *Wechsel des Konkurrenzregimes* verursacht hat: Das Konkurrenzregime der «Industriegesellschaft» wurde durch dasjenige der «Ich-Gesellschaft» abgelöst. Sowohl vorher als auch nachher finden wir religiös-säkulare Konkurrenz um Macht/Einfluss/Deutungshoheit und individuelle Nachfrage. Aber die Regulierung und Form dieser Konkurrenz hat sich in den 1960er Jahren signifikant verändert. Vor der 1960er Revolution wurde Religion und Religiosität als etwas Öffentliches gesehen, und die Gesellschaft als Ganzes verstand sich als eine bikonfessionelle, d. h. – trotz aller konfessionellen Verschiedenheit – als Christliche Gesellschaft. Dies führte zu diversen intra-religiösen und religiös-säkularen Konkurrenzkämpfen vor allem um Macht, Einfluss und Deutungshoheit. Nach der 1960er Revolution wird die Gesellschaft als im Wesentlichen pluralistische verstanden, und das Christentum ist nur eine Religion unter anderen. Kämpfe zwischen Konfessionen um Macht, Einfluss und Deutungshoheit werden als illegitim betrachtet. Religion wird als Privatsache gesehen und dem Freizeitbereich zugeordnet. Die wichtigste religiös-säkulare Konkurrenz wird damit diejenige um individuelle Nachfrage.

Die These kann folgendermassen ausgeführt werden: Im *Konkurrenzregime der industriellen Gesellschaft* (19. bis Mitte 20. Jahrhundert) kam es zu verschiedenen Konflikten um Macht, Einfluss und Deutungshoheit. So kämpfte das katholische Milieu gegen den Liberalismus, das christliche Establishment gegen den pointiert atheistischen Sozialismus, die verschiedenen liberalen Richtungen innerhalb der Konfessionen gegen die konservativen, die neuen Professionen (Ärzte und Ärztinnen, Sozialarbeiter/innen, Lehrer/innen) gegen die Kleriker. Aufgrund all dieser Kämpfe verloren die Kirchen zwar ständig Funktionen und wurden innerlich geschwächt. Dieser Niedergang wurde allerdings nicht oder nur zum Teil bewusst. Die Schweizer Bevölkerung lebte bis zum Ende der 1950er Jahre in der Vorstellung, eine christliche Gesellschaft zu sein. Immer noch gehörten über 97 Prozent der Bevölkerung einer christlichen Konfession an, und Mitgliedschaft erschien als nicht individuell wählbar.

Die religiöse Situation im Konkurrenzregime der industriellen Gesellschaft wird in den Erzählungen der älteren Personen (60+) in unserer Studie lebendig. Diese Befragten erzählen von einer stark normierten religiösen Praxis noch in den 1950er Jahren. Kasualien waren selbstverständlich; Mess- und Gottesdienstbesuch waren insbesondere in katholischen Gebieten sozial erwartet. Religiöse Sozialisation der Kinder erschien notwendig und wurde notfalls mit Zwang durchgesetzt. Ehepartner/innen wurden vor allem in der eigenen Konfessionsgruppe gesucht; gemischt-konfessionelle Heiraten waren ungern gesehen. Viele Befragte berichten von einer stark empfundenen konfessionellen Identität und von Scharmützeln, negativen Stereotypen und Diskriminierungen zwischen den beiden grossen Konfessionen. Sehr deutlich wird auch, wie die bürgerlichen Geschlechterrollen religiös legitimiert waren und den Frauen religiöse Praxis nahelegten.

Den *Übergang vom Konkurrenzregime der industriellen Gesellschaft zum neuen Konkurrenzregime der Ich-Gesellschaft* kann man näher fassen, wenn man sich die Ereignisse in den 1950er, 1960er und 1970er Jahren klar macht. In den *1950er Jahren* begann eine Zeit des Wirtschaftsbooms, der bis 1973 anhalten sollte und der Schweiz jährliche Zuwachsraten des Bruttosozialprodukts von durchschnittlich 5 Prozent bescherte. Hierdurch wurden die säkularen Optionen der Menschen extrem ausgeweitet und die religiösen Optionen direkt oder indirekt unter Druck gesetzt. In der Freizeit, Mobilität, Wohnqualität, Sicherheit usw. wurde für eine breite Masse von Menschen ein Lebensstandard möglich, der noch wenige Jahre zuvor undenkbar gewesen wäre. Insbesondere wurde nun auch die Jugend zu einer eigenen Schicht von zahlungskräftigen Konsumenten. Trotz diesem Eindringen des «American way of life» blieben die 50er Jahre einem starken Konservatismus und Moralismus verhaftet. Die bürgerlichen Geschlechterrollen, die Pflicht- und Akzeptanzwerte wie auch die Religiosität und der Konfessionalismus blieben zumindest oberflächlich intakt.

In den *1960er Jahren* kam es in der Schweiz wie in fast allen westlichen Ländern zu einer kulturellen, die Religion einschliessenden Revolution, die bewirkte, dass die intra-religiösen und religiös-säkularen Konkurrenzkämpfe von nun an in anderer Weise ablaufen mussten. Hierbei handelte es sich zunächst um einen Generationenkonflikt: Eine junge Generation lehnte sich gegen die Älteren und deren – wie man dachte – veraltete, spiessige und langweilige Lebens- und Wertvorstellungen auf. Die Jugendlichen und jungen Erwachsenen griffen die Religion und die Kirchen an. Die kirchliche Jugendarbeit stürzte in eine tiefe Krise, während zutiefst institutionskritische Gedanken auch innerhalb der Kirchen Fuss fassten. Die Kirchenverantwortlichen sprachen in diesem Zusammenhang später oft von «Traditionsabbruch».

In der Folge der 1970er Jahre setzte sich dann ein neues *Konkurrenzregime der Ich-Gesellschaft* durch. Jetzt galten Religion und Konfession als private und optionale Identitätsmerkmale, und das Christentum wurde mehr und mehr als nur eine Religion unter anderen behandelt. Natürlich kam es weiterhin zu Kämpfen um Macht auf der Ebene der Gesellschaft und innerhalb von Gruppen/Organisationen/Milieus. Zentrale Kämpfe waren etwa derjenige um die öffentlich-rechtliche Anerkennung der Grosskirchen, der Kampf um die (Nicht-)Akzeptanz des Islams in der Gesellschaft sowie der Frauen und Homosexuellen innerhalb verschiedener religiöser Gruppen. Dennoch war die *bei Weitem wichtigste religiös-säkulare Konkurrenz in der Ich-Gesellschaft diejenige um individuelle Nachfrage.* Da religiöse Praxis nicht mehr sozial erwartet wurde, sahen sich die religiösen Angebote in den Bereich der Freizeit abgedrängt, wo sie in eine starke Konkurrenz zu anderen Formen von «Freizeitbeschäftigung» und «Selbstentfaltung» gerieten.

Im qualitativen und quantitativen Material unserer Studie zeigen sich die Auswirkungen dieses neuen Konkurrenzregimes sehr deutlich. Die Individuen sehen religiöse Praxis als grundsätzlich fakultativ an und fragen sich ständig, was ihnen religiöse Praxis im Vergleich zu anderen Tätigkeiten «bringe». Genau analog wird religiöse Sozialisierung der Kinder beurteilt: Die Eltern überlegen sich, welchen Nutzen eine solche religiöse Erziehung im Vergleich zu anderen, säkularen Möglichkeiten aufweise. Ausserdem möchten Eltern ihren Kindern nichts Religiöses aufzwingen, so dass Kinder oft die Möglichkeit haben, selbst auszuwählen. Oft entscheiden sie sich gegen die weniger attraktiv erscheinenden religiösen Tätigkeiten.

Bei der Partnerwahl ist Konfession im neuen Konkurrenzregime normalerweise kein Auswahlkriterium mehr. Ausserdem sind zivile und kirchliche Heirat keine notwendige Voraussetzungen mehr für ein Zusammenleben von Mann und Frau.

Überhaupt sind mit dem Übergang zur Ich-Gesellschaft und der Emanzipation der Frauen die bürgerlichen Geschlechterrollen grossteils zerstört worden. Frömmigkeit als Element der weiblichen Geschlechterrolle wie die Barrieren gegenüber Erwerbsarbeit gehören der Vergangenheit an. Hierdurch sind sehr wichtige Ursachen der hohen Religiosität der Frauen im Konkurrenzregime der industriellen Gesellschaft beseitigt worden, und auch Frauen haben sich stark säkularisiert. Wie unsere Daten zeigen, haben insbesondere in der Übergangszeit der 60er und 70er Jahre viele Frauen zunächst den Weg über alternative Spiritualität gesucht, um so einerseits spirituelle Bedürfnisse befriedigen und sich gleichzeitig von bürgerlichen Geschlechterrollen emanzipieren zu können. Unsere Daten zeigen ferner, dass die Situation im neuen Konkurrenzregime der Ich-Gesellschaft für viele Menschen zu einem sogenannten «säkularen Driften» führt. Da ihre Ressourcen stark gestiegen sind und die Bandbreite säkularer Optionen zunehmend grösser wird, gleiten sie langsam, sei es in ihrer eigenen Biografie, sei es in Bezug auf ihr Elternhaus, in säkulareres Fahrwasser. Dass Individuen selbst über ihre religiös-säkulare Nachfrage entscheiden, führt ferner zu einer zunehmenden Individualisierung (die individuell zusammengestellten religiös-säkularen «Warenkörbe» der Einzelnen unterscheiden sich immer mehr) und einer forschreitenden Konsumorientierung (die Individuen betrachten die religiös-säkulare Welt immer stärker als «Angebote», die sie nach Leistung und Preis beurteilen). Im Effekt hat dies zu einer starken Veränderung der Grösse der verschiedenen Typen geführt: Seit 1950 ist der Anteil der Etablierten stark geschrumpft, während vor allem die Anteile der Distanzierten und Alternativen gewachsen sind. Im Unterschied dazu haben sich die Freikirchlichen durch ihre erfolgreiche Abschliessung und Wettbewerbsorientierung halten können und sind sogar leicht gewachsen. Für religiöse Anbieter bedeutet die neue Konkurrenz der Ich-Gesellschaft, dass sie sich nicht mehr öffentlich um Macht, Einfluss und Deutungshoheit streiten dürfen, im Gegenzug aber grosse Anstrengungen unternehmen müssen, um «im Markt zu bleiben», d.h. um Menschen zu motivieren, Zeit, Energie und Geld für religiöse Zwecke bereitzustellen. Die Kirchen versuchen daher zunehmend, verschiedene aus dem Marketing bekannte Strategien anzuwenden (z.B. Bedürfniserfassung, Qualitätssicherung, Werbung). Eine wichtige Strategie besteht auch darin, eine bestimmte Grösse zu erreichen, um im Konkurrenzkampf bestehen zu können (daher das Phänomen der Fusionen und Megachurches).

Unsere Studie weist, wie schon in der Einleitung bemerkt, auch *Grenzen* auf. Erstens bezieht sich unsere Prüfung der Theorie ausschliesslich auf die Sicht der Individuen. In Zukunft sollte unser Ansatz jedoch auch durch Studien geprüft werden, die die Konkurrenzgeschehnisse aus der Sicht der beteiligten kollektiven Akteure in den Blick nehmen. Zweitens haben wir zwar versucht, alle uns zur Verfügung stehenden Daten zur Religiosität und Spiritualität in der Schweiz zu berücksichtigen. Gerade dieses Vorgehen zeigte aber das völlige Fehlen wichtiger Daten auf. Beispielsweise lässt sich institutionelle Religiosität recht gut in die Vergangenheit zurückverfolgen; für alternative Spiritualität jedoch stehen unsere Aussagen – was die Datenlage betrifft – auf sehr viel weniger sicherem Grund. Drittens haben wir einen sehr wichtigen Teil der religiösen Vielfalt der Schweiz – nämlich nichtchristliche Religionen – ausblenden müssen. Dies geschah bewusst schon in der Designphase, da eine Gesamtbetrachtung den Rahmen der Studie gesprengt hätte. Immerhin liegen für diese Religionen im Moment die Ergebnisse vieler anderer Forschungsprojekte des Nationalen Forschungsprogramms 58 vor.[1] Viertens sind unsere Daten und Aussagen geografisch streng begrenzt: Sie betreffen nur die Schweiz. Allerdings sind wir aufgrund des Vergleichs mit der internationalen Literatur zur Auffassung gelangt, dass zumindest die allgemeinen Mechanismen, die wir beschreiben, durchaus für die meisten westeuropäischen Gesellschaften verallgemeinert werden können. Um ein Wort von David Voas zu gebrauchen: «Wir haben es mit vielen Variationen, aber einem gemeinsamen Thema zu tun.»[2]

1 Siehe als Überblick Bochinger (2012) sowie http://www.nfp58.ch/d_index.cfm.
2 So der Titel von Voas (2004).

10.2 Die Zukunft der Religion und Spiritualität in der Ich-Gesellschaft

Was bedeutet all das für die Menschen, für die religiös-spirituellen Anbieter und für die Gesellschaft insgesamt?

Für die *Menschen in unserer Gesellschaft* heisst es wohl, dass sie sich auf Dauer in einer Welt einzurichten haben, in der sie selbst entscheiden können und müssen, was sie glauben und praktizieren wollen. Das heisst nicht, dass es nicht weiterhin starke Kräfte gibt, die sie hierin beeinflussen –Sozialisation, Bildung, Massenmedien etwa bleiben wichtig. Aber in der gegenwärtigen Gesellschaft ist der einzelne Mensch immer stärker selbst dafür verantwortlich, was er wie tut; er kann sich immer weniger auf blosse «Tradition» berufen.

Für die *religiös-spirituellen Anbieter* bedeutet es, dass sie sich bleibend auf eine Situation einstellen müssen, in der die Individuen ihnen nicht mehr aus Tradition, sondern aufgrund bewusster Entscheidung angehören bzw. ihre Dienste und Leistungen in Anspruch nehmen. Sie werden sich immer mehr als in einer Konkurrenz stehend erfahren, in der sie für ihre Mitglieder, Teilnehmer und Förderer attraktiv zu sein haben. Für Kirchen bedeutet es, dass der Typus der Volkskirche immer mehr demjenigen der Mitgliederkirche Platz macht. Wahrscheinlich ist, dass es auch zu immer mehr *hybriden Phänomenen* kommt, zu Angeboten, die nur zum Teil spirituell sind oder deren Spiritualität erst auf den zweiten Blick erkennbar wird. Wenn die grossen religiösen Antworten auf das, was dem Menschen unerklärbar und unkontrollierbar scheint, weder überzeugen noch notwendig sind, dann bleibt ein situativer und fallweiser Bedarf nach religiös-spiritueller Symbolisierung. Dieser kann sich an Phänomene des Sports, der psychologischen Hilfe, der Sexualität, des Konsums oder auch der Arbeit anlagern – und es ist dann gar nicht mehr so klar, ob überhaupt noch von Religion gesprochen werden sollte.

Für die *Gesellschaft* insgesamt ist wahrscheinlich, dass es zu einer neuartigen Polarisierung kommt. Die Zeiten, als konfessionelle Gegensätze die Gemüter erhitzten, sind unwiderruflich vorbei. Dagegen scheint sich abzuzeichnen, dass das Abschmelzen der selbstverständlichen und traditionell gestützten Volksreligiosität zu einem neuen Gegensatz und einer neuen Konfliktlinie führen wird. Auf der einen Seite finden wir diejenigen, die stark und mit Engagement glauben und praktizieren. Unter ihnen steigt die Anzahl der Freikirchlichen, die sich aktiv gegen die säkularen Tendenzen der modernen Gesellschaft stellen. Auf der anderen Seite erstarken die militanten Säkularisten, die Religion als unnötiges Nebenprodukt oder gar als Fehler der Evolution bekämpfen. Ob hier die philosophischen Diskussionen um eine «post-säkulare Gesellschaft» weiterhelfen, wird sich zeigen müssen. In jedem Fall wird es wichtig sein, auf das zu setzen, was unserer Gesellschaft seit Jahrzehnten inneren Frieden gebracht hat: die Mechanismen der demokratischen Auseinandersetzung, des Rechtsstaats und der nie endenden Suche nach Integration der gesellschaftlichen Gegensätze.

11 Literatur

Abbott, A. (1980): *Religion, Psychiatry, and the Problems of Everyday Life*, in: Sociological Analysis 41, 164–171.

Abbott, A. (1988): *The System of Professions*. An Essay on the Division of Expert Labor. Chicago: The University of Chicago Press.

Adorno, T.W. u.a. (1989): *Der Positivismusstreit in der deutschen Soziologie* (13. Aufl.). Darmstadt: Luchterhand.

Aerne, P. (2006): *Religiöse Sozialisten, Jungreformierte und Feldprediger*. Konfrontationen im Schweizer Protestantismus 1920–1950. Zürich: Chronos.

Alba, R. (1999): *Immigration and the American Realities of Assimilation and Multiculturalism*, in: Sociological Forum 14 (1), 3–25.

Albert, H. (1984): *Wertfreiheit als methodisches Prinzip*. Zur Frage der Notwendigkeit einer normativen Sozialwissenschaft, in: Topitsch, E. (Hg.): *Logik der Sozialwissenschaften* (196–228). Königstein: Athenäum.

Allen, C. (2001): *Islamophobia in the Media since September 11th*. Manuscript.

Altermatt, U. (1981): *Schweizer Katholizismus von 1945 bis zur Gegenwart*. Abschied vom «katholischen Milieu», in: Politisches Studien 32, 53–62.

Altermatt, U. (1988): *Die Stimmungslage im politischen Katholizismus der Schweiz von 1945*: «Wir lassen uns nicht ausmanövrieren.», in: Conzemius, V./Greschat, M./Kocher, H. (Hg.): *Die Zeit nach 1945 als Thema kirchlicher Zeitgeschichte*. Referate der internationalen Tagung in Hünigen/Bern (Schweiz) 1985 (72–96). Göttingen: Vandenhoeck & Ruprecht.

Altermatt, U. (1989): *Katholizismus und Moderne*. Zürich: Benziger.

Altermatt, U. (2009): *Konfession, Nation und Rom*. Metamorphosen im schweizerischen und europäischen Katholizismus des 19. und 20. Jahrhunderts. Frauenfeld: Huber.

Barbagli, M./Dalla Zuanna, G./Garelli, F. (2010): *La sessualità degli italiani*. Bologna: Il Mulino.

Barro, R.J./McCleary, R.M. (2003): *International Determinants of Religiosity*. NBER Working Paper No. 10147.

Barth, F. (1969): *Ethnic Groups and Boundaries*. The Social Organization of Culture Difference. Bergen: Universitetsforlaget.

Barth, R. (1981): *Protestantismus, soziale Frage und Sozialismus im Kanton Zürich 1830–1914*. Zürich: TVZ.

Basset, J.-C. (1996): *Le dialogue interreligieux*. Histoire et avenir. Paris: Cerf.

Bastian, J.-P. (2007): *The New Religious Economy of Latin America*, in: Stolz, J. (Hg.): *Salvation Goods and Religious Markets*. Theory and Applications (171–192). Bern: Peter Lang.

Baumann, M./Behloul, S.-M. (2005): *Religiöser Pluralismus*. Empirische Studien und analytische Perspektiven. Bielefeld: transcript.

Baumann, M./Stolz, J. (2007): *Eine Schweiz – viele Religionen*. Risiken und Chancen des Zusammenlebens. Bielefeld: transcript.

Baumann, M./Stolz, J. (2007a): *Vielfalt der Religionen – Risiken und Chancen des Zusammenlebens*, in: Baumann, M./Stolz, J. (Hg.): *Eine Schweiz – viele Religionen*. Risiken und Chancen des Zusammenlebens (344–378). Bielefeld: transcript.

Becci, I. (2001): *Entre pluralisation et régulation du champ religieux*: Premiers pas vers une approche en termes de médiations pour la Suisse, in: Social Compass 48 (1), 95–112.

Beck, U. (1983). *Jenseits von Stand und Klasse?* Soziale Ungleichheiten, gesellschaftliche Individualisierungsprozesse und die Entstehung neuer sozialer Formationen und Identitäten, in Kreckel, R. (Hg.): *Soziale Ungleichheiten*. Soziale Welt, Sonderband 2 (35–74). Göttingen: Schwartz.

Beck, U. (1986): *Risikogesellschaft*. Auf dem Weg in eine andere Moderne. Frankfurt a.M.: Suhrkamp.

Beckford, J.A. (2000): *Start Together and Finish Together*. Shifts in the Premises and Paradigms Underlying the Scientific Study of Religion, in: Journal for the Scientific Study of Religion 39 (4), 481–495.

Behloul, S.-M. (2007): *The Society is watching you!*. Islam-Diskurs in der Schweiz und die Konstruktion einer öffentlichen Religion, in: Theologische Berichte 30, 276–317.

Behloul, S.-M./Lathion, S. (2007): *Muslime und Islam in der Schweiz: viele Gesichter einer Weltreligion*, in: Baumann, M./Stolz, J. (Hg.): *Eine Schweiz – viele Religionen*. Risiken und Chancen des Zusammenlebens (193–207). Bielefeld: transcript.

Beitz, C. R. (2009): *The idea of human rights*. Oxford: Oxford University Press.

Bellah, R. N. u. a. (1985): *Habits of the Heart*. Individualism and Commitment in American Life. California: University of California Press.

Bellamy, J./Black, A./Castle, K./Hughes, P./Kaldor, P. (2002): *Why People Don't Go To Church*. Adelaide: Openbook.

Benthaus-Apel, F. (1998): *Religion und Lebensstil*. Zur Analyse pluraler Religionsformen aus soziologischer Sicht, in: Fechtner, K./Haspel, M./Daiber, K.-F./Keil, S./Schwab, U. (Hg.): *Religion in der Lebenswelt der Moderne* (102–122). Köln: Kohlhammer.

Benthaus-Apel, F. (2006): *Lebensstilspezifische Zugänge zur Kirchenmitgliedschaft*, in: Huber, W./Friedrich, J/Steinacker, P. (Hg.): *Kirche in der Vielfalt der Lebensbezüge*. Die vierte EKD-Erhebung über Kirchenmitgliedschaft (203–244). Gütersloh: Gütersloher Verlagshaus.

Berger, P.L. (1965): *Ein Marktmodell zur Analyse ökumenischer Prozesse*, in: Matthes, J. (Hg.): *Internationales Jahrbuch für Religionssoziologie* (235–249). Köln: Opladen.

Berger, P.L. (1980): *Der Zwang zur Häresie*. Religion in der pluralistischen Gesellschaft. Frankfurt a. M.: Fischer.

Berger, P.L. (1982 (1980)): *Die gesellschaftliche Konstruktion der Wirklichkeit*. Eine Theorie der Wissenssoziologie. Frankfurt a. M.: Fischer.

Berger, P.L. (1988 (1973)): *Zur Dialektik von Religion und Gesellschaft*. Elemente einer soziologischen Theorie. Frankfurt a. M.: Fischer.

Berger, P.L. (1990 (1967)): *The Sacred Canopy*. Elements of a Sociological Theory of Religion. New York: Anchor Books.

Berger, P.L. (1999): *The Desecularization of the World*. A Global Overview, in: ders. (Hg.): *The Desecularization of the World*. Resurgent Religion and World Politics (1–18). Grand Rapids: Eerdmans.

Beyer, P. (1994): *Religion and globalization*. London: Sage.

Birkelbach, K. (1999): *Die Entscheidung zum Kirchenaustritt zwischen Kirchenbindung und Kirchensteuer*. Eine Verlaufsdatenanalyse in einer Kohorte ehemaliger Gymnasiasten bis zum 43. Lebensjahr, in: Zeitschrift für Soziologie 28 (2), 136–153.

Bloch, J.P. (1997): *Countercultural Spiritualists' Perceptions of the Goddess*, in: Sociology of Religion 58 (2), 181–190.

Bloch, J.P. (1998): *New Spirituality, Self, and Belonging*. How New Agers and Neo-Pagans Talk about Themselves. Westport: Praeger.

Bochinger, C. (1995): *«New Age» und moderne Religion*. Religionswissenschaftliche Analysen (2. Aufl.). Gütersloh: Chr. Kaiser Gütersloher Verlagshaus.

Bochinger, C. (2012): *Religionen, Staat und Gesellschaft*. Die Schweiz zwischen Säkularisierung und religiöser Vielfalt. Zürich: NZZ.

Bochinger, C./Engelbrecht, M./Gebhart, W. (2009): *Die unsichtbare Religion in der sichtbaren Religion – Formen spiritueller Orientierung in der religiösen Gegenwartskultur*. Stuttgart: Kohlhammer.

Böckenförde, E.-W. (1991): *Die Entstehung des Staates als Vorgang der Säkularisation*, in: ders. (Hg.): *Recht, Staat, Freiheit*. Studien zur Rechtsphilosophie, Staatstheorie und Verfassungsgeschichte (92–114). Frankfurt a. M.: Suhrkamp.

Bocking, B. (2005): *Study of Religions*. The New Queen of the Sciences?, in: Sutcliffe, S. J. (Hg.): *Religion: Empirical Studies*. A Collection (107–122). Aldershot: Ashgate.

Boos-Nünning, U. (1972): *Dimensionen der Religiosität.* Zur Operationalisierung und Messung religiöser Einstellungen. München: Chr. Kaiser.

Borowik, I. (2002): *The Roman Catholic Church in the Process of Democratic Transformation.* The Case of Poland. Social Compass 49 (2), 239–252.

Boudon, R. (1983): *La logique du social.* Paris: Hachette.

Boudon, R. (2003): *Beyond Rational Choice Theory,* in: Annual Review of Sociology 29, 1–21.

Bouma, G. D. (1997): *Many Religions, All Australian.* Religious Settlement, Identity and Cultural Diversity. Kew: The Christian Research Association.

Bourdieu, P. (1971): *Genèse et structure du champ religieux,* in: Revue française de sociologie XII, 295–334.

Bourdieu, P. (1979): *La Distinction.* Paris: Minuit.

Bourdieu, P. (1983). *Ökonomisches Kapital, kulturelles Kapital, soziales Kapital,* in: Kreckel, R. (Hg.), Soziale Ungleichheiten. Sonderband 2 (183–198). Göttingen: Schwartz.

Bourdieu, P. (1987): *La dissolution du religieux,* in: ders. (Hg.): *Choses dites (117–123).* Paris: Editions de Minuit.

Bourdieu, P. (1987): *Sozialer Sinn.* Kritik der theoretischen Vernunft. Frankfurt a. M.: Suhrkamp.

Bovay, C. (2004): *Le paysage religieux en Suisse.* Neuchâtel: OFS.

Braybrooke, M. (1992): *Pilgrimage of Hope.* One Hundred Years of Global Interfaith Dialogue. London: SCM Press.

Bréchon, P./Azria, R./Campiche, R. J./Javier, F./Imaz, E. (1997): *Identité religieuse des jeunes en Europe.* Etat des lieux, in: Campiche, R. J. (Hg.): *Cultures jeunes et religions en Europe* (44–96). Paris: CERF.

Bréchon, P./Galland, O. (2010): *L'individualisation des valeurs.* Paris: Armand Colin.

Brown, C. G. (2001): *The Death of Christian Britain.* Understanding Secularisation 1800–2000. London: Routledge.

Bruce, S. (1990): *A House Divided.* Protestantism, Schism and Secularization. London: Routledge.

Bruce, S. (1996): *Religion in the Modern World.* From Cathedrals to Cults. Oxford: Oxford University Press.

Bruce, S. (1999): *Choice and Religion.* A Critique of Rational Choice Theory. Oxford: University Press.

Bruce, S. (2002): *God is Dead.* Secularization in the West. Oxford: Blackwell.

Bruce, S. (2006): *What the Secularization Paradigm Really Says,* in: Franzmann, M./Gärtner, C./Köck, N. (Hg.): *Religiosität in der säkularisierten Welt* (39–48). Wiesbaden: VS.

Bruce, S./Voas, D. (2010): *Vicarious Religion.* An Examination and Critique, in: Journal of Contemporary Religion 25 (2), 243–259.

Bruhn, M. u.a. (1999): Ökumenische Basler Kirchenstudie. Ergebnisse der Bevölkerungs- und Mitarbeiterbefragung. Basel: Römisch-katholische Kirche Basel-Stadt/Evangelisch-reformierte Kirche Basel-Stadt.

Bryant, J.M. (2000): *Cost-Benefit Accounting and the Piety Business.* Is Homo Religiosus, at bottom, a Homo Economicus?, in: Method & Theory in the Study of Religion 12 (4), 520–548.

Buchmann, M./Eisner, M. (1997): *The transition from the utilitarian to the expressive self: 1900–1992,* in: Poetics 25, 157–175.

Buomberger, T. (2012): *Traumreisen und Alpträume.* Wie Auto und Strassenbau in den 50er Jahren zu einer Selbstverständlichkeit wurden, in: Buomberger, T./Pfrunder, P. (Hg.): *Schöner leben, mehr haben.* Die 50er Jahre in der Schweiz im Geiste des Konsums (41–55). Zürich: Limmat.

Buomberger, T./Pfrunder, P. (Hg.) (2012): *Schöner leben, mehr haben.* Die 50er Jahre in der Schweiz im Geiste des Konsums. Zürich: Limmat.

Campbell, C. (1995 (1972)): *The Cult, the Cultic Milieu and Secularization,* in: Bruce, S. (Hg.): *The Sociology of Religion.* Volume II (58–75). Aldershot: Elgar.

Campiche, R.J. (1996): *Religion, statut social et identité féminine,* in: Archives de sciences sociales des religions 95 (juillet-septembre), 69–94.

Campiche, R.J. (2008): *La révolution religieuse de «68»,* in: Choisir 581, 15–18.

Campiche, R.J. (2010): *La religion visible.* Pratiques et croyances en Suisse. Lausanne: Presses polytechniques et universitaires romandes.

Campiche, R.J. (2004): *Die zwei Gesichter der Religion.* Faszination und Entzauberung. Zürich: TVZ.

Caron, F. (2001): *L'innovation,* in: Gilomen, H.-J./Jaun, R./Müller, M./Veyrassat, B. (Hg.): *Innovationen.* Voraussetzungen und Folgen – Antriebskräfte und Widerstände (19–31). Zürich: Chronos.

Casanova, J. (1992): *Private and Public Religions,* in: Social Research 59 (1), 17–57.

Casanova, J. (1994): *Religion und Öffentlichkeit.* Ein Ost-/Westvergleich, in: Transit – Europäische Revue 8, 21–41.

Casanova, J. (1996): *Chancen und Gefahren öffentlicher Religion,* in: Kallscheuer, O. (Hg.): *Das Europa der Religionen.* Ein Kontinent zwischen Säkularisierung und Fundamentalismus (181–212). Frankfurt a.M.

Cattacin, S./Gerber, B./Sardi, M./Wegener, R. (2006): *Monitoring misanthropy and rightwing extremist attitudes in Switzerland.* An explorative study. Genf: Universität Genf.

Chaves, M. (1994): *Secularization as Declining Religious Authority,* in: Social Forces 72 (3), 749–774.

Chaves, M. (2006): *All Creatures Great and Small.* Megachurches in Context, in: Review of Religious Research 47, 329–346.

Chaves, M. (2011): *American Religion.* Contemporary Trends. Princeton: Princeton University Press.

Chaves, M./Gorski, P.S. (2001): *Religious Pluralism and Religion Participation*, in: Annual review of sociology 27, 261–281.

Cimino, R./Smith, C. (2007): *Secular Humanism and Atheism beyond Progressive Secularism*, in: Sociology of Religion 68 (4), 407–424.

Coleman, J.S. (1990): *Foundations of Social Theory.* Cambridge: The Belknap Press of Harvard University Press.

Comte, A. (1995 (1844)): *Discours sur l'esprit positif.* Paris: Vrin.

Conze, W./Kocka, J. (Hg.) (1985): *Bildungsbürgertum im 19. Jahrhundert.* Teil I. Bildungssystem und Professionalisierung in internationalen Vergleichen. Stuttgart: Klett-Cotta.

Cox, J.L. (2003): *Religion without God.* Methodological Agnosticism and the Future of Religious Studies. The Hibbert Lecture. Herriot-Watt University. 1–11 (online unter ebookscentral.com, 13.5.2014).

Dahinden, J./Duemmler, K./Moret, J. (2010): *Religion und Ethnizität: Welche Praktiken, Identitäten und Grenzziehungen?.* Eine Untersuchung mit jungen Erwachsenen. Schlussbericht, online unter www.nfp58.ch/files/downloads/Schlussbericht_DahindenJanine.pdf (13.5.2014).

Darwin, C. (1985 (1859)): *The Origin of Species.* London: Penguin.

Davie, G. (1990): *Believing without Belonging.* Is this the future of Religion in Britain?, in: Social Compass 37 (4), 455–469.

Davie, G. (2006): *Vicarious Religion.* A Methodological Challenge, in: Ammerman, N.T. (Hg.): *Everyday Religion.* Observing Modern Religious Lives (21–37). New York: Oxford University Press.

Davie, G. (2006a): *Is Europe an Exceptional Case?*, in: International Review of Mission 95 (578/579), 247–258.

Davie, G. (2007): *The Sociology of Religion.* London: Sage.

Dawkins, R./Vogel, S. (2008): *Der Gotteswahn.* Berlin: Ullstein.

Day, A. (2009): *Believing in belonging.* An ethnography of young people's constructions of belief, in: Culture and Religion 10 (3), 263–278.

De Graaf, N.D. (2012): *Secularization.* Theoretical Controversies Generating Empirical Research, in: Wittek, R./Nee, V./Snijders, T.A.B. (Hg.): *Handbook of Rational Choice Social Research* (322–354). Stanford: Stanford University Press.

Dijk van, T.A. (1993): *Elite discourse and racism.* Newbury Park: Sage.

Dobbelaere, K. (1981): *Secularization.* A Multi-Dimensional Concept, in: Current Sociology 29 (2 (Summer)).

Dobbelaere, K. (2002): *Secularization.* An Analysis at Three Levels. Bruxelles: Peter Lang.

Dora, C. (1997): *Die Zeit des katholischen Milieus.* Vom Ersten Weltkrieg bis zum Zweiten Vatikanischen Konzil, in: Bischof, F.X./Dora, C. (Hg.): *Ortskirche unterwegs.* Das Bistum St. Gallen 1847–1997. FS zum hundertfünfzigsten Jahr seines Bestehens (91–223). St. Gallen: Verlag am Klosterhof.

Dubach, A./Campiche, R. (1993): *Jede/r ein Sonderfall?.* Religion in der Schweiz: Ergebnisse einer Repräsentativbefragung. Zürich: NZN.

Dubach, A./Fuchs, B. (2005): *Ein neues Modell von Religion.* Zweite Schweizer Sonderfallstudie – Herausforderung für die Kirchen. Zürich: TVZ.

Durkheim, E. (1985): *Les formes élémentaires de la vie religieuse.* Le système totémique en Australie (7. Aufl.). Paris: PUF.

Ebertz, M. N. (1993): *Die Zivilisierung Gottes und die Deinstitutionalisierung der «Gnadenanstalt»*, in: Bergmann, J./Hahn, A./Luckmann, T. (Hg.): *Religion und Kultur* (92–125). Opladen: Westdeutscher Verlag.

Einstein, M. (2008): *Brands of Faith.* Marketing religion in a commercial age. London: Routledge.

Einstein, M. (2011): *The Evolution of Religious Branding*, in: Social Compass 58, 331–338.

Esser, H. (1996): *Die Definition der Situation.* Kölner Zeitschrift für Soziologie und Sozialpsychologie 48 (1), 1–34.

Esser, H. (1999): *Soziologie.* Spezielle Grundlagen. Band 1: Situationslogik und Handeln. Frankfurt a. M.: Campus.

Esser, H. (2000): *Soziologie.* Spezielle Grundlagen. Band 2: Die Konstruktion der Gesellschaft. Frankfurt a. M.: Campus.

Esser, H. (2000a): *Soziologie.* Spezielle Grundlagen. Band 5: Institutionen. Frankfurt a. M.: Campus.

Esser, H. (2000b): *Soziologie.* Spezielle Grundlagen. Band 3: Soziales Handeln. Frankfurt a. M.: Campus.

Esser, H. (2000c): *Soziologie.* Spezielle Grundlagen. Band 6: Sinn und Kultur. Frankfurt a. M.: Campus

Famos, C. R. (2007): *Religiöse Vielfalt und Recht.* Von göttlichen und menschlichen Regeln, in: Baumann, M./Stolz, J. (Hg.): *Eine Schweiz – viele Religionen.* Risiken und Chancen des Zusammenlebens (301–312). Bielefeld: transcript.

Famos, C. R./Kunz, R. (Hg.) (2006): *Kirche und Marketing.* Beiträge zu einer Verhältnisbestimmung. Zürich: TVZ.

Farr, R. M. (1990): *Les représentations sociales*, in: Moscovici, S. (Hg.): *Psychologie sociale* (379–390). Paris: PUF.

Fath, S. (2008): *Dieu XXL.* La révolution des megachurches. Paris: Editions Autrement.

Favre, O. (2002): *Les Eglises évangéliques en Suisse*. Identités en mutation, in: Campiche, R. J. (Hg.): *Les dynamiques européennes de l'évangélisme* (129–139). Lausanne: Observatoire des Religions en Suisse (ORS).

Favre, O./Stolz, J. (2009): *L'émergence des évangéliques en Suisse*. Implantation, composition socioculturelle et reproduction des évangéliques à partir des données du recensement 2000, in: Schweizerische Zeitschrift für Soziologie 2009 (3), 453–477.

Festinger, L. (1954): *A Theory of Social Comparison Processes*, in: Human Relations 7, 117–140.

Finke, R./Stark, R. (1992): *The Churching of America 1776–1990*. Winners and Losers in Our Religious Economy. New Brunswick, NJ: Rutgers University Press.

Flanagan, K./Jupp, P. C. (Hg.) (2007): *A Sociology of Spirituality*. Aldershot: Ashgate.

Forclaz, B. (2007): *Religiöse Vielfalt in der Schweiz seit der Reformation*, in: Baumann, M./Stolz, J. (Hg.): *Eine Schweiz – viele Religionen*. Risiken und Chancen des Zusammenlebens (89–99). Bielefeld: transcript.

Frank, K./Jödicke, A. (2007): *Öffentliche Schule und neue religiöse Vielfalt*. Themen, Probleme, Entwicklungen, in: Baumann, M./Stolz, J. (Hg.): *Eine Schweiz – viele Religionen*. Risiken und Chancen des Zusammenlebens (273–284). Bielefeld: transcript.

Franz, G./Herbert, W. (1987a): *Werte zwischen Stabilität und Veränderung*. Die Bedeutung von Schichtzugehörigkeit und Lebenszyklus, in Klages, H./Franz, G./Herbert, W. (Hg.): *Sozialpsychologie der Wohlfahrtsgesellschaft*. Zur Dynamik von Wertorientierungen, Einstellungen und Ansprüchen (55–101). Frankfurt a. M.: Campus.

Franz, G./Herbert, W. (1987b): *Werttypen in der Bundesrepublik*. Konventionalisten, Resignierte, Idealisten und Realisten, in Klages, H./Franz, G./Herbert, W. (Hg.): *Sozialpsychologie der Wohlfahrtsgesellschaft*. Zur Dynamik von Wertorientierungen, Einstellungen und Ansprüchen (40–54). Frankfurt a. M.: Campus.

Fritschi, A. (1990): *Schwesterntum*. Zur Sozialgeschichte der weiblichen Berufskrankenpflege in der Schweiz 1850–1930. Zürich: Chronos.

Gäbler, U. (1999): *Art. Schweiz*, in TRE 30, 682–712.

Gachet, C. (2013): *Etre évangélique dans une paroisse réformée*, in: Stolz, J./Favre, O./Gachet, C./Buchard, E. (Hg.): *Le phénomène évangélique*. Analyses d'un milieu compétitif (233–256). Genève: Labor et Fides; deutsche Übersetzung: Stolz, J./Favre, O./Gachet, C./Buchard, E. (Hg.) (2014): *Phänomen Freikirchen*. Analysen eines wettbewerbsstarken Milieus, Zürich: Pano.

Gachet, C. (2013): *L'évolution du milieu: entre continuité et changements*, in: Stolz, J./Favre, O./Gachet, C./Buchard, E. (Hg.): *Le phénomène évangélique*. Analyses d'un milieu compétitif (279–296). Genève: Labor et Fides; deutsche Übersetzung: Stolz, J./Favre, O./Gachet, C./Buchard, E. (Hg.) (2014): *Phänomen Freikirchen*. Analysen eines wettbewerbsstarken Milieus, Zürich: Pano.

Gachet, C./Stolz, J. (2010): *Lectures et légitimations*. Les évangéliques et le récit biblique de la création, in: Bornet, P./Clivaz, C./Durisch Gauthier, N./Fawer Caputo, C./Voegeli, F. (Hg.): *Et Dieu créa Darwin*. Théorie de l'évolution et créationnisme en Suisse aujourd'hui (109–132). Genève: Labor et Fides.

Gauthier, F. (2011): *Primat de l'authenticité et besoin de reconnaissance*. La société de consommation et la nouvelle régulation du religieux. Studies in Religion 41 (1), 93–111, doi: 10.1177/0008429811429912.

Gauthier, F./Martikainen, T./Woodhead, L. (2011): *Introduction: Religion in Consumer Society*, in: Social Compass 58 (3), 291–301.

Gebhart, W./Engelbrecht, M./Bochinger, C. (2005): *Die Selbstermächtigung des religiösen Subjekts*. Der «spirituelle Wanderer» als Idealtypus, in: Zeitschrift für Religionswissenschaft 13, 133–151.

Geertz, C. (1993): *Religion as a cultural system*, in: ders. (Hg.): *The interpretation of cultures*. Selected essays (87–125). London: Fontana Press.

Geertz, C. (1993): *Thick Description*. Towards an Interpretive Theory of Culture, in: ders. (Hg.): *The Interpretation of Cultures*. Selected Essays (3–33). London: Fontana Press.

Gergen, K.J./Gergen, M.M. (1986): *Social Psychology* (2. Aufl.). New York/Berlin: Springer.

Gill, A./Lundsgaarde, E. (2004): *State Welfare Spending and Religiosity*. A Cross-National Analysis, in: Rationality & Society 16 (4), 399–436.

Gilovich, T. (1991): *Belief in Ineffective «Alternative» Health Practices*, in: Gilovich, T. (Hg.): *How We Know What Isn't So*. The Fallibility of Human Reason in Everyday Life (125–145). New York: The Free Press.

Giordan, G. (2007): *Spirituality*. From a Religious Concept to a Sociological Theory, in: Flanagan, K./Jupp, P. (Hg.): *A Sociology of Spirituality* (161–180). Aldershot: Ashgate.

Giordan, G./Pace, E. (2014): *From Religious Diversity to Religious Pluralism*. What is at Stake? Leiden: Brill.

Glock, C.Y. (1967): *Über die Dimensionen der Religiosität*, in: Matthes, J. (Hg.): *Religion und Gesellschaft*. Einführung in die Religionssoziologie I (150–168). Reinbek: Rowohlt.

Goffman, E. (1959): *The Presentation of Self in Everyday Life*. New York.

Gorski, P.S. (2000): *Historicizing the Secularization Debate*. Church, State, and Society in Late Medieval and Early Modern Europe, ca. 1300 to 1700, in: American Sociological Review 65 (1), 138–167.

Gruber, J./Hungerman, D.M. (2008): *The Church vs. the Mall: What Happens When Religion Faces Increased Secular Competition?*, in: Quarterly Journal of Economics, May, 831–862.

Grunder, H.-U. (2011): *Primarschule*. Historisches Lexikon der Schweiz, 24.11.2011.

Guggisberg, K. (1971): *Die evangelisch-reformierten Kirchen*, in: Gruner, E. (Hg.): *Die Schweiz seit 1945*. Beiträge zur Zeitgeschichte (307–322). Bern: Francke.

Haenni, P. (2009): *The Economic Politics of Muslim Consumption*, in: Pink, J. (Hg.): *Muslim Societies in the Age of Mass Consumption*. Politics, Culture and Identity between the Local and the Global (327–342). Cambridge Scholars Publishing.

Haenni, P./Lathion, S. (2011): *The Swiss Minaret Ban*. Islam in Question. Translated by Tom Genrich. Freiburg i. Ue.: Religioscope.

Halliday, F. (1999): *«Islamophobia» reconsidered*, in: Ethnic and Racial Studies 22 (5 September), 892–902.

Hamilton, M. (2001): *The Sociology of Religion*. Theoretical and comparative perspectives (2. Aufl.). London: Routledge.

Hammersley, M. (2008): *Troubles with Triangulation*, in: Bergman, M.M. (Hg.): *Advances in Mixed Methods Research* (22–36). Los Angeles: Sage.

Hanegraaff, W.J. (1998): *New Age Religion and Western Culture*. Esotericism in the Mirror of Secular Thought. New York: State University of New York Press.

Harris, S. (2004): *The End of Faith*. Religion, Terrror, and the Future of Reason: W.W. Norton & Company.

Harris, T.A. (2012): *Ich bin o.k. – Du bist o.k.* Berlin: Rowohlt.

Hedström, P. (2005): *Dissecting the Social*. On the Principles of Analytical Sociology. Cambridge: Cambridge University Press.

Heelas, P./Woodhead, L. (2004): *The Spiritual Revolution*. Why Religion is Giving Way to Spirituality: Wiley Blackwell.

Helbling, M. (2010): *Islamophobia in Switzerland*. A New Phenomenon or a New Name for Xenophobia, in: Kriesi, H. (Hg.): *Value Change in Switzerland* (65–80). Lanham: Lexington Press.

Hero, M. (2010): *Die neuen Formen des religiösen Lebens*. Eine institutionentheoretische Analyse neuer Religiosität. Würzburg: Ergon.

Hirschle, J. (2010): *From Religious to Consumption-Related Routine Acetivities?*. Analyzing Ireland's Economic Boom and the Decline in Church Attendance, in: Journal for the Scientific Study of Religion 49 (4), 673–687.

Hirschle, J. (2011): *The affluent society and its religious consequences*. An empirical investigation of 20 European countries, in: Socio-Economic Review 9 (2), 261–285.

Hirschle, J. (2012): *Religiöser Wandel in der Konsumgesellschaft*, in: Soziale Welt 63 (2), 141–162.
Hitchens, C. (2007): *God is not great.* How Religion Poisons Everything. New York.
Höhn, H.-J. (2007): *Postsäkular.* Gesellschaft im Umbruch – Religion im Wandel. Paderborn: Schöningh.
Höllinger, F./Tripold, T. (2012): *Ganzheitliches Leben.* Das holistische Milieu zwischen neuer Spiritualität und postmoderner Wellness-Kultur. Bielefeld: transcript.
Hotz-Hart, B./Mäder, S./Vock, P. (2001): *Volkswirtschaft der Schweiz* (3. Aufl.). Zürich: VDF.
Huber, S. (2003): *Zentralität und Inhalt.* Ein neues multidimensionales Messmodell der Religiosität. Veröffentlichungen der Sektion Religionssoziologie der Deutschen Gesellschaft für Soziologie, Bd. 9. Wiesbaden: VS.
Iannaccone, L. R. (1991): *The Consequences of Religious Market Structure.* Adam Smith and the Economics of Religion, in: Rationality and Society 3 (2), 156–177.
Iannaccone, L. R. (1994): *Why Strict Churches Are Strong*, in: American Journal of Sociology 99 (5), 1180–1212.
Iannaccone, L. R. (1998): *Introduction to the Economics of Religion.* Journal of Economic Literature 36 (3), 1465–1495.
Im Hof, U. (1997): *Geschichte der Schweiz* (6. Aufl.). Stuttgart: Kohlhammer.
Imhof, K./Ettinger, P. (2007): *Religionen in der medienvermittelten Öffentlichkeit der Schweiz*, in: Baumann, M./Stolz, J. (Hg.): *Eine Schweiz – viele Religionen.* Risiken und Chancen des Zusammenlebens (285–300). Bielefeld: transcript.
Inglehart, R. (1977): *The Silent Revolution.* Changing Values and Political Styles Among Western Publics. Princeton, New Jersey: Princeton University Press.
Inglehart, R. (1997): *Modernization and Postmodernization*: Princeton University Press.
Inglehart, R./Baker, W. E. (2000): *Modernization, Cultural Change, and the Persistence of Traditional Values*, in: American Sociological Review 65, 19–51.
Inglehart, R./Welzel, C. (2005): *Modernization, Cultural Change, and Democracy.* The Human Development Sequence. Cambridge: Cambridge University Press.
Jenny, M. (2008): *Guérisseurs, rebouteux et faiseurs de secret en Suisse romande.* Avec repértoire d'adresses actualisé. Lausanne: Favre.
Kahneman, D. (2011): *Thinking, Fast and Slow.* London: Penguin.
Kaufmann, F.-X. (1997): *Herausforderungen des Sozialstaates.* Frankfurt a. M.: Suhrkamp.

Kecskes, R./Wolf, C. (1995): *Christliche Religiosität.* Dimensionen, Messinstrumente, Ergebnisse, in: Kölner Zeitschrift für Soziologie und Sozialpsychologie 47 (3), 494–515.

Kelle, U. (2007): *Die Integration qualitativer und quantitativer Methoden in der empirischen Sozialforschung.* Theoretische Grundlagen und methodologische Konzepte. Wiesbaden: VS.

Kelle, U./Lüdemann, C. (1998): *Bridge Assumptions in Rational Choice Theory.* Methodological Problems and Possible Solutions, in: Blossfeld, H.-P./Prein, G. (Hg.): *Rational Choice Theory and Large-Scale Data Analysis* (112–125). Colorado: Westview Press.

Kelley, D. M. (1986 (1972)): *Why Conservative Churches Are Growing.* A Study in Sociology of Religion. Macon, Georgia: Mercer University Press.

Keohane, R. O. (1982): *The Demand for International Regimes.* International Organization, 36 (2), 325–355.

Klages, H. (1985): *Wertorientierungen im Wandel.* Rückblick, Gegenwartsanalyse, Prognosen (2. Aufl.). Frankfurt a. M.: Campus.

Klages, H. (1988): *Wertedynamik.* Über die Wandelbarkeit des Selbstverständlichen. Zürich: Edition Interfrom.

Klages, H. (1994): *Werte und Wandel.* Soziologische Revue, 17 (2), 183–185.

Knoblauch, H. (2009): *Populäre Religion.* Auf dem Weg in eine spirituelle Gesellschaft. Frankfurt a. M.: Campus.

Kolping, A. (1952): *Der Gesellenverein und seine Aufgabe*, zusammengestellt und hg. von J. Nattermann. Köln: Kolping-Verlag.

Könemann, J. (2002): *«Ich wünschte, ich wäre gläubig, glaub ich».* Zugänge zur Religion und Religiosität in der Lebensgführung der späten Moderne. Veröffentlichungen der Sektion Religionssoziologie der Deutschen Gesellschaft für Soziologie, Bd. 8. Opladen: Leske und Budrich.

Könemann, J./Jödicke, A. (2012): *Bedingungen und Möglichkeiten der Partizipation religiöser Akteure an demokratischer Meinungsbildung.* Das Beispiel Schweizer Volksabstimmungen, in: Gabriel, K./Spieß, C./Winkler, K. (Hg.): Modelle des religiösen Pluralismus. Historische, religionssoziologische und religionspolitische Perspektiven (181–206). Paderborn u. a.: Schöningh.

Krasner, S. D. (1982): *Structural Causes and Regime Consequences.* Regime as Intervening Variables, in: International Organization 36 (2), 185–205.

Krech, V. (2011): *Wo bleibt die Religion?.* Zur Ambivalenz des Religiösen in der modernen Gesellschaft. Bielefeld: transcript.

Kroneberg, C. (2011): *Die Erklärung sozialen Handelns.* Grundlagen und Anwendung einer integrativen Theorie. Wiesbaden: VS.

Krüggeler, M. (1993): *Inseln der Seligen: Religiöse Orientierungen in der Schweiz*, in: Dubach, A./Campiche, R. (Hg.): *Jeder/r ein Sonderfall?.* Religion in der

Schweiz. Ergebnisse einer Repräsentativbefragung (93–132). Zürich: NZN Buchverlag.
Kuhn, T. K. (2007): *Religionsfreiheit – Beispiele aus dem schweizerischen Diskurs im 18. und 19. Jahrhundert*, in: Bernhardt, R./Kuhn, T. K. (Hg.): *Religionsfreiheit.* Schweizerische Perspektiven (13–35). Zürich: TVZ.
Lambert, Y. (2007 (1985)): *Dieu change en Bretagne.* La religion à Limerzel de 1900 à nos jours. Paris: Cerf.
Lamine, A.-S. (2008): *Croyances et transcendances.* Variations en mode mineurs, in: Social Compass 55 (2), 154–167.
Lamine, A.-S. (2010): *Les croyances religieuses.* Entre raison, symbolisation et expérience. Année Sociologique 60 (1).
Landert, C. (2001): *Kasualien im Lichte der Statistik.* Reformierte Presse. Annex. Die Beilage der Reformierten Presse 44, 3–10.
Lechner, F. J. (1996): *Secularization in the Netherlands?*, in: Journal for the Scientific Study of Religion 35 (3), 252–264.
Lenzburg, S. (1997): *A walk on the wild side*: Jugendszenen der Schweiz von den 30er Jahren bis heute. Zürich: Chronos.
LeVine, R. A./Campbell, D. T. (1972): *Ethnocentrism.* Theories of Conflict, Ethnic Attitudes, and Group Behavior. New York: John Wiley & Sons.
Lindemann, A. (2012): *Italophobie et Islamophobie.* Etude Comparative dans la Presse Suisse Romande de 1970 et 2004. Mémoire de Master. Lausanne: Université de Lausanne.
Lindenberg, S. (1996): *Die Relevanz theoriereicher Brückenannahmen*, in: Kölner Zeitschrift für Soziologie und Sozialpsychologie 48 (1), 126–140.
Lindt, A. (1988): *Der schweizerische Protestantismus – Entwicklungslinien nach 1945*, in: Conzemius, V./Greschat, M./Kocher, H. (Hg.): *Die Zeit nach 1945 als Thema kirchlicher Zeitgeschichte.* Referate der internationalen Tagung in Hünigen/Bern (Schweiz) 1985 (61–71). Göttingen: Vandenhoeck & Ruprecht.
Loderer, B. (2012): *Im Armeereformhaus.* Das Sturmgewehr 57 als Fundament der Armee, in: Buomberger, T./Pfrunder, P. (Hg.): *Schöner leben, mehr haben.* Die 50er Jahre in der Schweiz im Geiste des Konsums (201–215). Zürich: Limmat.
Luckmann, T. (1967): *The Invisible Religion.* New York: MacMillan.
Luhmann, N. (1982): *Funktion der Religion.* Frankfurt a. M.: Suhrkamp.
Luhmann, N. (1987): *Soziale Systeme.* Grundriss einer allgemeinen Theorie. Frankfurt a. M.: Suhrkamp.
Luhmann, N. (1996): *Die Realität der Massenmedien.* Opladen: Westdeutscher Verlag.
Mader, L./Schinzel, M. (2012): *Religion in der Öffentlichkeit*, in: Bochinger, C. (Hg.): *Religion, Staat und Gesellschaft.* Die Schweiz zwischen Säkularisierung und religiöser Vielfalt (109–144). Zürich: NZZ.

Maissen, T. (2010): *Geschichte der Schweiz*. Baden: hier+jetzt.

Malinowski, B. (1984): *Magic, Science and Religion*, in: Malinowski, B. (Hg.): *Magic, Science and Religion* (17–92). Westport: Greenwood Press.

Mayer, J.-F. (1993): *Les Nouvelles Voies Spirituelles*. Enquête sur la religiosité parallèle en Suisse. Lausanne: Editions L'Age d'Homme.

Mayer, J.-F. (2007): *Salvation Goods and the Religious Market in the Cultic Milieu*, in: Stolz, J. (Hg.): *Salvation Goods and Religious Markets*. Theory and Applications (257–274). Bern: Peter Lang.

McLeod, H. (2000): *Secularisation in Western Europe, 1848–1914*. New York: St. Martin's Press.

McLeod, H. (2007): *The Religious Crisis of the 1960s*. Oxford: Oxford University Press.

Mead, G. H. (1967 (1934)): *Mind, Self & Society from the Standpoint of a Social Behaviorist*. Edited and with an Introduction by Charles W. Morris. Vol. 1. Chicago: University of Chicago Press.

Mesmer, B. (1988): *Vom «doppelten Gebrauchswert» der Frau – eine Einführung*, in: Barben, M.-L./Ryter, E. (Hg.): *Verflixt und zugenäht!*. Frauenberufsbildung – Frauenerwerbsarbeit 1888–1988 (15–22). Zürich: Chronos.

Miller, A. S./Stark, R. (2002): *Gender and Religiousness*. Can Socialization Explanations Be Saved?, in: American Journal of Sociology 107, 1399–1423.

Moscovici, S. (1981): *On Social Represantation*, in: Forgas, J. P. (Hg.): *Social Cognition* (181–210). London: Academic Press.

Moser, M. (2004): *Frauen im katholischen Milieu von Olten 1900–1950*. Freiburg i. Ue.: Academic Press Fribourg.

Mottner, S. (2007): *Marketing and religion*, in: Wymer, W./Sargeant, A. (Hg.): *The Routledge Companion to Nonprofit Marketing* (92–107). New York.

Müller, M./Veyrassat, B. (2001): *Einleitung. Was sind Innovationen?*, in: Gilomen, H.-J./Jaun, R./Müller, M./Veyrassat, B. (Hg.): *Innovationen*. Voraussetzungen und Folgen – Antriebskräfte und Widerstände (9–13). Zürich: Chronos.

Need, A./De Graaf, N. D. (1996): *«Losing my religion»*. A dynamic analysis of leaving the church in the Netherlands. European Sociological Review 12 (1), 87–99.

Norris, P./Inglehart, R. (2004): *Sacred and Secular*. Religion and Politics Worldwide. Cambridge: Cambridge University Press.

Olson, D. V. A. (2005): *Free and Cheap Riding in Strict, Conservative Churches*. Journal for the Scientific Study of Religion 44 (2), 123–142.

Orsi, R. A. (2003): *Is the Study of Lived Religion Irrelevant to the World We Live in?*. Special Presidential Plenary Address, in: Journal for the Scientific Study of Religion, 42 (2), 169–174.

Pahud de Mortanges, R. (2007): *System und Entwicklungstendenzen des Religionsverfassungsrechts der Schweiz und des Fürstentums Liechtenstein*, in: Zeitschrift für evangelisches Kirchenrecht 52 (3), 495–523.

Pahud de Mortanges, R. (2012): *Die Auswirkung der religiösen Pluralisierung auf die staatliche Rechtsordnung*, in: Bochinger, C. (Hg.): *Religionen, Staat und Gesellschaft*. Die Schweiz zwischen Säkularisierung und religiöser Vielfalt (145–174). Zürich: NZZ.

Parsons, T. (1975): *Gesellschaften*. Evolutionäre und komparative Perspektiven. Frankfurt a.M.: Suhrkamp.

Parsons, T. (1999): *Youth in the Context of American Society*, in: Turner, B.S. (Hg.): *The Talcott Parsons Reader* (271–291). Oxford: Blackwell.

Pfister, R. (1974): *Kirchengeschichte der Schweiz*. Von der Reformation bis zum zweiten Villmerger Krieg. Zürich: TVZ.

Pfister, R. (1984): *Kirchengeschichte der Schweiz*. Dritter Band 1720–1950. Zürich: TVZ.

Pickel, G. (2001): *Moralische Vorstellungen und ihre religiöse Fundierung im europäischen Vergleich*, in: Pickel, G./Krüggeler, M. (Hg.): *Religion und Moral*. Entkoppelt oder verknüpft? (105–134). Opladen: Leske + Budrich.

Pickel, G. (2011): *Religionssoziologie*. Eine Einführung in zentrale Themenbereiche. Wiesbaden: VS.

Piette, A. (1999): *La religion de près*. L'activité religieuse en train de se faire: Editions Paris: Métailié.

Piette, A. (2006): *Entre la sociologie et le Dieu chrétien*. Résultats d'une enquête ethnographique dans des paroisses catholiques en France. Information sur les sciences sociales 41 (3), 359–383.

Pollack, D. (1995): *Was ist Religion?*. Probleme der Definition, in: Zeitschrift für Religionswissenschaft 8, 11–43.

Pollack, D. (2001): *Art. Kirchenaustritt*. I. Historisch und soziologisch, in: RGG[4] Band 4 (1053–1056). Tübingen: Mohr Siebeck.

Pollack, D. (2003): *Säkularisierung – ein moderner Mythos?*. Studien zum religiösen Wandel in Deutschland. Tübingen: Mohr Siebeck.

Pollack, D./Pickel, G. (2007): *Religious individualization or secularization?*. Testing hypotheses of religious change – the case of Eastern and Westerrn Germany. British Journal of Sociology 58 (4), 603–632.

Pollack, D. (2009): *Rückkehr des Religiösen?*. Tübingen: Mohr Siebeck.

Pollack, D. (2011): *Historische Analyse statt Ideologiekritik*. Eine historisch-kritische Diskussion der Gültigkeit der Säkularisierungstheorie. Geschichte und Gesellschaft. Zeitschrift für historische Sozialwissenschaft 37 (4), 482–522.

Pollack, D. (2011): *Wahrnehmung und Akzeptanz religiöser Vielfalt*. Bevölkerungsumfrage des Exzellenzclusters «Religion und Politik» unter Leitung des Religionssoziologen Prof. Dr. Detlef Pollack, online unter www.uni-muenster.de/imperia/md/content/religion_und_politik/aktuelles/2010/12_2010/studie_wahrnehmung_und_akzeptanz_religioeser_vielfalt.pdf (13.5.2014).

Pollack, D./Olson, D.V. A. (2008): *The Role of Religion in Modern Societies.* New York: Routledge.

Pollack, D./Pickel, G. (1999): *Individualisierung und religiöser Wandel in der Bundesrepublik Deutschland,* in: Zeitschrift für Soziologie 28 (6), 465–483.

Popper, K.R. (1960): *The Poverty of Historicism.* London: Routledge & Kegan Paul.

Porpora, D.V. (2006): *Methodological Atheism, Methodological Agnosticism and Religious Experience,* in: Journal for the Theory of Social Behaviour 36 (1), 57–75.

Portier, P./Veuille, M./Willaime, J.-P. (Hg.) (2011): *Théorie de l'évolution et religions.* Paris: Riveneuve éditions.

Portmann, A./Plüss, D. (2011): *Good religion/bad religion.* Distanced church-members and their perception of religion and religious plurality, in: Morgenthaler, C./Plüss, D. (Hg.): *Managing Religious Diversity.* Journal of Empirical Theology (submitted).

Putnam, R.D. (2000): *Bowling Alone.* The Collapse and Revival of American Community. New York: Simon & Schuster.

Putnam, R.D./Campbell, D.E. (2010): *American Grace.* How Religion Divides and Unites Us. New York: Simon & Schuster.

Rademacher, S. (2009): *Les spiritualités ésotériques et alternatives.* Diversité de la religiosité non organisée en Suisse, in: Baumann, M./Stolz, J. (Hg.): *La nouvelle Suisse religieuse.* Risques et chances de sa diversité (264–282). Genève: Labor et Fides.

Ramsel, C./Huber, S./Stolz, J. (2013): *Säkulare in der Schweiz.* Wie verstehen sie sich? Welche Einstellungen haben sie zu religiösen Menschen oder Institutionen?, in: Heuser, A./Hoffmann, C./Walther, T. (Hg.): *Erfassen – Deuten – Urteilen.* Empirische Zugänge zur Religionsforschung (85–96). Zürich: TVZ.

Reymond, B. (1999): *Le Protestantisme en Suisse Romande.* Genève: Labor et Fides.

Riesebrodt, M. (2007): *Cultus und Heilsversprechen.* Eine Theorie der Religionen. München: C.H. Beck.

Römer, T. (2004): *La formation du pentateuque.* Histoire de la recherche. Genève: Labor et Fides.

Rose, S. (1998): *An Examination of the New Age Movement.* Who is Involved and What Constitutes its Spirituality, in: Journal of Contemporary Religion 13 (1), 5–22.

Rose, S. (2001): *Is the term «Spirituality» a word that everyone uses, but nobody knows what anyone means by it?*, in: Journal of Contemporary Religion 16 (2), 193–207.

Ruff, M.E. (2005): *The Wayward Flock.* Catholic Youth in Postwar West Germany, 1945–1965. Chapel Hill: The University of North Carolina Press.

Russell, A. (1980): *The Clerical Profession.* London: SPCK.

Sacchi, S. (1992): *Postmaterialismus in der Schweiz von 1972 bis 1990*, in: Schweizerische Zeitschrift für Soziologie 18 (1), 87–117.

Sammet, K./Bergelt, D. (2012): *The Modernisation of Gender Relations and Religion.* Comparative Analysis of Secularization Processes, in: Pickel, G./Sammet, K. (Hg.): *Transformations of Religiosity.* Religion and Religiosity in Eastern Europe 1989–2010 (51–68). Wiesbaden: Springer.

Sandikzi, O./Ger, G. (2010): *Veiling in Style.* How Does a Stigmatized Practice Become Fashionable?, in: Journal of Consumer Research 37 (1), 15–36.

Schelling, T.C. (2006 (1978)): *Micromotives and Macrobehavior.* New York: W.W. Norton.

Schmidt-Rost, R. (1988): *Seelsorge zwischen Amt und Beruf.* Studien zur Entwicklung einer modernen evangelischen Seelsorgelehre seit dem 19. Jahrhundert. Göttingen: Vandenhoeck & Ruprecht.

Schnegg, B. (1988): *Frauenerwerbsarbeit in der vorindustriellen Gesellschaft*, in: Barben, M.-L./Ryter, E. (Hg.): *Verflixt und zugenäht!.* Frauenberufsbildung – Frauenerwerbsarbeit 1888–1988 (23–34). Zürich: Chronos.

Schneuwly Purdie, M./Gianni, M./Magali, J. (2009): *Musulmans d'aujourd'hui.* Identités plurielles en Suisse. Genève: Labor et Fides.

Schranz, M./Imhof, K. (2002): *Muslime in der Schweiz – Muslime in der öffentlichen Kommunikation.* Medienheft, hg. von Katholischer Mediendienst und Reformierte Medien. Zürich, 18.12.2002.

Schulz von Thun, F. (1998): *Miteinander reden: 3. Das «Innere Team» und situationsgerechte Kommunikation.* Reinbek: Rowohlt.

Schulze, G. (1995): *Die Erlebnisgesellschaft.* Kultursoziologie der Gegenwart. Frankfurt a.M.: Campus.

Schumacher, B. (2012): *Coolness (at) home.* Der Kühlschrank und die eiskalte Revolution am heimischen Herd, in Buomberger, T./Pfrunder, P. (Hg.): *Schöner leben, mehr haben.* Die 50er Jahre in der Schweiz im Geiste des Konsums (69–83). Zürich: Limmat.

Schweitzer, A. (1966): *Geschichte der Leben-Jesu-Forschung.* Band 1. Tübingen: Mohr Siebeck.

Schweizer, P. (1972): *Freisinnig – Positiv – Religiössozial.* Zürich: TVZ.

Schweizerisches Pastoralsoziologisches Institut (Hg.) (1986): *Junge Eltern reden über Religion und Kirche.* Ergebnisse einer mündlichen Befragung. Zürich: NZN.

Schweizerisches Pastoralsoziologisches Institut (Hg.) (2013): *Katholische Kirche in der Schweiz.* Kirchenstatistik 2013. Zahlen, Fakten, Entwicklungen. St. Gallen: edition SPI.

Schwinn, T./Kroneberg, C./Greve, J. (2011): *Soziale Differenzierung.* Handlungstheoretische Zugänge in der Diskussion. Wiesbaden: VS.

Sengers, E. (2009): *Marketing in Dutch Mainline Congregations.* What Religious Organizations Offer and How They Do It, in: Journal of Contemporary Religion 25 (1), 21–35.

Sharma, R./Jenny, M. (2009): *Heilerinnen und Heiler in der Deutschschweiz.* Magnetopathen, Gebetsheiler, Einrenker. Lausanne: Favre.

Siegenthaler, H. (1987): *Die Schweiz 1914–1984,* in: Fischer, W. (Hg.): *Handbuch der Europäischen Wirtschafts- und Sozialgeschichte,* Bd. 6: Europäische Wirtschafts- und Sozialgeschichte vom Ersten Weltkrieg bis zur Gegenwart (489–511). Stuttgart: Klett-Cotta.

Simon, H.A. (1983): *Reason in Human Affairs.* Stanford, California: Stanford University Press.

Singh, S./Ernst, E. (2008): *Trick or Treatment?.* Alternative Medicine on Trial. London: Bantam Press.

Skenderovic, D./Späti, C. (2012): *Les années 68.* Une rupture politique et culturelle. Lausanne: Editions Antipodes.

Smart, N. (1973): *The Science of Religion & the Sociology of Knowledge.* Princeton: Princeton University Press.

Smith, C. (2003a): *Introduction.* Rethinking the Secularization of American Public Life, in Smith, C. (Hg.): *The Secular Revolution.* Power, Interests, and Conflict in the Secularization of American Public Life (1–96). Berkeley: University of California Press.

Smith, C. (Hg.) (2003b): *The Secular Revolution.* Power, Interests, and Conflict in the Secularization of American Public Life. Berkeley: University of California Press.

Späni, M. (2003): *The Organization of Public Schools along Religous Lines and the End of the Swiss Confessional States,* in: Archives de sciences sociales des religions 121 (janvier-mars), 101–114.

Stark, R. (1999): *Atheism, Faith, and the Social Scientific Study of Religion,* in: Journal of Contemporary Religion 14 (1), 41–62.

Stark, R. (1999): *Secularization, R.I.P.,* in: Sociology of Religion 60 (3), 249–273.

Stark, R./Bainbridge, W. S. (1985): *The future of religion*. Berkeley: University of California Press.

Stark, R./Bainbridge, W. S. (1989): *A Theory of Religion*. New York: Peter Lang.

Stark, R./Iannaccone, L. R. (1994): *A Supply-Side Reinterpretation of the «Secularization of Europe»*, in: Journal for the Scientific Study of Religion 33 (3), 230–252.

Stolz, F. (2001): *Weltbilder der Religionen*. Kultur und Natur; Diesseits und Jenseits; Kontrollierbares und Unkontrollierbares. Zürich: Pano.

Stolz, J. (2000): *Soziologie der Fremdenfeindlichkeit*. Theoretische und empirische Analysen. Frankfurt a. M.: Campus.

Stolz, J. (2006): *Explaining islamophobia*. A test of four Theories Based on the Case of a Swiss City, in: Schweizerische Zeitschrift für Soziologie 31 (3), 547–566.

Stolz, J. (2006): *Salvation Goods and Religious Markets*. Integrating Rational Choice and Weberian Perspectives, in: Social Compass 53 (1), 13–32.

Stolz, J. (2009): *Wie kann man Religiosität erklären?*. Ein allgemeines Modell, in: Schützeichel, R./Ludwig, C. (Hg.): *Religion in der Moderne*. Studienbrief der FernUniversität in Hagen (Juli-Heft). Hagen.

Stolz, J. (2009a): *Explaining Religiosity*. Towards a Unified Theoretical Model, in: British Journal of Sociology 60 (2), 345–376.

Stolz, J. (2009b): *A silent battle*. Theorizing the Effects of Competition between Churches and Secular Institutions, in: Review of Religious Research 51 (3), 253–276.

Stolz, J. (2011): *«All Things Are Possible»*. Towards a Sociological Explanation of Pentecostal Miracles and Healings, in: Sociology of Religion 72 (4), 456–482.

Stolz, J. (2012): *Religion und Individuum unter dem Vorzeichen religiöser Pluralisierung*, in: Bochinger, C. (Hg.): *Religionen, Staat und Gesellschaft*. Die Schweiz zwischen Säkularisierung und religiöser Vielfalt (77–108). Zürich: NZZ.

Stolz, J. (2013): *Entwurf einer Theorie religiös-säkularer Konkurrenz*, in: Kölner Zeitschrift für Soziologie und Sozialpsychologie, Sonderheft.

Stolz, J./Ballif, E. (2010): *Die Zukunft der Reformierten*. Gesellschaftliche Megatrends – kirchliche Reaktionen. Zürich: TVZ.

Stolz, J./Baumann, M. (2007): *Religiöse Vielfalt und moderne Gesellschaft*, in: dies. (Hg.): *Eine Schweiz – viele Religionen*. Risiken und Chancen des Zusammenlebens (67–86). Bielefeld: transcript.

Stolz, J./Chaves, M./Monnot, C./Amiotte-Suchet, L. (2011): *Die religiösen Gemeinschaften in der Schweiz: Eigenschaften, Aktivitäten, Entwicklung*. Schlussbericht der National Congregations Study Switzerland (NCSS) im Rahmen des Nationalen Forschungsprogramms 58, online unter www.nfp58.ch/files/news/126_Schlussbericht_Stolz_Chaves.pdf. Lausanne: ORS.

Stolz, J./Favre, O./Gachet, C./Buchard, E. (2013): *Le phénomène évangélique.* Analyses d'un milieu compétitif. Genève: Labor et Fides.

Stolz, J./Sanchez, J. (2000): *From New Age to Alternative Spirituality.* Remarks on the Swiss Case, in: Moravcikova, M. (Hg.): *New Age* (530–545). Bratislava: Ústav pre vztahy státu a cirkví.

Stolz, J./Usunier, J.-C. (2013): *Religions as Brands.* New Perspectives on the Marketization of Religion and Spirituality, in: Usunier, J.-C./Stolz J. (Hg.): *Religions as Brands.* New Perspectives on the Marketization of Religion and Spirituality (3–26). London: Ashgate.

Strahm, R. (1987): *Wirtschaftsbuch Schweiz.* Das moderne Grundwissen über Ökonomie und Ökologie in der Schweiz. Ein Arbeitsbuch mit 90 Schaubildern und Kommentaren (2. Aufl.). Zürich: Ex Libris.

Suls, J./Wheeler, L. (Hg.) (2000): *Handbook of social comparison.* Theory and research. New York: Kluwer.

Tajfel, H. (1982): *Gruppenkonflikt und Vorurteil.* Entstehung und Funktion sozialer Stereotypen. Bern: Huber.

Tashakkori, A./Teddlie, C. (1998): *Mixed Methodology.* Combining Qualitative and Quantitative Approaches. Thousand Oaks: Sage.

Taylor, C. (2007): *A Secular Age.* Cambridge: The Belknap Press of Harvard University Press.

Theissen, G. (2001): *Der historische Jesus.* Ein Lehrbuch (3. Aufl.). Göttingen: Vandenhock & Ruprecht.

Tönnies, F. (1963 (1887)): *Gemeinschaft und Gesellschaft.* Grundbegriffe der reinen Soziologie. Darmstadt: WBG.

Tschannen, O. (1991): *The Secularization Paradigm.* A Systematization, in: Journal for the Scientific Study of Religion 30 (4), 395–415.

Turner, J. (1978): *Social Comparison, Similarity and Ingroup Favoritism*, in: Tajfel, H. (Hg.): *Differentiation Between Social Groups*, in: Studies in the Social Psychology of Intergroup Relations (235–250). London: Academic Press.

Vischer, L./Schenker, L./Dellsperger, R./Fatio, O. (Hg.) (1995): *Histoire du christianisme en Suisse.* Une perspective oecuménique. Genève: Labor et Fides.

Voas, D. (2004): *Religion in Europe – One theme, many variations?.* Paper presented at the conference of the Association for the Study of Religion, Economics, and Culture, Kansas City (October).

Voas, D. (2009): *The Rise and Fall of Fuzzy Fidelity in Europe*, in: European Sociological Review 25 (2), 155–168.

Voas, D. (2010): *Value Liberalization or Consumption.* Comment on Hirschle's Analysis of Ireland's Economic Boom and the Decline in Church Attendance, in: Journal for the Scientific Study of Religion 49 (4), 671–673.

Voas, D./Crockett, A. (2005): *Religion in Britain*. Neither Believing nor Belonging, in: Sociology 39 (1), 11–28.

Voas, D./Olson, D.V. A./Crockett, A. (2002): *Religious Pluralism and Participation*: Why Previous Research is Wrong, in: American Sociological Review 67 (2), 212–230.

Wallis, R. (1977): *The road to total freedom*. A sociological analysis of scientology. New York: Columbia University Press.

Wallis, R. (1995): *Scientology*. Therapeutic Cult to Religious Sect, in: Bruce, S. (Hg.): *The Sociology of Religion*. Volume II (46–57). Aldershot: Elgar.

Wallis, R./Bruce, S. (1995): *Secularization*. The Orthodox Model, in: Bruce, S. (Hg.): *The sociology of religion* (693–715). Aldershot: Elgar.

Warner, R.S. (1993): *Work in Progress toward a New Paradigm for the Sociological Study of Religion in the United States*. American Journal of Sociology 98 (5), 1044–1093.

Weber, M. (1984 (1920)): *Die protestantische Ethik I*. Eine Aufsatzsammlung. Gütersloh: Mohn.

Weber, M. (1985 (1922)): *Religionssoziologie* (Typen religiöser Vergemeinschaftung), in: ders.: *Wirtschaft und Gesellschaft* (245–381). Tübingen: Mohr Siebeck.

Weber, M. (1985 (1922)): *Wirtschaft und Gesellschaft*. Tübingen: Mohr Siebeck.

Weber, M. (1988 (1920)): *Zwischenbetrachtung: Theorie der Stufen und Richtungen religiöser Weltablehnung*, in: ders.: *Gesammelte Aufsätze zur Religionssoziologie I* (536–573). Tübingen: Mohr Siebeck.

Weber, M. (1988 (1922)): *Der Sinn der «Wertfreiheit» der soziologischen und ökonomischen Wissenschaften*, in: ders.: *Gesammelte Aufsätze zur Wissenschaftslehre* (489–540). Tübingen: Mohr Siebeck.

Weger, K.-H. (1979): *Religionskritik von der Aufklärung bis zur Gegenwart*. Autoren-Lexikon von Adorno bis Wittgenstein. Freiburg i. Br.: Herder.

Wenzel, U.J. (2007): *Was ist eine gute Religion?*. Zwanzig Antworten. München: C.H. Beck.

Willaime, J.-P. (1996): *L'accès des femmes au pastorat et la sécularisation du rôle du clerc dans le protestantisme*, in: Archives de sciences sociales des religions 95 (1), 29–45.

Willaime, J.-P. (2002): *Les pasteures et les mutations contemporaines du rôle du clerc*, in: CLIO, Histoire, Femmes et Sociétés 15, 69–83.

Wilson, B. (1982): *Religion in Sociological Perspective*. Oxford: Oxford University Press.

Wilson, B.R. (1966): *Religion in secular society*. A sociological comment. London: C.A. Watts & Co.

Wimmer, A. (2008): *The Making and Unmaking of Ethnic Boundaries*. A Multilevel Process Theory, in: American Journal of Sociology 113 (4), 970–1022.

Winzeler, C. (1998): *Strukturen von einer «anderen Welt»*. Bistumsverhältnisse im schweizerischen Bundesstaat 1848–1998, ihr historischer Wandel und ihre Inkulturation. Freiburg i. Ue.: Universitätsverlag Freiburg.

Winzeler, C. (2005): *Einführung in das Religionsverfassungsrecht der Schweiz*. Zürich: Schulthess.

Wohlrab-Sahr, M. (2011): *Forcierte Säkularität oder Logiken der Aneignung repressiver Säkularisierung*, in: Pickel, G./Sammet, K. (Hg.): *Religion und Religiosität im vereinigten Deutschland*. Zwanzig Jahre nach dem Umbruch (145–163). Wiesbaden: VS.

Wohlrab-Sahr, M./Burchardt, M. (2012): *Multiple Secularities*. Toward a Cultural Sociology of Secular Modernities, in: Comparative Sociology 11, 875–909.

Wohlrab-Sahr, M./Krüggeler, M. (2000): *Strukturelle Individualisierung vs. autonome Menschen oder: Wie individualisiert ist Religion?*. Replik zu Pollack/Pickel: Individualisierung und religiöser Wandel in der Bundesrepublik Deutschland, in: Zeitschrift für Soziologie 29 (3), 240–244.

Wohlrab-Sahr, M./Schmidt-Lux, T./Karstein, U. (2008): *Secularization as Conflict*, in: Social Compass 55, 127–139.

Wolf, C. (2008): *How secularized is Germany?*. Cohort and Comparative Perspectives, in: Social Compass 55, 111–126.

Woodhead, L. (2007): *Why so Many Women in Holistic Spirituality?*. A Puzzle Revisited, in: K. Flanagan, K./Jupp, P.C. (Hg.): *A Sociology of Spirituality* (115–126). Aldershot: Ashgate.

Woodhead, L. (2008): *Gendering Secularization Theory*, in: Social Compass 55, 187–193.

Yamane, D. (1997): *Secularization on Trial*. In Defence of a Neosecularization Paradigm, in: Journal for the Scientific Study of Religion 36 (1).

Zick, A. (1997): *Vorurteile und Rassismus*. Eine sozialpsychologische Analyse. Münster: Waxmann.

Zürcher, B. (2010): *Das Wachstum der Schweizer Volkswirtschaft seit 1920*. Die Volkswirtschaft, in: Das Magazin für Wirtschaftspolitik 1 (2), 9–13.

12 Anhang

12.1 Methode

In knapper Form werden die wesentlichen methodischen Schritte des Forschungsprojekts dargestellt.

Quantitative Teilstudie

Die quantitativen Daten wurden im Rahmen der MOSAiCH Studie 2009 durch FORS (Swiss Foundation for Research in Social Sciences) erhoben.[1] Die MOSAiCH Studie beinhaltete zwei Teile:

1. Einen Fragebogen, der face-to-face durchgeführt wurde (CAPI: Computer Aided Personal Interviewing). In diesem Fragebogen wurden das ISSP (International Social Survey Program) Modul 2008 Religion, eine Skala zur alternativen Religiosität unserer Forschungsgruppe sowie soziodemografische Variablen abgefragt.
2. Einen Fragebogen, der schriftlich von den Befragten zuhause ausgefüllt und dann an das Forschungsinstitut zurückgeschickt wurde (PAPI: Paper and Pencil Interviewing). In diesem Modul wurden diverse von uns ausgesuchte Fragen zu Religion gestellt. Die Auswahl der Fragen richtete sich nach folgenden Kriterien: a. Replikation der Vorläuferstudien; b. Vervollständigung der von ISSP abgefragten Dimensionen der Religiosität; c. Erhebung von Indikatoren, um die Theorien zur Erklärung von Religiosität zu überprüfen.

Die *Grundgesamtheit* der Studie bestand aus allen in der Schweiz wohnhaften Personen ab 18 Jahren, die Deutsch, Französisch oder Italienisch sprechen. Es wurde ein *geschichtetes Zufallssampling* durchgeführt. Die Schichtung erfolgte auf der Basis der 7 Grossregionen (NUTS2). Die konkrete Befragung wurde durch M. I. S. Trend durchgeführt. Insgesamt wurden 1229 gültige Face-to-face-Interviews und 796 gültige schriftliche Interviews erreicht (Tabelle A1). Die *Rück-*

1 Siehe Sapin/Pollien/Joye (2010) Rapport Technique intermédiaire 17.2.2010, Mesure et Observation Sociologique des Attitudes en Suisse 2009.

laufquote betrugt für die Face-to-face-Befragung 46,6 %, für die schriftliche Befragung 30,2 %.

Tabelle A1: Rekrutierte Personen der qualitativen Teilstudie

	N	Rücklauf
Brutto-Stichprobe	2640	
Netto-Stichprobe	2572	
Face-to-face-Interviews (CAPI)	1229	46,6 %
Schriftliche Interviews (PAPI)	796	30,2 %

Qualitative Teilstudie

Die Interviewpartner/innen für die qualitativen Interviews wurden mit Hilfe eines Random-Quota-Verfahrens ausgewählt. Zufällig wurden in der Schweiz wohnhafte Personen angerufen und – wenn sie vorher ausgewählten Kriterien entsprachen – für ein Interview rekrutiert. Da die quantitative Studie aus statistischen Gründen nur Aussagen über Christen und Konfessionslose machen kann, wurde auch die qualitative Studie auf diese Gruppen beschränkt. Um Vergleiche zwischen ausgewählten Gruppen zu ermöglichen, wurden ausserdem folgende Quoten bestimmt: 1. je 50 % in der deutschsprachigen und der französischsprachigen Schweiz[2]; 2. je 50 % Männer und Frauen; 3. 50 % 40 Jahre und jünger, 50 % älter als 40 Jahre; 4. 50 % in der Stadt, 50 % auf dem Land wohnhaft.

Für die praktische Durchführung wurde das Forschungsinstitut LINK beauftragt. LINK rekrutierte die Befragten telefonisch aufgrund eines Random-Quotenplans. Personen, die sich zu einem qualitativen Interview bereiterklärt hatten, wurden nochmals brieflich persönlich von den Interviewenden angeschrieben und dann erneut angerufen, um den Interviewtermin festzulegen.[3] Die Rekrutierung verlief in vier Phasen zwischen Oktober 2007 und März 2009. Dies erlaubte es, die Quoten zu ajustieren, um die gewünschten Gruppengrössen zu erreichen.

Die konkreten Verteilungen von Sprachregion, Stadt/Land, Geschlecht, Alter, Konfession und Nationalität in unserem Sample sind in Tabelle A2 zusammengestellt. Insgesamt wurden die gewünschten Quotenvorgaben recht zufriedenstel-

2 Nachdem klar wurde, dass wir die Anzahl der zu Befragenden erhöhen würden, wurden dann auch noch 6 Personen aus dem Tessin in das Sample aufgenommen.

3 In diesem zweiten Schritt konnte es dann nochmals zu Verweigerungen kommen.

lend erfüllt. Einzig beim Alter hat sich eine deutliche Übervertretung älterer Personen (44 Befragte über 40 Jahre) gegenüber jüngeren (29 Befragte 40 Jahre und jünger) ergeben. Dies ist auf nachträgliche Verweigerungen zurückzuführen.

Der *Leitfaden* umfasste eine Anfangsfrage, die nichts mit Religion zu tun hatte und als allgemeiner Erzählimpuls diente, 17 offene Fragen, die durch Nachfragen vertieft werden konnten, sowie 9 Fragen zu soziodemografischen Merkmalen. Die Fragen waren zur quantitativen Studie parallel aufgebaut worden. Am Ende des Interviews wurde allen Befragten ein schriftlicher Fragebogen mit ausgewählten Fragen des quantitativen Fragebogens ausgehändigt, mit der Bitte, diesen auszufüllen und uns zuzusenden.

Tabelle A2: Rekrutierte Personen der qualitativen Teilstudie

	N	%
Deutschsprachige Schweiz	31	45,2
Französischsprachige Schweiz	35	46,6
Tessin	6	8,2
Stadt	36	49,3
Land	37	50,7
männlich	35	47,9
weiblich	38	52,1
jünger als 20 Jahre	4	5,5
21–30	6	8,2
31–40	19	26,0
41–50	13	17,8
51–60	13	17,8
61 und älter	18	24,7
Römisch-katholisch	32	43,8
Evangelisch-reformiert	18	24,7
Evangelisch-freikirchlich	5	6,8
Ohne Konfession	18	24,7
Schweizer/in	65	89,9
Ausländer/in	7	11,0
Gesamt	73	100,0

Die Interviews wurden gemäss vereinbarten Regeln *transkribiert* und in das Programm ATLAS.ti eingelesen. Alle Interviews wurden einer *Präanalyse* unterzogen, d. h., die Forschungsfragen wurden anhand des Interviews zu beantworten versucht, und ein kurzer zusammenfassender Bericht wurde erstellt. Anschliessend wurden die Interviews transversal *codiert*. Hierbei standen verschiedene Codes durch die Forschungsfrage und die Hauptfragen des Leitfadens von Anfang an fest. Andere Codes entstanden während des Codierens in induktiver Weise. Im Verlauf des Codierprozesses verfestigte sich das Codierschema immer mehr.[4] Alle Interviews wurden anonymisiert.

Die Verbindung der qualitativen und quantitativen Teilstudien: Mixed Methods

Eine Reihe von Massnahmen wurde getroffen, um die qualitativen und quantitativen Methoden zu verbinden[5]:

Fragestellung

Die Fragestellungen für den qualitativen und quantitativen Teil wurden parallelisiert. Sowohl mit quantitativen als auch mit qualitativen Mitteln sollte die Frage beantwortet werden, wie Religiosität von den Befragten konstruiert wird und welche Kontexte/Determinanten zu mehr oder weniger Religiosität führen.

Operationalisierung

Die Fragen im standardisierten Fragebogen und im Leitfaden der qualitativen Studie wurden parallelisiert. Es wurde darauf geachtet, dass zu jedem interessierenden Thema auf der einen Seite verschiedene geschlossene Indikatoren (quantitativ) und auf der anderen Seite zumindest eine offene Leitfrage und Nachfrageoptionen (qualitativ) vorhanden waren.[6]

---

4 Hierbei haben wir uns an Codiertechniken der «grounded theory» angelehnt. Siehe z. B. Strauss/Corbin (1998).

5 Siehe zur mittlerweile umfangreichen Literatur z. B. Bergman (2008); Bryman (1988),;Kelle (2007); Tashakkori/Teddlie (1998).

6 Siehe das interne Arbeitspapier «Tableau comparatif des questions au qualitatif et quantitatif».

Sampling:

Sowohl im quantitativen als auch im qualitativen Teil wurde ein Random-Verfahren angewandt, wobei aus der Gesamtheit der in der Schweiz wohnenden Personen gelost wurde. Auch wenn im qualitativen Teil zusätzliche Auswahlkriterien und Quoten eingeführt wurden (siehe oben), ergibt sich so doch eine recht weitgehende Parallelität des Vorgehens, die einen sinnvollen Vergleich der beiden Samples erlaubt.

Vergleich der Samples MOSAiCH09 und RuM:

Um die Daten der standardisierten Befragung (MOSAiCH09) und der Leitfadeninterviews (RuM) miteinander in Beziehung setzen und allfällige Verzerrungen in Rechnung stellen zu können, wurden den Gesprächspartner/innen der qualitativen Interviews nach Abschluss der Gesprächsaufzeichnung zusätzlich ausgewählte Fragen aus der standardisierten Befragung vorgelegt, darunter sämtliche Fragen zur Soziodemografie. Hinsichtlich Religion/Religiosität wurden die Items auf ein zumutbares Mass eingeschränkt. Von den 73 Befragten retournierten 64 die Fragebögen. Damit liegt die Rücklaufquote aus dem qualitativen Sample bei 88 %.[7] Hierdurch wurde es möglich, einen gemeinsamen Datensatz der RuM- und MOSAiCH09-Daten zu erstellen. Ein statistischer Vergleich der beiden Samples zeigt keine signifikante Abweichungen bezüglich Geschlecht, Alter, politischer Orientierung, subjektiver Schichtzugehörigkeit, Stadt/Land[8] sowie der Zahl der Kinder. Bezüglich der Konfessionszugehörigkeit der Befragten sind im qualitativen Sample Katholiken und Personen aus evangelischen Freikirchen stärker vertreten und Evangelisch-Reformierte weniger stark vertreten als im quantitativen Survey. Im Hinblick auf den Bildungsabschluss sind Personen mit höherer (jedoch nicht akademischer) Ausbildung gegenüber Personen mit einfacher Berufslehre überrepräsentiert. In Bezug auf Sprachregion sind in unserem qualitativen Sample Personen aus der französisch- und italienischsprachigen Schweiz überrepräsentiert. Insgesamt ergeben sich keine schwerwiegenden Differenzen zwischen den beiden Samples, so dass die Aussagen der beiden Samples durchaus in Beziehung gesetzt werden dürfen.

---

7 Siehe den internen «Forschungsbericht 7».

8 Gemessen mit einer dichotomen Variable. Unter den Gesprächspartnern der qualitativen Interviews gibt es jedoch verhältnismässig wenige Personen aus grossen (und grössten) Schweizer Städten.

Analyse

In der konkreten Analyse wurde für jede Fragestellung erneut abgeklärt, ob sich signifikante Unterschiede zwischen dem MOSAiCH09- und dem RuM-Sample ergeben. War dies nicht der Fall, so konnten wir davon ausgehen, dass eine Triangulation der Aussagen beider Samples sinnvoll war. Andernfalls versuchten wir abzuklären, welcher Art die Unterschiede zwischen den Samples waren und was dies für den Vergleich der quantitativen und qualitativen Daten bedeutete. Die Datenanalyse erfolgte iterativ, zwischen qualitativen und quantitativen Daten hin- und herwechselnd, wobei die theoretischen Leitvorstellungen (die angenommenen «sozialen Mechanismen») ein Tertium Comparationis bildeten. Auch wenn eine ganze Reihe von theoretischen Hypothesen von Anfang an feststanden (v.a. aus Stolz 2009a), erfolgte doch die Bildung der Haupttypologie und die Erforschung der sozialen Mechanismen mit einer Mischung aus induktivem und deduktivem Vorgehen.

Writing up

Die Kapitel des geplanten Buches verwenden alle sowohl qualitative als auch quantitative Elemente und werden so durch die «gemischte» Darstellung zu einem vertieften Verständnis des Forschungsgegenstandes beitragen.

In Tabelle A3 sind einige wichtige Kennzahlen der beiden Teilstichproben einander gegenübergestellt.

Tabelle A3: Vergleich der beiden Samples

	Quantitatives Sample		Qualitatives Sample	
	(n)	%*	(n)	%*
Deutschsprachige Schweiz	861	71,0	31	45,2
Französischsprachige Schweiz	338	27,9	35	46,6
Tessin	13	1,1	6	8,2
Stadt	488	49,1	36	49,3
Land	505	50,9	37	50,7
männlich	558	45,4	35	47,9
weiblich	671	54,6	38	52,1

	Quantitatives Sample		Qualitatives Sample	
	(n)	**%***	**(n)**	**%***
bis 20 Jahre	62	5,1	4	5,5
21–30	129	10,5	6	8,2
31–40	225	18,3	19	26,0
41–50	272	22,2	13	17,8
51–60	209	17,0	13	17,8
61 und älter	331	26,9	18	24,7
Römisch-katholisch	382	34,7	32	43,8
Evangelisch-reformiert	394	35,8	18	24,7
Evangelisch-freikirchlich	20	1,8	5	6,8
Ohne Konfession	305	27,7	18	24,7
Schweizer/in	993	80,8	65	89,9
Ausländer/in	236	19,2	7	11,0
Gesamt	**1229****	**100,0**	**73**	**100,0**

* Wir weisen hier valide Prozente aus, d. h., wir lassen die Missings und «andere» weg.
** Aufgrund fehlender Werte ergibt sich in der Summe nicht immer 1229.

Tabelle A4: Zuordnung der Interviewten (Pseudonyme) zu den vier religiösen Typen

Institutionell (19 %)	Barbara, 58, ev.-ref. Barnabé, 56, freikirchl. Beat, 18, ev.-ref. Béatrice, 44, röm.-kath. Bénédicte, 53, freikirchl. Berta-Lisa, 62, röm.-kath. Daniele, 46, röm.-kath.	Dorothée, 32, freikirchl. François, 55, ev.-ref. Gisèle, 63, röm.-kath. Marc-Antoine, 63, röm.-kath. Nathalie, 41, röm.-kath. Stephan, 45, röm.-kath. Willi, 40, freikirchl.
Alternativ (16 %)	Angela, 37, röm.-kath. David, 34, konfessionslos Diane, 37, röm.-kath. Eliot, 44, konfessionslos Emily, 62, röm.-kath. Félicia, 55, freikirchl.	Klaus, 62, konfessionslos Lucia, 44, röm.-kath. Maude, 50, röm.-kath. Michel, 63, konfessionslos Mona, 48, konfessionslos Simon, 50, konfessionslos

Distanziert (47 %)	Beryl, 64, röm.-kath. Bettina, 40, röm.-kath. Blandine, 63, röm.-kath. Claude, 39, ev.-ref. Deborah, 41, ev.-ref. Elina, 25, röm.-kath. Fabio, 57, röm.-kath. Ferdinand, 25, ev.-ref. Ingolf, 51, ev.-ref. Jelena, 21, röm.-kath. Juan, 65, röm.-kath. Julie, 24, röm.-kath. Kaitline, 63, röm.-kath. Karol, 64, röm.-kath. Katherine, 61, röm.-kath. Laurence, 40, röm.-kath. Léa, 36, konfessionslos	Livia, 38, ev.-ref. Maia, 19, ev.-ref. Marcel, 64, ev.-ref. Markus, 18, konfessionslos Mélanie, 33, röm.-kath. Mima, 59, röm.-kath. Nadia, 37, ev.-ref. Niklaus, 47, ev.-ref. Norbert, 70, röm.-kath. Olga, 38, röm.-kath. Quentin, 50, ev.-ref. Rebecca, 45, röm.-kath. Renate, 51, röm.-kath. Renato, 41, röm.-kath. Vanessa, 41, ev.-ref. Victor, 55, röm.-kath. Wilma, 47, ev.-ref.
Säkular (18 %)	Cécile, 38, ev.-ref. Daniela, 24, ev.-ref. Erich, 40, konfessionslos Ernesto, 68, konfessionslos Gregory, 70, konfessionslos Gustave, 30, konfessionslos Karine, 68, konfessionslos	Nicolas, 36, konfessionslos Nils, 18, konfessionslos Peter, 65, konfessionslos Qasim, 38, ev.-ref. Siegfried, 39, konfessionslos Stan, 27, konfessionslos

Das Erstellen der Typologie

Die Typen und Subtypen entstanden durch eine mehrstufige Clusteranalyse vor dem Hintergrund der qualitativen Analysen. Hierbei ergaben sich zunächst 6 Typen, deren drei zu den «Distanzierten» zusammengefasst wurden (die Syntax zur Erstellung der Typen ist bei den Autoren erhältlich). Die so entstehenden 4 Typen wurden «Institutionelle», «Alternative», «Distanzierte» und «Säkulare» genannt. Um eine «zweite Ebene» zu erhalten, was auch die qualitativen Analysen nahelegten, wurden die Typen intern nochmals differenziert: 1. Innerhalb der Etablierten wurden Personen, die Mitglied einer evangelischen Freikirche sind, zur Gruppe der «Freikirchlichen» gemacht. Alle anderen sind «Etablierte». 2. Innerhalb der «Alternativen» wurden Personen mit hoher Ausprägung auf dem Faktor alternative Spiritualität von Personen mit vergleichsweise niedrigerer Ausprägung getrennt. Erstere wurden «Esoterische», letztere «Sheilaisten und alternative Kunden» genannt. 3. Innerhalb der Säkularen wurde mit einer nochmaligen Clusteranalyse zwei Gruppen erstellt, von denen eine als «Religionsgegner» und eine andere als «Indifferente» bezeichnet wurde. Wendet man diese Typologie auf die qualitativen Befragten an, so ergibt sich die Zuordnung in Tabelle A4. Anzumerken ist, dass wir hier eine etwas einfachere, elegantere Art der Clusteranalyse verwenden als noch im Schlussbericht (www.nfp58.ch/files/downloads/Schlussbe richt__Stolz.pdf), so dass sich die Prozentwerte etwas verschieben. Die inhaltlichen Aussagen bleiben jedoch völlig gleich.

12.2 Kurzporträts der Befragten (qualitative Stichprobe)

Angela (37, katholisch, Westschweiz). Aus Italien stammend, wurde Angela in der Schweiz geboren und ist hier aufgewachsen. Als Hebamme stellt der natürliche Lebenszyklus für sie einen wichtigen Bezugspunkt dar. Sie wurde katholisch erzogen (Taufe, Kommunion, Firmung). Ohne offiziell aus der Kirche ausgetreten zu sein, sieht Angela sich selbst als nicht religiös; sie ist der Religion gegenüber eher indifferent als kritisch eingestellt. Sie greift regelmässig auf Angebote der Alternativmedizin zurück: Reiki, Akupunktur, Shiatsu, Homöopathie, essenzielle Öle – und nutzt diese auch bei ihrer Arbeit.

Barbara (58, reformiert, Deutschschweiz). Barbara ist Aktivierungstherapeutin in einem Alters- und Pflegeheim. Im Rahmen eines mehrmonatigen Aufenthaltes in der französischen Schweiz im Alter von 18 Jahren bekam sie Kontakt zu einer Freikirche. Deren Art, Gottesdienste zu feiern, und die freundschaftlichen Beziehungen, die dabei entstanden sind, faszinierten sie. Zur Zeit des Interviews ist Barbara gerade in einem Ablösungsprozess von einem religiösen Hauskreis, den sie als zu eng empfindet. Sie hält bewusst den Kontakt zur reformierten Gemeinde aufrecht, auch wenn sie deren Überalterung bedauert. Wichtiger, als jeden Sonntag in die Kirche zu gehen, ist für Barbara, dass ihr ganzes Leben religiös geprägt ist.

Barnabé (56, freikirchlich, Westschweiz). Barnabé ist Bauer. Reformiert sozialisiert, konvertiert er mit 19 Jahren und tritt einer Freikirche bei. Barnabé ist seine Beziehung zu Gott wichtig: Er geht jede Woche zum Gottesdienst, betet und liest täglich in der Bibel. Er engagiert sich im Gemeindeleben und sieht in der Natur den Beweis für Gottes Existenz.

Beat (18, reformiert, Deutschschweiz). Beat ist Lehrling und wohnt bei seinen Eltern. Er ist in einer christlichen Familie aufgewachsen. Die Beziehungen zu den Eltern, den Geschwistern und der weiteren Verwandtschaft sind eng. Seine Taufe und Konfirmation waren Familienfeste. Beat ist begeistert von der Jungschar und der Jugendgruppe und nimmt gerne an Jugendgottesdiensten teil. Alphalive-Kurse geben ihm wenig, weil er selbst schon von klein auf gläubig ist.

Béatrice (44, katholisch, Westschweiz). Béatrice ist Lehrerin, ledig und kinderlos. Sie glaubt an Gott, an ein Leben nach dem Tod, betet morgens und abends. Sie geht zur Messe, vor allem weil sie im Kirchenchor singt. Sie zieht es aber vor, ihre Gespräche mit Gott in der Natur zu führen. Sie kritisiert die Kirche in gewissen Belangen und findet sie zu steif.

Bénédicte (53, freikirchlich, Westschweiz). Bénédicte arbeitet als Pharma-Assistentin. Sie ist in einer sehr religiösen Darbysten-Familie aufgewachsen. Bénédicte ist heute, nach einer Ehe mit einem zum Protestantismus konvertierten Marokkaner, geschieden. Sie haben sich beide vor der Heirat evangelisch taufen lassen, für Bénédicte eine Art Vorbereitung auf die Ehe. Unter dem Druck der Familie des Ehemannes, die es gerne gesehen hätte, dass sie zum Islam konvertiert, lässt sich Bénédicte scheiden. Bénédicte ist gläubig, betet morgens und abends und besucht in unregelmässigen Abständen die freikirchliche Gemeinde, der auch ihre Eltern angehören.

Berta-Lisa (62, katholisch, Deutschschweiz). Berta-Lisa ist von Beruf Büroangestellte. Ein psychischer und körperlicher Zusammenbruch im Alter von 34 Jahren, der zeitnahe Tod beider Elternteile sowie eine anschliessende langwierige schwere Erkrankung ihres Mannes führten bei Berta-Lisa zu einer Distanzierung gegenüber der traditionell katholischen Religiosität, mit der sie aufgewachsen war und die bis dahin ihr Leben stark geprägt hatte. Das persönliche Gebet ist ihr heute wichtiger als früher. Sie geht nicht mehr wegen des Pfarrers in die Kirche, sondern wenn sie das Bedürfnis danach hat. Berta-Lisas Mann war reformiert. Die Konfessionsverschiedenheit war für die beiden nie ein Problem, die Schwiegereltern hatten aber grosse Mühe damit. Sich mit esoterischen Dingen zu beschäftigen, ist Berta-Lisa fremd.

Beryl (64, katholisch, Deutschschweiz). Beryl, eine ehemalige Primarlehrerin, war nie eine grosse Kirchgängerin. Sie hat «*einfach den Zugang nicht gefunden*». Schon ihre Eltern waren zwar katholisch, aber nicht praktizierend. Streng wurde in ihrer Kindheit darauf geachtet, dass es am Freitag kein Fleisch zu essen gab. Beryls Ehemann ist reformiert. Sie steht der katholischen Kirche kritisch gegenüber, deren Bedeutung sie vor allem im Bereich von Ritualen bei Taufen, Hochzeiten und Beerdigungen sieht. Beryl behauptet, die Gabe der Gedankenübertragung zu haben und künftige Ereignisse vorhersehen zu können. Sie glaubt an Schutzengel und an den Kontakt zu den Verstorbenen.

Bettina (40, katholisch, Deutschschweiz). Bettina ist Hausfrau und Bäuerin. Sie wurde traditionell katholisch erzogen: Taufe, Kommunion, Firmung, kirchliche Heirat. Heute geht sie manchmal zum Gottesdienst und betet jeden Abend mit ihren Kindern und ihrem Ehemann. Sie glaubt zwar an «*den Gott der Bibel*» und an ein Leben nach dem Tod, tut sich jedoch schwer, ihren Glauben genauer zu beschreiben.

Blandine (63, katholisch, Westschweiz). Blandine war früher Hausfrau und ist jetzt pensioniert. Sie ist sehr naturverbunden und fühlt sich von alternativer Medizin angezogen; sie praktiziert Magnetismus und glaubt an die Reinkarnation. Sie wurde «klassisch» katholisch erzogen und hat ihren Sohn taufen lassen, «*weil man das halt macht*». Heute steht Blandine der katholischen Kirche sehr kritisch gegenüber, bezeichnet sich als konfessionslos und sagt: «*Ich glaube an mein Ding.*»

Cécile (38, reformiert, Westschweiz). Cécile ist Steuerberaterin und Mutter eines vierjährigen Mädchens. Sie ist reformiert getauft worden und erinnert sich an ihre religiöse Erziehung als eine langweilige und einengende Angelegenheit. Sie verweigert sich der Konfirmation und gerät deswegen in einen Konflikt mit ihrer Mutter, der bis heute anhält. Cécile ist ein rationaler Mensch und vermisst die Kohärenz zwischen den Inhalten der religiösen Botschaften – liebe deinen Nächsten wie dich selbst – und den Spannungen, die diese auslösen. Dennoch lässt Cécile ihre Tochter taufen: Jegliche Zugehörigkeit – selbst die religiöse – trägt zur Persönlichkeitsbildung bei.

Claude (39, reformiert, Deutschschweiz). Claude, in Deutschland aufgewachsen, ist promovierter Biochemiker und arbeitet im Bereich Marketing für die Pharmaindustrie. Das Christentum hat ihn «*nie so richtig berührt*». Claudes Mutter ist einigermassen gläubig, der Vater gar nicht. Er selbst konnte «*ehrlich gesagt damit nicht viel anfangen*». Aufgrund von Hautproblemen und Allergien hat er alternative Medizin ausprobiert und ist auch in Kontakt mit Geistheilern gekommen. Dabei wurde ihm eine besondere Aura und Empathiefähigkeit bestätigt. Fasziniert vom Gedanken, alles selbst beeinflussen zu können, setzte Claude sich eine Zeit lang intensiv mit Mentaltraining auseinander und praktizierte Sahaja-Yoga. Unterdessen haben die Anforderungen des Alltags dazu geführt, dass Claude nichts mehr in diesem Bereich macht.

Daniela (24, reformiert, Deutschschweiz). Daniela studiert Physik. Sie wurde zwar in einer reformierten Kirche getauft, durchlief jedoch keine prägende religiöse Sozialisation. Ihre Mutter scheint sich für gewisse «*esoterische*» Praktiken wie

Feng-Shui oder Tarot zu interessieren. Daniela beschreibt sich selbst als wissenschaftlichen, rationalen Geist und als Agnostikerin.

Daniele (41, katholisch, Tessin). Daniele, Lehrer für Französisch als Fremdsprache, ist momentan arbeitslos. Bis zur Begegnung mit seiner Frau hat Religion in seinem Leben kaum eine Rolle gespielt, obwohl er katholisch erzogen wurde. Heute jedoch geht er regelmässig zum Gottesdienst und hat sich kürzlich konfirmieren lassen; ein wichtiges Ereignis. Daniele liest oft in der Bibel, glaubt aber gleichzeitig an Schutzengel und hört auf seine innere Stimme. So ist ihm etwa seine Grossmutter zweimal im Traum erschienen und hat ihm Ratschläge mit auf den Weg gegeben. Die Erscheinungen beweisen für ihn, dass es das ewige Leben gibt.

David (34, konfessionslos, Westschweiz). David ist Fotograf. Er ist mit einer rumänischen Frau orthodoxer Konfession verheiratet und situiert sich zwischen «*Ich glaube nicht*» und «*Ich weiss nicht*». David wurde in einer Familie gross, in der weder Glaube noch Praxis eine Rolle spielten. So wurde er auch nicht getauft. Er wendet eine grosse Bandbreite von Formen alternativer Medizin an, von Homöopathie über verschiedene Formen chinesischer Medizin bis zur Magnetismustherapie.

Deborah (41, reformiert, Deutschschweiz). Deborah, die von Beruf kaufmännische Angestellte ist, versteht sich weder als religiös noch als spirituell. Sie hat sich auch nie sonderlich mit dem Thema befasst. In ihrer Kindheit haben Gottesdienstbesuch und Gebet «*einfach dazugehört*». Unterdessen praktiziert sie jedoch nicht mehr, auch nicht mit ihrer Tochter. Deborah glaubt an Gott, in «*irgendeiner Art und Weise*» an ein Leben nach dem Tod und «*an das Gute im Menschen*». Was die Kraft von Steinen anbelangt, meint sie: «*Nützt es nichts, so schadet es nichts*». Ihr Lebenspartner besucht esoterische Kurse, was Deborah weder positiv noch negativ berührt.

Diane (37, katholisch, Westschweiz). Diane arbeitet Teilzeit als Familienhelferin. Sie ist katholisch, bezeichnet sich selbst als gläubig, aber nicht praktizierend, obwohl sie jeden Tag in eine kleine Kapelle in der Nähe ihres Hauses geht, um zu beten. Sie glaubt an Gott, aber vor allem an ihren Schutzengel. Diane praktiziert und konsumiert auch bestimmte Formen alternativer Medizin – Sophrologie, Homöopathie, Reiki, Heilung durch Engel. Sie glaubt an ein Leben nach dem Tod und stellt sich vor, dass sie dann auf einer kleinen Wolke schwebt und vielleicht selbst ein Schutzengel werden könnte.

Dorothée (32, freikirchlich, Westschweiz). Reformiert getauft, wandte sich Dorothée später einer Freikirche zu. Sie ist heute mit einem freikirchlichen Pastor verheiratet und Mutter von drei Kindern. Sie betet oft mit ihren Kindern und ihrem Ehemann, geht Sonntags zum Gottesdienst und liest in der Bibel. Sie glaubt an die heilende Kraft des Gebetes.

Elina (24, katholisch, Westschweiz). Elina studiert Wirtschaft. Sie ist in einem kleinen Tessiner Dorf aufgewachsen und wurde katholisch erzogen, getauft und gefirmt. Sie bezeichnet sich heute als Agnostikerin. Wenn sie aus Anlass von Übergangsriten derer, die ihr nahestehen, oder etwa an Weihnachten zur Kirche geht, sieht sie das eher als Zugeständnis an die familiäre Tradition denn als einen religiösen Akt. Sie wirft einen kritischen und etwas amüsierten Blick auf die religiösen Traditionen ihres Heimatortes.

Eliot (44, konfessionslos, Westschweiz). Eliot hat Ethnologie studiert und hat am europäischen Institut für Qigong ein Diplom erlangt. Reformiert getauft und konfirmiert, anerkennt er zwar sein christliches Erbe, bezeichnet sich aber als konfessionslos. Er hat eine ausgeprägt holistische Weltsicht und praktiziert täglich Qigong.

Emily (62, katholisch, Deutschschweiz). Emily arbeitete früher als Schneiderin, ist aber unterdessen im Ruhestand. Sie ist ein ausgesprochener Familienmensch und spricht über ihren religiösen und psychotherapeutischen Erfahrungen häufig mit ihrem Mann, ihren beiden Söhnen und den Schwiegertöchtern. Emily ist sehr an religiösen Fragen und spirituellen Themen interessiert. Ihre eigene katholische Erziehung hat Emily positiv erlebt. Sie nimmt am kirchlichen Leben teil, steht aber der katholischen Kirche kritisch gegenüber. Emily besucht zahlreiche Kurse zu Polarity-Therapie, Meditation und Yoga, aus denen sie viel Kraft und Selbsterkenntnis zieht.

Erich (40, konfessionslos, Deutschschweiz). Erich ist alleinstehend und arbeitet als Modellbauer in einer Firma. Er ist nicht gläubig und vor dreizehn Jahren offiziell aus der katholischen Kirche ausgetreten. Er will keine Institution unterstützen, an die er nicht glaubt. Erich gibt an, an die Natur und die Evolution zu glauben, und legt viel Wert auf Respekt und Ehrlichkeit.

Ernesto (68, konfessionslos, Tessin). Ernesto ist pensionierter Mathematiklehrer. Er wurde «klassisch» katholisch erzogen und meint: «*Die Religion wird dir von der Familie und der Schule aufgezwungen*». Als er vierzehn Jahre alt war, begann er sich von der Religion zu distanzieren. In den sechziger Jahren interessiert er sich für «*Befreiungstheologie*», die eine Verbesserung des Lebens «*hier und jetzt*» anstrebt.

Die offizielle Kirche dagegen beschränkt sich für Ernesto auf Verbote und das Versprechen auf ein zukünftiges ewiges Leben. Heute bezeichnet sich Ernesto als völlig atheistisch.

Fabio (57, katholisch, Deutschschweiz). Fabio arbeitet als unabhängiger Firmenberater. Katholisch sozialisiert, spielt die Religion heute in seinem Leben überhaupt keine Rolle mehr. Nichtsdestotrotz kann er sich vorstellen, dass es eine höhere Macht gibt – von der er keinerlei konkrete Vorstellung hat. Er kritisiert Kirche und Papst und auch das kirchliche Bild des Menschen als «*armer Sünder*» vehement, glaubt nicht an ein Leben nach dem Tod, meint aber, dass wir letztendlich nichts darüber wissen können. Er geht nicht zur Kirche, betet nicht, besucht aber manchmal das Grab seiner Eltern auf dem Friedhof.

Félicia (55, reformiert, Westschweiz). Félicia ist Hausfrau. Als Kind wurde sie reformiert getauft und konfirmiert, besuchte die Katechese und den schulischen Religionsunterricht. Ihre Eltern waren gläubig und gingen sonntags zum Gottesdienst, ohne jedoch ihre Religion konsequent zu praktizieren. Félicia bezeichnet sich als religiöse und spirituelle Person, selbst wenn sie selten zur Kirche geht und ihr die im Katechismus gelernten Glaubenssätze nicht recht verständlich sind. Sie lebt ihren Glauben an Gott vor allem in ihrer Beziehung zur Natur – für sie «*ist der Wald eine Kathedrale*».

Ferdinand (25, reformiert, Westschweiz). Ferdinand arbeitet als Ingenieur. Er wurde zwar reformiert getauft und konfirmiert, praktiziert aber nicht, er glaubt nicht an Gott sondern eher an eine Form des «*kollektiven Unbewussten, das die Welt umspannt*». Er meint, ein kartesianischer und wissenschaftlicher Geist zu sein, und sieht im «*kollektiven Unbewussten*» eine Erklärung für alles, was dem rationalen Denken entgeht. Ferdinand scheint nur gute Erinnerungen an die Religion zu haben; in seinen Erinnerungen kommt das Religiöse aber nur als Rahmen von Anekdoten vor.

François (55, reformiert, Westschweiz). François ist Krankenpfleger und spricht lieber von religiöser Kultur als von Religion. Obwohl er nicht praktiziert, gehört für ihn seine reformierte Kultur zu seiner Identität. Er glaubt an Gott und geht manchmal mit seiner (katholischen) Ehefrau, die er «*seinen religiösen Motor*» nennt, zum Gottesdienst. Solidarität und Respekt sind für ihn Kardinaltugenden. So engagiert er sich seit einigen Jahren auch in der Flüchtlingshilfe.

Gisèle (63, katholisch, Tessin). Gisèle wurde in der Deutschschweiz geboren und zog dann mit ihrem Ehemann ins Tessin. Sie hat zwei Kinder und arbeitet als

Kassiererin in einem Supermarkt. Gisèles Vater war nicht-praktizierender Katholik, die Mutter hingegen lebte ihren reformierten Glauben sehr engagiert. In eine bikonfessionelle Familie geboren, wurde Gisèle katholisch getauft. Sie bezeichnet sich zwar als gläubige Katholikin, geht jedoch selten zur Messe und lebt ihren Glauben auf ihre eigene Weise, losgelöst von der Kirche.

Gregory (70, konfessionslos, Westschweiz). Grégory ist Architekt und «*bereitet sich auf die Pension vor*». Als Vielreisender haben ihn vor allem die Kulturen Südamerikas und Asiens beeindruckt. Grégory wurde reformiert getauft, erfuhr jedoch keine besonders prägende religiöse Erziehung. Er wurde nie konfirmiert; dreimal hat er Anlauf genommen, doch ein Umzug und der Wegzug eines Pastors vereitelten diese Versuche. Er vermutet, dass seine Mutter nicht gläubig war und bezeichnet sich heute als «*konfessionslos*», obwohl er nicht offiziell aus der Kirche ausgetreten ist. Er denkt, Religion sei eine «*moralische Schwindelei*», und verbindet sie mit Krieg und unhaltbaren Versprechen.

Gustave (30, konfessionslos, Westschweiz). Gustave, ausgebildeter Elektrotechniker, strebt eine berufliche Neuorientierung an und beginnt zum Zeitpunkt des Interviews eine Ausbildung zum Sozialarbeiter an einer Hochschule. Er hat keinerlei religiöse Sozialisation genossen. Vielmehr ist er in einem anarchistischen Milieu aufgewachsen und bezeichnet sich als nicht gläubig. Solidarität ist für ihn ein grundlegender Wert.

Jelena (21, katholisch, Deutschschweiz). Jelena kam im Alter von vier Jahren aus Kroatien in die Schweiz. Sie wurde katholisch getauft und gefirmt und betont den entscheidenden Einfluss, den ihre geografischen Wurzeln auf ihre Religion haben: «*Dort jeder ist katholisch*». Während der ersten Jahre in der Schweiz besuchen Jelena und ihre Familie regelmässig den kroatischsprachigen Gottesdienst. Mit der Zeit geht diese Gewohnheit jedoch verloren, und heute geht sie eigentlich nicht mehr zur Messe. Während ihrer Jugendzeit experimentiert Jelena mit Drogen und okkulten Praktiken. Sie beendet diese Phase, als sie mit 19 schwanger wird. Gerne würde sie ihren Freund kirchlich heiraten und ihre Tochter taufen lassen; Schwierigkeiten mit ihrem Aufenthaltsstatus hindern sie jedoch bislang daran.

Juan (65, katholisch, Westschweiz). Juan, der in Spanien geboren wurde, musste zwei mal aus politischen Gründen emigrieren: zunächst von Spanien nach arokko (während der Franco-Diktatur), dann von Marokko in die Schweiz (während der Unabhängigkeitsunruhen). Juan ist katholisch, bezeichnet sich aber als nicht sonderlich gläubig oder praktizierend. Er gibt an, an seinen Gott zu glauben und gelegentlich zu beten – vor allem aus Aberglaube und Traditionsbewusstsein. Juans Eltern und vor allem seine Mutter praktizierten ihre Religion und gingen regelmässig zum Gottesdienst. Erst in der Schweiz haben sie sich von der Institution entfernt. Juan schätzt den Wert der Arbeit und betont, sich in seinem Leben immer durchgeschlagen zu haben.

Julie (24, katholisch, Westschweiz). Julie studiert Sozialwissenschaften an der Universität. Für sie als Portugiesin war Religion selbstverständlich. Sie wurde getauft und gefirmt, hat jedoch danach mehrere Phasen durchlaufen: Während ihrer Jugend war sie atheistisch eingestellt. Anschliessend folgte eine Zeit, in der sie sich von Esoterik und Buddhismus angezogen fühlte. Als jedoch ihr Vater plötzlich infolge eines Arbeitsunfalles stirbt, wendet sie sich dem orthodoxen Christentum zu. Sie praktiziert vor allem auf einer persönlichen Ebene, etwa wenn sie sich entsprechende Literatur zu Gemüte führt. Sie betet nicht und geht auch nicht regelmässig in die Kirche, vor allem weil ihr die hierarchische Struktur der Institution missfällt.

Kaitline (63, katholisch, Westschweiz). Kaitline wurde katholisch sozialisiert. Getauft und gefirmt, besucht sie eine öffentliche Schule, die von Ordensschwestern geführt wurde. Als Jugendliche interessiert sie sich stark für die Kirche und überlegt, ins Kloster einzutreten. Sie gibt diese Idee später auf, heiratet und bekommt zwei Kinder. Einige Jahre später lässt sie sich scheiden. Dies hat – ihrer Meinung nach – ihre Exkommunikation zur Folge, was sie nur schwer akzeptieren kann. Von diesem Zeitpunkt an betritt sie keine Kirche mehr, bewahrt jedoch ihren Glauben und praktiziert fortan auf ihre ganz persönliche Weise.

Karine (68, konfessionslos, Westschweiz). Karine, eine pensionierte Lehrerin (Französisch, Geschichte und Geografie), glaubt an den Menschen und an die positive Kraft, die sich in der Krankheit zeigt. Ihre positive Einstellung, so Karine, habe habe ihr dabei geholfen, ihren kürzlich aufgetretenen Brustkrebs zu bekämpfen. Karine hat irgendwann aufgehört zu glauben und zu praktizieren. Sie schätzt jedoch «typisch christliche» Werte wie «*Nächstenliebe*» oder den Respekt gegenüber den Anderen. Glauben ist für sie eine Chance, das Leben erträglicher zu machen.

Karol (64, katholisch, Deutschschweiz). Karol, der in der Tschechoslowakei geboren wurde, immigriert mit 24 Jahren während des Prager Frühlings in die Schweiz. Er arbeitet als Techniker, ist verheiratet und Vater zweier Mädchen. Obwohl er in einem kommunistischen Land grossgeworden ist, in dem «*die Religion nicht gern gesehen war*», wurde er katholisch getauft, gefirmt und besuchte den Katechismusunterricht. Er beschreibt sich als Katholiken «*für sich*». Er, hat kirchlich geheiratet und seine Töchter taufen lassen, praktiziert und aber nicht und glaubt auch nicht an ein Leben nach dem Tod.

Katherine (61, katholisch, Westschweiz). Katherine stammt aus dem französischen Adel und wurde katholisch erzogen: Mit sieben Jahren wurde sie in einem von Ordensschwestern geführten Internat untergebracht. Die Erlebnisse von damals lasten schwer auf ihrer Erinnerung; sie berichtet von zahlreichen (physischen und psychischen) Misshandlungen. Sie glaubt, aufgrund ihrer Scheidung aus der katholischen Kirche exkommuniziert worden zu sein[9], ist aber dennoch stark gläubig. Heute bezeichnet sie sich als Protestantin und erklärt, ihre Beziehung zu Gott in einer direkten Form zu leben. Sie kritisiert die Kirche, wirft ihr ihre Regeln und die heiklen Entscheidungen ihrer Verantwortlichen vor.

Klaus (62, konfessionslos, Deutschschweiz). Klaus steht dem Sozialdienst seiner Gemeinde vor. Er erhielt eine sehr prägende katholische Erziehung: Bevor er sich stark von der Kirche distanzierte, hatte er mit dem Gedanken gespielt, Kapuziner zu werden. Trotz diesem Bruch bezeichnet Klaus das Heilige als den Roten Faden seines Lebens. Er pflegt eine sehr holistische und ganzheitliche Sicht auf das Leben, glaubt nicht an einen Gott, sondern an ein immanentes göttliches Prinzip, das überall und in allem wohnt. Er glaubt auch an die Reinkarnation, praktiziert Atemtechnik, Familienaufstellung und Meditation.

Laurence (40, katholisch, Westschweiz). Laurence hat eine Ausbildung als Buchhalterin abgeschlossen und ist Mutter zweier Kinder. Sie wurde katholisch getauft und ging zur Erstkommunion. Da sie am «*Religionsunterricht ein bisschen das Interesse verloren*» hatte, liess sie sich nicht firmen. Sie praktiziert zwar nicht, gesteht aber ein, dass die Religion «*im Hinterkopf noch da*» ist. Heute stellt sich Laurence Fragen in Bezug auf die religiöse Sozialisation ihrer Kinder: Sollten sie nicht besser getauft werden und den Religionsunterricht besuchen, um zur katholischen Gemeinschaft «*dazuzugehören*»?

Léa (36, konfessionslos, Tessin). Léa arbeitet als kaufmännische Angestellte in der Chemieindustrie. Sie wurde katholisch getauft und gefirmt, hat den Katechismus jedoch eher als Zwang empfunden. Als Jugendliche distanziert sich Léa von der Kirche und ihren Dogmen. Heute ist sie eine überzeugte Umweltschützerin, die an «*das All-Eine*» glaubt und die Menschheit als eine tierische Spezies unter ande-

9 Vgl. S. 76, Anmerkung 18.

ren sieht. Sie interessiert sich für Astrologie und Homöopathie und glaubt an Wiedergeburt und Schicksal.

Livia (38, reformiert, Deutschschweiz). Für Livia (Hausfrau) ist die Religion eine Lebenshaltung, und sie verabscheut «*sektiererische*» Positionen. Sie ist von der Existenz einer höheren Macht überzeugt, sie mag die biblischen Geschichten, aber sie findet, es sei wichtig, offenzubleiben und mit beiden Beinen im Leben zu stehen. Sie schätzt es, dass sie sich auf ihren Glauben stützen kann (vor allem auf ihre Schutzengel). Livia betet jeden Tag vor dem Zubettgehen mit ihren Kindern. Sie geht gelegentlich, vor allem aber zu hohen Festen wie Weihnachten, zum Gottesdienst.

Lucia (44, katholisch, Westschweiz). Lucia wurde auf Sizilien geboren, ist ausgebildete Arzthelferin, Mutter dreier Kinder und erfuhr eine «*traditionelle*» katholische Sozialisation. Sie glaubt an Gott, an die Macht der Verstorbenen und an das ewige Leben. Sie geht fast jeden Sonntag zur Kirche und betet regelmässig. Das gibt ihr Kraft. Lucia praktiziert aber auch seit acht Jahren Reiki und vergleicht die kosmische Reiki-Energie mit Gott.

Maia (19, reformiert, Deutschschweiz). Maia, Gymnasiastin, glaubt nicht an einen persönlichen Gott und hat Mühe, ihren Glauben zu definieren. Aber sie glaubt an eine Präsenz; überall und im Himmel («*irgend ein Gott oder wie Auch immer ob das jetzt Allah oder Buddha oder was auch immer ist*»). Sie braucht jemanden oder etwas, dem sie ihre Sorgen anvertrauen kann, und denkt, dass es in schwierigen Situationen hilfreich sein kann, zu einem Gott zu beten. Maia spricht sich für vollumfängliche religiöse Freiheit aus: Jeder soll glauben, an was er will. Für Maia ist die Welt von (Schutz-)Engeln und den Geistern der Toten bevölkert. Sie glaubt nicht an die Hölle, aber an den Himmel und daran, dass dort das Leben nach dem Tod irgendwie weitergeht. Sie geht nie zur Kirche, es sei denn, um ein Gospelkonzert zu hören.

Marc-Antoine (63, katholisch, Westschweiz). Marc-Antoine ist Bauer, Gemüsegärtner und arbeitet auch als Versicherungsberater für andere Bauern. Er engagiert sich stark für das Dorfleben: Während einiger Jahre war er Gemeindeverwalter, und er amtiert als Präsident und Kassierer im Pfarreirat. Als eifriger Katholik geht er jeden Sonntag zum Gottesdienst und betet morgens und abends. Den Glauben, den er ins Zentrum seines Lebens stellt, teilt er mit seiner Frau.

Marcel (64, reformiert, Westschweiz). Marcel wurde als kaufmännischer Angestellter ausgebildet und arbeitete als Versicherungsberater. Auf seine religiöse

Sozialisation angesprochen, erinnert er sich zunächst an seine strenge Mutter, eine «*puritanische, sehr strenge*» Protestantin, die teilweise für seine Abneigung gegen die Religion verantwortlich ist. Heute sagt Marcel von sich, dass er praktiziert; er geht aber nur zum Gottesdienst, wenn er dort mit dem Chor singt, oder an religiösen Festen. Sein Glaube erfuhr mit dem Tod eines Freundes eine neuerliche Erschütterung.

Markus (18, konfessionslos, Deutschschweiz). Zum Zeitpunkt des Interviews macht Markus ein Praktikum in einem Behindertenheim. Er stammt aus einem reformierten Elternhaus, ist selbst aber ungetauft. Er hätte sich konfirmieren lassen können, hat es aber abgelehnt. Markus selbst sieht am ehesten einen Zusammenhang zwischen Spiritualität und seinen Drogenerfahrungen: «*LSD ist Spiritualität*». Religion spielt keine Rolle in seinem Leben, das von Schul- und Beziehungsproblemen geprägt ist.

Maude (51, katholisch, Westschweiz). Maude ist Schuldirektorin und Lehrerin. Aus Holland stammend, wurde sie katholisch erzogen. Sie glaubt an Gott, den sie mit «*einem Raum*» vergleicht, er ist ein «*Kissen*», auf dem sie sich ausruhen kann. Sie glaubt auch an ein Leben nach dem Tod und betet oft für andere. Wenn sie betet, zündet sie auch gerne Kerzen an, spricht allerdings lieber von Meditation als von Gebet. Sie geht nicht zum Gottesdienst, dafür aber gerne in die Kirche – solange sie dort allein sein kann.

Mélanie (33, katholisch, Westschweiz). Mélanie arbeitet als Webredaktorin. Sie wurde katholisch sozialisiert, getauft und gefirmt. Sie glaubt an Gott und meint, dieser Glaube sei ihr von ihrer Mutter mitgegeben worden. Sie steht der Kirche etwas distanziert gegenüber, bezeichnet sich zwar als gläubig aber nicht als praktizierend. Ihre Spiritualität lebt sie lieber während ihrer Spaziergänge in den Bergen.

Michel (63, konfessionslos, Westschweiz). Michel ist Direktor eines Zentrums für alternative Medizin (Phosphemismus, Chromatotherapie, chinesische Medizin usw.). Mit zehn Jahren geht er in ein kirchliches Internat und tritt vier Jahre später wieder aus. Er hegt schlechte Erinnerungen an diese Zeit, während der er sich, von seiner Familie getrennt, rigiden Regeln unterwerfen musste. Er distanziert sich von dieser, wie er sagt, engstirnigen und von rigiden Prinzipien geprägten Welt. Heute orientiert er sein Weltbild an christlich geprägter Esoterik und östlichen Philosophien. Die Reinkarnation ist für ihn nicht ein Glaube, sondern eine «*innere Sicherheit*».

Mima (59, katholisch, Tessin). Mima ist pensionierte Lehrerin und sieht Religion als Sammelsurium von Werten und Benimmregeln aus ihrer Kindheit. Religion ist für sie etwas Persönliches und das Gebet eine Möglichkeit zum «*Rückzug*». Seit ihr Mann gestorben ist, geht Mima nicht mehr zum Gottesdienst. Sie glaubt an Gott und ans Jenseits und vergleicht Gott mit einer Tür zu einer anderen Welt.

Mona (48, katholisch, Deutschschweiz). Mona hat keinen Schulabschluss und führt zum Zeitpunkt des Interviews eine Beiz. Mona glaubt vage an einen personalen Gott. Wichtiger ist für sie die Vorstellung der Wiedergeburt und die (Heil-)Kraft von bestimmten Pflanzen. Sie hat Kenntnisse über schamanische Praktiken nordamerikanischer Indianer. Mona ist in Kanada aufgewachsen. Ihre Mutter war Indianerin. Deren spirituelles Wissen gibt Mona unterdessen wieder an ihre eigene Tochter weiter. Diese ist aktives Mitglied einer spirituellen Gemeinschaft. Für diese Gemeinschaft ist Mona eine wichtige Bezugsperson, da sie über die Bedeutung von Ritualen und Praktiken Bescheid weiss und Auskunft geben kann.

Nadia (37, reformiert, Deutschschweiz). Nadia ist ausgebildete Pharma-Assistentin, derzeit aber Familienfrau. Sie stammt aus einem reformierten Elternhaus ohne religiöse Praxis. Als junge Erwachsene ist sie zusammen mit den Eltern und ihrer Schwester aus der Kirche ausgetreten. Um jedoch kirchlich heiraten zu können, ist sie später wieder eingetreten. Für Nadja war es wichtig, «*dass man wieder irgendwo wie so dazugehört*». Nadja und ihr Mann liessen daher auch die beiden Kinder taufen, praktizieren aber nicht mit ihnen. Nadja findet, man soll «*einfach die Tradition ein wenig beibehalten*». Ein Leben nach dem Tod kann Nadia sich nicht vorstellen.

Nathalie (41, katholisch, Westschweiz). Nathalie arbeitet als Koordinatorin im katechetischen Bereich. Katholisch getauft und gefirmt, ist sie noch heute sehr gläubig und hat sich schon immer stark für die Religion eingesetzt: tägliches Gebet, Gottesdienstteilnahme, katholische Jugendarbeit, Exerzitien und Wallfahrten. Ihre Familie hat ihr, wie sie sagt, das Bild eines schrecklichen, strafenden Gottes mitgegeben, und sie hat einige Zeit gebraucht, um sich davon frei zu machen. Heute ist sie der festen Überzeugung, dass Gott die Liebe ist. Sie glaubt auch an ein Leben nach dem Tod. Nathalie erfährt viele Probleme bei der Zusammenarbeit mit Priestern. Sie spricht von Frustration und Unzufriedenheit in und über die katholischen Institutionen.

Nicolas (36, konfessionslos, Westschweiz). Nicolas ist kaufmännischer Angestellter. Er hat keine religiöse Sozialisation erfahren. An den schulischen Religionsunterricht fehlt im jegliche Erinnerung. Nicolas bezeichnet sich denn auch als Agnostiker. Er glaubt weder an Gott noch an ein Leben nach dem Tod und zeigt keinerlei Interesse für religiöse Fragen. Er geht nur zur Kirche, wenn eine ihm nahestehende Person heiratet oder bestattet wird. Nicolas sieht darin eher eine Konvention, wenn nicht sogar eine unfreiwillige Pflicht.

Niklaus (47, reformiert, Deutschschweiz). Niklaus ist von Beruf Baumaschinenführer und mit einer Katholikin verheiratet. Niklaus geht nicht oft zur Kirche. Im Gottesdienst der katholischen Gemeinde, die im Dorf die Mehrheit darstellt, fühlt er sich beobachtet und unwohl. Er führt Gespräche mit Gott oder auch mit seinem verstorbenen Vater, wenn er mit einem Boot auf den Weiher hinausfährt, den er gepachtet hat. «*Das ist dann meine Religion.*» Die unmittelbare Erfahrung der Natur entspricht ihm sehr. Die einzige esoterische Praxis, die Niklaus kennt und selbst ausübt, ist das Wassersuchen mit einer Haselnussrute. Er empfindet es als eine Gabe, die ein Mensch hat oder nicht hat. Niklaus verbindet diese Gabe aber nicht mit Religion.

Nils (19, konfessionslos, Westschweiz). Nils ist Gymnasiast und fasziniert von Science-Fiction. Er möchte Physik studieren. Er hat kaum religiöse Sozialisation erfahren: Er glaubt, katholisch getauft worden zu sein, aber weder seine Eltern noch er sind gläubig. Er interessiert sich für Ökologie und Tierschutz und bewundert Umweltschutzorganisationen.

Norbert (70, katholisch, Deutschschweiz). Norbert ist von Beruf Schreiner, aber mittlerweile in Rente. Streng katholisch erzogen, kann er mit Religion unterdessen nicht mehr viel anfangen, auch wenn er als Kind einmal selbst Priester werden wollte. Seine pädophile Veranlagung liess ihn aus Schuldgefühlen den Kontakt zu Seelsorgern suchen.

Olga (38, katholisch, Deutschschweiz). Olga, Hausfrau und früher Angestellte im öffentlichen Dienst, hat kirchlich geheiratet, weil es «*dazugehört*». In früheren Jahren ist Olga viel gereist. Das hat sie in Kontakt mit verschiedenen Spielarten des Islams und anderer asiatischer Religionen gebracht, denen sie daher mit «*mehr Offenheit*» begegnet. In ihrem eigenen Leben ist Religion weniger wichtig, aber sie gibt gleichwohl «*einen gewissen Halt*». Bei der Erziehung der Kinder spielt Religion keine besondere Rolle. Die Kinder taufen zu lassen war dennoch wichtig. In die Kirche geht Olga nicht, dafür betet sie täglich am Abend. Olga glaubt an Reinkarnation. Das gibt ihr ein «*beruhigendes Gefühl*». In der Beziehung zu ihrem Mann ist Religion kein Thema.

Peter (65, konfessionslos, Deutschschweiz). Peter ist pensionierter Techniker. Als begeisterter Berggänger hat er viele Gipfel in verschiedenen Ländern bestiegen und Höhlen erkundet. Die Natur ist für ihn ein fundamentales Gut. Peter ist in einer areligiösen Familie aufgewachsen; seine Eltern waren aus der Kirche ausgetreten. Er steht Religionen und Sekten, die er für viele Kriege und Konflikte verantwortlich macht, sehr kritisch gegenüber. Seiner Ansicht nach ist Religion eine Gehirnwäsche, der Kinder von Geburt an unterzogen werden.

Qasim (38, reformiert, Westschweiz). Qasim ist kaufmännischer Angestellter. Er wurde reformiert getauft und konfirmiert, bezeichnet sich aber heute als Atheist. Als Rationalist hat er ein Interesse für den Buddhismus entwickelt, den er eher als Lebensstil denn als einem Glauben beschreibt. Qasim glaubt an sich selbst und an die Menschen, und er gibt zu, dass er gerne an Reinkarnation glauben würde. Alternative Medizin, für die er sich ebenfalls interessiert, sieht er pragmatisch als eine erlernte Fähigkeit, nicht als Gabe ausgewählter Personen.

Quentin (50, reformiert, Westschweiz). Quentin arbeitet als Angestellter der öffentlichen Verwaltung. Nach einer etwas passiven Sozialisation in der reformierten Kirche stellt sich Quentin viele Fragen über den Sinn und Ursprung des Lebens und des Universums. Er gibt an, nicht gläubig zu sein, denkt aber trotzdem, dass es etwas gibt, das den Menschen übersteigt. Er gibt an, nicht zu praktizieren, erzählt aber, dass er in schwierigen Momenten auch betet.

Rebecca (45, katholisch, Deutschschweiz). Rebecca arbeitet als Sekretärin und Fotografin, hilft aber daneben auch noch auf dem Bauernhof mit. Sie ist allgemein interessiert an anderen Religionen, solange diese nicht Zwang auf die Mitglieder ausüben oder «*extremistisch*» sind. Seit der Erstkommunion ihres Sohnes ist sie sehr aktiv in der Pfarrei. Eine Ursache dafür ist auch die sympathische Person des Pfarrers. Allgemein hat sie zur katholischen Kirche kein enges Verhältnis. Rebecca kann den Grund für die Trennung in verschiedene Konfessionen (katholisch und reformiert) nicht nachvollziehen. Ihr Mann und sie schätzen ökumenische Gottesdienste. Rebecca glaubt an Reinkarnation.

Renate (51, katholisch, Deutschschweiz). Renate ist Krankenschwester und hat sich auf Schwangerschaftsbegleitung und Geburtsvorbereitung spezialisiert. Sie wurde sehr «*intensiv*» katholisch erzogen und ging mit ihrer Familie bis zu viermal pro Woche zum Gottesdienst. Heute geht Renate in die Kirche, weil sie dort Freunde treffen kann und gerne Kirchenlieder singt. Sie pflegt eine holistische Weltsicht; sie erzählt von einer höheren Macht, die sie zwar nie alleinlässt, die jedoch weder schöpferisch tätig wird noch in den Weltlauf eingreift. Sie glaubt weder an ein Leben nach dem Tod noch an Reinkarnation.

Renato (41, katholisch, Deutschschweiz). Renato ist spanischer Staatsbürger. Er hat Elektroingenieur FH studiert und arbeitet im IT-Service Management. Er sieht sich als extrem rationalen Menschen, doch kann er mit der Vernunft nicht alles erklären und begreifen. Religion spielt für Renato eine Rolle in extremen emotionalen Situationen, seien sie positiv (etwa bei der Geburt seiner Kinder) oder negativ (während der Scheidung seiner Eltern oder beim Tod seiner Schwiegermutter). Der Kirche als Institution steht Renato kritisch gegenüber, würde aber nie austreten. Als Spanier ist Renato katholisch erzogen worden. Er selbst ist deutlich weniger religiös als seine Eltern, doch auch diese waren nicht mehr so religiös wie die vorherige Generation.

Siegfried (39, konfessionslos, Deutschschweiz). Siegfried, Ingenieur, ist verheiratet und hat drei Kinder. Er ist konfessionslos: Er und seine Frau sind aus der Kirche ausgetreten, weil sie ihre Kinder nicht taufen lassen wollten. Er beschreibt sich als rationalen und technischen Geist, akzeptiert aber, dass es Unerklärtes und Unerklärliches gibt. Siegfried glaubt weder an eine höhere Macht noch an ein vorgezeichnetes Schicksal.

Simon (50, konfessionslos, Westschweiz). Simon arbeitet momentan als Maskenbildner. Er ist, wie er meint, streng katholisch aufgewachsen und hat ein Jahr in einem katholischen Internat verbracht – eine Erfahrung, die seine Abneigung dem Katholizismus gegenüber begründet. Während einer Reise gerät Simon mit alternativen Spiritualitäten in Berührung und ist vor allem von der Macht der Sterne fasziniert. Er heiratet aus Verpflichtung den Sternen – und nicht etwa der Kirche – gegenüber. Simon glaubt an Gott und an die Macht der Sterne, die er als Hände Gottes sieht. Er betet täglich, um sein Bewusstsein zu harmonisieren.

Stan (27, konfessionslos, Westschweiz). Stan handelt mit Kräutern und arbeitet als Heilpraktiker. Während seiner Jugendzeit verbrachte er achtzehn Monate in einem Internat der Jesuiten und nahm an am dortigen religiösen Leben teil. Nach und nach gab er aber den sonntäglichen Kirchgang auf, distanzierte sich von der Religion und sieht sich heute als durch und durch atheistisch. Seine Weltsicht ist eher rational. Alternative Medizin schreibt sich in einen wissenschaftlichen Kontext ein und hat mit Glauben nichts zu tun.

Stephan (45, katholisch, Deutschschweiz). Stephan ist selbstständiger Schlosser und engagiert sich in seiner Gemeinde (als Feuerwehrhauptmann) und in seiner Pfarrei (als Pfarreipräsident). Die Religion hat in seinem Leben immer eine wichtige Rolle gespielt. Er geht regelmässig zur Kirche und betet mit seiner Familie vor dem Essen. Für Stephan ist vor allem der gemeinschaftliche Aspekt der Kirche wichtig. Die Gemeinschaft gibt ihm Kraft.

Vanessa (41, reformiert, Deutschschweiz). Vanessa ist Krankenschwester. Als Kind ging sie zur Sonntagsschule, nahm regelmässig mit ihren Eltern am Gottesdienst teil und war Mitglied einer kirchlichen Jugendgruppe. Vanessa meint, an ein höheres Wesen zu glauben, ohne sicher zu sein, dass es sich dabei um «*Gott*» handelt. Sie betet, indem sie abends mit ihren Kindern singt, geht jedoch nicht regelmässig zur Kirche.

Victor (55, katholisch, Deutschschweiz). Viktor ist Rechtsanwalt und engagiertes Mitglied der sozialdemokratischen Partei. Er glaubt zwar nicht an einen theologisch definierten Gott, weist aber einen Glauben an etwas Abstraktes nicht zurück. Er glaubt nicht an ein Leben nach dem Tod und geht auch nicht in die Kirche, ausser an Festtagen in die Klosterkirche Einsiedeln, wenn besondere geistliche Musik geboten wird. Für sich kennt er nur eine Art religiöses Ritual: Er nimmt sich jeden Sonntag die Zeit, sich zu Hause eine Bachkantate anzuhören.

Willi (40, freikirchlich, Deutschschweiz). Willi leitet ein kleines Unternehmen. Als Kind besucht er mit seiner Mutter eine freikirchliche Gemeinschaft und konvertiert mit 16 Jahren. Heute ist er Mitglied einer Gemeinde, in der er auch Verantwortung trägt. Er liest jeden Tag in der Bibel, betet regelmässig und geht mit seiner Familie Sonntag morgens zum Gottesdienst. Willi glaubt an Jesus Christus, an Gott und an den heiligen Geist. Sein Glaube spielt eine wichtige Rolle in seinem Leben.

Wilma (47, reformiert, Deutschschweiz). Wilma ist Krankenschwester. Sie wuchs reformiert auf und schätzt die Freiheit und Autonomie, die für sie die evangelisch-reformierte Kirche verkörpert. Sie geht regelmässig, jedoch nur wenn sie Lust dazu verspürt, zum Gottesdienst. Allerdings ist sie nicht in eine bestimmte religiöse Gemeinschaft integriert. Sie denkt über Religion nach und tauscht sich gerne mit anderen darüber aus. So liest sie auch viele Bücher und besucht Vorträge. Sie betet und glaubt an eine höhere Macht, jedoch nicht an ein Leben nach dem Tod.

12.3 Tabellen

Kapitel 3 (Vier Gestalten des [Un-]Glaubens)

Tabelle A5: Ausgewählte Glaubensansichten und Praxisformen der vier Typen (in Prozent)

	Institu-tionell	**Alter-nativ**	**Distan-ziert**	**Säku-lar**	**Total**
Gott interessiert sich für jeden Einzelnen*	**98,7**	45,5	40,6	2,3	45,6
Leben nach dem Tod*	**63,4**	40,6	13,6	0	56,8
Kirchgang mindestens einmal pro Monat	**71,8**	6,0	6,9	0	23,8
Gebet täglich	**69,3**	23,5	20,8	0	27,2
Reinkarnation*	29,1	**51,7**	31,5	9,5	31,2
Es gibt Personen, die die Zukunft vorhersagen können*	33,5	**57,4**	28,0	18,3	32,0
Esoterisches Buch gelesen***	9,4	**57,5**	14,4	10,0	18,7
Heilung durch Hände beansprucht***	25,3	**66,9**	33,6	31,3	36,3
Gott ist das Positive im Menschen (weder – noch)****	20,0	26,9	**39,6**	20,0	31,7
Gott ist eine kosmische Energie (weder – noch)****	23,8	28,1	**39,3**	8,3	30,8
Das Christentum ist die Basis der Schweizer Gesellschaft (weder – noch)****	15,0	34,1	**39,4**	32,6	33,1
Kirchgang etwa ein- bis zweimal pro Jahr	5,2	19,0	**30,1**	15,7	27,2
Glaubt nicht an Gott	3,6	8,1	5,2	**43,7**	9,7
Die Kirchen sind für mich persönlich nicht wichtig*	4,6	47,8	32,8	**83,4**	35,9
Kirchgang nie	2,1	21,8	23,6	**73,2**	15,3
Religionen führen eher zu Konflikt als zu Frieden**	14,9	36,5	37,0	**49,6**	34,6

* Prozent vollständig oder eher einverstanden; ** Prozent vollständig einverstanden; *** im letzten Jahr; **** Hier weisen wir nur den Prozentsatz der Personen aus, die auf diese Aussagen mit «weder einverstanden noch nicht einverstanden» geantwortet haben. Distanzierte weisen die höchsten Prozentanteile dieser Unentschlossenen auf.

Kapitel 4 (Identität und Sozialstruktur)

Tabelle A6: Konfessionelle Identität der Typen und Sybtypen (in Prozent)

		Fühlt sich einer Religion oder Konfession zugehörig	Fühlt sich als Mitglied von Pfarrei, Kirchgemeinde oder Religionsgemeinschaft
Institutionell	Etabliert	98,9	81,4
	Freikirchlich	100,0	100,0
Alternativ	Esoterisch	65,6	40,7
	Sheilaisten und alternative Kunden	58,1	25,0
Distanziert	Distanziert-institutionell	87,9	48,9
	Distanziert-alternativ	71,8	26,7
	Distanziert-säkular	64,0	19,0
Säkular	Indifferente	49,3	10,9
	Religionsgegner	11,1	0,0
Total		73,1	38,4

Tabelle A7: Soziodemografie der vier Typen (in Prozent)

	Institutionell	Alternativ	Distanziert	Säkular	Total
Alter					
18–30	5,6	15,3	15,3	26,2	14,9
31–40	14,8	19,3	17,7	22,3	17,9
41–50	22,4	32,0	18,6	15,4	20,7
51–60	18,4	18,7	18,3	15,4	18,0
61–70	9,7	8,7	16,4	11,5	13,6
71 und älter	29,1	6,0	13,8	9,2	14,9
Geschlecht					
Mann	41,5	32,7	45,2	56,9	44,3
Frau	58,5	67,3	54,8	43,1	55,7
Zivilstatus					
Verheiratet	70,5	46,6	59,3	50,8	58,6
Verwitwet	11,9	5,4	7,9	1,5	7,5
Geschieden	2,6	17,6	8,0	4,6	8,0
Getrennt	2,1	3,4	3,2	5,4	3,3
Ledig	13,0	27,0	21,6	37,7	22,7
Bildung					
Obligatorische Bildung	37,6	20,7	23,0	11,5	23,9
Lehre	32,5	30,7	44,7	42,0	40,4
Matura	11,9	15,3	9,5	15,3	11,4
Höhere Bildung	18,0	33,3	22,8	31,3	24,4
Erwerbstätigkeit					
Vollzeit	40,2	35,8	42,2	51,3	42,0
Teilzeit	18,4	35,8	24,4	20,4	24,4
Hausfrau/-mann	12,3	8,0	4,7	2,7	6,3
Arbeitslos	0,6	5,1	2,6	0,9	2,4

	Institutionell	Alternativ	Distanziert	Säkular	Total
Ruhestand	26,8	10,9	21,9	11,5	20,2
In Ausbildung	1,7	4,4	4,1	13,3	4,7
Einwohnerzahl Wohnort					
Unter 1000	19,0	5,3	8,9	9,2	10,2
1000–9999	32,8	30,7	43,5	35,4	39,0
10 000–99 999	34,4	48,0	31,0	31,5	34,0
100 000 und mehr	13,8	16,0	16,5	23,8	16,8
Konfession					
Römisch-katholisch	52,0	28,7	34,5	11,5	34,1
Christkatholisch	3,6	2,0	2,3	0,0	2,2
Evangelisch-reformiert	34,2	28,0	38,4	26,2	34,9
Evangelisch-freikirchlich	9,2	1,3	0,2	0,0	1,9
Konfessionslos	1,0	40,0	24,5	62,3	26,9
Parteienbindung					
Einer Partei ziemlich verbunden	30,1	18,8	15,7	15,7	18,6
Nur eher sympathisierend	33,3	40,3	28,4	33,6	31,4
Keiner Partei nahestehend	36,5	40,9	56,0	50,8	50,0
N	195	149	640	130	1115
%	100,0	100,0	100,0	100,0	100,0

Tabelle A8: Soziodemografie der Subtypen (in Prozent)

	Etabliert	Freikirchlich	Esoterisch	Sheilaisten und alternative Kunden	Distanziert-institutionell	Distanziert-alternativ	Distanziert-säkular	Indifferent	Religionsgegner
Alter									
18–30	6,2	0	6,1	17,9	12,9	17,5	15,9	25,0	25,0
31–40	14,7	16,7	18,2	19,7	16,5	18,9	17,4	25,0	16,7
41–50	22,0	27,8	48,5	27,4	16,5	23,0	16,4	21,1	5,6
51–60	18,1	16,7	15,2	20,5	17,0	18,0	19,9	14,5	22,2
61–70	8,5	22,2	12,1	7,7	15,6	12,9	20,9	10,5	11,1
71 und älter	30,5	16,7	0	6,8	21,4	9,7	9,5	3,9	19,4
Geschlecht									
Mann	40,7	50,0	12,5	37,6	40,6	39,4	56,7	48,0	69,4
Frau	59,3	50,0	87,5	62,4	59,4	60,6	43,3	52,0	30,6
Zivilstatus									
Verheiratet	68,6	88,2	61,3	43,1	65,2	52,1	60,6	50,0	50,0
Verwitwet	12,6	5,9	6,5	5,2	10,4	5,6	7,6	0	2,8
Geschieden	2,3	5,9	12,9	19,0	10,0	8,8	4,5	2,6	11,1
Getrennt	2,3	0	3,2	3,4	2,3	5,1	2,5	5,3	5,6
Ledig	14,3	0	16,1	29,3	12,2	28,4	24,7	42,1	30,6

Tabelle A8: Soziodemografie der Subtypen (in Prozent) (Fortsetzung)

	Eta-bliert	Frei-kirchlich	Esote-risch	Sheilaisten und alternative Kunden	Distanziert-institutionell	Distanziert-alternativ	Distanziert-säkular	Indiffe-rent	Religions-gegner
Bildung									
Obligatorische Bildung	40,4	5,6	18,8	21,4	31,8	19,0	17,4	10,5	19,4
Lehre	32,0	38,9	28,1	20,8	45,3	34,3	55,2	42,1	52,8
Matura	10,1	33,3	15,6	15,4	8,1	13,4	6,5	15,8	5,6
Höhere Bildung	17,4	22,2	37,5	32,5	14,8	33,3	20,9	31,6	22,2
Berufliche Stellung									
Vollzeit	40,7	35,3	25,9	38,9	34,7	38,8	53,8	46,4	61,5
Teilzeit	19,1	11,8	48,1	32,4	23,3	31,1	18,3	29,0	3,8
Hausfrau/-mann	11,1	23,5	7,4	8,3	6,4	2,9	5,4	2,9	0
Arbeitslos	0,6	0	11,1	3,7	2,3	3,8	1,6	1,4	0
Ruhestand	26,5	29,4	7,4	11,1	29,2	17,7	18,3	7,2	15,4
In Ausbildung	1,9	0	0	5,6	4,1	5,7	2,7	13,0	19,2
Einwohnerzahl Wohnort									
Unter 1000	19,1	16,7	0	6,8	12,1	4,6	9,5	6,7	13,5
1000–9999	30,9	50,0	37,5	28,8	47,5	44,4	38,5	37,3	40,5
10 000–99 999	35,4	27,8	53,1	46,6	26,9	33,3	33,0	34,7	29,7
100 000 und mehr	14,6	5,6	9,4	17,8	13,5	17,6	19,0	21,3	16,2

Tabelle A8: Soziodemografie der Subtypen (in Prozent) (Fortsetzung)

	Eta-bliert	**Frei-kirchlich**	**Esote-risch**	**Sheilaisten und alternative Kunden**	**Distanziert-institutionell**	**Distanziert-alternativ**	**Distanziert-säkular**	**Indiffe-rent**	**Religions-gegner**
Konfession									
Römisch-katholisch	57,3	0	43,8	24,6	38,8	33,3	30,8	16,0	2,8
Christkatholisch	3,9	0	0	2,5	3,1	2,3	1,5	0	0
Evangelisch-reformiert	37,6	0	21,9	29,7	45,5	37,0	31,8	33,3	8,3
Evangelisch-freikirchlich	0	100	0	1,7	0,4	0	0	0	0
Konfessionslos	1,1	0	34,4	41,5	12,1	27,3	35,8	50,7	88,9
Parteienbindung									
Einer Partei ziemlich verbunden	31,2	17,7	27,2	16,9	11,2	20,5	15,6	14,9	20,0
Nur eher sympathisierend	31,8	47,1	45,5	38,1	25,6	31,2	28,3	39,2	22,9
Keiner Partei nahestehend	37,0	35,3	27,3	44,9	63,2	48,4	56,1	45,9	57,1
N	177	18	32	117	224	216	200	75	36
%	100	100	100	100	100	100	100	100	100

Kapitel 5 (Glauben, Wissen, Erfahren, Handeln)

Tabelle A9: Ausgewählte Glaubensansichten der vier Typen über Gott (in Prozent)

	Institutionell	**Alternativ**	**Distanziert**	**Säkular**	**Total**
Es gibt so etwas wie eine höhere Macht*	83,3	81,5	77,1	10,5	70,8
Es gibt einen Gott, der sich in Jesus Christus zu erkennen gegeben hat*	97,8	44,7	46,7	7,2	51,8
Es gibt einen Gott, der sich um jeden Menschen kümmert	89,7	45,5	40,6	2,3	45,6
Ich weiss, dass es Gott wirklich gibt, und habe keinen Zweifel daran	73,1	16,2	16,1	0	24,3
Gott – das ist für mich nichts anderes als das Wertvolle im Menschen	24,8	45,7	46,6	26,6	39,9
Gott – das ist für mich eine kosmische Energie, die unser Leben beeinflusst*	18,1	50,6	44,8	6,0	35,3
Die höhere Macht, das ist der ewige Kreislauf zwischen Mensch, Natur und Kosmos*	34,7	66,3	67,3	26,1	55,9
Es gibt übersinnliche Kräfte im Universum, die das Leben der Menschen beeinflussen*	43,2	59,1	48,7	4,8	43,7
Ich glaube nicht an einen persönlichen Gott, aber ich glaube, dass es irgendeine höhere geistige Macht gibt	2,1	40,5	37,1	22,2	29,7
Ich weiss nicht, ob es einen Gott gibt, und glaube auch nicht, dass es möglich ist, das herauszufinden	0,0	12,2	9,2	27,0	10,0
Ich glaube nicht an Gott	3,6	8,1	5,2	43,7	9,7

* Prozent vollständig oder eher einverstanden

Tabelle A10: Ausgewählte Glaubensansichten der vier Typen über Leben nach dem Tod (in Prozent)

Glauben Sie	**Institutionell**	**Alternativ**	**Distanziert**	**Säkular**	**Total**
– dass es ein Leben nachdem Tod gibt?*	93,0	72,1	50,4	16,0	56,8
– dass es einen Himmel gibt?*	93,0	51,0	44,7	3,1	49,0
– dass es eine Hölle gibt?*	65,9	22,8	21,2	3,0	26,6
– an die Wiedergeburt, d. h., dass man immer wieder in diese Welt hineingeboren wird?*	29,1	51,7	31,5	9,5	31,2
– ans Nirwana?*	17,3	33,6	18,4	1,6	18,1

* Prozent «ganz sicher» und «wahrscheinlich»

Tabelle A11: Ausgewählte Praxisformen der vier Typen (in Prozent)

	Institutionell	**Alternativ**	**Distanziert**	**Säkular**	**Total**
Kirchgang mindestens (monatlich oder öfter)	71,8	6,0	6,9	0,0	23,8
Andere kirchliche Aktivitäten (monatlich oder öfter)	34,9	4,0	4,2	0,0	9,1
Gebetshäufigkeit (mehrmals pro Woche)	84,8	33,6	29,4	0,0	36,2
Hausaltar oder religiöser Gegenstand zuhause (z. B. Kruzifix)	51,3	28,2	26,1	6,9	28,5
Persönliches Opfer gebracht (z. B. Fasten)	27,6	15,6	8,2	2,4	12,1
Besuch von heiligen Stätten (mehrmals im Jahr)	48,7	30,9	17,1	3,1	0,0
Pflanzliche Heilmittel*	37,4	69,8	42,2	33,1	44,0
Reiki/Akupressur/Massage*	25,3	66,9	33,6	31,3	36,3
Atemtechnik/Entspannung/Körperbewegung*	21,0	68,9	25,8	25,4	30,6
Esoterische Bücher/Zeitschriften*	9,4	57,5	14,4	10,0	18,7
Steine/Kristalle/Glücksbringer*	8,7	44,3	13,6	3,8	15,7
Yoga*	7,7	32,9	11,7	11,5	13,8
Andere alternative Heilmethoden*	3,1	27,5	8,9	5,3	10,0

	Institu-tionell	Alter-nativ	Distan-ziert	Säku-lar	Total
Techniken spiritueller Heilung/Dienste eines Heilers*	2,6	63,8	0,0	3,1	9,3
Fernöstliche Meditation*	3,6	26,8	4,1	3,8	7,0
Wahrsager/Horoskop*	0,5	54,1	0,0	0,0	7,3
Esoterische Rituale*	0,5	16,0	1,4	0,8	3,1
Geld gespendet an kirchliches oder religiöses Hilfswerk	76,7	27,6	29,3	4,9	35,6
Geld gespendet an konfessionell neutrales Hilfswerk	64,1	58,5	55,0	41,2	55,3
Getauft	97,1	93,6	93,8	80,2	92,8
Konfirmiert/gefirmt	92,7	91,5	87,4	62,8	86,3
Religiöse Jugendgruppe	47,1	20,8	22,3	12,8	25,6
Haben Sie kirchlich geheiratet? (nur Verheiratete)	93,2	66,7	71,0	37,8	72,2
Mindestens 1 Kind ist getauft	88,5	84,6	82,0	51,9	79,6

* Im letzten Jahr verwendet

Kapitel 6 (Werte)

Tabelle A12: Werte der vier Typen (in Prozent)

	Institutionell	Alternativ	Distanziert	Säkular
Religion als Wert				
Wichtigkeit von religiösem Glauben	52,9	4,1	4,6	0
Sexualitäts- und Gendernormen				
Sex vor der Ehe ist schlecht	25,9	1,4	3,9	6,2
Seitensprung von Verheirateten ist schlecht	90,5	61,6	73,1	77,1
Homosexualität ist schlecht	48,1	14,2	18,2	19,4
Abtreibung ist schlecht (wenn das Kind behindert ist)	34,2	10,0	12,2	9,8
Abtreibung ist schlecht (bei geringem Einkommen)	70,4	37,4	41,7	31,1
Mann sollte arbeiten, Frau sich um die Kinder kümmern	42,2	23,4	21,4	10,7
Pflichterfüllung vs. Selbstentfaltung				
Aufrechterhaltung der Ordnung in der Schweiz	49,5	40,5	41,5	33,6
Gehorsam	22,9	3,1	11,1	5,3
Sparsamkeit im Umgang mit Geld und Dingen	38,6	36,1	38,3	26,6
Fantasie	11,4	27,8	21,5	24,5
Unabhängigkeit	44,7	56,1	58,6	52,6
Verstärkung der Partizipation in der Schweiz	10,8	22,3	22,2	20,6
Toleranz- und Respektwerte				
Toleranz und Respekt gegenüber Mitmenschen	65,2	68,4	68,7	60,6
Selbstlosigkeit	12,8	17,3	11,9	13,7

Tabelle A12: Werte der vier Typen (in Prozent) (Fortsetzung)

	Institutionell	**Alternativ**	**Distanziert**	**Säkular**
Verantwortungsgefühl	67,1	70,1	66,3	63,2
Gute Manieren	52,9	46,9	63,2	62,8
Arbeitsnormen unter schwierigen Verhältnissen				
Hart arbeiten, um Aufgaben erfüllen zu können	84,6	87,2	91,6	94,8
Sein Bestes tun	94,8	96,0	93,9	87,7
Leistungsniveau halten	81,8	89,3	91,9	90,7
Arbeitseinsatz	35,1	21,4	31,6	24,5
Entschlossenheit, Ausdauer	27,9	34,7	35,7	43,6

* Immer oder fast immer schlecht

Kapitel 7 (Kirchen, Freikirchen und alternativ-spirituelle Anbieter)

Tabelle A13: Einstellungen zu Kirchen und alternativ-spirituellen Anbietern (in Prozent)

	Institutionell		**Alternativ**		**Distanziert**	**Säkular**
	Etabliert	**Freikirchlich**	**Esoterisch**	**Sheilaisten und alternative Kunden**		
Fühlt sich als Mitglied von Pfarrei, Kirchgemeinde oder Religionsgemeinschaft	81,4	100,0	40,7	25,0	32,2	5,9
Grosses oder totales Vertrauen in Kirchen	56,8	38,9	15,6	12,2	15,8	6,5
Kirchen und andere religiöse Organisationen haben zu viel Macht	8,2	33,3	53,3	21,5	17,9	49,6
Eigenen Zugang zu Gott, ohne Kirche oder Gottesdienst	35,8	27,8	78,8	87,3	40,2	30,2
Kirchen sind wichtig:						
– für mich persönlich	84,0	77,0	28,6	13,3	24,2	6,7
– für die Gesellschaft	79,9	66,6	28,6	43,1	52,3	34,8
– für Benachteiligte	86,2	75,0	68,0	63,8	70,8	63,1
Schon an Austritt aus der Kirche gedacht	13,4	8,3	19,0	40,6	32,6	54,2
Schon an Eintritt in eine Kirche gedacht	0,0	0,0	0,0	0,0	2,3	0,0
Manche Wahrsager können Zukunft vorhersagen	33,0	38,9	78,2	52,2	28,0	18,3
Manche Wunderheiler haben übernatürliche Kräfte	58,8	61,2	100,0	62,3	40,1	14,0

Kapitel 8 (Die Wahrnehmung und Bewertung von Religion(en))

Tabelle A14: Einstellungen zu (in Prozent)

	Institutionell		Alternativ		Säkular		
	Etabliert	**Freikirchlich**	**Esoterisch**	**Sheilaisten und alternative Kunden**	**Distanziert**	**Indifferente**	**Religionsgegner**
Religionen führen eher zu Konflikten als zum Frieden.							
– völlig einverstanden	14,1	22,2	43,8	34,8	37,0	37,8	75,0
– eher einverstanden	59,3	61,1	37,5	46,1	51,8	41,9	25,0
Streng gläubige Menschen sind oft anderen gegenüber zu intolerant.							
– völlig einverstanden	15,5	17,6	43,8	36,8	32,0	41,3	63,9
– eher einverstanden	56,3	58,8	43,8	39,3	53,1	45,3	22,2
Alle Glaubensgemeinschaften in der Schweiz sollten die gleichen Rechte haben.							
– völlig einverstanden	10,7	27,8	15,6	13,9	16,2	24,3	16,7
– eher einverstanden	43,5	38,9	37,5	43,5	46,3	52,7	27,8
Wir müssen alle Religionen respektieren.							
– völlig einverstanden	32,6	29,4	21,9	31,6	25,7	37,3	42,9
– eher einverstanden	54,5	52,9	56,3	52,1	59,6	56,0	25,7
Der Wahrheitsgehalt jeder Religion ist sehr gering.	2,3	13,3	9,4	34,3	12,9	14,7	97,2
Grundwahrheiten gibt es in vielen Religionen.	83,2	66,7	90,6	64,8	84,1	82,7	2,8
Wahrheit gibt es nur in einer Religion.	14,5	20,0	0,0	0,9	3,1	2,7	0

Tabelle A15: Wie ist Ihre persönliche Einstellung gegenüber Mitgliedern der folgenden Religionsgruppen ? (in Prozent)

	Institutionell		**Alternativ**		**Distanziert**	**Säkular**	
	Etabliert	**Freikirchlich**	**Esoterisch**	**Sheilaisten und alternative Kunden**		**Indifferente**	**Religionsgegner**
Christen							
– sehr positiv	47,5	50,0	25,0	17,1	20,8	10,7	2,8
– eher positiv	47,5	38,9	59,4	37,6	46,9	41,3	8,3
– weder noch	4,5	11,1	15,6	43,6	29,7	37,3	75,0
– eher negativ	0,6	0,0	0,0	0,0	2,2	10,7	11,1
– sehr negativ	0,0	0,0	0,0	0,9	0,3	0,0	2,8
Muslime							
– sehr/eher positiv	32,7	22,2	43,8	25,9	29,2	21,1	2,8
– weder noch	48,5	38,9	46,9	44,8	41,5	67,1	55,6
– sehr/eher negativ	18,7	38,9	9,4	29,3	29,2	11,8	41,7
Hindus							
– sehr/eher positiv	35,6	39,4	54,5	41,6	36,2	45,3	22,2
– weder noch	55,8	41,2	45,5	51,3	53,0	50,7	69,4
– sehr/eher negativ	8,6	29,4	0,0	7,1	10,8	4,0	8,3

Tabelle A15: Wie ist Ihre persönliche Einstellung gegenüber Mitgliedern der folgenden Religionsgruppen? (in Prozent) (Fortsetzung)

	Institutionell		Alternativ		Distanziert	Säkular	
	Etabliert	Freikirchlich	Esoterisch	Sheilaisten und alternative Kunden		Indifferente	Religionsgegner
Buddhisten							
– sehr/eher positiv	38,0	11,8	74,2	58,0	46,8	58,7	27,8
– weder noch	51,8	70,6	25,8	34,8	45,5	38,7	66,7
– sehr/eher negativ	10,2	17,6	0,0	7,1	7,8	2,7	5,6
Juden							
– sehr/eher positiv	43,0	64,7	43,8	33,3	31,8	44,0	5,6
– weder noch	47,1	29,4	53,1	54,4	54,0	45,3	80,6
– sehr/eher negativ	9,9	5,9	3,1	12,3	14,2	10,7	13,9
Atheisten oder Nichtgläubige							
– sehr/eher positiv	28,2	11,8	45,5	36,8	36,5	53,9	36,1
– weder noch	51,2	70,6	51,5	58,1	56,5	40,8	61,1
– sehr/eher negativ	20,3	17,6	3,0	5,1	7,1	5,3	2,8

Autorinnen und Autoren

Jörg Stolz ist Professor für Religionssoziologie an der Universität Lausanne. Er arbeitet an der Beschreibung und Erklärung verschiedener Formen von Religiosität wie auch zu Evangelikalismus, Säkularisierung und Islamophobie. Hierbei verwendet er theoretische Modelle in der Tradition der sogenannten analytischen Soziologie wie auch eine Verbindung von quantitativen und qualitativen Methoden («Mixed Methods»). Jörg Stolz hat u. a. «Die Zukunft der Reformierten. Gesellschaftliche Megatrends – kirchliche Reaktionen» (zusammen mit Edmée Ballif) publiziert und «Eine Schweiz – viele Religionen. Risiken und Chancen des Zusammenlebens» herausgegeben (zusammen mit Martin Baumann). Er ist Autor vieler wissenschaftlicher Artikel in führenden internationalen Zeitschriften und president-elect der International Society for the Sociology of Religion.

Judith Könemann ist Professorin für Praktische Theologie mit den Schwerpunkten Religionspädagogik, Bildungsforschung und Religionssoziologie an der Kath.-Theol. Fakultät der Universität Münster. Ihre Forschungsschwerpunkte liegen in den Feldern der Beschreibung und Erklärung individueller Religiosität im Kontext der Moderne, Religion in der Öffentlichkeit und den Fragen nach der Legitimierung religiöser Überzeugungen und religiöser Bildung in der Öffentlichkeit. Methodisch arbeitet sie mit einem qualitativ-empirischen Ansatz und Methodentriangulation. Sie hat u. a. «‹Ich wünschte, ich wäre gläubig, glaub ich.› Zugänge zu Religion und Religiosität in der Lebensführung der späten Moderne» publiziert und ist Autorin vieler Aufsatzpublikationen, u. a. in peer reviewed Zeitschriften, so z. B. «Religion and full time schools» im Journal of Empirical Theology und «Religious reasons in the public sphere: an empirical study of religious actors' argumentative patterns in Swiss direct-democratic campaigns», in: European Political Science Review (zus. mit André Bächtiger and Ansgar Jödicke). Sie ist Mitglied des Excellenzclusters «Religion und Politik in den Kulturen der Vormoderne und der Moderne» an der Universität Münster und Vorstandsmitglied des Centrums für Religion und Moderne an der Westfälischen Wilhelms-Universität Münster.

Mallory Schneuwly Purdie, PhD in Religionssoziologie und angewandter Religionswissenschaft ist assoziierte Forscherin am Institut de Sciences Sociales des Religions Contemporaines an der Universität Lausanne. Ihre Forschungsinteressen betreffen die Auswirkungen religiöser und ethnischer Pluralisierung in Institutionen wie Spitälern und Gefängnissen, islamische Mobilisierungen im öffentlichen Raum und die allgemeine Beschreibung der religiösen Pluralisierung der Gesellschaft. Sie ist die Präsidentin des Groupe de Recherche sur l'Islam en Suisse

(GRIS) und Autorin vieler wissenschaftlicher Artikel und Bücher. Hierzu gehören «Religion, education and the State: Rescaling confessional boundaries in Switzerland» in Stan Brunn (Hg.): The Changing World Religion Map, New York, Springer (mit Andrea Rota) und «Formatting Islam versus mobilizing Islam in prison: Evidence from the Swiss case» in Samuel Belhoul u. a. (Hg.): Debating Islam. Negotiating Religion, Europe and the Self.

Thomas Englberger, MA, ist assoziierter Forscher am Institut de Sciences Sociales des Religions Contemporaines (ISSRC). Er arbeitet an der Beschreibung und Erklärung der Religiosität und Spiritualität in der Schweiz. Weitere Forschungsinteressen betreffen Entwicklungen innerhalb des Katholizismus, die Pluralisierung von Werten und des religiösen Feldes. Methodisch verwendet er sowohl qualitative als auch quantitative und «Mixed Methods»-Ansätze. Thomas Englberger hat verschiedene Bücher und Aufsätze veröffentlicht, insbesondere «Solidarität und Religion: Was bewegt Menschen in Solidaritätsgruppen?» (mit Michael Krüggeler u. a.), «Lebenswerte: Religion und Lebensführung in der Schweiz» (mit Alfred Dubach) und «Konfessioneller Religionsunterricht in multireligiöser Gesellschaft» (mit Monika Jakobs u. a.).

Michael Krüggeler, Dr. theol., ist Religionssoziologe und hat über die Individualisierung und Säkularisierung der Religion mit quantitativen und qualitativen Methoden gearbeitet. Er ist Co-Autor der Nationalfonds-Studien «Jede/r ein Sonderfall? Religion in der Schweiz – Ergebnisse einer Repräsentativbefragung» (Zürich/Basel 1993) sowie «Solidarität und Religion: Was bewegt Menschen in Solidaritätsgruppen?» (Zürich 2001). Er hat verschiedene Bücher herausgegeben und zahlreiche Artikel veröffentlicht, darunter «Religion, Individualisierung und Moderne: Empirische religionssoziologische Studien aus der Schweiz» in: Internationale Katholische Zeitschrift Communio 31 (2003). Zurzeit arbeitet er als wissenschaftlicher Mitarbeiter am Lehrstuhl für Religionssoziologie (Prof. Dr. Detlef Pollack) und am Centrum für Religion und Moderne der Westfälischen Wilhelms-Universität Münster an einer soziologischen Analyse der Entwicklung der beiden grossen christlichen Kirchen seit dem Zweiten Weltkrieg.